M A R K E T I N G

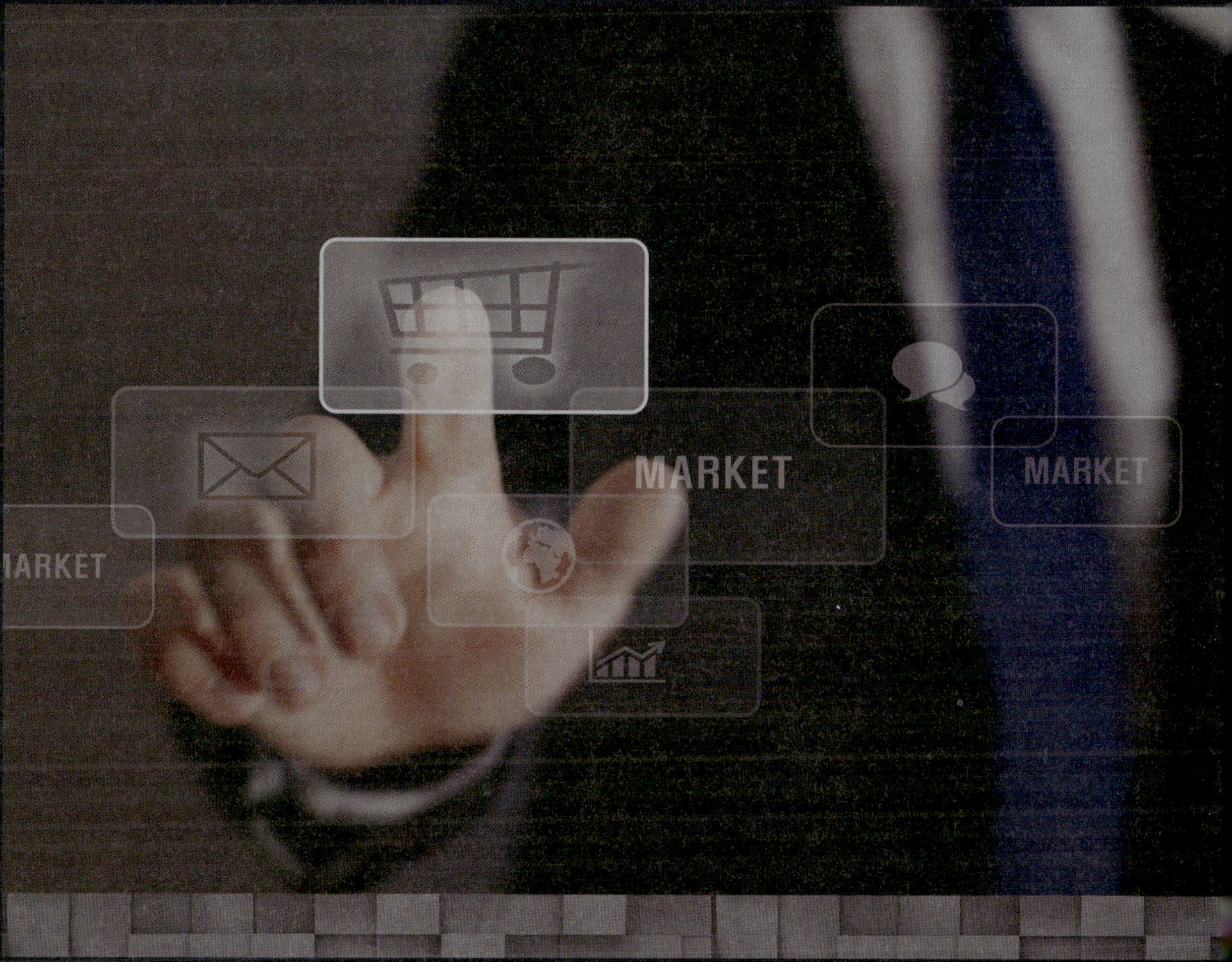

제2판 마케팅定론

김성호

학현사

2판 머리말

마케팅定론이 세상에 나온 지 어느덧 5년의 시간이 흘렀다. 마케팅이란 학문이 경영학 분야에서 마치 파도타기와 같이 추세와 변화에 민감하다는 점을 감안할 때 이번 개정판은 다소 늦은 감이 없지 않다. 어쨌든 이번에 마케팅定론의 개정판을 내놓게 된 것을 기쁘고 감사하게 생각한다. 개정판의 가장 큰 특징은 초판과는 달리 컬러로 인쇄되었다는 점이다. 마케팅이란 분야의 특성 때문에 보다 생생하고 현장감 있는 내용을 전달하기 위하여 컬러를 사용하여 개정판을 내놓게 되었다.

이번 마케팅定론의 개정판 역시 전반적으로 초판과 같은 흐름을 지니고 있다. 제1부에서는 마케팅의 기본적 이해를 다루고 있다. 마케팅을 접하는 많은 사람들이 마케팅에 대하여 그릇된 생각을 가지고 있는 것은 실로 안타까운 일이다. 제1부에서는 마케팅에 대한 바른 이해를 도모하고자 하였다.

제2부에서는 마케팅의 핵심인 수요 측면의 이해를 다루고 있다. 이 부분은 마케팅 프로세스에서 가장 중요한 부분으로 제3부 공급 측면의 전략에 기반이 되는 부분이다. 제3부에서 초판과 달리 판매촉진, 인적판매, PR을 하나의 장으로 묶었다. 그리고 각 장의 내용을 업데이트하고 보완하였다.

개정판에서는 각 장의 끝부분에 생각해 볼 사례를 첨부하였다. 이 사례들은 단순히 읽어보는 사례가 아니라 사례에 나타난 상황에 몰입하여 직접 문제를 해결하는 것을 목적으로 하고 있다. 사례들은 이 책을 읽는 이들이 책에서 습득한 내용을 바탕으로 직접 문제해결을 연습해 볼 수 있는 기회를 제공한다. 우리나라의 경영학 교육도 하버드나 인시아드와 같이 사례 위주의 교육으로 전환해야 한다고 저자는 생각한다. 마케팅定론의 개정판은 이러한 전환을 위한 작은 시도이다.

그리고 개정판에서는 각 장의 끝에 읽을거리를 업데이트하였다. 읽을거리는 주로 하버드 대학에서 출판한 노트를 중심으로 구성하였는데 특히 2000년 이후 훌륭한 노트들이 많이 출판되어 이를 참고하였다. 참고자료를 읽는 이들의 관심에 따라 선택적으로 읽으면 많은 도움이 될 것으로 믿는다.

마케팅定론의 개정판을 준비하는 데는 많은 사람들의 도움과 협조가 있었다. 우선 개정판의 원고 정리를 맡아준 한양대학교 경영대학의 김지영 박사에게 심심한 감사의 뜻을 전한다. 그리고 전반적인 원고 작성을 도와준 한양대학교 대학원 경영학과의 이현주, 서보경, 정민정, 배수진, 동국대학교 신문방송학과의 김도헌, 그리고 서울아산병원 아카데미의 조은희 교수에게도 고마움을 표하고 싶다.

또한 마케팅定론의 개정판을 위하여 조언과 협조를 아끼지 않은 학현사의 박철용 회장님 이하 직원 여러분에게도 감사의 뜻을 전한다. 특히, 개정판 작업의 과정 내내 조언과 도움을 준 학현사의 김사설 상무에게 심심한 감사의 뜻을 전한다.

끝으로 마케팅定론의 제목에 관하여 많은 사람들이 궁금해 하였다. 마케팅定론은 저자가 임의로 마케팅과 그 내용을 정한다는 뜻이 아니다. 마케팅 프로세스란 본래 시장에 존재하는 것이고 이를 어떻게 한 개인이 정할 수 있겠는가? 마케팅定론의 定은 조용히 집중한다는 의미이다. 조용히 집중해서 책의 내용을 습득하기를 바라는 마음에서 定론이라 하였다. 그리고 조용히 집중하다 보면 보다 훌륭한 마케팅을 위한 통찰과 직관을 얻을 수 있다고 믿는다. 초판에서도 이야기했지만 이 책의 내용은 생명이 없는 무정(無情)일 뿐이다. 이 책의 내용을 활용해서 보다 현명한 판단으로 향상된 마케팅 성과를 내는 것은 유정(有情)인 여러분의 몫이다. 책의 내용은 그것이 아무리 훌륭하더라도 그 자체로는 가치가 없다. 책의 가치는 책을 읽는 이들의 응용과 판단이 함께 할 때 나타나는 것이기 때문이다.

마케팅定론은 향성을 위한 많은 지적과 조언을 필요로 한다. 앞으로 더 나은 定론이 되기 위한 여러분의 지적과 질책을 기다린다.

2015년 8월

김성호

머리말

모든 학문은 현상으로부터 일정한 법칙을 발견하여 체계화하는 것을 목표로 한다. 즉, 겉으로 드러난 현상으로부터 현상 저변에 흐르고 있는 이치를 찾아내어 개념과 이론을 정립하는 것이다.

마케팅도 또한 예외가 아니다. 마케팅은 시장에서 일어나는 마케팅 현상을 파악하고 그 원인과 메커니즘을 찾아내는 과정이다. 한걸음 더 나아가 응용과학으로서의 마케팅은 파악된 현상에 대한 전략과 의사결정을 수반한다. 이러한 과정은 현상에 대한 학문적 · 이론적 배경을 필요로 한다.

그러나 마케팅의 본질은 이론이 아니라 고객 만족을 위한 실천에 있다. 고객 만족을 위한, 행복한 사회를 위한, 쾌적한 환경을 위한 실천이다. 그리고 실천은 판단과 의사결정을 요구한다. 실천을 통한 마케팅의 눈부신 아름다움은 위기를 기회로 전환하는 데에서 찾아볼 수 있다. 특히, 많은 기업들의 성공 사례가 이를 증명하고 있다. 이러한 마케팅적 사고의 전환 역시 마케터의 현명한 판단에 기인한다. 훌륭한 실천을 통해 이루어진 마케팅의 성공은 항상 능동적이고, 긍정적인, 그리고 무엇보다도 창의적인 판단을 필요로 하는 것이다. 그리고 판단은 다시 마케팅 현상에 대한 개념과 원칙의 정확한 이해를 통해서 이루어진다.

마케팅定론은 오늘날 각종 마케팅이 난무하는 시대에서 고객 만족을 위한 실천이라는 마케팅의 본질을 함께 공부하기 위하여 쓰여졌다. 또한 실천을 위한 마케터의 현명하고 창의적인 의사결정에 도움을 줄 수 있는 마케팅의 개념과 원칙들을 소개한다. 이 책은 마케팅 의사결정을 위한 기반을 제공할 뿐 그 이상의 모든 판단과 의사결정은 마케팅定론을 읽는 이들의 몫이다. 마케팅의 개념과 원칙들은 객관적(無情)이고 마케팅 의사결정은 주관적(有情)이기 때문이다.

이 책은 모두 3부에 걸쳐 14개의 장으로 구성되어 있다.

제1부는 마케팅의 개관으로서 마케팅의 기본 개념과 마케팅 활동을 둘러싼 환경 분

석을 다루고 있다. 특히 경영환경의 분석을 통하여 점검하여야 할 항목들을 제시하였다.

제2부는 4개장으로 구성되어 있으며 마케팅의 시발점이자 마케팅 전략의 기반이 되는 수요 측면의 분석을 다루고 있다. 여기서는 STP 전략, 소비자행동, 마케팅 조사를 포함한다.

제3부는 모두 8개의 장으로 이루어졌으며 공급 측면의 디자인, 즉 마케팅 전략에 관한 부분으로 마케팅 믹스를 총체적으로 다루고 있다. 특히, 통합적 마케팅 커뮤니케이션과 광고 전략을, 판매촉진과 데이터베이스 마케팅을 함께 제시하였다.

이 책의 전반에 걸쳐 마케팅은 수요 측면과 공급 측면 사이의 교환과정이라는 인식을 강조하였다. 그리고 새로운 개념이 나올 때마다 그것이 수요 측면에 속하는 개념인지 혹은 공급 측면에 속하는 개념인지를 밝히고 있다.

또한 각 장은 본문에 대한 관심과 흥미를 이끌어 낼 수 있는 다양한 도입사례로 시작하고 있다. 그리고 본문 내용에서도 기업의 풍부한 사례들을 다루고 있으며, 본문 중간에 제시한 Marketing Point에서는 본문에서 설명하고 있는 내용에 대한 관련 사례들을 소개하였다. 특히, 이 책에서 제시한 사례들은 시의성을 고려하여 모두 최근의 사례들을 중심으로 선정하였다.

각 장의 끝에는 생각해 볼 문제를 제시하였다. 이는 마케팅定론을 읽는 이에게 마케팅의 개념과 원칙의 복습과 아울러 창의적인 사고와 마케팅 의사결정을 위한 기회를 제공하기 위한 것이다. 그리고 마케팅定론을 읽는 이의 심도 있는 공부를 위하여 참고자료를 소개하였다. 특히 하버드 비즈니스 스쿨에서 교재로 사용하고 있는 읽을거리들을 많이 소개하였다.

마케팅定론의 출간에는 여러 사람들의 노력과 정성이 깃들어 있다. 우선 마케팅定론의 원고를 정리하는 일에서부터 책의 디자인에 이르기까지 定론의 모든 제작과정에서 커다란 도움이 되어 준 한양대학교 대학원 박사과정의 김지영 양에게 감사의 뜻을 전한다. 이 책에 조언을 해 준 신현희 박사와 백미영 박사, 그리고 책의 진행에 도움을 준 한양대학교 대학원의 이현주, 서보경, 신영지, 이한근, 전혜련 학생에게도 감사의 마음을 전한다. 또한 마케팅定론의 집필 및 출판과 관련하여 많은 도움을 주신 학현사 박철용 회장님과 직원 여러분께도 감사의 말씀을 전한다.

마케팅定론에는 부족한 점들이 있음을 부인할 수 없다. 그러나 앞으로 마케팅定론이 보다 나은 책이 되기 위해서는 이 책을 읽은 이들의 솔직하고 건설적인 비판과 제안이 필요하다. 독자 여러분의 많은 조언과 질타를 부탁드린다. 끝으로 독자들이 보다 창의적이고 현명한 의사결정을 하는 데 이 책이 조그만 도움이 되기를 바란다.

2010년 마른장마 속에서

김성호

Contens

제1부
마케팅 개관

제2부
수요 측면의 이해

제3부 공급 측면의 전략

제1부
마케팅 개관

M A R K E T I N G

제 1 장

마케팅의 기본적 이해

들어가며

죽여주는 생각이 마케팅을 바꾼다.

– 이케아 제국을 만든 #4P –

지난 2014년 12월 18일, 이케아(IKEA) 광명점이 오픈했다.

전 세계 매장 중에서도 가장 큰 부지(약 5만 9천m^2)를 자랑하는 이케아 광명점. 매장 크기도 입이 떡 벌어지지만, 사람들은 세계 최고의 가구 브랜드 중 하나인 이케아가 대한민국에 상륙했다는 사실에 더 놀랐다. 그렇다면, 이케아는 어떻게 세계 최고의 가구 브랜드가 됐을까?

1943년, 스웨덴의 열입곱 살 청년이었던 잉바르 캄프라드(Ingvar Kamparad)는 가구 기업 이케아를 설립했다. 그는 제2차 세계대전 이후 신혼부부들이 가구를 장만하는 데 가격 때문에 많은 어려움이 있다는 사실을 알고, 좋은 품질의 가구를 낮은 가격에 공급할 방법을 고민했다. 초기 사업모델은 제품 카탈로그를 통해 가재도구를 할인된 가격에 판매하는 것. 1947년 가구 판매로 사업영역을 확장하고, 1953년 사람들이 직접 가구를 보고 고를 수 있는 가구 전시장을 오픈했다. 1958년에는 6,700m^2의 당시로서는 초대형 매장을 열었고, 그로부터 7년 뒤인 1965년에는 스톡홀롬에 45,800m^2라는 엄청난 규모의 플래그십 매장을 개장했다. 이렇게 초대형 매장 여러 개를 운영하면서도, 이케아는 좋은 품질의 가구를 싼 가격에 공급하고자 했던 초기의 사업 정신을 잊지 않았다.

이케아의 성공전략은 그들의 경영철학에 모두 들어있다. 그들의 비전은 '많은 사람을 위해 더 좋은 생활을 만든다'는 것. 이 비전을 토대로 세운 경영철학은 '더욱 많은 사람을 위해 멋진 디자인과 기능을 겸비한 다양한 홈퍼니싱 제품을 합리적인 가격에 제공한다'는 것. 그들의 성공전략이 오롯

이 담긴 이 경영철학을 지금부터 마케팅을 구성하는 네 가지 요소인 4P(상품, 가격, 유통, 판촉)로 정리해 보겠다.

Product

먼저 이케아의 '상품(Product)'을 보자. 상품을 구성하는 것은 '질과 양'이다. 이케아 상품의 질은 어떨까? 이케아의 경영철학 중 '멋진 디자인'이란, 북유럽 특유의 미니멀리즘(Minimalism)을 통해 드러난다. 단순하고 간결한 이케아의 상품 디자인은 제품의 가치를 한층 높인다. 그런가 하면, 이케아는 양적으로도 고객에 폭넓은 선택의 기회를 제공한다. 이케아가 판매하는 제품 수는 약 1만여 개에 달하고 각 매장에는 수천 개의 상품이 있다. 이처럼 이케아의 상품은 '질과 양' 어느 것 하나도 놓치지 않고 있다.

Price

자, 다음은 가격(Price)이다. 잉바르 캄프라드는 노년에 들어서도 고객을 가장해 이케아 매장에 방문, 가격표를 살펴보고 비싼 느낌을 주는 제품이 보이면 가격을 낮추라고 지적할 정도로 비용절감에 열성적으로 관여했다. 이렇듯 꾸준히 가격을 유지해 가는 이케아의 원가 절감 전략은 다음과 같다.

첫째, 완제품이 아닌 DIY 제품을 공급해 공장에서는 조립 공정을 생략하고 평평한 형태(플랫 디자인)로 포장해 고객들이 쉽게 가져갈 수 있도록 해 물류비와 운송비를 절감한다. 둘째, 매장 위치를 도시 외곽에 위치하게 해 부동산 비용도 절감하고, 고객의 체류 시간도 늘인다. 셋째, 제품 태그와 설명서에는 최대한 많은 정보를 기재함으로써 안내를 위해 직원을 따로 상주하게 하지 않는다. 이는 곧 인건비 절감으로 이어진다.

Place

이케아는 유통(Place) 전략 또한 가격 전략만큼 중요하다. 이케아에게 유통이란 곧 유통점의 모습이고, 이는 브랜드 아이덴티티를 보여주는 주요 장소다. 유통점은 크게 쇼룸, 식당, 셀프 서브(창고) 세 구역으로 나눠져 있다. 특히 쇼룸은 다양한 이케아 제품으로 실제 주거 공간을 재현한 것이 특징. 이곳에서 고객들은 완제품의 모습을 미리 확인하고 실제 인테리어를 할 때 어떻게 하면 효과적인 구성을 할 수 있는지 도움 받을 수 있다. 실제로 성진옥 이케아 코리아 인테리어 디자인 매니저는 "이번 쇼룸을 구성하기 위해 80여 가정을 방문하고 1천여 가구의 전화 조사를 통해 한국인의 주거 형태와 가족 구성 등을 파악했다"고 밝혔다.

Promotion

다음은 촉진(Promotion)이다. 이케아는 매년 가을이 시작될 무렵, 수십여 개의 언어로 된 카탈로그를 제작해 전 세계에 배포한다. 이는 이케아 사업 초기부터 지금까지 이어지는 마케팅 도구이자 효과적인 광고 수단이다. 매년 2억 부 이상 배포되는 이케아 카탈로그는 성경 다음으로 많이 읽힌다는 우스갯소리가 있을 정도. 소비자 사이에서는 카탈로그 예습은 필수 사항이 됐다. 최근에는 모바일 애플리케이션으로도 출시해 고객들의 편리한 쇼핑을 돕고 있다.

광고 역시 눈여겨볼 만하다. 이케아의 광고는 매우 직관적이면서도 위트 있으며, 이케아의 가치가 고스란히 묻어 있다. 최근 해외에서 방영을 시작한 'The Joy of Storage' 영상 광고는 옷장 속 정리되지 않는 옷들을 철새로 표현했다. 광고에서 갈 곳 잃은 철새(옷)들이 마지막 종착지로 선택한 곳은 깔끔한 수납이 가능한 이케아의 수납장 속이었다.

또 하나, 2003년 칸 광고제 그랑프리 수상작 'Death of a Lamp'. 거실 구석의 작은 램프가 거리에 버려졌다. 추적추적 비까지 내리는 가운데 램프는 계속 자리를 지키고 서 있다. 창문 너머로 보이는 전 주인의 거실에는 새로운 램프가 놓여 있다. 고개를 푹 숙이고 앉은 모습이 마치 풀이 죽은 어린아이를 보는 것 같다. 풀이 죽은 램프를 뒤로하고 한 남자가 나타난다. 그는 냉정한 표정과 말투로 말한다. "당신들은 이 램프에 미안해하죠. 바로 그래서 당신들이 미쳤다는 겁니다. 램프는 아무것도 느낄 수 없습니다. 그리고 새로운 것이 훨씬 낫습니다." 광고의 메시지는 다소 과격하지만, 영상 끝에 나타난 반전은 소비자에 신선한 자극을 주는 데 성공했고, 많은 소비자가 이케아라는 브랜드에 열광하게 했다.

최근 이케아를 두고 '불편까지도 파는 기업'이란 말이 나온다. 실제 이케아는 앞서 소개한 4P를 아우르는 완벽한 시스템 덕분에 다소 복잡한 구조에도 소비자들이 끊임없이 이케아를 찾게 하는 마력이 있다. 이렇듯 이케아가 세계적인 기업으로 성장할 수 있었던 이유는, 불편을 감수하고서라도 고객들이 찾을 수밖에 없는 4P의 완벽한 조화를 통해 탄생한 '죽여주는' 시스템에 있는 건 아닐까?

출처 : 디아이투데이 디지털 매거진, vol. 187.

제1절 마케팅의 개념

마케팅은 오늘날 우리의 일상생활에서 매우 빈번하게 사용되는 용어 가운데 하나이다. 우리의 일상생활에서 마케팅이라는 용어가 붙지 않는 곳은 거의 없다. 실제로 패션 마케팅, 이미지 마케팅, 스포츠 마케팅, 국가 마케팅, 정치 마케팅, 학교 마케팅, 의료 마케팅 등 과거에는 마케팅이라는 용어가 쓰이지 않던 분야에도 많이 사용되고 있음을 볼 수 있다. 즉, 오늘날 마케팅은 우리 생활의 일부이며 또한 전부이다.

그럼에도 불구하고 많은 사람들은 마케팅의 개념을 정확하게 이해하고 있지 못하다. "마케팅이란 무엇인가?"라는 질문에 대하여 대부분의 사람들은 제품의 광고나 홍보, 그리고 영업이나 판매 등을 떠올린다. 이러한 광고나 홍보, 그리고 판매를 위한 영업사원의 설득 같은 것들도 물론 마케팅이다. 그러나 이들은 마케팅의 일부일 뿐 마케팅의 전부는 아니다. 여기서 마케팅이 무엇이고 마케팅을 구성하는 요소들은 어떤 것이 있는지 구체적으로 살펴보자.

1. 마케팅의 정의 및 핵심 요소

마케팅(marketing)은 '수요 측면과 공급 측면의 사회적 · 관리적 교환과정'이라고 정의할 수 있다. 사회적(social)이라는 것은 마케팅 활동이 시장(market)이라는 사회적 장소에서 발생한다는 것을 의미하는 것이며 관리적(managerial)이라는 것은 마케팅 활동을 통하여 기업이 나아가야 할 전략적 방향과 시사점을 제공해 준다는 의미이다.

마케팅에 대해서 알아보기 위해 우선 마케팅 활동과 관련된 핵심 요소들에 대해서 살펴볼 필요가 있다. 마케팅의 핵심 요소들로는 수요 측면과 공급 측면으로 구성된 교환과정, 소비자의 필요와 욕구들로 구성된다. 구체적인 내용은 다음과 같다.

1.1 수요 측면과 공급 측면

교환과정(exchange process)으로서의 마케팅의 주체는 수요 측면(demand side)과 공급 측면(supply side)으로 나누어 볼 수 있다. 수요 측면이란 고객(customer), 구매자

그림 1-1 교환과정으로서의 마케팅

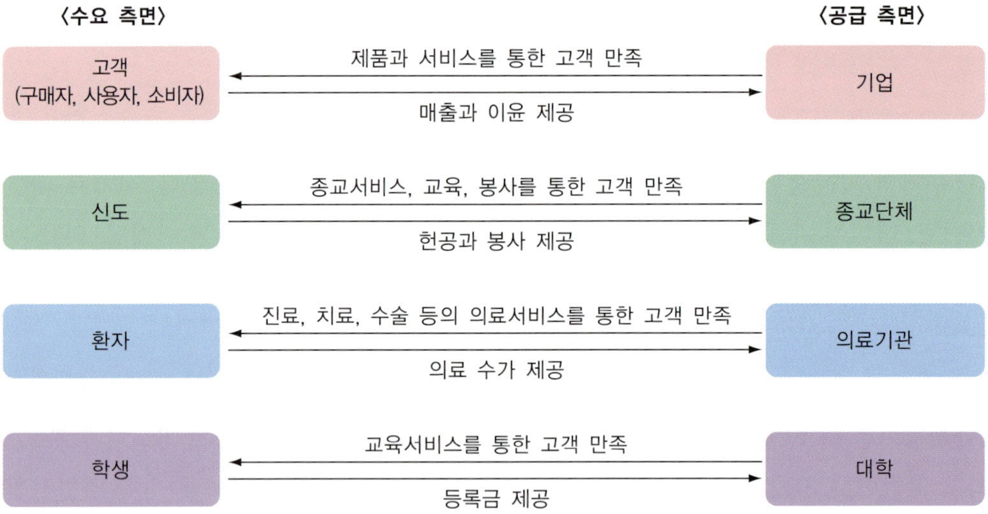

(buyer), 사용자(user), 소비자(consumer), 혹은 이들의 집합인 시장(market)을 일컫는 포괄적인 개념이다. 반면에 공급 측면이란 기업(company), 생산자(producer), 제조업자(manufacturer), 유통업자(distributor), 혹은 서비스 제공자(service provider) 등을 나타내는 개념이다.

일반적으로 마케팅을 공부하고 실천하는 마케팅인(人)들은 항상 공급 측면인 기업을 대표하는 입장을 취한다. 즉, 기업의 입장에서 성공적인 마케팅 전략을 수립하고, 실행하고, 또한 통제하는 일련의 임무를 수행하고자 한다. 반면에 소비자학(consumer studies)에서는 수요 측면을 대표하는 고객의 입장을 취한다. 즉, 소비자학에서는 고객의 입장에 서서 고객의 권익을 대표하고 보호하는 제반 활동을 연구한다.

이러한 수요 측면과 공급 측면의 교환과정의 내용은 다음과 같다. 수요 측면(고객)은 공급 측면(기업)에게 가격을 통하여 매출액과 이윤을 제공하고 공급 측면은 수요 측면에 제품과 서비스를 통해서 고객 만족(customer satisfaction)을 제공한다. 이것이 바로 마케팅 교환이다. 여기에서 중요한 사실은 공급 측면이 수요 측면에게 제공하는 것은 제품과 서비스가 아니라 고객 만족이라는 점이다. 제품과 서비스는 고객 만족을 실현하기 위한 수단에 불과한 것이며 그 목적은 아니다. 그러므로 제품과 서비스를 제공하는 목적은 고객 만족의 실현(achievement)뿐만 아니라 극대화(maximization)가 중요하다. 왜

표 1-1 마케팅의 대상

대상	예
사람	가수, 배우, 정치인, 프로 운동선수 등
아이디어	교통안전 캠페인, 출산장려 캠페인 등
장소	호주 관광청, 싱가포르 관광청 등
조직	모금 운동 등

냐하면 고객의 욕구란 주어진 것에 만족하지 않고 끊임없이 증가하기 때문이다. 즉, 마케팅은 고객 만족의 극대화라는 부단하고 지속적인 노력을 가리킨다.

교환과정으로서의 마케팅은 단지 기업과 같은 영리조직에만 적용되는 것은 아니다. 교환과정으로서의 마케팅은 의료기관, 교육기관, 종교단체 등의 비영리기관에도 공히 적용될 수 있는 것이다. [그림 1-1]은 교환과정으로서의 마케팅의 몇 가지 예를 보여 주고 있다.

교환과정으로서의 마케팅이 영리기관과 비영리기관에 공히 적용될 수 있는 만큼 마케팅의 대상 또한 다양하다. 제품과 서비스는 물론이고 오늘날 마케팅의 대상이 될 수 없는 것은 존재하지 않는다. 〈표 1-1〉은 다양한 마케팅의 대상을 보여 주고 있다.

1.2 필요와 욕구

고객 만족을 실현하기 위해서는 고객이 지니고 있는 필요(needs)와 욕구(wants)를 파악하여 이를 충족시키는 일이 무엇보다도 중요하다. 마케팅에서는 흔히 필요와 욕구를 같은 의미로 사용하는 경우가 많은데 이를 세부적으로 구분하면 다음과 같다.

우선 필요(needs)는 현재의 상태를 유지하기 위하여 없어서는 안 될 것들을 말한다. 생필품, 식품과 음료수, 의약품, 교육용품 등이 필요 제품(need goods)에 포함된다. 반면에 욕구(wants)는 필요 이상의 모든 것을 가리킨다. 없어도 되지만 그것이 있음으로 해서 삶의 질이 향상될 수 있는 것들을 말한다. 욕구 제품(want goods)의 예로서는 사치품이나 호화용품, 유명 브랜드 제품 등을 들 수 있다.

필요 제품과 욕구 제품의 분류는 고정적인 것이 아니며 그 제품이 구매되고 사용되는 상황에 따라 달라진다. 예를 들면 많은 사람들에게 점심은 에너지와 칼로리를 제공하는 필요 제품이다. 그러나 비만으로 칼로리 섭취가 필요하지 않은 사람도 점심이라는 제품이 제공하는 다른 효익을 즐기기 위하여 레스토랑을 찾을 수 있다. 즉, 레스토랑의 좋은 분위기나 친구와의 만남의 시간을 위해 점심식사를 즐길 수 있다. 따라서 기업, 크게는 공급 측면의 입장에서 중요한 사실은 어떤 고객이 어떤 상황에서 제품을 구매하고 소비하는가를 이해하는 것이다. 즉, 고객이 지닌 필요와 욕구를 올바로 이해했을 때만이 성공적인 마케팅 전략의 수립이 가능하다.

2. 경영철학으로서의 마케팅

지금까지 교환과정으로서의 마케팅에 대해 살펴보았다. 다음으로는 세 가지 다른 관점에서 마케팅을 살펴보도록 한다.

첫째, 마케팅은 기업의 한 기능(a business function)이다. 기업에서 실행하는 제품이나 브랜드의 마케팅에 관련된 일련의 활동이 여기에 포함된다. 예를 들면 신제품의 개발, 시장 조사, 광고캠페인의 디자인, 가격정책의 수립 등이 여기에 포함된다.

둘째, 마케팅은 경영학의 한 분야(an academic discipline)이다. 즉, 마케팅 활동과 실무

표 1-2 경영철학으로서의 마케팅 사례

주체	마케팅 사례	경영철학
일본 자동차 제조업체	1970년대에 일본 자동차 제조업자들이 미국 자동차 시장에 진출하여 한 말이다. "우리의 목표는 고객 만족(to satisfy)에 있지 않다. 우리의 목표는 고객을 기쁘게 하는(to delight) 것이다."	고객 감동은 고객 만족보다 중요하다
미국의 슈퍼마켓	미국에서 슈퍼마켓을 운영하던 Stewart Leonard가 종업원들의 오리엔테이션에서 한 말이다. "우리가 슈퍼마켓을 운영하는 데에는 오직 두 가지의 경영원칙이 있을 뿐이다. 첫째는 '고객은 항상 옳다'라는 것이며, 둘째는, 만약 첫째 원칙이 틀렸다면 다시 첫째 원칙으로 돌아가라는 것이다."	고객은 왕이다
일본의 혼다 자동차	미국 사람들이 혼다자동차의 성공을 보고 혼다자동차 사람들에게 물었다. "이 괄목할 만한 혼다자동차의 성공의 원동력은 무엇입니까?" 혼다자동차 사람들은 금방 대답을 하지 못하고 한참을 머뭇거린 후에 이윽고 다음과 같이 말하였다. "글쎄요. 확실히는 모르겠지만 아마도 우리들 자신이 우리가 만든 혼다자동차에 아직 만족하지 못하고 있기 때문이 아닐까요?"	고객 만족의 극대화

에 관련한 이론과 응용을 연구하고 가르치는 일을 말하는 것이다. 경영학 중에서 재무관리나 회계, 경영정보시스템, 인사관리 등의 다른 분야와 구별하여 마케팅 관리, 소비자행동, 마케팅 조사, 서비스 마케팅 등의 과목을 연구하고 가르치는 학문 분야를 가리킨다.

셋째, 마케팅은 경영철학(a business philosophy)이다. 이는 고객 중심 경영 혹은 고객 지향성의 근간이 되는 매우 중요한 개념이다. 즉, 경영철학으로서의 마케팅은 고객 만족의 실현과 극대화(achievement and maximization)를 그 궁극적인 목표로 삼는 것이다. 이는 고객 만족은 마케팅 활동의 결과(outcome)이며 동시에 과정(process)이라는 의미이다. 즉, 고객 만족은 실현에서 끝나는 것이 아니라 그 극대화를 위한 부단한 노력을 요구하는 것이다.

경영철학으로서의 마케팅에 관한 사례와 일화는 수없이 많으나 그 가운데에서 몇 가지 사례를 소개하면 〈표 1-2〉와 같다.

3. 업(業)의 개념

업의 개념(business definition)이란 기업이 벌이고 있는 경영활동의 본질과 내용을 나타내는 말로서 마케터는 물론이고 기업을 경영하는 사람이라면 누구나 반드시 고려해 보아야 할 중요한 사항이다.

업의 개념은 우선 기업이 제공하고 있는 제품과 서비스에 초점을 두는 것이 아니라 고객의 필요와 욕구에 초점을 맞추어 정의되어야 한다. 즉, 고객은 왜 자사가 판매하는 제품을 구매하고 자사가 제공하는 서비스를 이용하는가를 정확하게 이해할 필요가 있다. 이는 곧 매출 원천(revenue source)으로서의 고객에 대한 이해를 요구한다. 즉, 고객이 특정한 제품과 서비스를 선택하는 동기가 무엇인가, 고객은 제품과 서비스를 통하여 자신의 어떤 필요와 욕구를 충족시키고자 하는가를 파악하여야 한다.

업의 개념이 고객이 추구하는 가치(수요 측면)에 초점 맞추어지지 않고 제품과 서비스(공급 측면)에 초점 맞추어져 정의되었을 때 나타나는 불행한 결과를 마케팅 마이오피아(marketing myopia)라고 부른다. 이는 마케팅에 있어서 최악의 상황이며 마케터는 마케팅 마이오피아를 방지하기 위하여 최선의 노력을 기울여야 한다. 마케팅 마이오피아를 방지하는 최선의 방법은 고객의 필요와 욕구, 그리고 고객이 제품과 서비스를 통하여 얻고자 하는 가치를 정확하게 이해하는 것이다.

마케팅 마이오피아의 대표적인 예로서 할리우드의 영화산업을 들 수 있다. 1940년대 미국에서 성공을 거둔 바 있는 영화산업의 종사자들은 자신들의 업의 개념을 영화 제작과 배포 및 흥행이라고 정의하였다. 자신들이 제작하는 영화라는 제품에 초점을 맞추어 업의 개념을 정의한 것이다. 반면 그들이 간과한 것은 영화라는 제품이 고객에게 제공하는 혜택, 그리고 고객이 영화를 통하여 얻고자 하는 가치였다. 업의 개념을 이와 같이 제품에 초점을 맞추어 좁게 정의한 결과, 지금의 영화산업은 1940년대에 비하여 상당히 낙후된 모습을 보이고 있음을 알 수 있다. 반면에 왜 고객들이 영화를 찾는가, 영화가 고객에게 주는 가치, 영화를 통해서 고객들이 충족시키고자 하는 가치, 즉 즐거움과 오락(entertainment)의 가치를 잘 파악했던 경쟁자들은 오늘날 컴퓨터 게임, 놀이동산, 테마파크, 케이블 텔레비전 등의 형태를 통하여 영화산업을 압도하고 있음을 볼 수 있다.

마케팅 마이오피아에 관한 또 하나의 대표적인 예는 바로 미국의 철도산업에서 찾아볼 수 있다. 미국의 철도산업 종사자들은 자신들의 업의 개념을 철도, 즉 단순히 철길 위를 달리는 일(rail-road)이라고 정의하였다. 그들이 간과한 것은 철도를 이용하는 승객들이 얻고자 하는 가치, 곧 교통과 수송수단(transportation)으로서의 철도였다. 오늘날 미국의 철도산업은 일본의 JR(일본철도)이나 사철(私鐵), 그리고 유럽의 유레일시스템에 비하여 많이 낙후된 것을 볼 수 있다. 일본의 경우, 많은 상권(商圈)들은 역(驛)을 중심으로 발달하고 있어 철도산업의 성공을 증명하고 있다. 이제 철도는 단지 교통과 수송수단의 기능뿐만이 아니라 관광이나 여행의 즐거움을 제공하고 있는 것이다.

표 1-3 성공적인 업의 개념

기업	제품 중심 업의 개념	고객 중심 업의 개념
Rubbermaid	우리는 다양한 플라스틱 제품을 만든다	우리는 집안에서 일어나는 작은 문제(small problems of households)들을 해결한다
Xerox	우리는 복사기기를 만든다	우리는 생산성을 향상시킨다
Standard Oil	우리는 가솔린을 판다	우리는 에너지를 공급한다.
Columbia Pictures	우리는 영화를 제작한다	우리는 엔터테인먼트를 제공한다
Carrier	우리는 에어컨을 만든다	우리는 실내의 온도를 조절한다
Encyclopaedia Britanica	우리는 백과사전을 판매한다	우리는 정보를 배포한다
노스페이스	우리는 등산용품을 판매한다	우리는 극한 상황에서의 쾌적함을 제공한다
두산중공업	우리는 설비를 판다	우리는 지구의 가치를 높인다

다음으로 고객의 필요와 욕구, 그리고 고객이 추구하는 가치에 초점을 맞추어 업의 개념을 정의함으로써 마케팅 마이오피아를 극복한 사례를 살펴보면 다음과 같다. 가장 대표적인 예로서는 에이본(Avon) 화장품을 들 수 있다. 에이본 화장품은 자신들의 업을 '고객에게 꿈과 희망을 선사하는 일'로 정의하였다. 즉, 자신들이 판매하는 화장품이라는 제품에 주안점을 둔 것이 아니라 고객이 지니고 있는 꿈과 희망에 초점을 맞추어 업의 개념을 정의하였다. 고객이 가지고 있는 꿈과 희망은 추상적이고 이해하기 어렵지만 이것이야말로 업의 개념을 정확하게 정의하는 방법이다. 고객이 가지고 있는 꿈과 희망이란 화장품이라는 제품을 수단으로 삼아서 아름다움을 얻고자 하는 욕구(가치)를 말한다. 이러한 욕구를 충족시킴으로써 에이본의 업의 개념은 화장품을 판매하는 것이 아니라 궁극적으로는 고객 만족을 전달하는 것이다. 〈표 1-3〉은 성공적으로 업의 개념을 정의한 사례들을 보여 주고 있다.

제2절 마케팅 개념의 진화

마케팅 개념의 진화를 살펴보면 다음과 같다. 여기에서 역사(history)가 아니라 진화(evolution)라는 표현을 사용하는 이유는 마케팅 개념이 시간이 지남에 따라 보다 바람직한 방향으로 전개되어 왔음을 의미하는 것이다.

1. 생산 개념

생산 개념(production concept)으로서의 마케팅은 가장 초기에 등장한 마케팅 개념이다. 이는 수요가 공급보다 많을 때, 즉 기업(공급 측면)이 고객(수요 측면)보다 더 많은 힘(협상력)을 가지고 있을 때 적용되는 개념이다. 수요가 공급보다 크기 때문에 기업의 목표는 당연히 생산량을 늘려 수요를 충족시키는 것이다. 기업은 대량 생산을 통하여 생산 원가의 절감, 경험곡선(experience curve)의 효과, 그리고 규모의 경제(economies of scale) 등을 실현할 수 있다. 이를 바탕으로 저렴한 가격을 제공함으로써 타사 대비 경쟁적 우위를 확보할 수 있다.

생산 개념으로서의 마케팅의 고전적 사례는 헨리 포드의 T 자동차이다. 1920년대 포드 자동차가 처음으로 자동차를 출시하였을 때, 구매를 원하는 고객의 수는 생산량을 초과하였다. 당시 생산된 T 자동차는 모두 검은색이었다. 주변 사람들이 색상의 다양화를 건의했을 때 헨리 포드가 남긴 유명한 말이 있다.

“아! 고객들이 그렇게 다양한 색상의 자동차를 원하는 것을 몰랐구나. 앞으로는 고객들로 하여금 자신이 원하는 색상의 자동차를 고르도록 해야겠다. 검은색 중에서”

2. 제품 개념

포드 자동차의 시장 독점 상황도 GM 자동차의 등장으로 막을 내리게 되었다. 제품 개념(product concept)으로서의 마케팅의 핵심은 품질의 개선, 새로운 기능의 추가, 그리고 성능의 향상이다. GM 자동차는 한 가지의 ‘자동차’만을 제공했던 포드 자동차와는 달리, 성공한 이들을 위한 고급 자동차인 캐딜락(Cadillac), 중산층 가족을 위한 세단인 뷰익(Buick), 그리고 활동성과 젊음을 지향하는 고객들을 위한 폰티악(Pontiac)의 3종의 자동차를 시장에 진입시킴으로써 커다란 성공을 거두었다. GM 자동차가 고객에게 제공한 것은 ‘자동차’라는 제품과 아울러 ‘선택(choice)’이었다. 그러나 제품 개념이 가지는 단점 혹은 위험 요인은 제품의 공급이 기업에 의해 결정된다는 것이다. 즉, 고객이 추구하는 가치보다는 제품 자체의 품질에 더 많은 비중을 두기 때문에 결과적으로 마케팅 마이오피아의 위험에 빠질 수 있다는 것이다.

3. 판매 개념

제조 기술의 발전으로 경쟁사의 제품 품질이 서로 비슷한 수준에 이르게 됨에 따라 판매 개념(sales concept)으로서의 마케팅 개념이 등장하게 되었다. 즉, 판매 개념은 제품의 품질이 더 이상 차별적 경쟁우위가 될 수 없는 상황에서 나타난 개념으로서 대규모의 촉진 활동(promotion)을 통해서 매출을 증가시키려는 노력을 일컫는다.

판매 개념으로서의 마케팅은 고객이 자발적으로는 구매하지 않는 제품군에서 흔히 찾아볼 수 있다. 예를 들면 백과사전, 보험 상품, 선거(election) 등이 여기에 포함된다.

4. 마케팅 개념

마케팅 개념(marketing concept)은 앞에서 살펴본 바와 같이 고객 만족의 실현과 극대화를 그 주된 목적으로 삼는다. 마케팅 개념은 고객의 범위에 따라 다음과 같이 나누어 볼 수 있다.

4.1 고객 지향성

고객 지향성(customer orientation)은 마케팅 개념의 기본이다. 이는 모든 것을 고객의 입장에서 시작하고 고객의 입장에서 끝맺음한다는 것을 의미한다. 여기에서의 고객의 범위는 매우 협소하여 자사의 제품을 구매하거나 자사가 제공하는 서비스를 이용하는 고객을 지칭한다. 고객 지향성에서의 기업의 목표는 자사의 고객을 만족시키는 데 있다.

4.2 사회 지향성

사회 지향성(social orientation)에서의 고객의 범위는 사회 전체를 포함한다. 단지 자사의 제품을 구매하거나 자사의 서비스를 이용하는 고객뿐만이 아니라 사회 전체가 해당 기업의 고객인 것이다. 사회 지향성에서의 기업의 목표는 개인 고객의 만족을 넘어서서 사회 전체의 복지를 실현하는 데 있다. 요즈음 등장하고 있는 기업의 사회적 책임(CSR: corporate social responsibility) 활동을 그 예로 들 수 있다.

4.3 관계 지향성

마케팅 개념의 관계 지향성(relationship orientation)은 고객을 기업 경영의 동반자로 인식하는 데 그 주안점을 두는 것이다. 즉, 고객을 단순한 매출과 수익의 원천, 혹은 기업이 공략해야 할 대상으로 보는 것이 아니라 기업의 의사결정에 적극적으로 참여하는 파트너로 인식하는 입장을 취한다. 따라서 기업은 고객과 장기적이고 우호적인 관계를 유지하고 기업 경영에 고객을 참여시키는 것이 중요하다. 이때 기업과 고객의 관계는 승승의 관계(win-win relationship)가 되어야 한다. 즉, 고객 만족이 더욱 많은 매출과 수익으로 이어지고, 이는 다시 품질 개선과 저렴한 가격 등을 통하여 고객 만족의 제고로 이어진다는 것을 의미한다. 관계 지향성의 예로서는 구매자-판매자 간의 관계 마케팅(relationship marketing)이나 고객 정보를 활용한 데이터베이스 마케팅(database marketing) 등을 들 수 있다.

4.4 환경 지향성

환경 지향성(environmental orientation)은 고객의 범위가 가장 넓은 것으로서 우리가 살고 있는 환경 자체가 기업의 고객이라는 관점을 취한다. 환경 보존을 위하여 환경 친화적인(environment-friendly) 자재나 공정을 사용하는 노력이 여기에 포함된다. 예를 들면 미국의 패스트푸드 레스토랑인 맥도날드는 환경보호를 위하여 플라스틱 봉투의 사용을 중단하고 종이 봉투를 사용하고 있다. 또한 국내의 예로서는 유한킴벌리의 '우리강산 푸르게 푸르게' 캠페인을 들 수 있다.

제3절 마케팅 믹스 및 마케팅 기능

1. 마케팅 믹스

기업이 고객 만족을 실현하고 극대화하기 위하여 사용하는 전략적 변수를 마케팅 믹스(marketing mix)라고 부른다. 마케팅 믹스는 제품(product), 가격(price), 촉진(promotion), 그리고 유통(place 또는 physical distribution)을 포함한다. 이들 네 가지의 전략변수는 모두 P로 시작하기 때문에 4Ps라고 부르기도 한다. 이들 마케팅 믹스를 간단히 살펴보면 다음과 같다.

1.1 제 품

제품(product)은 마케팅 믹스 중에서 가장 중요하며 가장 근본이 되는 것이다. 만약 제품이 없다면 다른 세 가지의 믹스에 대한 결정은 필요하지 않기 때문이다. 일반적으로 제품이란 그 제품을 구성하는 속성의 집합(공급 측면의 관점) 혹은 그 제품이 제공하는 효익(수요 측면의 관점)의 집합이다.

1.2 가 격

가격(price)은 기업이 매출과 수익을 실현하는 데 결정적인 영향을 미친다. 가격결정에서 가장 중요한 점은 고객이 지각하는 가치(perceived value)이다. 고객이 지각하는 가치가 가격보다 클 때 고객은 잉여가치(surplus value)를 느끼고 제품을 구매할 확률이 높아진다.

1.3 촉 진

촉진(promotion)은 제품에 대한 정보와 구매를 유도하기 위한 인센티브를 제공한다. 촉진 전략을 위해서는 광고(advertising), 판매촉진(sales promotion), 인적판매(personal selling), 그리고 PR(public relations)의 네 가지 요소를 사용하는데 이들을 촉진 믹스(promotion mix)라고 부른다. 촉진 활동의 목적은 고객에게 유용한 정보와 시용기회를 제공함으로써 고객이 현명한 구매의사결정을 내릴 수 있도록 지원하는 데 있다.

그림 1-2 마케팅 믹스

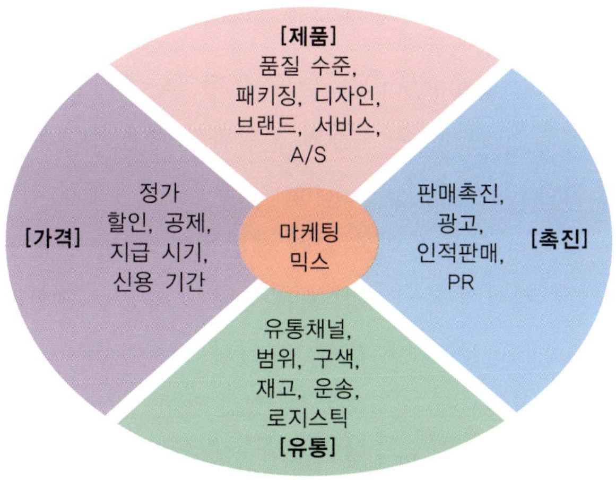

1.4 유 통

유통(place 또는 physical distribution)은 생산된 제품의 구매를 위하여 생산 지점에서 구매 지점으로 제품을 물리적으로 옮기는 것을 말한다. 유통에서의 주요한 의사결정은 유통경로(distribution channel)의 디자인, 유통경로 구성원들의 갈등관리 등을 포함한다.

[그림 1-2]는 마케팅 믹스의 각 요소들의 세부 내용들에 대해서 제시하고 있다.

2. 마케팅의 기능

마케팅의 기능은 다음과 같은 네 가지로 나누어 볼 수 있다.

첫째, 가장 중요한 마케팅의 기능으로서 교환 기능(exchange function)을 들 수 있다. 교환 기능은 구매와 판매를 포함한다. 우선 구매(buying)는 고객의 필요를 충분히 만족시킬 수 있는 제품 물량을 확보하는 것을 의미한다. 판매(selling)는 고객의 필요와 요구에 부합하는 제품과 서비스를 제공하기 위하여 광고, 판매촉진 혹은 인적판매 등의 촉진 수단을 사용하는 것을 말한다.

둘째, 유통 기능(physical distribution function)을 들 수 있다. 유통 기능은 물류와 보관으로 구성된다. 물류(transporting)는 생산 거점에서 구매 거점까지 제품을 물리적으로 수송하는 기능이며, 보관(storing)은 판매가 발생할 때까지 제품을 저장하는 기능을 말한다.

셋째, 촉진 기능(facilitating function)을 들 수 있다. 촉진 기능의 하나인 표준화(standardization)와 등급 설정(grading)은 제품의 품질과 용량을 설정된 표준에 맞도록 유지하고 관리하는 기능이다. 파이낸싱(financing) 기능은 고객에게 신뢰(credit)를 제공하는 기능으로서 할부 판매나 외상 등이 여기에 해당한다. 정보 수집 기능은 고객, 경쟁자 혹은 유통업자들의 의사결정에 관한 정보를 수집하는 기능을 말한다.

넷째, 교육 기능(education function)을 들 수 있다. 교육 기능이란 기업이 고객이 잘못된 것을 원할 때 올바른 방향으로 이끌어주는 것을 말한다. 프랑스의 맥도널드에서 "어린이는 일주일에 두 번 이상 오지 마세요!"라고 언급을 하는 것이 그 예이다. 또한 기업은 고객 교육을 통해서 고객이 제품으로부터 더 나은 효익(benefit)을 얻을 수 있고 나아가 고객만족을 높일 수 있다. 즉, 고객에게 보다 많은 정보를 제공함으로써 제품 사용의 효과성과 효율성을 제고할 수 있다.

제4절 고객 만족 경영

1. 고객 만족의 중요성

고객 만족의 중요성은 우리가 기업(the business)을 경영한다는 점에서 찾을 수 있다. 기업이 존재하는 가장 원초적인 이유는 이윤의 창출과 극대화이다. 그 이외의 모든 것, 예를 들면 기업의 사회적 책임(corporate social responsibility)과 같은 것은 이윤의 창출 후에 수반되는 2차적인 활동이다.

기업이 존재하는 이유를 이윤의 창출을 위한 영속적인 경영활동으로 보았을 때 이를 위하여 필요한 것은 지속적인 매출의 흐름(revenue stream)이다. 또한 이것은 다시 재구매 고객의 창출을 요구한다. 이때 재구매 고객의 창출은 고객의 만족을 절대적으로 필요로 하는 것이다. 즉, 고객 만족은 재구매 고객의 창출을 위한 수단이며, 재구매 고객의 창출은 영속적인 경영활동을 통한 이윤 창출의 수단이라고 할 수 있다.

많은 마케터들과 기업들은 고객 만족이 마치 기업의 궁극적인 목적인 것처럼 부르짖고 있으나 이는 분명히 잘못된 견해이다. 고객 만족은 어디까지나 기업의 궁극적인 목표인 이윤 창출을 위한 수단일 뿐이다. 이윤 창출을 위해서 고객 만족이 요구되는 것이며, 고객 만족을 위하여 이윤 창출이 요구되는 것은 아니기 때문이다.

그림 1-3 마케팅의 선순환고리와 악순환고리

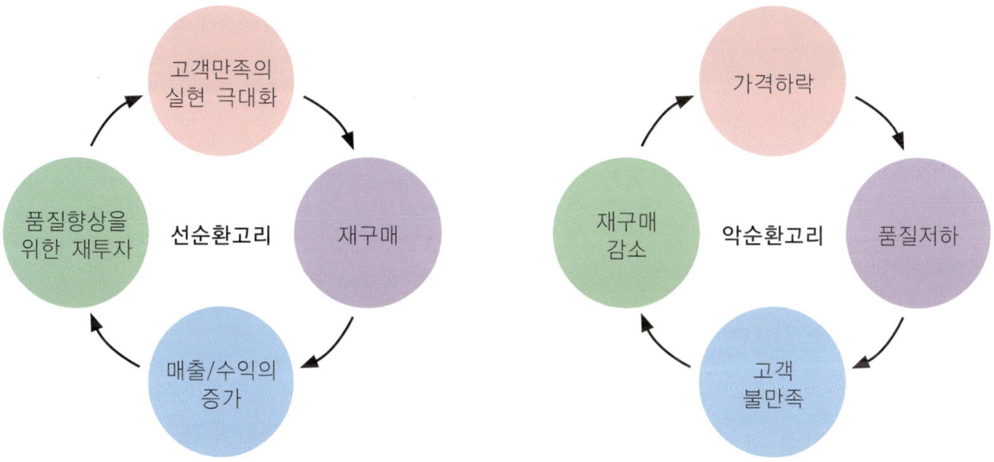

마케팅의 선순환고리의 출발점은 고객 만족이다. 이는 고객의 재구매를 가져오고 고객 만족은 다시 매출과 수익의 증가로 이어진다. 그리고 매출과 수익의 증가는 다시 제품과 서비스 품질의 향상을 위한 재투자로 이어지며 품질의 개선과 향상은 고객 만족의 제고로 이어진다(그림 1-3, 왼쪽).

반면에 가격을 출발점으로 하는 마케팅은 악순환고리를 나타낸다. 가격의 저하는 품질의 저하를 가져오고 이는 고객 불만을 야기한다. 그리고 고객 만족의 저하는 재구매의 감소를 통한 매출과 수익의 감소로 이어지며, 기업은 품질개선의 노력을 할 수 없는 처지에 이르게 된다. 결국 기업은 수요를 자극하고 매출을 늘리기 위하여 다시 가격을 낮추게 되며 이러한 악순환의 고리는 되풀이된다(그림 1-3, 오른쪽).

그러나 만약 우리가 기업을 경영하는 입장이 아니라 하나의 장사꾼(the merchant)이라 한다면 우리는 고객 만족을 실현하기 위해서 노력할 이유가 전혀 없을 것이다. 장사꾼은 고객 만족을 통한 고객과의 장기적인 관계를 원하지 않는다. 그들이 원하는 것은 오로지 단기적인 매출과 이윤뿐이다. 그 극단적인 예는 피서지에서 흔히 볼 수 있는 바가지 장사꾼이다. 그들에게는 단 한 번의 매출 기회가 있을 뿐이며 고객과의 향후 거래는 기대하지 않는다. 이는 마치 단 한 차례의 죄수게임(single stage prisoner's dilemma game)에서 선택하는 근시안적인(myopic) 전략과 같은 것이다. [그림 1-4]는 기업과 장사꾼의 입장을 비교하여 나타내고 있다.

그림 1-4 기업과 장사꾼의 비교

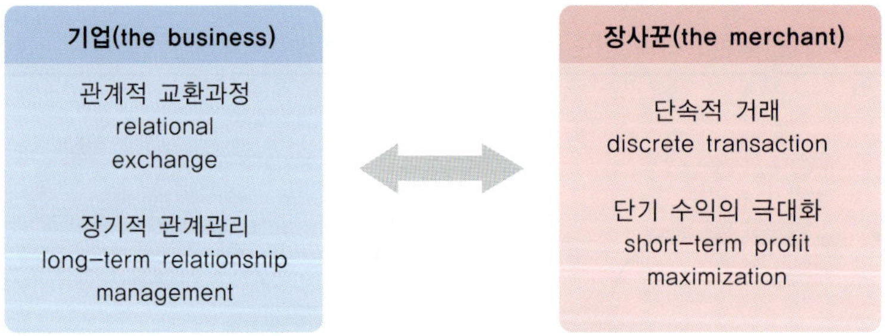

2. 고객 만족 경영의 과제

마케팅을 통하여 고객 만족을 실현하고 극대화하기 위해서 기업은 다음과 같은 과제를 수행하여야 한다. 다음에 제시되어 있는 과제는 어느 한 사람의 조직 구성원이나 한 개 부서의 노력으로 달성할 수 있는 일은 아니다. 이는 전사적(全社的)인 노력을 요구하는 과제(organization-wide agenda)이다.

마케팅을 통한 고객 만족 경영을 구현하기 위해서 수행하여야 할 과제는 다음과 같다.

첫째, 고객 지향성(customer orientation)의 확립이다. 이를 위하여 가장 기본적으로 요구되는 사항은 고객이 지니고 있는 필요와 욕구를 올바로 이해하는 일이다. 다음으로는 역피라미드형 조직 구조가 필요하다. 즉, 역피라미드 상단에 고객이 있고 그 바로 아래에 일선(고객 접점) 직원이 있고, 이렇게 하여 역피라미드 제일 하단에 최고경영진이 자리하는 조직 구조를 이루어야 한다. 그리고 고객 불만과 불평 사항을 효과적으로 처리할 수 있는 시스템을 갖추어야 한다. 이는 품질 개선, 신제품 개발, 그리고 서비스 개선 등을 위한 시발점이 되기 때문이다.

둘째, 고객 중심의 조직 문화(customer focused organizational culture)를 갖추어야 한다. 이를 위해서는 고객 지향성의 확립과 아울러 고객정보시스템(customer database system)이 구축되어야 한다. 그리고 직원들의 효율적인 업무 수행을 위하여 교육 및 훈련시스템이 갖추어져야 하며 또한 직원들의 동기부여를 위하여 보상시스템도 갖추어져야 한다. 내부 고객인 직원들의 만족은 외부 고객의 만족을 실현하는 데 필수적이기 때문이다. 따라서 기업은 내부 마케팅을 적극적으로 실천하여야 한다. 끝으로 성공적인 고객 중심의 조직 문화를 갖추기 위해 최고경영진의 지원은 필수적이다.

생각해 볼 문제

1. 나의 고객은 누구인가? 그리고 나는 그들을 위해 어떤 가치를 제공하는가?

2. "나이키의 경쟁자는 아디다스이다"라는 명제를 마케팅 마이오피아의 관점에서 분석하여 보시오.

3. "마케팅은 위대하다. 왜냐하면 새로운 제품에 대한 수요를 창조할 수 있기 때문이다"라는 명제에 대하여 자신의 생각을 서술하시오.

4. 마케팅 현상은 우리가 시장에서 보고 듣고 경험하는 모든 가변적 요소들을 말한다. 예를 들면 이번 가을에 유행하는 패션이나 스타일 혹은 획기적인 신제품들이 그것이다. 한편 마케팅 본질은 시간이 흘러

도 변하지 않는 고객의 필요와 요구, 취향 등을 가리킨다. 여기에서 마케팅 마이오피아를 마케팅 현상과 마케팅 본질의 관점에서 설명하시오.

참고자료

Debruicker, F. S. and G. L. Summe(1985), "Make Sure Your Customers Keep Coming Back," *Harvard Business Review*, Jan.

Levitt, T.(2004), "Marketing Myopia(HBR Classic)," *Harvard Business Review*, Jul.

Levitt, T.(2004), "What Business Are You In?: Classic Advice from Theodore Levitt," *Harvard Business Review*, Oct.

Silk, Alvin J.(2006), *What is marketing?*, Harvard Business School Press.

Case Study

사우스웨스트 항공

사우스웨스트 항공사는 1971년 6월 유능하고 성공적인 창업가인 뮤즈에 의하여 창립되었다. 뮤즈는 텍사스 주의 댈러스, 휴스턴, 그리고 산 안토니오를 잇는 삼각노선으로 항공 서비스를 제공하기로 하였다. 그 중에서도 뮤즈는 노선의 수익성과 성장가능성을 고려하여 댈러스 · 휴스턴 노선을 사우스웨스트 항공사의 주력 노선으로 삼기로 하였다.

창사 당시의 댈러스 · 휴스턴 노선에서 항공 서비스를 제공하는 공급자는 브라니프 항공사와 텍사스 에어뿐이었다. 브라니프는 많은 국제노선에서 항공 서비스를 제공하고 있던 거대한 항공사로서 이들은 댈러스-휴스턴 노선의 서비스를 뉴욕-댈러스 구간이나 파리-댈러스 구간과 같은 장거리 노선의 연장으로 생각하고 있었다. 텍사스 에어는 텍사스 주 내에서 로컬 항공 서비스를 제공하는 항공사로서 그 규모가 브라니프에 비교할 수 없을 정도로 작은 항공사였다.

창사 당시 댈러스 · 휴스턴 노선을 이용하고 있던 승객의 수는 1일 편도 기준으로 536명이었다. 당시 댈러스 · 휴스턴 노선을 이용하고자 하는 승객들은 브라니프 항공사와 텍사스 에어사의 독점에 가까운 횡포에 시달려야 했다. 이는 항공편을 이용하고자 하는 승객의 수에 비해 항공 서비스의 공급은 턱없이 부족한 형편이었기 때문이다. 특히 브라니프 항공사의 주력사업은 장거리 국제노선이었기 때문에 댈러스 · 휴스턴 노선은 장거리 여행객에 대한 서비스 차원에서 이루어지고 있었다. 따라서 브라니프 항공사의 댈러스 · 휴스턴 노선 서비스는 정시 도착과 정시 출발이 제대로 이루어지지 않았으며 또한 비행기 표를 구하기도 매우 힘든 상황이었다.

당시 댈러스의 승객들은 브라니프 항공사를 가리켜 "세계에서 가장 스케줄이 엉망인 항공사"라고 부르기까지 하였다. 댈러스에서 휴스턴으로 가기 위하여 브라니프 항공을 이용하고자 하는 승객들은 댈러스에서 내리는 승객이 있을 경우에만 탑승

이 가능하였다. 댈러스에 도착하는 브라니프 항공편의 대부분은 뉴욕이나 런던 혹은 파리에서 탑승하는 장거리 승객들이었다. 댈러스에서 항공편을 이용하여 휴스턴으로 가고자 하는 댈러스의 승객들은 좌석이 없거나 혹은 좌석이 있는 경우라 할지라도 예약이나 발권, 그리고 탑승 수속을 하는 데 있어서 많은 문제점을 경험하곤 하였고 항공사 직원들의 불친절한 서비스를 감수하지 않으면 안 된다. 또한 급한 일로 휴스턴에 가고자 하는 승객들에게 브라니프의 항공편은 언제 떠날지 또 언제 도착할지 알 수 없는 믿음직하지 못한 항공 서비스였다.

뮤즈는 이러한 시장상황을 분석하고 댈러스 · 휴스턴 노선에 충분한 시장 기회가 있다고 믿었다. 이윽고 1971년 6월 뮤즈는 사우스웨스트 항공사를 창립하고 매일 12회의 댈러스 · 휴스턴 노선 서비스를 시작하였다. 뮤즈가 구상한 사우스웨스트 항공사의 업(業)의 개념은 "로컬 통근 서비스였다. 사우스웨스트 항공사는 새 비행기인 보잉 737을 구입하였고 친절한 예약 및 발권 서비스, 신속한 탑승 수속, 정시 출발 및 정시 도착, 그리고 안락한 기내서비스를 제공하였다. 승무원들은 매력적인 복장으로 승객들을 대하며 45분의 비행 중에 편안하게 즐길 수 있는 이국적인 음료를 제공하였다. 뮤즈는 댈러스 · 휴스턴 노선에서 1회 비행에 39명의 승객이 탑승한다면 20달러의 항공료로써 손익분기점에 이를 수 있다고 생각하였다.

당시 댈러스 · 휴스턴 노선을 이용하는 승객의 가변비용은 승객당 약 2달러 80센트 정도가 소요되었다. 댈러스 · 휴스턴 노선의 비행시간은 약 45분이었다. 창업 당시 사우스웨스트 항공사의 광고의 주제는 "20달러로 45분간의 쾌적한 비행을 즐기세요!"라는 것이었다. 사우스웨스트 항공사는 댈러스 · 휴스턴 노선에 이른 아침부터 늦은 저녁까지 12편의 항공기 운항을 시간대별로 고르게 배치하여 운행하였다. 또한 대부분의 항공사들이 휴스턴 외곽의 대규모 공항에 취항하는 데 반해 사우스웨스트 항공사는 보다 도심에 가까운 지점에 위치한 러브 필드 공항을 이용함으로써 탑승객들이 휴스턴 시내의 목적지에 보다 빠른 시간에 도착할 수 있도록 하였다. 창사 당시의 사우스웨스트 항공사의 마케팅전략은 〈표 1〉과 같다.

창사 후 첫 6개월간의 항공사 운영을 살펴본 뮤즈는 항공사가 심각한 재정난에 처해 있음을 깨닫게 되었다. 당시 미국의 항공 산업은 심각한 슬럼프에 빠져 있었고 댈

표 1 창업 당시 사우스웨스트 항공사의 마케팅전략

댈러스 · 휴스턴 노선 (수요측면)		사우스웨스트 항공사 마케팅전략 (공급측면)	
시장 규모	536명 (1일, 편도기준)	제품	로컬 통근 서비스 신속한 예약, 발권, 탑승 수속, 정시출발 정시도착
시장 성장률	침체상태	가격	20달러의 균일 요금(편당 39명의 탑승객을 기준으로 한 손익분기점으로 산출)
시장 점유율	85% (사우스웨스트 항공의 손익분기점에 따름)	촉진	20달러로 45분간의 즐거운 비행
경쟁사	브라니프 항공사 텍사스 에어	유통	Love Field 공항 이용 12편의 고른 배치

러스 · 휴스턴 노선도 예외는 아니었다. 당초 뮤즈가 예상했던 만큼의 탑승률(편당 39명)을 기록할 수 없었고 따라서 수익을 내기는커녕 손익분기점에조차 이를 수 없었다.

뮤즈는 항공사 운영과 수익 구조의 반전을 위하여 몇 가지의 "실험"을 시도하여 보았다. 그 첫째는 댈러스 · 휴스턴 노선의 운항 횟수를 조정하는 것이었다. 이른 아침부터 늦은 저녁까지 고르게 배치했던 12편의 운항 중에서 탑승률이 저조한 몇 편의 항공 서비스를 중단하기로 하고 비행편수를 줄였다. 두 번째로는 뮤즈는 항공 운임의 조정을 시도하여 보았다. 주중에는 20달러의 정상 운임을, 그리고 주말에는 10달러의 할인 운임을 일정 기간 동안 한정적으로 제공하였다. 그 결과 주중의 탑승률은 별로 큰 변화가 없는 반면 주말의 탑승률이 급격하게 증가하였다. 그러나 뮤즈는 아직도 주중에 탑승하는 승객과 주말에 탑승하는 승객이 누구인지, 혹은 그들 승객 간에 어떤 차이가 있는지에 대하여는 전혀 파악하지 못하고 있었다. 세 번째는 보유 항공기의 매각이었다. 심각한 자금난에 시달리고 있던 뮤즈는 당시 운항 횟수의 감소로 인하여 사용하고 있지 않던 항공기 2대를 매각하기에 이르렀다. 그 항공기는 보잉 737기로서 당시 항공업계에서는 가장 인기가 있던 신형 기종이었다. 항공기의 매각 당시 미국의 항공 산업은 오랜 기간의 침체 상태에서 벗어나고 있던 회복기였다. 그러나 뮤즈는 이러한 항공 산업의 동향에 대하여 알고 있지 못하였다.

사우스웨스트 항공이 창업한 지 18개월이 지난 후 뮤즈는 더 이상 손익분기점을 기준으로 하여 결정한 20달러의 항공 운임으로는 항공사 운영이 어렵다는 결론에 이르렀다. 뮤즈는 항공사의 지속적인 운영을 위한 수익을 내기 위해서는 항공 운임을 20달러에서 26달러로 인상하지 않으면 안 된다고 판단하였다. 이제 26달러의 운임으로는 어느 정도 항공사의 운영이 가능하다고 생각하였기 때문이었다. 다행히도 운임 인상의 결과는 댈러스 · 휴스턴 노선의 수요를 감소시키지 않았다. 이제는 항공업계의 회복과 함께 안정적인 항공사 운영이 가능하게 된 것이다.

창사 후 일 년 반이 흘러갔다. 이제야 뮤즈는 비로소 자신의 고객이 누구인가를 파악하였다. 뮤즈는 사우스웨스트 항공을 이용하는 고객은 크게 두 집단으로 분류된다는 사실을 깨달았다. 그 하나는 주중에 주로 항공을 이용하는 승객들은 비즈니스맨들이며 또 하나는 주로 주말에 할인 요금을 이용하여 항공편을 이용하는 개인 여행자들이었다. 사우스웨스트 항공은 비로소 세분화의 개념을 깨닫고 그들을 위한 마케팅전략을 수립하기에 이르렀다. 〈표 2〉는 세분화를 도입한 후의 사우스웨스트 항공사의 마케팅전략을 보여주고 있다.

1973년 2월 사우스웨스트 항공사는 창사 이래 최대의 위기를 맞게 되었다. 사우스웨스트 항공사의 가장 위협적인 경쟁사인 브라니프 항공사가 댈러스 · 휴스턴 노

표 2 사우스웨스트 항공사의 세분화 도입전후 마케팅전략의 비교

	처음 1년간 전략	세분화 도입 후 전략	
표적고객	20달러를 내고 45분간의 비행을 즐기려는 모든 사람	비즈니스맨	개인여행자
제품	로컬 통근서비스	로컬 통근서비스	로컬 통근서비스
가격	$20	$26	할인요금
촉진	45분간의 즐거운 비행	좌석예약가능 정시운항 신뢰성 믿을 수 있는 서비스	저렴한 운임과 즐거움
유통	러브필드 공항 12편의 고른 운항 스케줄	주중 이른 아침과 늦은 저녁에 집중	주말

선에서 13달러의 할인운임을 도입한 것이다. 브라니프는 60일 간 한정적으로 할인요금을 제공한다는 광고를 게재한 것이었다. 사우스웨스트 항공사는 자사의 존속을 위해서는 반드시 26달러의 운임이 필요한 상황이었다. 뮤즈는 이제 중대한 결정을 내려야 하는 처지에 이르렀다. 브라니프 항공사의 60일 간의 한정적인 50% 할인운임에 어떻게 대응할 것인가에 대한 결정이 요구되었다. 이를 위하여 뮤즈는 일단 브라니프 항공사가 60일 동안만 할인요금을 제공하는 진정한 의도가 무엇인가를 파악하는 것이 중요하다고 생각하였다. 또한 26달러의 항공요금이 절실한 상황에서 브라니프 항공사에 맞서기 위하여 사우스웨스트 항공도 역시 13달러를 받는다면 도대체 몇 명의 승객을 태워야 손익분기점에 다다를 수 있고 손실을 피할 수 있는지 알고 싶었다.

Discussion Questions

당신이 경영자인 뮤즈라면 경쟁사인 브라니프 항공사에 대응하기 위해 4Ps(제품, 가격, 촉진, 유통)를 어떻게 변화시킬 것인가?

제2장

마케팅 환경 분석

들어가며

체험 중심의 소비행태를 지향하는 '네오비트족', 새로운 대중문화 트렌드 창출 기여

'쿡방'의 레시피대로 집밥을 만들고 '먹방'에 나온 맛집은 꼭 한번씩 방문하기. 최신 스마트폰으로 SNS 교류를 즐기며, 하루도 거르지 않는 피트니스와 독특한 패션, 화장법으로 자기 스타일 꾸미기에 힘쓰기. 일과 후에는 클럽에서 전자댄스음악(EDM)에 맞춰 스트레스를 풀고 락페스티벌이나 EDM음악축제는 해외공연도 빠짐없이 참석하기….

2015년 한국의 소비 트렌드를 주도하는 '신소비계층'의 특성과 라이프스타일을 엿볼 수 있는 재미있는 조사결과가 나왔다. 브랜드컨설팅 및 시장조사전문기업 밀워드브라운은 16일 주요 소비재 제품의 이용자들에 대한 행태조사를 토대로 최근 대표 소비계층을 '네오비트족(Neo-Beats)'이라고 명명했다.

영화 '이유 없는 반항'의 주연배우 제임스 딘으로 상징되는 1950년대 미국 '비트세대(Beat Generation)'에서 이름을 따온 '네오비트족'은 기성질서에 순응하지 않는 독창성과 도전정신으로 패션과 음식, 음악, 여가생활에 이르기까지 다방면에서 '직접적인 체험'을 해야 직성이 풀리는 세대라고 정의할 수 있다.

이들이 주도하는 '체험 중심의' 소비행태는 요즘 TV 편성표를 가득 채우고 있는 '먹방'(음식 먹는 방송), '쿡방'(요리 만드는 방송)들처럼 새로운 대중문화 트렌드를 창출하는 데도 기여하고 있다. 도전정신(Brave), 체험 중심(Experience), 자기주도(Active), 디지털 얼리어댑터(Technology)를 의미하는 영어 첫 글자를 조합한 단어 'BEAT'에서도 '네오비트' 세대의 성향과 행태적 특성을 확인할 수 있다.

'비트세대'처럼 관습과 획일성 거부

1955년 개봉한 영화 '이유 없는 반항(Rebel Without A Cause)'과 주연배우 제임스딘은 미국 '비트세대'의 상징이다. 획일적이고 관습적인 기존 질서에 저항했던 '비트세대'처럼 '네오비트족' 역시 기성질서에 순응하지 않고 획일성을 거부하며, 독창성과 도전정신으로 자기만의 색깔을 모색하고 추구하는 데 열중하고 있다. 다만 반사회적 저항성과 폐쇄성이 강했던 '비트세대'와 달리 '네오비트족'은 사회와 적극적으로 교류하며 참여와 소통을 매우 중시한다. 특정 분야에 국한하지 않고 매우 강한 도전정신으로 배움과 경험, 습득과 창조를 하는 데 익숙한 세대다.

'네오비트족'의 구성

20대부터 40대에 걸쳐 고르게 분포하고 있으며(20대 36%, 30대 34%, 40대 30%) 남녀간의 성비도(남자53%, 여자 47%) 비슷하다. 젊은 감각을 지향하며 나이나 성별은 이들의 가치 기준에서 중요하지 않다. 서울(62%)을 중심으로 부산(17%), 대구(10%), 대전(7%), 광주(4%) 등 주로 대도시에 거주하고 있다. 대부분 대기업에 근무하거나 전문직에 종사하고 있으며 전체의 59%가 월 400만 원 이상의 소득자인 것으로 나타났다. 학력 역시 초대졸 이상의 고학력자들이 대다수(81%)를 차지하고 있다. 정치, 경제, 사회적 문제에 대해 다른 집단들보다 높은 관심을 가지고 있을 뿐만 아니라 보다 더 적극적으로 사회적인 이슈 해결에 참여하려는 경향을 보이고 있다.

적극적인 참여와 자기계발 중시

'네오비트족'은 패션, 운동, 여행, 놀이, 다이어트 등 자신을 계발하는 분야에 무엇보다 관심이 많다. 다양한 스포츠 활동을 즐기지만 그중에서도 수영이나 피트니스 등 자신의 신체와 외모를 가꾸는 분야에 더 많은 시간을 투입하고 있다. TV나 미디어를 통한 간접체험에 만족하지 않고 자신이 직접 참여하고 체험하는 것을 최우선 가치로 여기는 것이 이들 세대의 가장 큰 특징이기도 하다. 요즘 TV의 '먹방', '쿡방'의 열풍은 체험을 중시하는 이들 계층의 성향이 반영된 결과라고 할 만하다.

역동적인 여가활동 선호

'네오비트족'은 개인활동보다는 다수가 참여하는 사교적인 모임을 선호하며 특히 페스티벌, 콘서트 같은 역동적인 현장에 열광한다. 일할 때는 열심히 일에 집중하지만 일과 후 여가활동(Night life) 역시 결코 소홀히 여기지 않는다. 클럽이나 레스토랑, 펍 등에서 타인과의 교류를 즐기며 EDM 같은 새로운 음악을 즐긴다. EDM이나 락페스티벌 등은 휴가를 내고 해외 공연까지 챙길 정도로 음악에 대한 열정이 각별하다.

디지털에 익숙한 얼리어댑터(early adopter)

새로운 기술의 습득 속도가 빠르며 이를 실생활에 폭넓게 이용한다. SNS를 통해 시공간 제약을 극복한 교류를 즐기며, 모바일 어플리케이션을 이용해 다양한 영역에서 편리성을 극대화하고 있다. 이들에게 새로운 기술이란 어렵고 부담스러운 대상이 아니라 실생활에서 자신의 삶을 더욱 편리하고 윤택하게 만들어 주는 도구다. 대부분이 각종 첨단 디지털 기기를 활용한 정보 습득과 정보 교류에 익숙하며 디지털 기반의 새로운 소비 트렌드나 유행을 창출하는 대표 주자들이라고 해도 과언이 아니다.

이번 조사를 담당한 밀워드브라운 관계자는 "1990년대 X세대(1961년~1984년 사이 출생자)가 등장한 이후 트렌드를 리드하는 젊은 세대의 명칭은 첨단기기와 네트워크를 통해 문화를 공유하는 'N세대(1977년 이후 출생자)', 밀레니엄을 선도하는 'Y세대(1982년~2000년 사이 출생자)', 모바일 중심의 'M세대(1980년대 초반 이후 출생자)' 등을 거치며 시대의 변화에 따라 계보를 이어갔다"며 "현재의 트렌드를 주도하는 세대인 '네오비트족'의 성향과 특성을 정확히 파악하고 대응하는 것이 향후 기업들의 마케팅 과제가 될 것"이라고 말했다.

출처 : 경향신문, 2015.7.16.

마케팅과 관련된 효과적이고 효율적인 의사결정을 하기 위해서 기업은 자신을 둘러싸고 있는 마케팅 환경(marketing environment)을 파악하는 것이 중요하다. 기업의 마케팅 환경은 표적고객과의 성공적인 관계를 구축하고 유지하는 데 커다란 영향을 미치는 요인으로 구성된다.

기업에게 있어서 마케팅 환경은 크게 두 가지 환경 상황으로 구분하여 살펴볼 수 있다. 우선 기업의 경영 활동에 직접적인 영향을 미치는 요소인 기업(company), 경쟁사(competitor), 고객(customer)이 있으며 이를 통칭하여 3C라고 한다. 반면에 기업의 경영 활동에 간접적으로 영향을 미치는 환경을 거시환경(macro environment)이라고 하는데 이는 3C보다는 그 범위가 큰 사회적 요인들로 구성된다([그림 2-1] 참조).

기업의 모든 마케팅 활동은 고객을 중심으로 고려해야 한다. 특히, 가치 기반 마케팅에서 중요한 목표 중의 하나는 경쟁자보다 더 많은 가치를 더욱 빠르고 편리하게 고객에게 제공하는 것으로 이는 고객 관점에서 비즈니스 과정(business process)을 설계하는 것을 의미한다. 그러므로 마케팅 관리자는 기업을 둘러싸고 있는 직간접적인 요소인 환경요인들을 주의 깊게 분석(analysing)하고 감시(monitoring)함으로써 기존 시장의 고객들에게 더 높은 수준의 만족을 제공하고, 신규 시장을 발굴할 수 있는 기회를 파악할 수 있다.

그림 2-1 기업의 마케팅 환경

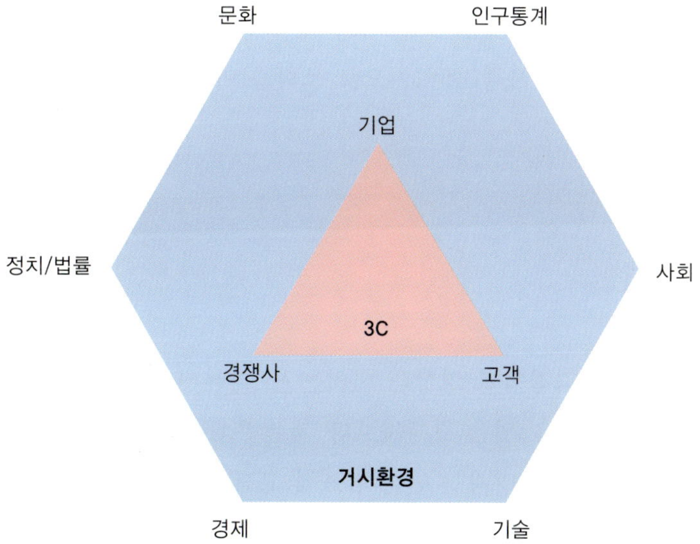

제1절 3C분석

1. 자사 분석

기업의 경영 활동에 직접적으로 영향을 미치는 요소 중의 하나는 기업의 역량(company capability)이다. 성공적인 마케팅 기업들은 자사의 핵심 역량으로써 고객 욕구를 충족시키는 데 초점을 두고 있다. 마케팅 관리자는 자사의 핵심 역량(core competence)을 외부 환경 분석(external environment analysis) 또는 SWOT(strengths, weaknesses, opportunities, threats) 분석을 통하여 분석하고, 자사의 경영 활동을 위한 매력적인 시장을 파악할 수 있다.

마케팅 전략을 수립함에 있어 마케팅 관리자는 기업 내의 다른 부서(생산, 연구개발, 회계 등)의 이익을 고려하여야 한다. 이들 다른 부서의 구성원들은 내부 환경을 형성한다. 예를 들면 최고경영자는 회사의 비전과 목표, 대략적이고 거시적인 전략 및 정책을 수립한다. 마케팅 관리자는 최고경영자에 의하여 수립된 전략과 계획의 범위 내에서 구체적이고 세부적인 의사결정을 한다. 따라서 마케팅 관리자는 기업의 다른 부서들의 이익과 관심(interest and concern)을 제대로 반영하기 위하여 이들과의 긴밀한 협조체제를 구축하여야 한다.

마케팅의 핵심적 본질은 고객을 중심으로 하는 가치 경영이기 때문에 우수한 고객 가치를 제공하기 위해서는 전사적(全社的)으로 조화를 이룰 수 있는 전략이 수립되고 실행되어야 한다.

2. 경쟁자 분석

기업의 경영 활동에 직접적인 영향을 미치는 또 다른 요소는 경쟁자(competitor)이다. 성공적인 경영을 위해 기업은 경쟁자보다 더 많은 고객 가치와 고객 만족을 제공하여야 한다. 따라서 마케팅 관리자는 단순히 표적 고객의 욕구에 부합하는 것 이상의 성과를 내기 위하여 부단한 노력을 기울일 필요가 있다. 또한 고객의 마음속에 자사가 제공하는 제품 또는 서비스를 경쟁사의 것보다 더 강하게 포지셔닝 함으로써 전략적 경쟁

우위(competitive advantage)를 확보하여야 한다.

경쟁자란 특정 시장에 있는 고객들의 필요와 욕구를 충족시키기 위하여 비슷한 제품이나 서비스를 제공하는 기업들을 일컫는다. 또한 경쟁이란 자사의 움직임(전략)에 따른 다른 기업의 매출의 변화라고 정의할 수 있다. 즉, 자사의 전략 실행에도 불구하고 다른 기업의 매출에 변화가 없다면 그 기업은 자사의 경쟁자라고 볼 수 없다. 따라서 기업의 성공적인 경영 활동을 위해서는 필수적으로 자사와 경쟁자의 강점과 약점을 비교하여 분석해 보아야 한다. 이러한 경쟁 분석을 통하여 기업은 자사와 경쟁자의 현재 위치를 파악하고 나아가 앞으로 공략해야 할 전략적 위치를 선정할 수 있다.

3. 고객 분석

기업이 자사의 역량을 파악하고, 경쟁자를 분석하더라도 고객(customer)을 이해하지 못하면 성공적인 마케팅 전략을 수립할 수 없다. 기업의 궁극적인 목적은 고객 만족이고 고객은 기업의 수입원(revenue source)이다. 따라서 기업은 전략의 핵심인 고객을 이해하고 분석하기 위해서는 고객을 둘러싸고 있는 환경을 알아야 한다. 즉, 고객이 어떤 문화권에 속하는지, 어떤 사회에 있는지를 파악하는 것이 중요하다. 왜냐하면 이 환경에 따라 고객의 구매와 사용 상황 및 선호가 다르게 나타나기 때문이다.

또한 고객의 전반적인 상황을 이해하기 위해서는 고객을 개별적으로 볼 것인지, 집단으로 볼 것인지를 결정해야 한다. 이는 고객의 역할을 이해하는 것으로 제품의 구매가 고객 자신을 위한 것인지, 조직의 목적에 따른 것인지에 따라 구매행동이 다르게 나타날 수 있다. 이는 개인구매행동과 조직구매행동을 나누어 분석하는 것으로 조직구매행동을 할 경우 다른 접근이 필요하다. 만약 조직구매행동을 할 경우 개인적 욕구가 아닌 기업의 필요와 욕구에 의한 구매이므로 복잡한 의사결정과정과 다수의 구매결정자가 발생하게 되므로 이해관계자를 살펴보는 것이 중요하다.

제2절 거시환경

거시환경(macro environment)은 인구 통계적 환경, 문화적 환경, 사회적 환경, 경제적 환경, 정치적 · 법률적 환경, 기술적 환경으로 이루어진다. 기업의 경영 활동을 둘러싼 거시환경의 변화는 기업에게 기회(opportunities) 혹은 위협(threats)을 제공한다.

거시환경의 변화는 마케팅 관리자에게 다음과 같은 두 가지 중요한 시사점을 제공한다.

첫째, 거시환경의 변화는 새로운 제품을 개발하는 기회를 제공하거나 혹은 소비자들의 제품 선호도에 영향을 미칠 수 있다. 예를 들어 웰빙에 대한 사회적 관심은 기업들에게 친환경적인 제품을 생산하고 또한 친환경적인 재료와 공정을 사용하게 하였다. 아울러 건강과 웰빙에 대한 관심은 음주 시장에도 나타나 숙취 해소 음료, 숙취 방지 음료, 그리고 도수가 낮은 저알코올 주류 등이 인기를 끌고 있다. 그리고 건강과 아름다운 외모에 대한 소비자의 새로운 선호 경향은 소비자의 라이프스타일에 큰 변화를 일으켜 에스테틱 산업의 발전을 가져온 바 있다.

둘째, 거시환경의 변화는 마케팅 믹스의 변화를 요구한다. 즉, 거시환경의 변화는 새로운 제품에 대한 시장 기회를 제공할 뿐만 아니라, 마케팅 관리자들에게 새로운 마케팅 믹스 전략의 변화를 시도해 볼 수 있는 기회를 제공한다.

마케팅 활동에 영향을 미치는 거시환경을 살펴보면 다음과 같다.

1. 인구 통계적 환경

인구 통계적 환경(demographic environment)이란 주어진 시장에서의 출생률과 사망률을 통한 인구 증가율, 연령 분포, 직업, 소득 수준, 교육 수준, 성비(性比) 등을 일컫는다. 인구 통계적 환경의 변화는 기업에게 새로운 시장 기회를 제공하기도 하고 기존 시장에서의 경영 활동을 위축시키기도 한다. 예를 들면 출생률의 감소로 인하여 아기용품 시장은 매년 줄어들고 있다. 따라서 아기 옷, 아기 침대, 우유병, 그리고 장난감 등을 제조하는 기업들에게는 커다란 위협 요소가 되고 있다. 또한 장래에는 경쟁력을 갖추지 못한 대학들이 학생 모집에 커다란 어려움을 겪을 것으로 전망되고 있다. 반면에 고령인구가 증가하면서 실버산업은 유례없는 호황을 맞고 있다. 여행, 양로원, 노인병원

고령인구의 증가는 노년 고객을 대상으로 하는 의료산업의 확대를 가져왔다.

및 요양병원 등의 노년 고객을 대상으로 한 기업의 마케팅은 매년 늘고 있는 추세이다.

2. 문화적 환경

주어진 표적시장의 문화적 환경(cultural environment)은 기업의 마케팅 활동에 커다란 영향을 미친다. 문화적 환경은 해당 시장에 있는 고객들이 수용하고 답습하는 규범과 가치관을 제공하기 때문에 기업 활동에 매우 중요한 영향을 미친다. 예를 들면 물질주의(materialism)는 유명 브랜드 제품이나 사치품 등의 소유 욕구를 자극하여 구매를 부추기는 영향이 있다. 또 하나의 예로서는 1990년대에 홍콩의 탐폰(tampon) 시장을

명품이 자신을 나타낸다고 생각하는 문화권에서는 명품소비가 증가한다.

노리던 외국 기업들이 홍콩 현지 고객들의 순결에 대한 전통적인 가치관과 이물질에 대한 거부감으로 인하여 실패를 경험했던 사례를 들 수 있다.

3. 사회적 환경

사회적 환경(social environment)의 변화는 고객들의 가치관의 변화, 의식의 변화 또는 라이프스타일의 변화 등을 의미하며 때로는 사회적 추세(social trend)라고도 부른다. 이는 기업의 마케팅 활동에 중요한 영향을 미치는데, 예를 들면 소득의 증가로 인한 건강에 대한 관심은 의료보험의 확대 실시와 병원을 찾는 환자 수의 증가로 이어지고 있다.

또한 싱글족(族)의 예를 들면, 이들은 결혼 연령이 점차 높아지는 추세에 따라(2014년 통계청 기준 : 여성 결혼연령은 29.8세이며 남성은 32.4세) 그 수가 매년 증가하고 있다. 이들 싱글족은 대부분 대학 교육을 받았고, 직업을 갖고 있으며, 상대적으로 경제적 여유를 지니고 있다. 이를 바탕으로 독특한 라이프스타일과 소비 성향을 보인다. 예를 들어 싱글족의 증가로 인해 1인용 가전제품(밥솥, 선풍기 등), 아침밥 배달 서비스, 1인용 와인, 오피스텔 등이 성행하고 있다.

소형주택에 거주하는 1인 가구는 부피가 큰 가전보다는 부피가 작지만 다양한 기능을 가진 가전제품을 선호한다.

4. 경제적 환경

경제적 환경(economic environment)도 기업의 마케팅 활동에 중요한 영향을 미치는 거시환경의 하나이다. 경제적 환경이란 인플레이션(inflation), 환율, 실업률, 호경기 혹은 불경기 등의 경제주기(economic cycle), 주가지수 등을 포함한다. 한 예로서 IMF 당시 경제가 전반적으로 위축되어 대부분의 기업의 경영 활동에 부정적인 영향을 미친 것을 상기해 볼 수 있다. 또 하나의 예를 들면 미국에서 시작된 국제 금융위기로 인해 원자재 값이 상승하고, 고(高)달러, 고유가로 인한 제품 가격의 인상에 따라 기업의 매출이 감소하는 현상을 들 수 있다.

5. 정치적 · 법률적 환경

정치적 · 법률적 환경(political-legal environment)은 기업의 경영 활동에 제도적인 규제를 함으로써 상당한 영향을 미친다. 기업 활동은 국가에서 정한 법률과 제도, 그리고 각종 규제의 테두리 안에서 이루어지므로 법률적 환경의 변화는 기업 활동에 제약 요인이 되거나 혹은 촉진 요인이 될 수 있다. 예를 들어 독점거래 및 공정거래에 관한 법률, 소비자보호법 등이 그것이다. 독점거래 및 공정거래에 관한 법률은 기업의 독과점적 지위의 남용을 억제하고 기업 간의 공정한 경쟁을 촉진하기 위한 내용을 담고 있다. 또한 소비자보호법은 소비자의 기본 권익을 보호하기 위한 내용을 담고 있다. 따라서 이러한 법률들은 기업 활동에 제약조건으로 작용한다.

또한 환경오염에 대한 중요성 및 관심이 고조되는 사회적 현상을 반영하여 정부는 환경규제를 강화하는 데 노력을 기울이고 있다. 이에 따라 그린 마케팅이라는 개념이 나타나고 그에 관련된 제반 마케팅 활동이 활발히 이루어지고 있음을 볼 수 있다. 풀무원의 무공해 식품, 현대자동차의 폐수정화시스템, 저탄소 발생 연료 개발 등이 그린 마케팅의 예가 될 수 있다. 이러한 법률적 환경의 변화는 기업의 경영 활동을 활성화하는 요인으로 작용한다.

6. 기술적 환경

현대 시장에서 기술력은 중요한 경쟁력이다. 따라서 기업들은 기술적 환경(technical environment)의 변화에 관심을 가지고 이를 지켜보아야 한다. 기술의 발달은 기존의 제품을 무용지물(obsolete)로 만들기도 하고 새로운 시장 기회와 소비자행동을 창출하기도 한다. 예를 들어 의료기술과 장비의 발달로 인하여 청진기나 반사경과 같은 물건은 요즘의 의료서비스에서 그 쓰임새를 찾아볼 수 없는 무용지물이 되었다. 반면에 초음파와 레이저 기술을 이용한 여러 가지 진단방법과 치료방법, 수술방법들이 많이 사용되고 있음을 볼 수 있다. 또한 정보기술과 통신기술의 발달은 방대한 고객 자료를 분석하여 전략에 활용하는 데이터베이스 마케팅(database marketing)을 가능하게 하였고, 인터넷 쇼핑을 확산시켰다. 데이터베이스 마케팅에서의 이러한 기술(data mining)의 발달은 누가, 언제, 어디서, 무엇을 얼마에 구매하는가를 정확하게 파악하도록 하였다. 또한 기술 발달의 속도는 날로 빨라지고 있어서 특히 기술을 주요 기반으로 하는 기업들은 기술적 환경의 변화에 한층 민감하게 반응하여야 한다.

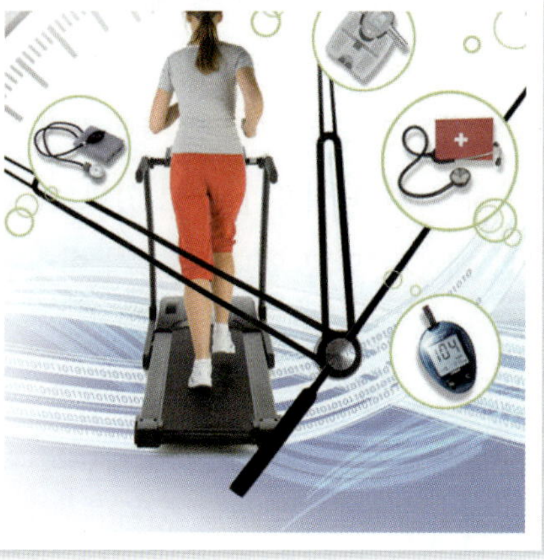

IT와 의료(바이오) 산업이 융합한 유비쿼터스는 시 · 공간에 제약을 받지 않고 사이버 공간에서 편리하게 의료서비스를 받도록 해준다.

제3절 경영환경

경영환경(business environment)도 역시 근접환경과 마찬가지로 기업의 경영 활동에 직접적인 영향을 미친다. 경영환경의 중요한 요소는 시장의 크기, 시장 점유율, 그리고 시장 성장률을 들 수 있는데 이들을 살펴보면 다음과 같다.

1. 시장의 크기

모든 경영 활동에 있어서 시장의 크기(market size)는 매우 중요하다. 시장의 크기는 시장의 매출 잠재력을 나타내고, 시장의 매력도와 비례하기 때문에 기업들은 될 수 있으면 규모가 큰 시장을 공략하기를 원한다. 시장의 크기는 일반적으로 인구, 소득, 그리고 기타 사회 통계적 변수들의 함수로 나타난다.

시장의 크기를 결정하는 데 있어서 가장 중요한 요인은 인구이다. 특히 식료품, 음료, 의약품, 학용품 등과 같은 필수품 혹은 필요 제품(need goods)의 경우에 인구는 결정적으로 시장의 크기를 나타낸다.

시장의 크기를 결정하는 데 두 번째로 중요한 요소는 소득(구매력: purchase power)이다. 소득은 특히 필수품 이외의 모든 다른 제품(예를 들어 사치품)의 수요를 결정하는 데 중요한 역할을 한다. 따라서 소득은 욕구 제품(want goods)의 시장 규모를 결정한다. 예를 들어 인구는 치약이나 비누의 매출액을 예측하는 데 도움이 되지만 고급 시계나 고

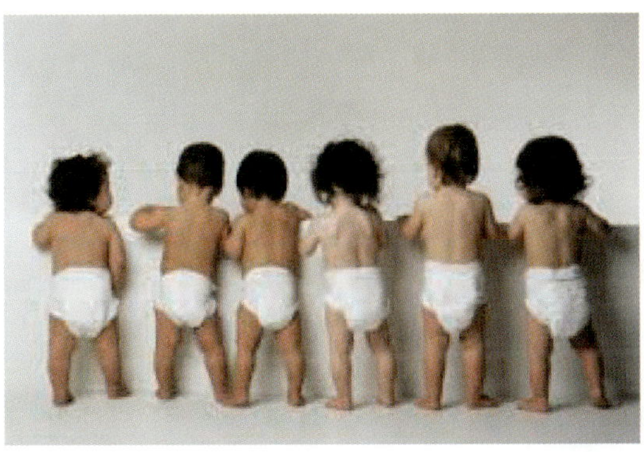

출생률의 증가는 유아산업의 크기를 감소시킨다.

욕구재의 경우 시장의 크기는 구매력과 밀접한 관계를 갖는다.

급 화장품의 매출을 예측하는 데는 도움이 되지 못한다. 이러한 욕구 제품의 수요를 예측하는 데는 인구보다는 소득이 훨씬 도움이 된다.

2. 시장 점유율

시장 점유율(market share)은 주어진 시장에서의 자사의 위치를 나타내는 중요한 요소이다. 시장 점유율의 의미는 시장 성장이 둔화된 성숙기의 시장(mature market)에서 더욱 뚜렷이 나타난다. 성숙기에서는 시장이 크게 성장하지 않기 때문에 현재의 시장에서 높은 점유율을 확보하고 매출과 수익에 대한 공헌도를 높이는 것이 특히 중요하다. 시장의 크기가 주로 인구와 소득의 함수로 나타나는 데 비하여 시장 점유율은 마케팅 믹스의 함수로 나타난다. 시장 점유율을 극대화할 수 있는, 주어진 표적시장에 대한 적절한 전략(optimal strategy)은 오직 하나뿐이다. 즉, [그림 2-2]에서 보는 것과 같이 기업이 시행할 수 있는 다양한 마케팅 믹스(4Ps)의 조합은 무한대가 아니다(①). 마케팅 믹스의 각 요소에서 가장 적절한 것을 선택한 결과는 1개의 최적 전략이 등장하

그림 2-2 최적의 전략

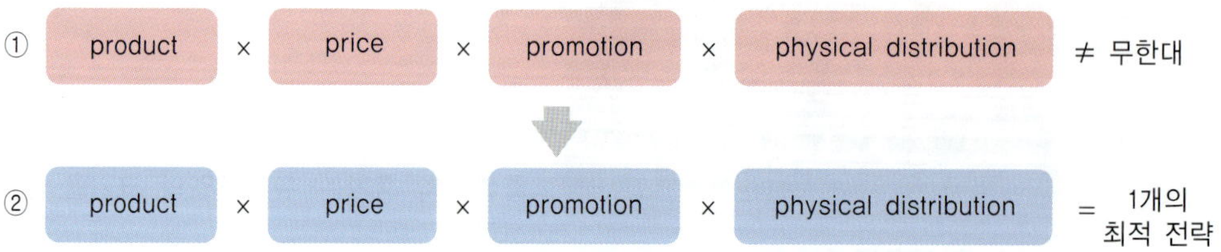

Marketing Point

편의점 '도시락'의 진화…어디까지?
1인 가구 증가에 '도시락' 매출 급증…업계 고객 입맛 맞추기 전쟁

1인 가구가 늘며 편의점 '도시락'의 진화가 계속되고 있다.

통계청에 따르면 1990년 전체 가구의 9.0%를 차지했던 1인 가구는 올해 27.1%까지 늘 것으로 전망된다. 이는 전체 인구의 4분에 1에 달한다.

1인 가구의 증가는 편의점 도시락의 매출 급등으로 이어졌다.

세븐일레븐(대표 정승인)이 최근 3년간 도시락 매출 성장률을 분석한 결과 2012년 34.2% 수준이었던 성장률은 지난달 22일 65.5%를 기록했다. 특히 저녁시간의 도시락 판매비중은 27.6%로 점심시간의 2.0%보다 13배 이상 높게 나타났다.

이에 편의점 업계는 '도시락' 고객 잡기에 연일 진화된 신제품을 출시하고 있다. 1990년대 초 편의점에서 첫 도시락이 판매되며 '날씨 마케팅'을 도입한 세븐일레븐은 최근 도시락 매출의 72.6%가 남성층 임을 감안, 연예인 도시락을 내놓았다.

걸스데이 혜리를 모델로 출시한 '혜리 도시락'은 출시와 동시에 판매 1·2위를 차지했다. '혜리 함박&치킨까스 도시락'·'찹스테이크 도시락'·'왕돈까스 도시락' 등 이달까지 총 8종을 출시했다. 이달에는 편의점 도시락 최고의 양을 자랑하는 '혜리 11찬 도시락 2종'을 내놨다.

GS25(대표 허승조)의 도시락 마케팅은 '싸고 많은'이다. 올해 2월부터 이달까지 '치즈함박&오므라이스'·'김혜자 떡갈비&닭갈비'·'김혜자 고등어조림도시락' 등을 포함한 총 6종의 도시락을 선보였다.

특히 '김혜자 도시락'은 가격 대비 풍부한 양으로 호평받았다. 네티즌들 사이에서는 양이 많고 값이 싼 음식을 '혜자'라고 부른다.

CU(대표 박재구)는 '영양'을 앞세웠다. 4월 9일 '국민밥상 2종'을 출시한 후 13일 '영양밥상 2종'까지 총 4종을 출시했다. '국민밥상 9찬'의 경우는 CU간편식 매출 1위를 기록하기도 했다.

2035년 1인 가구가 전체 인구의 3분의 1이 넘는 34.3%까지 늘 전망인 가운데 편의점 '도시락'의 진화는 계속될 전망이다.

황우연 세븐일레븐 푸드팀장은 "현재의 일본 도시락 시장을 만든 1인 가구, 워킹맘 증가 등의 인구구조 변화가 우리나라에서도 그대로 나타나고 있다"며 "인구통계와 소비 트렌드를 미루어 볼 때 도시락 시장은 앞으로도 높은 성장을 유지할 것으로 예측하고 있다"고 말했다.

출처 : 메트로신문, 2015.7.13.

는 것이다(②).

따라서 시장의 크기는 기업이 통제할 수 없는(uncontrollable) 수요 측면의 개념(demand side concept)인 반면, 시장 점유율은 마케팅 믹스를 통한 기업의 노력에 달려 있기 때문에 공급 측면의 개념(supply side concept)이라고 할 수 있다. 결국 주어진 시장에서 얼마나 많은 점유율을 확보하는가는 오직 기업의 성공적인 마케팅 믹스 디자인에 달려 있다.

시장 점유율에서 추가적으로 살펴볼 것은 상대적 시장 점유율이다. 상대적 시장 점유율(relative market share)은 자사의 매출을 우리가 관심을 가지고 있는 경쟁자 혹은 선두 기업의 매출로 나눈 것을 의미한다.

$$\text{상대적 시장 점유율} = \frac{\text{우리의 시장 점유율}}{\text{주요 경쟁자의 시장 점유율}}$$

즉, 우리가 시장 내에서 도달하고자 하는 위치까지의 거리를 나타내는 것이다. 예를 들어 우리 기업이 현재 업계 5위이고 주요 경쟁자가 업계 3위라면 그 경쟁자에 비교하여 자사의 시장 점유율이 얼마나 되는가를 나타내는 것으로 주요 경쟁자 대비 자사의 시장 점유율(경쟁과의 격차)을 의미한다. 그리고 이것은 시장 성장률과 같이 사용할 때 효과적으로 이용될 수 있다.

3. 시장 성장률

시장의 크기나 시장 점유율이 현재 시장의 매력도를 나타내는 데 반하여 시장 성장률(market growth)은 미래 시장의 매력도를 나타낸다. 기업들은 일반적으로 성장률이 높은 시장을 선호한다. 그러나 성장률이 높은 시장은 일반적으로 경쟁이 치열하다는 단점을 가지고 있다. 시장 성장률이 낮은 산업에서 경영 활동을 벌이고 있는 기업들은 현재 시장에서의 퇴출 전략(exit strategy)을 모색하거나 새로운 시장으로의 전환 혹은 다각화(diversification)를 꾀하여야 한다.

〈표 2-1〉은 마케팅 환경 분석을 위한 대표적인 질문들을 예시적으로 보여 주고 있다.

표 2-1 마케팅 환경 분석의 틀

구분	주요 요소	분석 내용
전략(strategy)	표적시장 제품과 서비스	• 기업이 선정한 표적시장(수요 측면)과 기업이 제공하는 제품 혹은 서비스(공급 측면) 사이에는 충분한 부합성(match)이 있는가?
경영환경 분석 (business environment analysis)	시장의 크기	• 표적시장은 지속적인 경영 활동이 가능할 정도로 충분한 규모를 갖추고 있는가? • 표적시장의 인구와 소득(구매력) 수준은 어느 정도인가?
	시장 점유율	• 표적시장에 진입했을 때 달성 가능한 시장 점유율은 어느 정도인가? • 이 시장 점유율을 달성한다면 매출과 수익은 어느 정도인가? • 지속적인 경영 활동의 영위가 가능한가?
	시장 성장률	• 향후 장기적이고 지속적인 경영 활동을 위한 미래 시장의 매력도는 충분한가? • 향후 시장의 크기는 증가하는가 혹은 감소하는가? • 또한 얼마나 빠르게 증가 혹은 감소하는가?
미시 분석 (micro analysis)	의사결정자	• 누가 구매의사결정을 내리는가? • 구매자와 최종 사용자는 동일한가? • 만약 동일하지 않다면 그들은 각각 누구이며 원하는 것은 각각 무엇인가?
	의사결정과정	• 신규 구매인가 혹은 재구매인가? • 어떠한 선택 기준을 가지고 있는가? • 의사결정은 습관적인가 혹은 문제해결방식인가?
공급 측면 디자인 (supply side design)	제품	• 자사 제품의 기본적 효익은 무엇이며 고객의 필요와 욕구를 충족시키기에 적합한가? • 경쟁사에 대비하여 강점과 약점은 각각 무엇인가? • 자사 제품의 포지셔닝은 적절한가?
	가격	• 고객이 지각하는 자사 제품의 가치(perceived value)는 무엇인가? • 고객이 지각하는 자사 제품의 가치는 가격에 비하여 충분한 잉여가치(surplus value)를 제공하는가?
	촉진	• 자사 제품의 광고 메시지는 제품의 효익과 이미지를 전달하는 데 적절한가? • 광고매체는 표적 고객의 특성에 부합하는가? • 광고의 소구방법은 표적 고객의 특성에 비추어 볼 때 적절한가? • 판매촉진 활동은 고객의 구매 및 소비 성향을 잘 반영하는가?
	유통	• 유통경로의 디자인은 표적 고객의 특성에 잘 부합하는가? • 자사 제품의 가격이나 이미지는 선택한 유통경로에 잘 부합하는가?

생각해 볼 문제

1. 당신이 재학하고 있는 대학의 입장에서 3C분석을 해 보시오. 그리고 3C분석의 구성요소는 대학의 발전에 어떤 영향을 미치는지 자신의 생각을 밝히시오.

2. 거시환경의 변화는 기업에게 새로운 시장에서의 기회를 제공할 수 있다. 당신은 가전제품 회사의 CEO이다. 거시환경의 변화에 맞춰 기업의 전략을 새롭게 구축할 필요가 있다. 과거 인터넷의 등장이 기업에 미쳤던 영향과 영화 아바타의 영향으로 3D에 대한 소비자의 관심 증대가 앞으로 기업에게 미칠 영향에 대해 비교하여 분석해 보시오.

참고자료

Buzzell, R. D., B. T. Gale and R. G. M. Sultan(1975), "Market Share-A Key to Profitability," *Harvard Business Review*, Jan.

Deighton, J., J. Barabimo and A. Berkely(1996), "Note on Marketing and the Internet," *Harvard Business Review*, Dec.

Rust, Roland T., C. Moorman, and G. Bhalla(2010), "Rethinking Marketing," Harvard Business School Press.

Slater, S. F. and E. M. Olson(2002), "Fresh Look at Industry and Market Analysis," *Business Horizons*, Jan.

Steenburgh, T. and J. Avery(2010), "Marketing Analysis Toolkit: Situation Analysis," *Harvard Business Review*, Feb.

Steenburgh, T. and J. Avery(2010), "Marketing Analysis Toolkit: Market Size and Market Share Analysis," Harvard Business School Press.

Case Study

디즈니 엔터테인먼트 킹

월트 디즈니 컴퍼니(The Walt Disney Company)는 1923년 월트 디즈니(Walt Disney)와 그의 형, 로이 E. 디즈니(Roy E. Disney)가 함께 헐리우드에 설립한 디즈니 브라더스 카툰스 튜디오가 그 전신이다. 1926년 스튜디오는 하이페리온 스트리트로 장소를 옮기면서 월트 디즈니 스튜디오로 명칭도 변경하였다.

1928년, 첫 번째 캐릭터인 오스왈드를 만들었지만 배급사와의 계약문제로 판권을 모두 잃게 되었다. 2006년에 오스왈드의 판권을 되찾기 전까지 디즈니와 그의 동료들은 오스왈드의 홍보에 도움이 될 만한 작품들을 절대 만들지 않았다. 이후 오랜 친구이자 동료인 어브 아이웍스와 미키 마우스를 만들어 크게 성공했고 후속 캐릭터들 역시 그 명성을 이어나갔으나, 제작에 있어서의 기여도 문제로 인해 아이웍스와의 관계가 틀어지게 되었다. 이후 아이웍스는 디즈니 스튜디오를 떠났고 두 사람은 다시는 함께 일하지 않았다. 이때의 주목할 만한 유명 작품으로는 증기선 윌리가 있다.

이후 1937년, 디즈니는 세계 최초의 장편 애니메이션인 백설공주와 일곱난장이를 제작하였다. 헐리우드의 케세이 서클 극장에서 상영한 이 작품은 수많은 평론가들로부터 호평을 받았으며, 애니메이션의 지위를 재정립하는 계기가 되었다. 이때 얻은 큰 수익으로 디즈니 스튜디오는 현재의 위치인 캘리포니아의 버뱅크로 옮길 수 있게 되었다.

1940년대에 들어서는 피노키오, 덤보, 밤비 등의 작품들이 연이어 성공을 거두면서 승승장구 하는 듯 했으나 판타지아의 막대한 제작비용 지출과 이윤 회수 실패, 세계 2차 대전 발발 등의 악재가 겹치면서 스튜디오의 형편은 기울기 시작했다. 하지만 미국과 캐나다 정부가 디즈니 스튜디오로 하여금 전시용 선동애니메이션을 제작할 것을 요청하자, 디즈니는 이를 기회로 여기고 직원의 90% 이상을 정부요청작품 제작에 투입시켰다. 그 결과 스튜디오는 다시 과거의 기세를 회복하기 시작했다. 그러나 회복세도 잠시, 1940년대 후반까지 꾸준히 만들어냈던 라틴아메리카 배경의 미키와 친구들 출연작들은 실패를 거듭했다.

그러던 1950년에 제작한 신데렐라가 전 세계적인 흥행에 성공하면서 디즈니 스튜디오는 세계적인 수준의 스튜디오로 발돋움하였고 장편 애니메이션 장르가 시장에서 계속해서 존속될 수 있다는 것을 증명하였다. 이후 이상한 나라의 앨리스(1951), 피터 팬(1953) 등이 연이어 흥행에 성공하면서, 자회사인 부에나 비스타 배급을 설립, 향후 모든 작품의 자가 배급화를 달성하게 된다.

1955년에는 세계에서 가장 사랑받는 테마파크인 디즈니랜드를 캘리포니아의 애너하임에 개장하게 된다. 내셔널지오그래픽의 조사 결과에 따르면 디즈니랜드는 트위터, 인스타그램, 텀블러에서 두 번째로 가장 많이 해쉬태그된 명소이며, 세 번째로 가장 많은 방문객을 보유한 테마파크라고 한다. 이러한 디즈니랜드가 건설될 수 있었던 것은 신데렐라의 대성공으로 인한 탄탄한 자금력이 바탕이 되었기 때문이라고 할 수 있다. 하지만 디즈니랜드 건설계획이 처음부터 순탄하게 진행되었던 것만은 아니다. 원래는 백설공주 성이 디즈니랜드의 랜드마크가 될 예정이었으나 공사가 80% 이상 진행된 시점에, 의문의 화재로 인해 모두 소실되어 버렸다. 결국 디즈니 측은 당시 작업 중이던 잠자는 숲속의 공주를 모티프로 삼아 잠자는 숲속의 공주 성을 테마파크 가운데에 넣기로 결정한다. 하지만 이것은 시작에 불과했다. 1955년 7월 17일 개장당일, 너무 많은 인파가 몰리면서 파크 곳곳에서 사건과 사고가 끊이지 않았고 설상가상으로 가스 누출사고까지 발생하여 오후 2시에 폐장해야만 했다. 결국 이튿날 오후가 되어서야 모든 시스템이 복구되어 다시 파크를 개장할 수 있었다. 하지만 이러한 역경에도 불구하고 디즈니랜드는 수많은 평론가들로부터 호평을 받았으며 많은 관광객을 유치하는 데 성공했다.

1959년에는 미국 최초의 모노레일 시스템을 개발하여 디즈니랜드에 설치하는 데 성공하였다. 하지만 연이어 발표한 잠자는 숲속의 공주가 당시에는 처참하게 흥행에 실패하면서 디즈니사(社)의 스튜디오 부문은 다시 한 번 휘청거리게 된다.

1964년 디즈니는 뉴욕세계박람회에서 스몰월드(Small World Attraction)를 처음으로 선보였다. 이 놀이기구는 유니세프와의 협력을 통해 개발한 것으로 이후 디즈니랜드에 위치한 판타지랜드의 상징으로 자리 잡게 되었다. 또 같은 해, 디즈니는 유명 작품 메리 포핀스를 공개하였다. 애니메이션과 실사가 결합한, 독특한 형태의 이 작품은 전 세계적인 흥행에 성공함은 물론 13개 부문에서 아카데미상을 수상하는 기염을 토했다. 이러한 성공을 바탕으로 디즈니는 플로리다 올랜도에 디즈니월드를 만들겠다는 계획을 내놓기까지 했다.

하지만 1966년 월트 디즈니가 사망하면서 디즈니 그룹은 큰 침체에 빠졌다. 형인 로이 E. 디즈니가 사장직을 대행하였고 정글북(1967)과 아리스토캣(1971)이 성공하면서 서서히 회복세를 타는 듯 했으나, 1971년 로이 E. 디즈니마저 사망하면서 디즈니 그룹은 슬럼프에서 헤어나지 못하게 되었다. 회사는 월트 디즈니의 사위였던 론 밀러에게 맡겨졌다.

1972년부터 디즈니 그룹의 본격적인 슬럼프가 시작되었다. 장편 애니메이션부문은 로빈 후드(1973), 생쥐 구조대(1977), 여우와 사냥개(1981) 등의 작품들이 연이어 성공하면서 명성을 이어나갔지만, 실사영화 부문과 연극 및 뮤지컬 등의 일반 공연예술 부문에서는 모든 작품이 흥행에 참패하면서 힘을 쓰지 못하기 시작했다.

1980년대에 들어서는 경영의 다각화를 위해 저스틴 팀버레이크, 브리트니 스피어스, 마일리 사이러스 등의 초대형 헐리우드 스타들을 키워낸 프로그램인 미키 마우스 클럽을 부활시켰고, 디즈니 채널을 런칭하는 등의 노력을 보였다. 1982년에는 올랜도 소재의 월트 디즈니 월드에 엡캇(EPCOT: Experimental Prototype Community of Tomorrow)을 개장하고, 1983년에는 디즈니 최초의 해외 테마파크인 도쿄 디즈니랜드를 개장하는 등의 발전하는 모습을 보였다. 모든 부문에서 성공적인 면을 보였지만 디즈니 그룹의 수입은 디즈니 파크 부문에서의 수입이 70% 이상을 차지할 정도로 쏠림현상이 심각해지기 시작했다.

1984년 디즈니는 파라마운트 사(社)로부터 마이클 아이즈너를 영입하면서 실사영화 부문을 강화하려는 노력을 보인다. 아이즈너는 기존의 터치스톤 사(社)를 강화하면서 죽은 시인의 사회(1989) 등의 작품을 흥행에 성공시켰다. 또, 1987년에는 프랑스 정부로부터 유로 디즈니랜드의 설립 인가를 받아내고 캘리포니아의 글렌데일에 첫 번째 디즈니 스토어를 설립하였으며, 1989년에는 세서미 스트리트 프랜차이즈(Sesame Street Franchise)를 구입하는 동시에 월트 디즈니 월드에 디즈니-MGM 스튜디오를 개장하는 등의 신선한 모습을 보이기도 했다.

장편 애니메이션 부문은 유례 없는 황금기를 겪었다. 누가 로저 래빗을 모함했나(1988)를 시작으로 인어공주(1989), 미녀와 야수(1991), 알라딘(1992), 라이온 킹(1994) 등의 명작들이 끊임없이 쏟아져 나오는 가운데 1992년 유로 디즈니랜드가 성공적으로 개장하면서 일명 '디즈니 르네상스'를 완성시켰다.

하지만 이러한 영광은 오래가지 못했다. 마이클 아이즈너와 제프리 카첸버그의 갈등이 심해지면서 기업의 방향이 흔들리기 시작했고 결국 제프리 카첸버그는 디즈니를 떠나 드림웍스 사(社)를 설립하기에 이른다. 1994년에는 각종 파업과 노사갈등으로 몸살을 앓던 유로 디즈니랜드의 명칭을 파리 디즈니랜드로 변경하였고, 1995년에는 ABC 사(社)와 ESPN을 구입하는 데 성공했지만 오히려 막대한 적자만을 기록했다.

1998년과 1999년에는 홍콩정부와의 협력을 통해 홍콩 디즈니랜드 설립 인가를 받아내고, 월트 디즈니 월드에 디즈니 애니멀킹덤을 개장하였으며, 디즈니 크루즈라인(Disney Cruise Line)의 런칭에 성공하면서 약간의 반등을 보이기도 했다. 전반적으로 아이즈너는 디즈니의 이윤에 큰 도움이 되는 방향으로 회사를 이끌었다는 평가를 받지만, 한편으로는 디즈니의 목표 대상을 너무 영유아층으로만 한정지어 버렸다는 지적을 받기도 한다. 2000년에 들어서는 모든 부문에서 안정적으로 이윤이 창출되기 시작했지만 2001년 9 · 11테러가 발생하면서 디즈니의 모든 부문에서의 이윤이 감소하였다.

2001년, 전 세계적인 침체를 돌파하기 위해 디즈니는 전 세계의 디즈니 파크에 두 번째 테마파크를 개장했다. 애너하임의 디즈니랜드에는 디즈니 캘리포니아 어드벤처를, 도쿄 디즈니랜드에는 도쿄 디즈니 씨를, 2002년 파리 디즈니랜드에는 월트 디즈니 스튜디오를 개장했다. 또한 2003년에는 디즈니가 처음으로 터치스톤 사(社)의 배급이 아닌 실사 영화로 캐리비안의 해적을 공개했고 흥행에도 성공했다.

2004년, 픽사는 디즈니로부터의 독립을 선언했고 2005년 아이즈너가 최고경영자직에서 물러나면서 밥 아이거가 로이 E. 디즈니의 아들인 로이 O. 디즈니에 의해 후속 CEO로 지명되었다. 또 홍콩 디즈니랜드가 성공적으로 개장하면서 중화권 시장에 대한 기대감을 높이기도 했다. 2006년에는 오스왈드의 판권을 모두 회수하는 데 성공했으며, 픽사를 인수하는 데에도 성공했다. 그 결과, 디즈니의 장편 애니메이션 부서는 월트 디즈니 애니메이션 스튜디오, 픽사 애니메이션 스튜디오, 디즈니툰 스튜디오로 재편되었다. 또, 존 라세터, 스티브 잡스, 에드 캣멀이 디즈니의 애니메이션을 이끌고 나갈 인재들로 선정되기도 하였다. 특히 존 라세터는 디즈니 애니메이션 부문 전체의 CCO(Chief Creative Officer)로 지명되면서 그 중요도가 높은 인물이 되었다.

한편 디즈니 그룹의 핵심 부서라 할 수 있는 월트 디즈니 애니메이션 스튜디오는 실험적인 작품들만을 내놓으며 연이은 흥행실패를 경험하고 있었다. 1995년 토이스토리를 시작으로 승승장구하기 시작한 픽사 애니메이션 스튜디오의 시대가 온 듯했다. 하지만 픽사가 지나치게 이윤 창출에만 집중한 나머지, 카 프랜차이즈에 너무 집착한다는 평을 받으면서, 기존의 감성을 유지하지 못한다는 분위기가 형성되었다.

2008년에는 계약관계의 변화로 인해, 월트 디즈니 월드의 디즈니-MGM 스튜디오가 디즈니 헐리우드 스튜디오로 명칭을 변경했다.

월트 디즈니 애니메이션 스튜디오는 2009년 공개한 공주와 개구리를 마지막으로 장편 2D 애니메이션의 제작을 중단하겠다고 선언했다. 마지막 2D 작품인 공주와 개구리는 전 세계적인 흥행에 성공하면서 디즈니 부활의 신호탄 역할을 했다. 이를 계기로 디즈니는 D23: Official Fan Community를 형성하는 데 성공했다. 또 수많은 슈퍼히어로 팬을 보유한 마블 엔터테인먼트를 인수하면서 컨텐츠의 다양화에도 성공했다.

2010년에는 천문학적인 개발비용이 투입된 라푼젤이 공개되면서 디즈니만의 3D 애니메이션 시대가 시작되었다. 하지만 2010년은 복잡한 해였다. 파워레인저 프랜차이즈 미라맥스 사(社)를 매각했고 디지몬의 판권을 잃었으며, 페르시아의 왕자, 트론: 새로운 시작 등의 실사영화들이 흥행에 실패했다. 아카데미 시상식에서는 토이스토리3와 라푼젤이 경쟁하는 자기시장잠식 현상이 발생했으며, 드림웍스 사(社)의 뇌물작업으로 인해 어떤 작품도 아카데미상을 수상하지 못하는 상황까지 발생했다. 하지만 라푼젤과 토이스토리3는 모두 흥행에는 성공했으며 2차 시장 진입에도 성공적인 모습을 보였다. 또 기존의 이상한 나라의 앨리스를 재해석한 앤 해서웨이, 헬레나 본햄 카터 등의 유명 배우들이 출연하면서 화제가 되었던 팀 버튼의 이상한 나라의 앨리스가 흥행에 성공하면서 기존의 디즈니 스타일의 실사 영화에 대한 편견을 씻어내는 데에도 성공했다.

2011년에는 올랜도 소재, 월트 디즈니 월드의 디즈니 애니멀 킹덤에 제임스 카메론 감독 작품의 영화를 테마파크화 한 아바타랜드 건설 독점계약에 성공하면서 디즈니 파크에 대한 관심도를 높이는 데 성공했다. 반면 픽사 애니메이션 스튜디오는 카2 흥행에 실패하면서 내리막길을 걷게 되었다.

2012년에는 실사 영화인 존 카터: 바숨 전쟁의 서막이 흥행에 실패하면서 엄청난 적자를 기록했지만, 어벤저스가 전 세계적인 인기몰이에 성공하면서 다시 흑자를 기록했다. 월트 디즈니 애니메이션 스튜디오의 야심작 주먹왕 랄프는 뛰어난 작품성으로 미국 외 국가에서는 흥행에 성공했지만, 미국 내에서는 대통령 선거와 겹치면서 크게 흥행하지 못했다. 또 프랑켄위니가 개봉하면서 디즈니와 팀 버튼 관계 역시 개선되기 시작했다. 픽사 애니메이션 스튜디오는 메리다와 마법의 숲을 내놓았고 흥행에는 실패했지만, 월트 디즈니 애니메이션 스튜디오의 주먹왕 랄프를 제치고 아카데미상을 수상하면서 비난의 대상으로 지목되기도 하였다. 하지만 디즈니는 조지 루카스로부터 루카스필름 엔터테인먼트와 그의 모든 작품들에 대한 판권을 인수하는 데 성공하였다. 또, 텔레비전 프로그램 부서에서는 인기 프로그램 디퍼와 메이블의 미스터리 모험 개발에 성공하여 큰 수익을 얻기도 했다.

2013년에는 캡틴 아메리카 프랜차이즈, 아이언맨 프랜차이즈, 토르 프랜차이즈가 연이어 흥행에 성공하면서 디즈니 그룹의 효자노릇을 톡톡히 했다. 하지만 토르 프랜차이즈는 다른 두 프랜차이즈에 비해 미미한 성공을 보였다. 픽사 애니메이션 스튜디오는 몬스터대학교로 부활의 조짐을 보였고, 월트 디즈니 픽쳐스는 세이빙 미스터 뱅크스를 통해 메리 포핀스의 감동을 다시 한 번 전했다. 하지만 이 모든 흥행을 압살하는 월트 디즈니 애니메이션 스튜디오의 겨울왕국이 등장함에 따라 디즈니는 또 다시 디즈니 르네상스를 경험하게 되었다. 전 지구적인 컬트나 마찬가지가 되어버린 겨울왕국의 인기에 힘입어 디즈니는 제작비 대비 10배 이상의 수익을 얻는 기록을 세웠다. 때맞추어 디즈니는 미키 마우스 텔레비전 단편 시리즈를 새롭게 재탄생시켰고 완다가 간다를 런칭하는 데에도 성공했다.

2014년에는 캡틴 아메리카, 말레피센트, 가디언즈 오브 더 갤럭시, 숲속으로 등의 실사 영화들이 연이어 흥행에 성공하면서 새로운 디즈니의 면모를 보여주었다. 또 월트 디즈니 애니메이션 스튜디오의 빅 히어로 역시 겨울왕국 못지않은 인기를 끌어 모으며 디즈니의 실험정신과 기본적인 저력을 보여주었다. 하지만 디즈니 그룹이 각각의 스튜디오에 대한 격년제 발표체제를 제안하며 사회적으로 지탄을 받기도 하였다. 즉, 각 스튜디오가 1년에 1개의 작품을 같이 내놓는 것이 아닌, 2년에 1개의 스튜디오가 번갈아가며 2개의 작품을 내놓는다는 것이다. 이는 스튜디오 내부적으로도 화합에 기여하지 못할 뿐만 아니라, 스튜디오 간의 경쟁을 원천적으로 차단함으로써 작품의 질을 높일 수 있는 기회를 빼앗는 것이나 마찬가지이다. 또, 대형 스튜디오의 독점 체제를 만들기에 더 유리하고, 2년 동안 작업을 진행한다는 점에서 제작과정에서 트렌드와 멀어질 우려가 더 커진다는 단점이 있다. 무엇보다도 디즈니 작품을 기다리는 팬들로부터 많은 비난을 받은 결정이었다.

하지만 이러한 결정에도 불구하고 디즈니는 겨울왕국에 이어 빅 히어로까지 아카데미상을 수상하는 기염을 토했고, 이후 케이트 블란쳇, 릴리 제임스, 리처드 매든 주연의 실사 영화 신데렐라, 인크레더블, 라따뚜이, 미션 임파서블 시리즈로 유명한 브래드 버드 감독이 연출한 투모로우랜드, 어벤저스: 에이지 오브 울트론의 연속적인 흥행에도 성공했다. 또 픽사 애니메이션 스튜디오는 인사이드 아웃으로 완전한 부

활에 성공했고 굿 다이노소어에 대한 기대감을 모으는 데에도 성공했다. 게다가 스타워즈 프랜차이즈가 리부트(Re-Boot)되면서 2015년 디즈니의 이윤은 보장되어 있는 것이나 마찬가지라는 분석이 나오는 중이다.

하지만 디즈니의 미래가 아름다운 신데렐라 성만큼 계속해서 밝으리라는 보장은 존재하지 않는다. 지금은 계속해서 최정상의 위치에 서 있는 듯 보이지만 블루 스카이 엔터테인먼트, 소니 애니메이션 스튜디오, 일루미네이션 엔터테인먼트 등의 쟁쟁한 스튜디오들이 디즈니의 턱밑을 위협하고 있는 상황이기 때문이다. 실제로 일루미네이션 엔터테인먼트의 미니언즈(Minions)는 픽사 애니메이션 스튜디오의 인사이드 아웃 흥행에 큰 영향을 끼칠 정도로 무서운 경쟁 상대이다. 즉, 앞으로는 콘텐츠만으로는 승부를 보기가 점점 어려워진다는 이야기이다. 디즈니가 다른 스튜디오들에 비해 우위를 점하고 있는 부분, 즉 자본을 최대한 활용하는 것이 독점적인 지위를 유지하는 데 크게 도움이 될 것이다. 동아시아 지역에서는 멀티플렉스 소유를 통한 플랫폼(Platform) 지배를 활용한 지위 유지가 큰 효과를 볼 수 있을 것이다. 특히 독과점 체제가 매우 심각한 한국의 상황과 비슷한 시장 공략을 생각한다면, 물리적인 멀티플렉스 소유, 스트리밍 서비스(Streaming Service) 소유 등이 가장 강력한 전략이 될 수 있을 것이다. 하지만 영세 영화관이나 중소 식음료 서비스가 넘쳐나는 북미나 유럽에서는 가능하지 않은 전략이다. 또 이미 일부 대기업이 자리를 차지하고 있는 한국이나 일본에서도 성공 가능성은 낮아 보이며, 정부 차원에서 독점을 유지하는 중국이나 러시아 등지에서는 실현 가능성이 아예 존재하지 않는 전략이다.

이러한 상황들을 돌파하기 위해서 가장 필요한 것은 물리적인 소유가 아닌 추상적인 중간단계의 소유이다. 애플이 최근 애플 뮤직을 런칭 해 큰 파장을 일으켰듯이, 디즈니 역시 디즈니만이 독점적으로 무언가를 공급할 수 있는 파격적인 플랫폼이 필요하다. 지금까지 북미와 유럽의 경우는 애플과의 우호적인 관계 유지를 통해 아이튠즈 스토어(iTunes Store)와 디즈니 무비 애니웨어(Disney Movies Anywhere)를 통해 스트리밍 및 다운로드 서비스(Streaming & Download Service)를 제공해 왔다. 일본의 경우는 무비넥스(MovieNEX)와의 독점계약을 통해 진행해 왔다. 하지만 애플이나 무비넥스와의 관계가 틀어지는 사건이 발생하면, 플랫폼 자체를 잃어버리는 치명적인 상황으로 치닫게 되기에 이는 절대로 안정적인 전략이 아니다. 이러한 상황에서 디즈니는 어떤 방향으로 그들의 전략을 끌어갈 것인가에 대하여 경영진의 많은 고민이 도사리고 있다.

Discussion Questions

당신은 디즈니의 핵심역량은 무엇이라고 생각하는가?
그리고 디즈니 경영자라면 앞으로 장기 전략을 어떻게 수립하겠는가?

제2부
수요 측면의 이해

제3장 시장 세분화

제4장 표적시장 선정 및 포지셔닝

제5장 소비자행동 및 조직구매행동

제6장 마케팅 조사

M A R K E T I N G

제3장

시장 세분화

제1절 STP전략

제2절 시장 세분화란

제3절 시장 세분화의 단계

제4절 시장 세분화의 기준

제5절 시장 세분화의 조건

성별에 따라 마케팅도 달라진다!

남성과 여성은 상대적으로 반대 성향을 보인다. 남성은 보다 묵직하고, 강한 느낌이 드는 반면 여성은 감성적이고 아기자기한 면이 있다. 이처럼 창업자는 고객을 대할 때 성별에 따른 차이를 고려하여 마케팅을 펼쳐야 한다. 남성에게 여성에 알맞은 마케팅을 펼친다면 고객의 호응도가 떨어질 것이다. 남성에게는 남성 성향에 맞는 마케팅을, 여성에게는 여성 성향에 맞는 마케팅을 펼쳐야 하는 것이다.

여성을 사로잡는 법, '소소한 감동'

여성은 성향상 아기자기한 이벤트, 세심한 배려에 이끌리기 마련이다. 남성보다 감수성이 풍부해 소소한 부분에서 감동을 받기도 한다.

스테이크 전문점 '아웃백'은 양띠 해를 맞아 이색 이벤트로 여심을 공략한 사례가 있다. 이 세상의 모든 여성, '양' 들을 위해 인기메뉴를 특별한 가격에 제공하는 이벤트를 마련한 것이다. 단순히 '양띠'를 위한 이벤트가 아닌 여성, '~양'을 타깃으로 한 재치 있는 이벤트로 여성 고객들에게 큰 호응을 얻었다. 이벤트 기간 동안 아웃백을 방문하는 모든 여성 고객들은 '골드 코스트 코코넛 쉬림프', '기브미 파이브', '스파이시 치킨&쉬림프 스파게티' 등 다양한 메뉴를 무료 또는 1만 원대의 저렴한 가격에 즐길 수 있어 매출에도 높은 기여를 했다.

프리미엄 오븐구이 치킨 전문점을 운영하고 있는 류지수(돈치킨 서울대입구점) 씨는 사진으로 여성 고객을 사로잡았다. 방문하는 고객마다 사진을 찍어 준 류 씨는 고객의 핸드폰으로 해당 사진을 전송해주며 소소한 이벤트를 펼치고 있다. 더불어 월간 사진 콘테스트를 열어 도서상품권이나 영화 티켓을 제공하기까지 한다. 이 이벤트는 여성 고객에게 폭발적인 반응을 얻었다. 사진을 찍으며 점주와 말 한마디라도 더 나누며 가까워졌고, 별도의 응모 없이도 상품을 받을 수 있어 여성을 겨냥한 마케팅으로 적합했던 것. 더불어 고객에게 문자로 삶에 도움이 되는 글귀 등을 전송해주어 지속적인 관계를 유지해가고 있다. 여성을 공략한 돈치킨 서울대입구점은 15평 규모로 일 평균 80만 원 이상의 매출을 기록하고 있다.

남자는 남자답게 사로잡아라!

남성은 여성과 달리 단순하면서도 묵직하고 이성적이다. 남성 고객의 마음을 사로잡기 위해서는 복잡한 것보다는 음식의 양이나 단순한 서비스 같은 마케팅이 더 효과적일 수 있다.

CJ푸드빌이 운영하는 빕스는 남성 고객만을 위한 마케팅을 과거에 선보여 매출 신장에 톡톡한 효자 노릇을 하였다. '슈퍼맨즈 데이'이벤트를 실시해 매월 마지막 주 화요일에 매장을 찾는 남성 고객이 '페퍼콘 얌 스톤 등심 스테이크'를 주문하면 '빕스 하우스 와인 1병'을 무료로 제공하였던 것. 2인 이상은 1병, 5인 이상은 최대 2병까지 제공되었다. 이 이벤트는 얼핏 여성에게 통할 이벤트인 것 같지만, 결과적으로 남성 고객 비율이 40% 이상 넘어섰으며 남성 고객의 65% 이상이 스테이크 메뉴를 주문한 것으로 나타났다. 와인을 준다는 단순한 이벤트에 남성 고객이 호응한 것이다.

편의점 전문점 'CU'도 도시락 판매량 증가를 위해 2030 남성 고객을 겨냥했다. 도시락 구매층을 분석한 결과 이들 2030세대 남성이 전체 도시락 구매 고객의 43%를 차지했기 때문이다. 2030세대의 남성은 편의점 전체 이용 고객 중 31% 수준을 차지하는 가운데, 도시락 상품에 한해 구매 고객 절반에 가까운 비중을 차지했다. CU는 2030 남성 고객의 요구를 파악하기 위해 한 달 동안 서울 지역 50개 점포에서 도시락을 구매하는 약 1,000명을 대상으로 인터뷰를 진행했다. 그 결과를 반영하여 개발한 콤보 도시락 시리즈 4종은 2030 남성들이 선호하는 인기 반찬을 콤보 형태로 구성하고 양도 25% 증가시켰다. 양을 증가시킨 결과 이 도시락들은 CU의 전체 도시락 판매 1~4위를 차지할 정도로 남성에게 인기가 더욱 증가하였다.

출처 : 이코노믹스리뷰, 2015.6.30.

제1절 STP 전략

마케팅 전략이란 기업의 전략적 사업 단위(strategic business unit: SBU)에 할당된 매출과 이윤 목표를 달성하기 위하여 기업이 펼치는 제반 활동과 노력을 말한다. 마케팅 전략을 수립함에 있어 소비자행동의 이해를 바탕으로 시장을 세분화(segmentation)하고 표적시장을 선정(targeting)하며 선정된 표적시장에 적절한 제품을 포지셔닝(positioning) 하는 일은 가장 기본적이면서도 중요한 일이다. 시장 세분화, 표적시장의 선정, 포지셔닝의 세 단계를 STP 전략이라고 하며 이는 마케팅 전략의 가장 핵심적인 요소라 할 수 있다(그림 3-1 참조).

이 책에서는 STP 전략을 두 개의 장에 걸쳐서 설명하고자 한다. 본 장에서는 STP 전략을 시장 세분화를 중심으로 살펴보고 표적시장의 선정과 포지셔닝에 관련된 내용은 4장에서 구체적으로 살펴보기로 한다.

그림 3-1 STP 전략

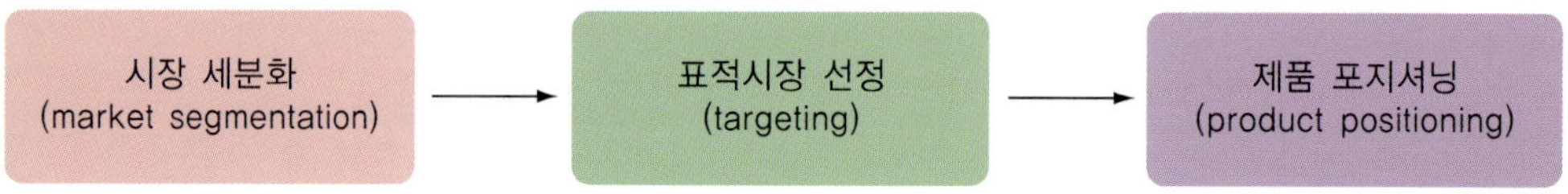

제2절 시장 세분화란

1. 시장 세분화의 개념

시장 세분화(market segmentation)는 전체 시장을 몇 개의 소비자 집단(segment)으로 나누는 과정 혹은 그 전략을 말한다. 시장 세분화 작업이 필요한 이유를 살펴보면 다음과 같다. 즉, 제품의 구매와 사용에 관한 고객의 경험이 축적됨에 따라 고객이 지닌 필요와 욕구 그리고 취향 등은 매우 다양해져서 하나의 제품 혹은 하나의 마케팅 믹스로는 고객의 다양한 필요와 욕구를 충족시키기 어렵게 되었다. 따라서 전체 시장을 동질성을 지닌 몇 개의 세분 시장으로 나누고 각각의 세분 시장에 대하여 차별적인 마케팅 프로그램을 실행하는 전략이 필요하게 되었다. 이것이 바로 시장 세분화 전략이다. 농심라면의 경우를 예로 들어 살펴보자. 농심라면은 전체 시장을 매운 맛을 선호하는 소비자 집단, 담백한 맛을 선호하는 소비자 집단, 그리고 건강을 중시하는 고관여 소비자 집단으로 나누어 각각의 소비자 집단에 적합한 차별적인 마케팅 전략을 구사함으로써 각 세분 시장을 공략하고 있다.

본래 시장은 마케터의 노력에 의해서 인위적으로 나누어지는 것(세분화)이 아니라 본래 몇 개의 조각들(segments)로 구성되어 있는 것이다. 마케터의 역할은 시장을 구성하는 조각들을 파악하는 것이다. 따라서 시장 세분화는 수요 측면의 개념이라고 할 수 있다. 반면에 시장 세분화에 대응되는 공급 측면의 개념은 제품 차별화(product differentiation)이다.

시장 세분화의 주요한 목적은 다음과 같이 정리할 수 있다.

첫째, 고객 만족의 극대화이다. 기업은 시장 세분화를 통해 고객의 다양한 필요와 욕구를 제대로 충족시킬 수 있는 차별적인 마케팅 프로그램을 제공함으로써 고객 만족을 더욱 잘 실현하고 극대화하고자 한다.

그림 3-2 시장세분화의 예

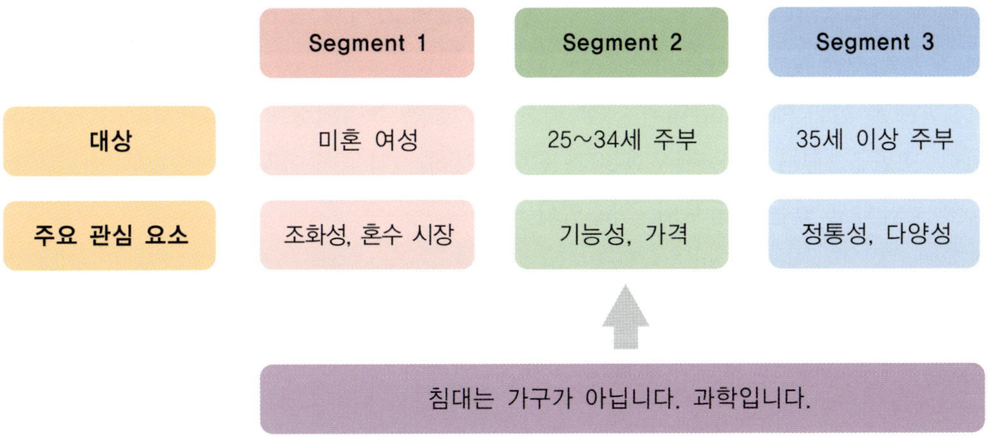

그림 3-3 시장 세분화의 예(자동차 시장)

둘째, 기업은 시장 세분화를 통하여 자사 제품 간의 경쟁(cannibalization)을 방지할 수 있다. 즉, 시장을 몇 개의 세분 시장으로 나누고 각각의 세분 시장에 차별적인 제품을 공급함으로써 세분 시장 간의 중복(overlapping segment)을 피하고 자사 제품 간의 경쟁을 방지할 수 있다.

셋째, 시장 세분화를 통하여 새로운 마케팅 기회를 포착하고 이를 매출과 이윤으로 이끌 수 있다. 시장을 몇 개의 세분 시장으로 나눔으로써 수요는 존재하지만 공급이 존재하지 않는 시장 기회를 찾을 수 있다. Mazda 자동차는 고객들이 가장 이상적으로 생각하는 자동차가 무엇인가를 파악하고자 하였다. 즉, 많은 고객들은 중형차 가격 수준을 지닌 스포츠카를 원하고는 있으나 이러한 자동차가 시장에 존재하지 않는다는 점(시장 기회)을 포착하여 Miata 자동차를 출시하여 큰 성공을 거둔 바 있다.

넷째, 기업은 세분화를 통하여 어떤 세분 시장에 자사의 자원과 노력을 집중하여 경영 활동을 전개할 것인가를 파악할 수 있다.

[그림 3-2]는 에이스침대의 시장 세분화를 통한 표적시장의 선정과정을 보여 주고 있다. 또한 [그림 3-3]은 세분화된 자동차 시장에 기업들이 어떻게 차별화된 자동차 제품을 공급하고 있는지를 보여 주고 있다.

2. 시장 세분화의 필요성

기업은 시장 세분화를 통하여 각 세분 시장에 대한 차별적인 마케팅 믹스를 디자인함으로써 고객 만족을 제고할 수 있다. 이를 마케팅 믹스의 관점에서 살펴보면 다음과 같다.

- 제품: 기업은 세분화를 통하여 제품의 디자인과 포지셔닝을 해당 세분 시장에 있는 고객의 다양한 욕구와 취향에 맞출 수 있다. 따라서 이러한 차별화된 제품을 통하여 다양한 고객들의 만족을 제고할 수 있다.
- 가격: 기업은 세분화를 통해 해당 세분 시장에 있는 고객의 가격민감도를 고려하여 가격차별(price discrimination)에 대한 보다 정확한 가이드라인을 제시할 수 있다. 이를 통해 고객이 지불할 수 있는 가격을 설정할 수 있는 것이다.
- 촉진: 광고와 판촉 활동과 같은 커뮤니케이션 노력에 있어서 소비자의 특성에 부합하는, 보다 적절한 미디어와 메시지를 선택할 수 있기 때문에 광고와 판촉의 효과를 높일 수 있다. 특히 산업재의 경우, 주요 고객에 대한 고객화된(customized) 제품 설명을 통하여 구매 확률을 높일 수 있다.
- 유통: 해당 세분 시장에 있는 고객의 구매 패턴과 일치하는 유통경로를 디자인함으로써 구매의 효율성과 고객 만족을 동시에 제고할 수 있다.

3. 시장 세분화의 유형

시장 세분화는 크게 사전 세분화와 사후 세분화의 두 가지 유형으로 나누어 볼 수 있다. 각각의 특성에 대해서 살펴보도록 하자.

3.1 사전 세분화

사전 세분화(a priori segmentation)는 고객 자료의 수집이나 분석을 요구하지 않으며 단순한 경영진의 판단(management fiat)에 의하여 이루어진다. 사전 세분화는 기업이 세분화 작업을 할 수 있는 시간적 혹은 재정적 여유가 없을 때 실행하는 전략으로서 빠른 시간 안에 세분화를 실행할 수 있다는 장점이 있다. 사전 세분화의 예로서는 자사의 고객을 충성도가 높은 고객과 충성도가 낮은 고객의 두 가지 세분 시장으로 나누는 경우를 들 수 있다. 혹은 고객의 가격민감도에 따라 가격민감도가 높은 고객, 가격민감도가 낮은 고객 그리고 중간 정도의 가격민감도를 지닌 고객의 세 개의 세분 시장으로 나누는 경우를 들 수 있다.

3.2 사후 세분화

사후 세분화(post hoc segmentation)는 고객 자료의 수집, 분석 및 해석을 통해서 세분 시장의 존재와 구조를 파악하고 세분 시장의 특성과 수요를 파악할 수 있는 방법이다. 사후 세분화는 전형적으로 통계분석을 수반한다. 사후 세분화는 사전 세분화에 비하여 시간과 비용이 많이 소요되는 단점이 있으나, 체계적이고 통계적인 방법에 의거하기 때문에 보다 정확하고 객관적인 세분 시장을 도출할 수 있다는 장점이 있다. 사후 세분화는 사전 세분화보다 훨씬 뒤에 나타난 세분화 방법이지만 오늘날 대부분의 세분화 작업에 이용되고 있다.

제3절 시장 세분화의 단계

1. 시장 세분화의 단계

시장 세분화는 일반적으로 네 가지 단계를 거친다. 이들 네 단계를 살펴보면 [그림 3-4]와 같다.

시장 세분화를 하기 위하여 가장 먼저 결정해야 될 사항은 시장 세분화의 수준을 결정하는 것이다. 이는 전체 시장을 몇 개의 세분 시장으로 나눌 것인가 혹은 각 세분 시장이 몇 명의 고객을 포함할 것인가를 결정하는 것을 의미한다. 시장 세분화의 수준은 일반적으로 세분 시장의 수에 비례한다. 즉, 세분 시장의 수가 많을수록 세분화의 수준은 높다. 그리고 세분 시장의 수가 적을수록 각 세분 시장에 포함되는 고객의 수는 많을 것임을 알 수 있다.

그림 3-4 시장 세분화의 단계

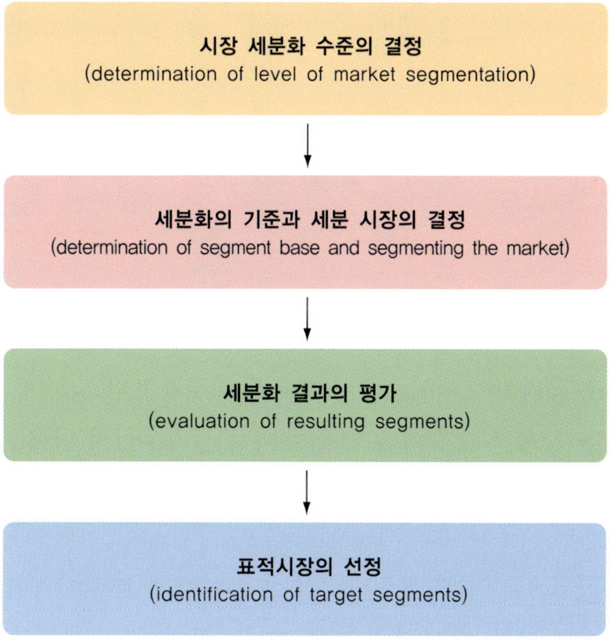

시장 세분화의 수준을 결정한 후에는 실제의 세분 시장을 결정해야 한다. 그리고 선정된 세분화 결과를 평가한 후 최종적으로 기업의 마케팅 전략이 투입되는 표적시장을 선정한다. 여기서는 시장 세분화 수준을 살펴보고 다음 4절에서 세분화의 기준에 대해 알아보도록 한다.

2. 시장 세분화 수준에 따른 마케팅 유형

일반적으로 시장 세분화의 수준은 대량 마케팅(mass marketing), 세분화 마케팅(segmentation marketing), 틈새 시장 마케팅(niche marketing), 그리고 미시 마케팅(micro marketing)의 순으로 증가한다. 각각의 마케팅에 대해서 살펴보자.

2.1 대량 마케팅

대량 마케팅(mass marketing)은 하나의 제품 혹은 하나의 마케팅 프로그램을 제공함

그림 3-5 시장 세분화 수준

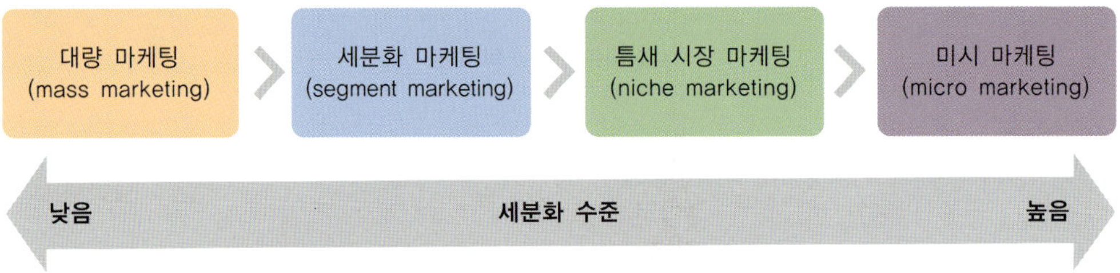

으로써 전체 시장을 공략하는 전략으로서 세분화를 실행하지 않는 경우를 의미한다. 대량 마케팅이 적합한 상황은 수요가 공급을 초과하는 경우이며 이때 기업은 대량 생산, 규모의 경제, 경험 곡선의 효과를 통한 원가 절감과 저가격 제공으로써 경쟁우위를 확보할 수 있다.

대량 마케팅은 코카콜라, 펩시,맥도날드와 같이 동일한 제품을 가지고 전 세계적으로 유사한 광고 캠페인을 하는 것을 예로 들 수 있다.

코카콜라는 전 세계 소비자를 대상으로 동일한 마케팅 활동을 실시한다.

2.2 세분화 마케팅

세분화 마케팅(segment marketing)은 시장 세분화를 실행하고 그 세분 시장 중에서 하나 혹은 그 이상의 세분 시장을 선정하여 공략하는 전략을 가리킨다. 기업이 세분화 마케팅을 실시할 때는 기업의 자원과 노력을 선정된 세분 시장에 집중하는 것이 필요하다. 기업이 몇 개의 세분 시장을 선정하는가는 그 기업의 자원과 역량 그리고 그 기업의 사업 목표에 달려 있다.

예를 들면 현대자동차는 경차에서부터 고급 승용차, 특장차, 상용차에 이르기까지 모든 세분 시장을 공략하고 있다. 반면에 초기 삼성자동차는 중형차 시장만을 표적으로 삼았던 사실을 예로 들 수 있다.

2.3 틈새 시장 마케팅

틈새 시장 마케팅(niche marketing)은 세분화 마케팅의 특수한 경우로서 단 하나의 세분 시장(틈새 시장)만을 공략하는 전략이다. 틈새 시장의 특징으로는 시장의 크기가 매우 작고 고객층이 얇다는 점을 들 수 있다. 그리고 시장 내에서의 경쟁이 치열하지 않으며 하나하나의 제품이 높은 수익성을 제공한다는 점을 들 수 있다. 따라서 틈새 시장 마케팅에서는 고가격 전략(premium pricing)을 구사할 수 있으며 시장을 쉽게 방어할 수 있다는 장점이 있다.

틈새 시장 마케팅의 예로서는 포르쉐나 페라리 같은 스포츠카 시장을 들 수 있다.

틈새 시장 마케팅은 규모가 작지만 명확한 시장이 존재할 경우 효과적이다.

2.4 미시 마케팅

미시 마케팅(micro marketing)은 세분화의 수준이 가장 높아서 전체 시장에 있는 고객의 수만큼 많은 세분 시장이 존재한다. 따라서 각 세분 시장은 단 한 명의 고객만을 포함한다. 미시 마케팅은 각각의 세분 시장(고객)에게 극도로 개인화된 마케팅 프로그램을 제공함으로써 개별 고객의 특수한 필요와 욕구를 충족시키는 데 그 목적을 두고 있다.

개인 마케팅의 예로는 맞춤 양복이나 철저한 주문 제작제를 시행하는 롤스로이스 자동차 등을 들 수 있다.

제4절 시장 세분화의 기준

시장 세분화에서 모든 상황에 항상 사용할 수 있는 하나의 효과적인 기준이 존재하는 것은 아니다. 어떤 제품에는 가장 효과적인 세분화의 기준이 다른 제품에는 별로 효과적이지 못할 수가 있기 때문이다. 따라서 기업들은 시장을 세분화할 수 있는 다양한 기준들을 고려하여 시장 구조를 가장 잘 나타내는 세분화 기준을 선택할 필요가 있다. 시장 세분화에 사용되는 변수는 매우 다양하지만, 보편적으로 개인적 특성과 제품 관련 특성으로 크게 구분할 수 있다.

1. 개인적 특성

개인적 특성(individual characteristics)은 개인 소비자의 다양한 특성을 나타내며 특정한 제품 혹은 제품군과는 무관하다. 개인적 특성 변수에는 인구 통계적 특성, 지리적 특성, 사회계층, 그리고 라이프스타일, 개성과 같은 심리적 특성이 있다.

1.1 인구 통계적 특성

인구 통계적 특성(demographic characteristics)은 나이, 성별, 소득, 직업, 교육 수준과 같은 소비자의 개인적 특성을 말한다. 일반적으로 소비자들의 필요, 욕구, 사용빈도들은 인구 통계적 특성들과 밀접한 관계를 갖는 경우가 많다. 그리고 인구 통계적 특성은 다른 변수들에 비하여 측정하기가 용이하기 때문에 시장 세분화에 가장 널리 사용된다. 시장 세분화에 자주 이용되는 인구 통계적 특성은 다음과 같다.

(1) 나이와 생애주기

소비자의 필요와 욕구, 그리고 구매형태는 나이(age)에 따라 다양하게 나타날 수 있다. 또한 신혼기, 장년기, 노년기 등의 생애주기 단계(life cycle stage)에 따라서도 상이하게 나타난다. 따라서 기업은 소비자들의 나이나 생애주기에 따라 변화되는 필요와 욕구를 파악하여 각각의 연령대에 맞는 제품을 생산하여 차별적인 마케팅 활동을 수행해야 한다. 예를 들어 우유시장에서 어린이 전용우유, 청소년 칼슘우유 등의 제품을 출시하여 연령별 마케팅 활동을 시행한다.

하지만 마케터들은 나이나 생애주기 단계를 사용하여 세분화를 할 때 고정관념이나 틀에 박힌 사고(stereotype) 혹은 편견에서 오는 오류에 주의하여야 한다. 즉, 같은 연령층이라고 해서 똑같은 필요나 욕구를 가지고 똑같은 구매나 소비행동을 보이는 것은 아니라는 점을 염두에 두어야 한다. 예를 들어 30대의 여성이 청바지를 입는 경우 그 구매동기는 동일하지 않을 수가 있다. 어떤 고객은 편리함 때문에 청바지를 구매하지만 또 다른 고객들은 날씬함과 멋을 위해서 청바지를 구매한다. 아울러 소비자의 실제 나이와 정신 연령이 일치하지 않는 경우도 있으므로 이러한 점을 모두 고려하여 세분화 기준을 선정하여야 한다.

연령대별로 화장품 시장이 세분화되는 추세이다.

(2) 성 별

성별(gender)에 따른 세분화는 의류, 화장품, 잡지, 헤어디자인, 성형수술 등의 분야에서 많이 나타난다. 성별은 소비자의 나이와 함께 세분화의 기준으로 가장 많이 사용된다. 예를 들어 화장품의 경우에는 과거 여성들이 주고객이었으나 최근에는 시장이 세분화되고 있다. 특히 남성 화장품의 수요 증가는 다양한 제품 출시에 영향을 준다. 화장품 시장을 살펴보면 성인 여성용 화장품과 성인 남성용 화장품 그리고 청소년을 표적고

화장하는 남성의 증가는 남성화장품 시장의 확대를 가져왔다.

객으로 한 화장품이 출시되어 있음을 볼 수 있다.

성별에 따른 세분화는 사회적 변화에 의해 많은 영향을 받는다. 동시에 소비자들의 구매행동도 사회적 변화에 의하여 많은 영향을 받는다. 예를 들어 남녀 공용 의류가 많이 유행하여 청바지 경우에는 성별에 따른 소비자 욕구에 차이를 보이지 않는 경향이 두드러진다. 이는 남녀 평등 사상과 여권 신장 운동으로 여성의 사회적 참여가 많아짐에 따라 나타난 추세라고 할 수 있다. 이는 또한 여성의 구매의사결정에 상당한 영향을 미친다.

(3) 소 득

소득(income)은 소비자의 구매력을 나타내는 변수로서 소비자의 욕구나 구매행동에 직접적인 영향을 미치는 중요한 특성이다. 특히 승용차나 주택 등과 같은 고가품에 있어서의 시장성은 일반적으로 소득의 함수로 나타난다. 예를 들어 현대자동차의 쏘나타는 중산층의 고객을, 그리고 에쿠스는 고소득층의 고객을 그 표적으로 하여 각각의 표적시장에 소구하고 있음을 알 수 있다.

1.2 지리적 특성

지리적 특성(geographic characteristics)에 따른 세분화는 소비자들이 거주하는 지역을 중심으로 시장을 세분화하는 것을 말한다. 기업은 자사 제품의 판매가 유리한 지역에 대해서 마케팅 활동을 전개할 수도 있고 혹은 각 지역에 따른 소비자의 상이한 욕구를 파악하여 그에 맞는 마케팅 전략을 구사하기도 한다. 예를 들면 현대백화점 본점과 현대백화점 천호점은 내점 고객과 제품 및 가격을 비롯한 여러 가지 마케팅 전략 측면에서 차이를 보이고 있다.

하지만 일반적으로 지리적 특성만을 고려하여 시장을 세분화하는 것은 때때로 위험이 따르기도 한다. 지역적으로 떨어져 있어도 기후 환경이나 생활 습관, 혹은 문화적 특성 등에 대한 차이가 없는 경우에는 지리적 특성만을 고려하여 소비자의 욕구나 구매행동의 차이를 알아보기는 어려운 일이기 때문이다. 예를 들어 탄산음료의 구매 및 소비 행태가 호남지방과 영남지방 사이에 큰 차이가 있으리라고 보기는 어렵다.

1.3 사회계층

사회계층(social class)이란 일반적으로 교육 수준, 직업, 그리고 소득에 의해서 결정되는, 동일한 행동 패턴을 보이는 사람들의 집단을 일컫는다. 시장 세분화에 사회계층이 사용되는 주된 이유는 소비자들이 자신과 같은 사회계층에 속한 다른 소비자들의 구매패턴에 의해 영향을 받기 때문이다. 즉, 동일한 사회계층에 속한 소비자들의 구매 및 소비 행동은 유사하게 나타나는 경향이 있다.

레저 활동을 예로 들어 요트, 승마, 폴로 등의 레저 활동을 즐기는 계층과 사냥, 낚시, 볼링 등을 좋아하는 계층들로 구분할 수 있다. 즉, 유사한 레저 활동을 즐기는 계층에서

표 3-1 사회계층을 이용한 세분화

사회계층	제품	가격	유통	커뮤니케이션
상류	Rolex Rolls L. Vuitton Heinken	높은 가격	백화점, 부티크 혹은 독점적으로 승인 받은 판매자	Come to think of it, I'll have Heineken. (Heineken 광고)
중류	Seiko Cadillac Samsonite Michelob	중간 가격	백화점, 전문점	The night belongs to Michelob (Michelob 광고)
하류	Timex Chevy Store Brand(PB) 가방 Budweiser	합리적 가격	광범위한 편의점, 약국, 슈퍼마켓	This Bud's for you (Budweiser 광고)

비슷한 구매성향이 나타난다는 것이다.

따라서 마케터는 하나의 특정 사회계층을 자사의 표적시장으로 선정하여 그 표적시장만을 위한 독특하고 배타적인 마케팅 전략을 구사하는 것이 효과적일 수 있다.

1.4 심리적 특성

심리적 특성(psychographic characteristic)에 따른 세분화는 라이프스타일, 개성 등에 기반을 두고 소비자들을 분류하는 것을 말한다.

(1) 라이프스타일

라이프스타일(life style)은 일반적으로 개인의 활동(activities), 관심(interest), 그리고 의견(opinion)의 집합으로 정의된다. 예를 들어 활동과 관련된 항목으로는 취미나 여가 생활을 들 수 있다. 따라서 자전거나 등산용품 제조회사는 자사의 제품과 관련된 취미를 갖는 소비자들을 표적으로 삼는다. 라이프스타일을 세분화 기준으로 사용할 때는 인구 통계적 특성을 함께 측정하는 것이 일반적이다. 이는 특정 라이프스타일을 지닌 소비자들의 인구 통계적 특성이 마케팅 전략의 수립에 매우 유용한 정보를 제공하기 때문이다. 사실 인구 통계적 특성은 모든 세분화 전략에 있어서 각각의 세분 시장에 관련된 행동적 특성(behavioral correlates)을 보여 주는 중요한 배경 변수이다.

또한 라이프스타일을 이용한 세분화 전략은 일반적으로 광고를 통하여 특정 라이프스타일을 지닌 사람의 생활을 묘사함으로써 같은 라이프스타일을 지니고 있거나 혹은

신용카드는 다양한 소비자의 라이프스타일에 따른 맞춤형으로 진화하고 있다.

Marketing Point

LG생건·아리따움·VDL·CL4 … 뷰티업계도 키덜트 마케팅 경쟁

성인이면서 아이와 같은 감성과 취향을 가진 이들을 지칭하는 키덜트족이 늘어나면서, 유년 시절 추억을 되새기는 경제력 있는 성인들을 대상으로 한 키덜트 마케팅이 유통 산업 전 분야에서 점차 인기를 모으고 있다.

그동안 키덜트 문화의 영역이 장난감 시장에 국한돼 있었다면 최근에는 유통업계 전반에 걸쳐 키덜트족의 소비성향이 두드러지는 추세다.

◇유통업계 '큰손' 키덜트 소비성향 맞추기

신세계, 이랜드 등 유통업계 '큰손'들이 발빠르게 나서는 이유도 그 때문이다.

관련업계에 따르면 최근 고양시 일산서구에 개장한 이마트타운이 키덜트족 사이 화제다. 이마트 측은 가전 제품 판매뿐 아니라 드론 체험존, 액션캠 매장, 피규어 전문존 등을 통해 남성들이 마음껏 즐길 수 있는 놀이터와 같은 매장을 만들어 간다는 계획이다.

실제 이마트의 조립 · 취미완구 부문 매출은 지난해 불경기에도 불구하고 15% 신장했다.

해당 매장의 연령별 매출 구성비 중 40대 소비자가 52%에 달한다는 점에 비춰 키덜트 수요 증가분이 반영된 것으로 업계에선 풀이하고 있다.

◇캐릭터와 화장품의 만남! 뷰티시장 '어른아이' 공략

그룹별로 키덜트족의 마음을 사로잡기 위한 경쟁이 치열한 가운데 유통업계 중에서도 특히 트렌드에 민감한 화장품 시장에서도 키덜트족들을 위한 제품이 속속 등장하고 있다. LG생활건강, 아리따움, VDL, CL4, 미샤, 어퓨 등 화장품 브랜드들 역시 캐릭터를 연계한 상품을 출시하며, 키덜트족의 소비 심리를 자극한다.

일찌감치 키덜트족을 겨냥한 SPA 패션 랩코스는 출시와 함께 스누피 캐릭터와 협업을 통해 일반 소비자들은 물론 셀러브리티들의 사랑을 독차지한 핫코스메틱 브랜드로 떠올랐다.

쿠션부터 네일 컬러, 립 컬러 등 6종 스누피 제품을 선보인 랩코스는 온라인 쇼핑몰은 물론 랩 오프라인 매장에서 '숍 인 숍'으로 함께 운영되고 있다. 옷과 화장품을 동시에 구매할 수 있어 매장을 방문한 소비자들로 하여금 빠르게 입소문이 퍼지고 있다.

LG 생활건강의 메이크업 브랜드 VDL은 인기

캐릭터 카카오프렌즈와 콜라보레이션해 'VDL 카카오프렌즈 컬렉션' 10종을 한정판으로 출시했다. 일상생활에 친숙하게 쓰이는 카카오톡 캐릭터인 '무지', '어피치', '네오' 등을 토대로 제품을 디자인한 것이다.

메이크업뿐 아니라, 스킨 케어에도 재미를 찾는 소비자들의 요구를 반영한 제품들이 속속 출시되고 있다. CL4(씨엘포)는 밋밋한 시트에 동물의 얼굴을 새겨 유쾌하게 피부관리를 할 수 있는 캐릭터 마스크 팩을 출시했다. 동물 캐릭터 별로 각각 특별한 성분과 기능을 부여해 개인의 피부 고민에 맞게 사용할 수 있다. 또한 순면 100% 저자극 시트를 사용해 민감한 피부도 안심하고 사용할 수 있으며, 동물 캐릭터를 활용해 유쾌한 사용감까지 더해졌다.

CJ올리브영과 드림웍스가 콜라보레이션한 제품인 '아임 더 리얼 슈렉팩(I'm the Real SHREK Pack)'은 패키지에 슈렉 캐릭터를 새겨넣은 재밌는 디자인에 우수한 제품력을 갖추고 있다.

유통업계 한 관계자는 "어른이 됐음에도 불구하고 여전히 어린이의 분위기와 감성을 간직하고 추구하는 성인들이 늘면서 마케팅에도 새로운 변화 바람이 일고 있다"라며 "이미 외국에서는 키덜트족들을 겨냥해 성공을 이룬 사례들도 많다"고 말했다.

출처 : 뉴데일리경제, 2015.6.25.

라이프스타일을 따라 하기를 원하는 소비자들로 하여금 동질성을 느끼게 하여 특정한 제품의 구매를 유도하는 전략이기도 하다.

(2) 개 성

개성(personality)은 개인의 독특한 심리적 특성으로서 어떤 대상에 대하여 비교적 일관성 있고 지속적으로 반응하는 행동패턴을 일컫는다. 소비자들은 각자 독특한 개성을 가지고 있으며, 많은 경우 자신의 개성과 부합되는 이미지를 가진 브랜드를 선호한다. 예를 들어 담배, 화장품, 보험 같은 제품들은 소비자들의 독특한 개성에 따라 시장을 세분화하고, 표적 고객들의 성격에 부합하는 제품을 출시함으로써 성공을 거둔 경우가 많다. 또한 공격성(aggressiveness)이나 제압성(dominance)이 강한 소비자는 상대방에게 승리함으로써 만족과 쾌감을 느끼기 때문에 값비싼 스포츠 용구나 가속력이 뛰어난 스포츠카, 그리고 향이 매우 강한 향수를 선호한다.

2. 제품 관련 소비자 특성

2.1 제품의 사용 상황

소비자가 특정 제품으로부터 추구하는 편익은 제품을 사용하거나 소비하는 상황에 따라 달라질 수 있다. 즉, 소비자들은 언제 제품 구매에 대한 생각을 떠올리는지, 언제 구매를 하고 언제 구입한 제품을 사용하는지에 따라 몇 개의 집단으로 나누어질 수 있다. 예를 들어 의류의 경우 공식적인 모임에 참가할 때(정장이나 파티복), 산행을 할 때(등산복), 집에 있는 때(평상복) 등에 따라 추구하는 편익과 구매하는 제품이 다르다. 따라서 소비자의 제품 사용 상황에 따른 세분화(usage situation segmentation)는 개인 소비자가 추구하는 편익을 상황과 관련지어 누가 어떤 상황에서 그 제품을 사용하느냐에 따라 시장을 세분화하는 전략을 말한다.

2.2 추구 편익

소비자들은 제품을 구매할 때 그 제품이 제공하는 편익(benefits)을 얻기 원한다. 따라서 소비자가 추구하는 편익을 기준으로 시장을 세분화할 수 있는데 이를 편익 세분화(benefits segmentation)라고 부른다. 예를 들어 치약의 경우 어떤 소비자들은 치약의 미

소비자 추구 편익	편익 제공 제품
잇몸 건강	
충치 예방	
구취 제거	
맛과 향	
미백 효과	

소비자의 편익에 따라 선택되어지는 치약제품의 예.

백 효과를, 어떤 소비자들은 충치 예방을, 어떤 소비자들은 산뜻한 맛을, 그리고 어떤 소비자는 잇몸 건강을 추구할 수 있다. 그리고 그 편익에 맞는 제품을 선택한다.

2.3 제품의 사용량

소비자들은 제품 사용량에 따라서 대량사용자(heavy users), 중량사용자(medium users), 소량사용자(light users)로 구분될 수 있다. 예를 들어 이동통신 서비스의 경우, 표준요금제 이외에 대량사용자와 소량사용자들을 위해 별도의 요금제를 책정하여 소비자들의 사용량에 따른 요금제를 선택하도록 하고 있다. 또한 대한항공은 탑승객들의 항공서비스 이용량에 따라 스카이패스, 모닝캄 클래스 그리고 밀리언 마일러 등급으로 나누어 각각의 등급에 대하여 차별적인 혜택을 제공하고 있다. 대량사용자들의 경우 일반적으로 시장의 매우 작은 부분을 차지하고 있지만 기업의 매출에 있어서는 매우 높은 비율을 차지한다. 또 하나의 예를 들면 맥주를 구매하는 사람의 수는 많지만 대부분은 소량소비자이며 주로 소비하는 사람은 소수의 대량소비자이다. 결과적으로 맥주회사들은 한 명의 대량소비자를 고객으로 만드는 것이 여러 명의 소량소비자를 유인하는 것보다 효과적이고 효율적임을 알고 이에 따른 마케팅 전략을 펼치고 있다.

앞서 언급한 것과 같은 이유로 마케터는 다른 조건이 같다면 대량사용자들을 표적으로 삼아야 할 것이고, 이들의 인구 통계적 특성, 라이프스타일 등을 분석함으로써 이들에게 적절한 마케팅 전략을 전개할 수 있다. 일반적으로 적은 수의 소비자가 많은 양의

기업은 20%의 고객을 대상으로 하는 마케팅에 점점 초점을 맞추고 있다.

제품을 사용할 경우 이들을 대량사용자(heavy half)라고 부른다. 마케팅 불변의 법칙으로서 20:80 법칙이 있는데 이는 20%의 고객(수요 측면)이 80%의 물량(공급 측면)을 소비한다는 것으로 이 20%의 고객을 자사의 고객으로 유치하면 80%의 시장 점유율을 자동적으로 획득할 수 있는 것이다. 이들 소수의 대량사용자는 맥주, 청량음료, 애완동물의 사료 등의 제품에서 두드러지게 나타난다. 예를 들어 하나은행은 20:80 법칙에서 더 나아가 상위 5%의 우량 고객이 95%의 수익성을 차지한다는 사실을 발견하였다. 이는 우량 고객 혹은 대량사용자의 중요성을 보여 주는 사례들이다.

2.4 충성도

기업들은 소비자들의 충성도(loyalty)를 기준으로 시장을 세분화하고 세분 시장을 분석함으로써 유용한 정보를 얻을 수 있다. 소비자들은 상표, 점포, 제조회사에 대하여 충성도를 가지며 기업들은 이러한 소비자들이 지니는 충성도에 따라서 시장을 세분화할 수 있다. 기업은 충성도가 높은 집단을 분석함으로써 자사의 강점을 알 수 있다. 또한 두세 개의 상표에 대하여 충성도를 갖고 있으며 가끔은 다른 상표를 구매하는 집단(brand switchers)으로부터는 경쟁사를 파악할 수 있다. 반면에 자사 상표에서 경쟁사의 상표로 전환하는 집단(deal-prone segment)을 분석함으로써 자사 상표에 대한 취약점을 파악하여 시정할 수 있다. 결국 충성도가 높은 고객들은 일반적으로 가장 수익성이 높은 고객들이므로 기업은 충성도가 높은 고객을 파악하고 유지 · 관리하는 데 노력을 기울여야 한다.

제5절 시장 세분화의 조건

앞에서 살펴본 바와 같이 시장 세분화의 기준과 방법은 매우 다양하다. 그리고 시장 세분화의 기준과 방법에 따라 결과적으로 나타나는 세분화의 형태와 효과는 매우 다르다. 따라서 시장 세분화를 효과적이고 유용하게 하기 위한 조건은 다음과 같다.

1. 동질성과 이질성

우선 세분 시장 내의 동질성(homogeneous within)과 세분 시장 간의 이질성(heterogeneous between)을 고려해야 한다. 즉, 같은 세분 시장 내의 고객들은 마케팅 믹스 또는 마케팅 전략에 유사하게 반응하고, 서로 다른 세분 시장에 속한 고객들은 상이하게 반응하도록 세분화가 이루어져야 한다. 이러한 요건이 갖추어져 있을 때 표적시장으로 선정된 세분 시장에 투입되는 마케팅 믹스가 차별적 효과를 가져올 수 있다.

2. 측정가능성

측정가능성(measurability)이란 세분 시장의 크기와 세분 시장에 속한 소비자들의 구매력과 같은 특성들이 측정될 수(measurale) 있어야 한다는 것을 의미한다. 또한 마케팅 믹스의 변화에 따른 세분 시장의 반응을 측정할 수 있도록 세분화가 이루어져야 세분 시장들을 비교하여 적절한 표적시장을 선정할 수 있다.

예를 들어 '장식용으로 CD를 구매하기를 원하는 소비자들'이라는 세분 시장을 표적시장으로 삼으면 효과적인 마케팅을 수행할 수 있을 것 같지만 실제로 소비자들의 구매력이나 소비자들의 수 등을 측정하기가 거의 불가능하기 때문에 효과적인 세분 시장이라 보기 어렵다.

이러한 세분 시장의 규모나 소비자들의 구매력을 측정하는 것이 중요한 이유는 표적시장을 선택함에 있어 이 같은 자료가 의사결정의 가장 중요한 기준이 되기 때문이다.

3. 규모

세분 시장은 지속적인 경영 활동을 위한 충분한 이익을 얻을 수 있을 정도의 규모(size)를 갖추어야 한다. 세분 시장의 규모가 너무 작으면 세분 시장을 대상으로 마케팅 믹스를 투입할 때 수익성(profitability)을 기대할 수 없다.

4. 접근가능성

접근가능성(accessibility)이란 기업은 대중매체를 사용하여 세분 시장의 고객들에게 용이하게 접근할 수 있어야 한다는 것을 의미한다. 이 경우 접근은 자사 제품을 표적시장의 지역에 수송하는 데 필요한 도로나 교통수단들이 잘 발달되어 있는지, 적절한 유통경로가 존재하거나 개발이 가능한지를 고려하여야 한다. 접근은 물리적 접근뿐만 아니라 커뮤니케이션에 의한 접근도 포함한다. 접근성은 대중매체를 사용하여 표적 고객에게 자사가 원하는 메시지를 전달할 수 있는 가능성을 말한다. 아무리 세분 시장의 규모가 크고 충분한 구매력을 지니고 있다고 해도 접근성이 낮으면 제품과 서비스에 관한 메시지를 전달할 수 없다. 또한 접근성은 고객들의 매체행동과 밀접한 관련이 있다. 자사 제품에 관한 메시지를 잠재 고객들에게 전달할 수 있는 커뮤니케이션 수단(예를 들면 신문, 잡지, TV, 인터넷 등)이 존재하는지도 고려하여야 한다.

5. 차별가능성

차별가능성(differentiability)이란 기업이 실행한 전략에 대하여 각각의 세분 시장이 차별적인 반응을 보여야 한다는 것이다. 세분화가 성공적으로 이루어졌다면 차별화 가능성은 당연히 높아야 한다. 예를 들어 가격민감도가 높은 세분 시장에서는 가격할인 전략이 매출의 증가가 나타나야 하고 그렇지 않은 세분 시장에서는 매출의 변화가 크지 않아야 한다는 것이다. 즉, 마케팅 전략에 대한 세분 시장의 반응은 차별적으로 나타나야 한다는 것을 말한다.

6. 실행가능성

실행가능성(actionability)은 기업이 선정하는 표적시장 내에서 마케팅 전략을 실행할 수 있는 가능성을 말한다. 아무리 표적시장이 매력적이라도 그 시장에서 전략을 실행할 수 있는 능력이 없다면 그 매력적인 시장은 그림의 떡이 될 것이다. 실행가능성을 높이기 위한 기업의 능력은 생산능력, 자금, 인적자원, 마케팅력(力) 등을 포함한다.

생각해 볼 문제

1. 당신은 현재 외식 시장에 새로운 형태의 패밀리 레스토랑을 진입시키려고 하고 있다. 현재의 외식 산업을 세분화하고 세분화의 기준을 제시하시오.

2. 우리나라의 잡지 시장을 세분화하고 어떤 기준으로 당신의 세분화가 이루어졌는지 밝히시오.

참고자료

MacMillan, I. C. and L. Selden(2008), "Change with Your Customers-and Win Big," *Harvard Business Review*, Dec.

Sarvary, M. and A. Elberse(2006), "Market Segmentation, Target Market Selection, and Positioning," *Harvard Business Publishing*, Apr.

Shapiro, B. P. and T. V. Bonoma(1984), "How to Segment Industrial Markets," *Harvard Business Review*, May.

Spekman, R. E. and J. Stein(2011), "Customer Segmentation in Business-to-Business Markets," *Harvard Business Publishing*, Mar.

Case Study

요즘 男子, 주말 백화점에서 혼자 논다…"왜, 이상해요?"

"친구들이 저보고 '주백남'이라네요. 주(酒)태백도 아니고, 웬 주백남?…. '주말에 백화점 가는 남자'라네요. 뭐, 듣기 싫지는 않습니다. 실제 주말엔 하루 종일 백화점에서 혼자 노니까요."(직장인 이정훈(34) 씨)

주백남(주말에 백화점 가는 남자)이 늘고 있다. 백화점에 가는 남성은 거짓말 조금 보태 옛날로 치면 동반 여성 쇼핑물을 들어주기 위해 소가 외양간 끌려가듯이 어쩔 수 없이 끌려 찾은 이들이 대부분이었고, 한시라도 빨리 벗어나기 위해 안간힘 쓰는 이들이 적지 않았던 게 사실이다. 그만큼 오랫동안 백화점 자체는 오로지 여성의 공간이었다. 지금은 다르다. 당당히 백화점 문화를 즐기는 주류 고객으로 등장한 것이다. 이정훈 씨처럼 주말에 눈을 뜨자마자 백화점으로 향하고, 백화점 안에서 하루종일 라이프스타일을 즐기는 이들이 급증하고 있는 것이다.

▶어느 주백남의 주말 일상

11:00	기상/백화점行
11:30	백화점 도착, 평소 즐겨 찾는 남성 브랜드들을 둘러보며 신상품 아이쇼핑
12:30	백화점 식품관 푸드코트에서 점심
13:00	명품 매장 아이쇼핑. 인터넷을 통해 본 'M' 브랜드의 명함지갑 구입
15:00	스포츠 매장에서 휴가지에서 입을 비치팬츠와 래쉬가드 구입
15:30	바버샵 방문. 이발 및 쉐이빙 서비스 받음
16:30	백화점 내 카페에서 커피 마시며 휴식
17:00	다시 남성복 매장 방문. 오전에 눈 여겨뒀던 셔츠와 넥타이 구입. 같은층 남성 취미용품 매장서 새로 나온 드론, RC카 구경
18:00	사은 상품권 수령, 지하 1층 식품 매장에서 신선식품, 음료 등 구입

이 씨의 구체적인 주말 시간표는 이를 대변한다. 오전 11시에 기상, 곧바로 백화점행(行), 12시30분 식품관에서 식사, 오후 내내 쇼핑, 오후 3시30분 바버샵 방문,

휴식과 커피, 그리고 6시30분 귀가….

이렇듯 하루종일 백화점에서 소일하는 것이다. 당연히 이 씨는 남성이다. 여성이 아니다.

흥미로운 것은 이 씨처럼 백화점에서 혼자 시간을 보내는 남자들이 많다는 것이다. 여자친구나 아내의 손에 이끌려 억지로 백화점을 가야 하는 이들이 아니다. '자발적'으로 백화점으로 향하는 이들이다.

이 씨는 "백화점이 옛날엔 여성만의 공간이었다고 하지만, 지금은 아니다"며 "백화점에서 혼자 소일하는 게 전혀 창피하지 않다"고 했다. 나아가 "쇼핑도 하고 영화도 보고 밥도 먹고 할일이 많다"며 "이런 여유가 나에겐 스트레스 해소이자 재충전의 도구"라고 했다. 그는 "게다가 요즘은 무더운 날씨가 계속되니까 시원한 백화점 공간이 정말 좋다"며 "최고의 피서지라는 생각"이라고 했다.

이 남자는 왜 백화점에서 주말 하루를 보낼까. 아니, 이 씨 외 다른 남자들은 왜 궁상맞아 보일지도 모를 것을 감수하면서 혼자 백화점을 찾는 것일까. 이유는 여러 가지다. 1인 가구 시대의 싱글족 급증, 혼자만의 여유와 문화를 즐기는 이들의 증가, 개인 취향의 욕구 해소가 가능해진 복합 문화공간 급증 등이 그 배경으로 꼽힌다. 개인주의 성향도 한몫을 한다.

뭐니뭐니해도 '싱글라이프'를 즐기는 1인 가구의 증가는 역시 남성들을 백화점으로 이끈 주요인으로 꼽힌다. 4가구 중 한 가구는 '1인 가구'인 시대, 본인을 위한 소비의 폭이 커진 싱글남성들을 중심으로 본인을 위한 '가치소비'가 실현되는 공간이 바로 백화점인 셈이다.

시장조사전문기업 마크로밀엠브레인의 트렌드모니터에 따르면 1인 가구 증가의 이유로 성인남녀들은 '결혼 가치의 변화(65.9% · 중복응답)'를 꼽았다. 결혼에 대한 생각이 변화되면서 남성들은 안정적인 직장과 월급을 온전히 본인을 위해 소비하는 방식을 찾기 시작했다. 그루밍족(미용에 아낌없이 투자하는 남성), 메트로섹슈얼(패션에 민감하고 외모에 관심이 많은 남성) 등 꾸밀 줄 아는 남성들의 증가도 이와 맥을 같이 한다.

물론 세대별로 백화점을 향하는 남성들의 사정에는 차이가 있다. 곽금주 서울대 심리학과 교수는 "20~30세대는 훨씬 유행에 민감한 소비세대로, 소비성향이 크고 유행 지향적이기 때문에 백화점을 더 찾는 경향이 있다"며 "외모 지상주의, 물질주의가 보편화되면서 40대 역시 사회적 관계형성을 위해 유행을 따르고 대중적이어야 할 필요성이 큰 세대라는 데 시사점이 있다"고 의미를 부여했다.

흥미로운 것은 주백남들은 하나같이 당당하다는 것이다. 혼자 백화점 공간에서 돌아다니고, 쇼핑을 하고, 문화를 즐기는 것을 전혀 부끄러워하지 않는다. 주말뿐만 아니라 평일에도 百돌이(백화점에서 시간을 보내는 남자)를 자처한다.

마흔이 넘은 싱글족 직장인 이대건(42 · 가명) 씨가 그렇다. 그는 한 달에 두 번 이상 백화점 쇼핑을 즐긴다. 그에게 금요일은 매우 바쁜 날이다. 그는 "회사가 끝나고 나면 신문이나 인터넷을 통해 주말 세일 정보를 수집하며 직장생활의 스트레스를 날린다"며 "세일 정보를 수집하고 나서 혼자 백화점이나 아웃렛에 가서 쇼핑을 하면 기분이 정말 좋다"고 했다. 그는 "혼자 다니니까 매장 점원들도 이상하게 생각하는 것 같고 그래서 처음에는 많이 의식했지만 지금은 오히려 즐기는 편"이라고 했다.

이런 현상을 어떻게 설명할 수 있을까.

주백남 증가를 '남성의 여성화' 결과물로 해석하는 시각도 존재한다. 오늘날 남성이 여성 취향적으로 됐다는 것이다.

하지만 개성시대의 산물이라는 의견이 우세하다. 송재룡 경희대 사회학과 교수는 "(주백남 증가가) 남성의 여성화라는 것으로만 해석하기엔 정확하지 않다"며 "자신의 취향을 표현할 수 있는 장소로서의 백화점이 갖는 의미가 커진 것으로 볼 수 있다"고 했다. 쇼핑과 레저 등 자신이 문화적 취향을 백화점이라는 공간을 통해 표출하고 있고, 이를 떳떳한 문화로 동참하고 있다는 뜻이다.

주목되는 것은 백화점을 찾는 남성은 미혼만은 아니라는 것이다. 박광석(34) 씨는 결혼 2년차다. 그런데 가끔은 혼자 백화점을 찾는다. 그는 "꼭 살 물건이 있다기보다 혼자만의 여유를 갖는 시간이 필요한데, 그 공간이 나로선 백화점이다"며 "별로 이상하다고 생각지 않는다"고 했다. 그는 "결혼하기 전에도 백화점을 혼자 늘 다녀 와이프도 그냥 일상적으로 여기고 있고, 오히려 어떤 어떤 물건 좀 사다 달라고 하는 날도 있다"고 했다.

특이한 것은 백화점에서 쇼핑하는 '남남커플'도 증가하는 추세라는 것이다.

여의도에서 직장을 다니는 김상우(32 · 가명) 씨와 감재명(32세 · 가명) 씨가 그렇다. 이들은 8년 지기 친구다. 이 둘은 며칠 전 백화점 명품관을 찾아 같은 디자인의 선글라스를 구매했다. 김 씨와 감 씨는 "남자들의 끈끈한 우정과 의리를 보여주기 위해 샀다"고 했다. 이들은 "우리는 이상한(?) 사람은 아니다"며 "이것은 우리 세대만의 문화일 수 있다"고 했다. 이들은 "선글라스를 구매할 때도 남의 눈은 의식하지 않았다"며 "여성들은 둘이 와서 물건을 사면 당연하고, 남성은 둘이서 물건을 구매하면 왜곡된 눈으로 바라보는 것은 편견 아니겠는가?"라고 했다.

출처 : 헤럴드경제, 2015.8.1.

Discussion Questions

주백남 세분시장의 특성을 분석하여 보시오.
그리고 주백남의 등장에 대응하기 위해 백화점은 어떤 마케팅 전략을 추구해야 하는가?

제4장

표적시장 선정 및 포지셔닝

'포인트 적립' 집착하는 1등 '실속파'는 20대 여성

커피전문점에서 적립 포인트를 가장 열심히 챙기는 '실속파'는 20대 여성으로 집계됐다. 아울러 20대 남녀가 한 번 방문했던 커피전문점을 다시 방문할 가능성이 높아, 가장 충성도 높은 고객으로 나타났다. 매장 멤버십 서비스를 제공하는 '도도 포인트'가 올해 월 1일부터 6월 30일까지의 서울 특정 상권 커피전문점들을 대상으로 집계한 통계를 공개했다.

조사는 대학가(신촌, 홍대, 이대), 직장인 밀집지역(여의도, 삼성동, 종로) 그리고 번화가(이태원, 신사, 강남) 등 서울 특정 상권을 중심으로 이뤄졌다. 도도 포인트는 매장별 포인트를 적립한 고객 통계를 역추산해 상권별 고객 방문 패턴을 분석했다.

올 상반기 동안 서울 커피전문점 방문객의 25%가 동일한 매장을 한 번 이상 방문한 것으로 나타났다. 특히 20대 여성이 커피를 구매한 뒤 멤버십 포인트 적립률이 가장 높은 것으로 집계됐다.

세 상권 중 번화가 상권에서 남녀별 방문 차이가 가장 컸다. 대학가와 직장 상권에서 여성 고객이 남성보다 약 2배 높았던 반면, 번화가 상권에서의 여성 고객은 77%로 남성(23%)보다 3배 이상 높았다.

마찬가지로 번화가 상권의 매장 재방문율(1달에 한 매장을 두 번 이상 방문한 고객 비율) 역시 여성 고객이 43.31%로 남성

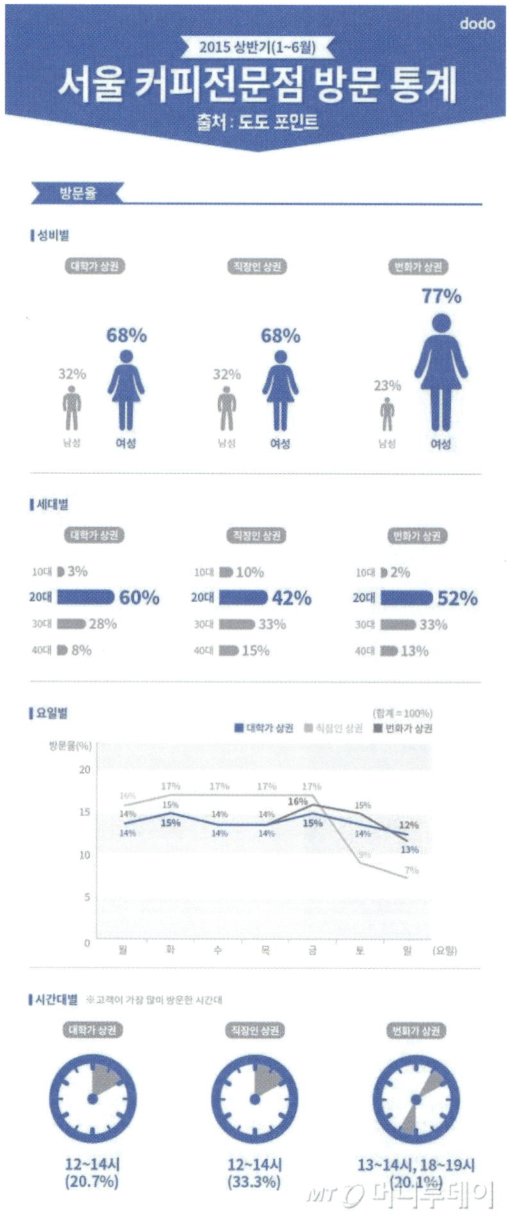

(9.76%)보다 4.4배 높은 수치를 보였다.

포인트를 적립한 고객을 세대별로 분석했을 때 20대와 30대가 가장 높은 비율을 차지했다. 10대가 가장 낮았다. 먼저 대학가 상권은 20대 비율이 60%로 절반 이상을 차지했고, 10대(3%)와 40대(8%)가 10%를 밑돌았다. 직장 상권은 20대와 30대 비율이 각각 42%, 33%로 가장 높았다. 주목할 점은 직장 상권의 40대 적립률이 15%로 다른 상권보다 높았는데, 이는 결제나 포인트 적립을 연령대가 높은 층에서 주도하는 현상으로 분석됐다.

이에 대해 삼성동 A 커피전문점 관계자는 "낮 시간 직장인들은 대개 회의나 부서 형태로 방문하는데, 상사의 전화번호로 멤버십 적립을 몰아주는 경향이 있다"고 설명했다.

마지막으로 번화가 상권도 20대와 30대가 각각 52%, 33%로 약 90%를 차지했다. 세 상권 모두 10대가 차지하는 비율이 가장 낮았다.

요일별 방문은 대체적으로 주말보다 평일에 활발했다. 대학 상권과 번화가 상권은 주말에 27%를 차지한 반면, 주말에 유동인구가 적은 직장 상권은 16%로 평일보다 낮았다. 특히 번화가 상권은 금요일(16%)에 가장 많은 손님이 몰렸고, 일요일(12%)에 가장 낮았다. 점심시간이 규칙적인 대학생, 직장인들은 주로 낮 12~1시에 방문했으며, 번화가 상권 인구는 오후 1~2시 혹은 저녁 6~7시에 많이 방문했다.

상권별 특징에 따라 고객의 포인트 적립 성향이 구분됐는데, 전체 적립 고객 대비 대학가와 직장 상권의 적립 비율이 높은 반면 일회성 방문이 큰 번화가 상권은 상대적 적립 수가 적었다.

도도 포인트를 운영하는 손성훈 스포카 대표는 "종이쿠폰 등 고객 데이터 분석이 불가능한 멤버십 서비스에서 나아가, 포인트를 적립한 고객 특징을 분석해 상권마다 업종별 방문 통계를 추리할 수 있다"며 "이와 같은 분석이 매장별 운영 및 마케팅 전략 수립에 도움이 될 것"이라고 말했다.

출처 : 머니투데이, 2015.7.15.

제1절 표적시장 선정

1. 세분 시장의 매력도 분석

시장 세분화의 처음 단계는 기업이 전체 시장을 세분화(segmentation)하여 몇 개의 세분 시장으로 나누는 것이다. 그리고 기업은 세분화된 복수의 세분 시장 중에서 한 개 혹은 몇 개의 세분 시장을 표적시장으로 선정(targeting)한다. 기업이 표적시장을 선정하기 위하여 각각의 세분 시장을 평가할 때 몇 가지 요소를 고려할 필요가 있다. 구체적으로 다음과 같은 요소들을 살펴보아야 한다.

첫째, 세분 시장의 규모, 성장률, 시장 구조 등 여러 변수에 의하여 세분 시장의 전반적인 매력도(overall attractiveness)를 분석한다. 기업이 세분 시장의 매력도를 분석하기 위해서는 세분 시장들에 대한 현재의 매출액, 예상 성장률, 그리고 예상 수익률에 대한 자료를 수집할 필요가 있다. 기업이 궁극적으로 세분 시장을 선택할 때는 그 시장이 충분한 규모를 가지고 있는지와 높은 성장률을 보이고 있는지를 고려해야 한다. 또한 시장 구조가 중요하게 고려되는데, 이는 세분 시장이 충분한 규모와 높은 성장률을 지니고 있다고 하더라도 경쟁이 심할 경우, 수익성 측면에서 그다지 매력적인 시장이 아닐 수도 있기 때문이다. 궁극적으로 기업은 세분 시장의 장기적인 매력도에 영향을 주는 구조적인 요인들에 대해서도 충분하게 고려할 필요가 있다는 것이다. 여기서 말하는 구조적인 요인이란 시장에 있어서의 경쟁 상황을 뜻하는 것으로, 현재의 경쟁자들, 잠재적인 경쟁자들, 대체 상품들의 위협, 그리고 구매자의 힘 등을 포함하는 것이다.

둘째, 특정 세분 시장이 전반적으로 매력적이라고 판단되었다고 하더라도, 기업은 그 세분 시장에 진입하기 이전에 자사의 목표와 자원을 고려할 필요가 있다. 우선 특정 세분 시장이 전반적인 매력도를 지니고 있다고 하더라도, 기업의 장기적인 목표와 비전에 부합하지 않는다면 그 세분 시장은 표적 시장으로 삼을 수 없다. 경우에 따라서는 기업에게 부과되는 환경적 · 사회적 책임 때문에 그 세분 시장으로의 진입이 그다지 바람직하지 않을 수도 있다. 이와 같은 경우 기업은 그 세분 시장에의 진입을 포기할 수도 있다. 최종적으로 세분 시장이 매력적이고 동시에 기업의 목표와 부합할 경우 기업은 그 세분 시장의 욕구를 충족시킬 수 있는 기술과 자원을 내부적으로 갖추고 있는지를 평가해 보아야 한다.

2. 표적시장의 선정

기업은 여러 개의 세분 시장들에 대한 평가를 실시한 후 자사에게 가장 유리한 표적시장들을 결정하게 된다. 이때 기업이 실행 가능한 전략적 대안으로는 다음과 같은 세 가지가 있다.

2.1 집중적 마케팅 전략

집중적 마케팅 전략(concentrated marketing strategy)은 세분화의 결과로 나타난 여러 세분 시장 중에서 자사에게 가장 적합한 하나의 세분 시장을 표적시장으로 선정하는 전략이다. 이는 인적 · 물적 · 기술적 자원이 비교적 제한된 기업에서 주로 사용하는 전략으로서 규모가 큰 시장에서 낮은 점유율을 누리기보다는 하나의 작은 시장에서 높은 시장 점유율을 추구하고자 하는 전략이다. 집중적 마케팅 전략은 단일 세분 시장의 전문화(단편화: fragmentation)가 진행됨에 따라 특정한 시장에 있는 소비자의 욕구를 매우 잘 파악하고 있기 때문에 해당 표적시장 내에서 강한 경쟁적 우위를 확보할 수 있다는 장점을 지니고 있다.

하지만 집중적 마케팅 전략을 구사하기 위해서 기업은 높은 위험을 감수해야 한다. 즉, 집중적 마케팅 전략을 구사하는 기업들은 작은 규모의 시장을 공략하기 때문에 표적시장에 속한 소비자의 욕구나 취향이 변하게 되면 다른 전략을 구사하는 기업들보다 비교적 빠르게 표적시장을 상실하게 된다는 단점을 가지게 된다.

2.2 차별적 마케팅 전략

차별적 마케팅 전략(differentiated marketing strategy)은 둘 혹은 그 이상의 세분 시장들을 표적시장으로 선정하고 각각의 표적시장에 적합한 차별적 마케팅 믹스를 제공하는 전략이다. 차별적 마케팅 전략은 집중적 마케팅 전략에 비하여 인적 · 물적 · 기술적 자원이 풍부해야 하고, 이를 통해 제품 시장 내의 다수의 잠재 고객들에게 소구하는 전략이다. 일반적으로 자동차 제조회사들은 소비자의 경제력과 연령 등에 따라 소비자들을 세분화하고 각 세분 시장의 특성에 맞는 제품을 제공한다. 현대자동차의 경우 아반떼, YF쏘나타, 뉴그랜저, 에쿠스 등 다양한 차종을 생산하고 있으며 이들 차종들은 각각 다른 세분 시장에 있는 소비자들을 표적으로 삼고 있다. 기업들은 특정 세분 시장에

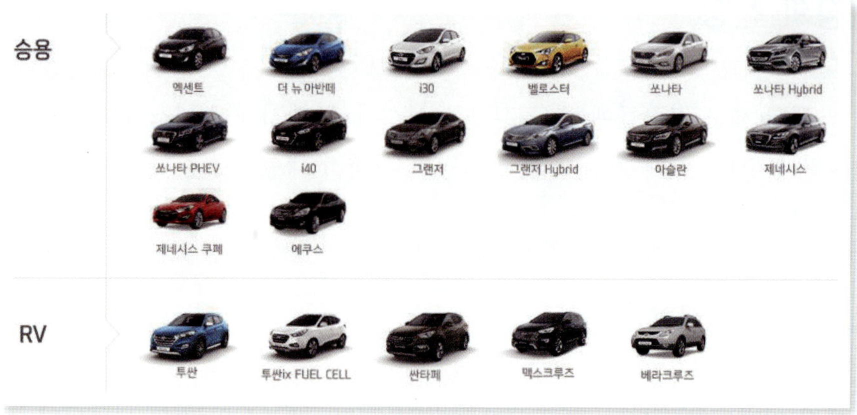

현대자동차는 다양한 세분시장을 대상으로 차별화된 마케팅을 진행한다.

속한 소비자의 욕구에 잘 부합하는 제품과 마케팅 믹스를 제공하기 때문에 높은 수준의 고객 만족과 재구매 효과를 기대할 수 있다.

하지만 차별적 마케팅은 각각의 세분 시장에 적합한 여러 가지 마케팅 믹스를 구사해야 하기 때문에 많은 비용을 지출하게 된다. 따라서 소규모 기업이 이 전략을 택하면 기업의 제한된 자원이 여러 세분 시장으로 분산되므로 효율적인 성과를 기대하기 어렵다는 문제점이 있다.

2.3 비차별화 마케팅 전략

비차별화 마케팅 전략(undifferentiated marketing strategy)은 세분화를 실행하지 않고 하나의 마케팅 프로그램(혹은 전략)으로 전체 시장에 있는 고객들의 필요와 욕구를 충족

표 4-1 표적시장 선정 전략

표적시장 선정 전략	표적시장	마케팅 프로그램	예시
비차별화 마케팅 전략	전체 시장 (세분화하지 않음)	하나의 차별화되지 않은 마케팅 프로그램	포드의 T형 자동차
집중적 마케팅 전략	하나의 세분 시장	하나의 마케팅 프로그램	르노삼성자동차의 SM5
차별화 마케팅 전략	여러 개의 세분 시장	각각의 세분 시장에 대한 차별화된 마케팅 프로그램	현대자동차의 자동차 라인

시키는 전략을 말한다. 이 전략은 전체 시장을 공략하는 대량 마케팅(mass marketing)의 개념과 동일하다.

표적시장 선정 전략의 세 가지 유형을 정리하면 〈표 4-1〉과 같다.

제2절 포지셔닝

1. 포지셔닝의 개념

제품의 포지션은 소비자들의 인식 속에 자사의 제품이 경쟁 제품에 대비하여 차지하고 있는 상대적 위치를 말한다. 위치는 공간을 전제로 하며 그 공간은 바로 고객이 마음속에 지니고 있는 인식이다. 즉, 고객의 인식이란 특정 제품을 구성하는 중요한 속성들을 축(軸)으로 하여 구성되어진 공간이다. 예를 들어 말보로는 남성적인 이미지로 포지셔닝 되어 있고 BMW는 성능이 좋은 승용차로 포지셔닝 되어 있다. 즉, 포지셔닝(positioning)이란 자사의 제품이나 브랜드를 경쟁 브랜드와 비교하여 차별적으로 받아들일 수 있도록 고객들의 마음속에 위치(인식)시키는 노력을 말한다. 그러므로 포지셔닝의 핵심은 고객에 의하여 인식된 차별성에 있다.

제품 포지션은 제품 개발 이전에 설정될 수도 있고 제품 개발 이후에 이루어질 수도 있다. 두 경우 모두 포지셔닝이 제대로 되기 위해서는 기업이 의도한 대로 자사의 제품을 고객들에게 인식시키는 적절한 커뮤니케이션이 필요하다. 따라서 제품 포지셔닝은 제품 특징이나 이미지를 고객들에게 적절히 인식시키기 위한 촉진 활동과 밀접한 관계가 있다. 제품 포지셔닝은 이러한 기업의 노력을 나타내는 것이므로 공급 측면의 개념이라 할 수 있다.

2. 포지셔닝 맵의 쓰임새

제품이나 브랜드가 고객의 마음속에서 자리잡고 있는 위치(제품 포지션)를 마치 지도처럼 2차원 혹은 3차원 공간에 점(point)으로 나타낸 것을 포지셔닝 맵(positioning map: 영역도 혹은 위치도)이라고 한다. 포지셔닝 맵은 자사의 제품이나 브랜드의 위치(고객의 인식)를 경쟁사의 그것에 대비하여 쉽게 알 수 있도록 시각적으로 표현하는 기법이다. 마케팅에서 포지셔닝 맵의 쓰임새를 살펴보면 다음과 같다.

2.1 경쟁 분석

포지셔닝 맵을 이용하면 자사의 경쟁자를 파악할 수 있고, 경쟁의 심도를 분석할 수 있다. 자사의 주된 경쟁사를 파악하기 위해서는 포지셔닝 맵에서 자사 주변에 있는 경쟁사의 위치를 파악할 필요가 있다. 즉, 자사 브랜드의 위치(점)로부터 주위에 있는 브랜드까지의 거리를 측정하여 가장 가까운 거리에 위치한 브랜드를 최대의 경쟁자로 보는 것이다. 왜냐하면 브랜드들이 서로 가까운 거리에 위치한다는 사실은 소비자가 그 브랜드들을 유사하게 인식한다는 증거이기 때문이다. 결국 브랜드 간의 유사성이 높을수록 서로 경쟁관계에 있다는 것을 의미한다.

[그림 4-1]은 자동차 시장의 가상적인 포지셔닝 맵이다. 이 그림에서 YF쏘나타의 주된 경쟁자는 그로부터 가장 가까운 거리에 위치한 SM5임을 알 수 있다. 그 다음은 시장 내에서 경쟁 수준을 파악할 필요가 있다. 이는 자사 브랜드의 위치로부터 일정한 반

그림 4-1 자동차 시장의 가상적 포지셔닝 맵

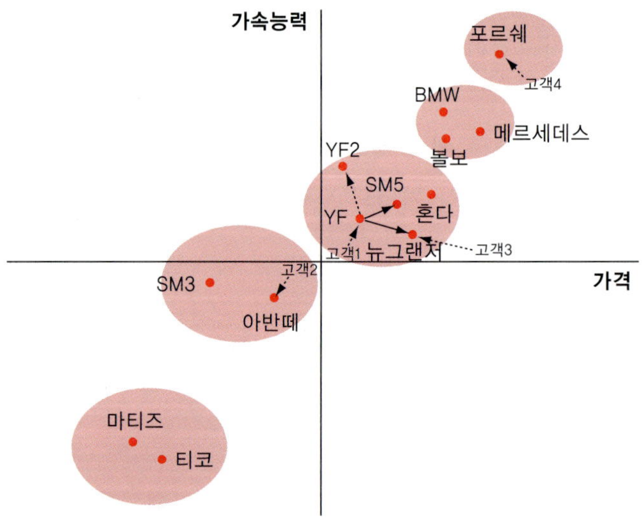

경을 지닌 원(product-market boundary: 제품 시장 영역)을 그리는 것으로 알아볼 수 있다. 그 원 안에 포함되는 브랜드의 수가 많을수록 그 시장에서의 경쟁이 치열하다고 볼 수 있다. 원 안에 포함되는 브랜드의 수가 많다는 것은 같은 제품 시장 영역 내에서 활동하는 브랜드의 수가 많다는 것을 말하며, 따라서 같은 시장을 공략하는 경쟁자들이 많음을 의미하는 것으로 볼 수 있다. [그림 4-1]에서 보면 여러 브랜드가 존재하는 중형차 시장이, 단 두 개의 브랜드만이 존재하는 경차 시장에 비하여 경쟁이 치열하다는 것을 알 수 있다.

2.2 마케팅 전략의 평가 및 수정

포지셔닝 맵에서의 자사 브랜드의 위치는 현재 고객이 자사 브랜드를 어떻게 인식하는가를 보여 주는 것이다. 그러므로 기업은 현재 자사 브랜드의 위치를 기업이 의도하고 있는 위치와 비교하여 봄으로써 마케팅 전략의 성과를 평가할 수 있다. 이때 기업이 의도하고 있는 위치는 기업이 궁극적으로 희망하는 점이며 포지셔닝 맵상의 자사 브랜드의 위치는 현재 고객들에 의하여 인식되는 위치이다. 만약 이 두 점이 일치한다면 자사의 마케팅 전략은 성공적이라고 할 수 있다. 반면에 이 두 점 간에 차이가 있다면 이는 마케팅 전략이 의도한 대로 실행되고 있지 않음을 나타내는 것이다. 후자의 경우 고객들의 인식을 자사가 의도한 방향으로 전환하기 위한 전략을 모색하여야 한다. 이는 광고카피의 변경, 매체의 변경, 광고스케줄의 변경과 같은 광고전략을 비롯한 제품전략, 가격전략 혹은 유통전략의 개발이나 수정을 통해서 이루어질 수 있다. [그림 4-1]에서 YF쏘나타2는 보다 가격이 저렴하고 가속능력이 우수한 자동차로 인식되기를 원하는 기업의 의도를 나타내는 점이다.

2.3 시장 세분화

포지셔닝 맵에는 고객이 인식하는 제품이나 브랜드의 위치를 점으로 나타낼 수 있는 동시에 고객이 가장 원하는 제품의 위치(이상점: ideal point)도 동일한 공간에 역시 점으로 나타낼 수 있다. 이 이상점은 고객의 욕구를 반영하는 점이며 동시에 고객(제품이나 브랜드에 반하여)의 위치를 나타낸다. 포지셔닝 맵에서의 이상점의 좌표를 시장 세분화의 기준으로 사용하여, 그 이상점이 대표하는 고객들을 몇 개의 집단으로 묶음으로써 시장 세분화를 실행할 수 있다.

2.4 시장 점유율의 시뮬레이션

기업은 포지셔닝 맵을 이용하여 자사 브랜드의 위치에 따른 시장 점유율의 변화를 예측할 수 있다. 여기에서 중요한 점은 특정한 고객의 이상점으로부터 특정 브랜드의 위치까지의 거리는 그 특정한 고객이 그 특정한 브랜드에 대하여 갖고 있는 선호도에 반비례한다는 점이다. 즉, 선호도는 거리의 역함수이다.

어떤 특정한 고객의 이상점으로부터 주변에 위치한 브랜드까지의 거리를 측정함으로써 그 고객이 어떤 브랜드를 선택할 것인가를 예측할 수 있다. 그 고객은 자신의 이상점에서 가장 가까운 거리에 위치한 브랜드를 선택할 것임을 알 수 있다. 이 같은 과정을 시장 혹은 데이터에 있는 모든 고객 각각에 대하여 반복적으로 실행한 후 어떤 특정한 브랜드에 가장 가까운 이상점(고객)의 수를 파악하면 그 브랜드의 시장 점유율과 매출액을 예측할 수 있다.

[그림 4-1] 고객 1의 이상점은 주변의 어떤 브랜드보다도 YF쏘나타에 가깝기 때문에 고객 1은 YF쏘나타를 선택할 것이다. 마찬가지로 고객 2는 아반떼를, 고객 3은 뉴그랜

표 4-2 시장 점유율의 시뮬레이션

고객	YF쏘나타	뉴그랜저	아반떼	포르쉐	…	SM5
1	1					
2			1			
3		1				
4				1		
·						
·						
·						
1,000	1					
합	200	100	150	2	…	150
시장 점유율 (현재)	20%	10%	15%	0.2%	…	15%
시장 점유율 (의도)	25%	7%	13%	2%	…	10%
시장 점유율 (변화)	+5%	-3%	-2%	0%	…	-5%

Marketing Point

수입차 업계, '가로수길' 마케팅

신차 출시를 앞둔 수입차 업체들이 '가로수길' 공략에 나섰다. 구매층이 몰려 있는 강남권이기도 하지만 젊은 유동인구가 많아 새로운 수요층을 확보할 수 있다는 판단에서다. 수입차 구입 연령대까지 낮아지고 있는 점을 감안하면 업체들의 가로수길 마케팅은 더 확대될 전망이다.

업계에 따르면 올 상반기 강남 신사동 가로수길에서 팝업스토어를 운영했던 볼보 코리아는 전년 대비 40%에 가까운 판매 성장세를 기록하며 마케팅 효과를 톡톡히 보고 있다. 신 모델 출시 효과가 배경에 있지만 매달 수억 원의 임대료를 감당하면서도 '가로수길 마케팅'에 올인, 젊은 수요층을 끌어오는 데 성공했다는 게 볼보 코리아 관계자의 설명이다.

실제 볼보 코리아는 브랜드 체험공간 '더 하우스 오프 스웨덴'을 개장, 볼보의 대표 차량과 함께 스웨덴 문화 전반을 체험할 수 있도록 했다. 젊은이들이 모이는 이른바 '강남 핫플레이스'에서 마케팅에 집중하며 그동안 볼보 판매량에 악영향을 미쳤던 '중년 이미지'를 씻어내는 데 성공했다.

지난주 2030세대 공략을 위해 소형 해치백 '뉴 A1'을 출시한 아우디 코리아 역시 가로수길에서 첫 마케팅을 시작했다. 나흘간 전시 이벤트 형식으로 진행한 행사는 레이싱 게임, 럭키 크레인 게임, 포토부스 등으로 운영돼 젊은층의 높은 관심을 끌었다.

BMW의 소형차 브랜드 '미니'는 '더 뉴 미니' 출시에 앞서 가로수길에서 게릴라 이벤트를 실시, 한동안 일대 교통 정체를 유발하기도 했다. 특히 미니는 공식 출시에 앞서 실제 차량을 깜짝 공개하며 언론의 관심까지 집중시켰다. 이날 미니가 선보인 장난감 박스에 들어가 있는 차량 콘셉트 역시 어린 시절의 추억과 호기심까지 자극하며 호평을 받았다.

아우디 코리아는 2030세대 공략을 위해 소형 해치백 '뉴 A1' 첫 마케팅을 가로수길에서 실시했다.

BMW의 독주를 막아선 벤츠도 가로수길 마케팅 전략을 통해 고객층을 넓히는 데 성공한 경우다. 지난해 메르세데스 벤츠 콤팩트카만을 위한 공간인 '메르세데스 미'를 가로수길에 조성, 시승 이벤트까지 연계한 결과다. 젊은층이 몰리는 가로수길에 대표 차량을 전시, 그동안 중후한 브랜드로 대표되던 벤츠를 친근한 브랜드로 탈바꿈했다.

이밖에 국내에서 안정적인 20~30대 수요층을 확보한 폭스바겐과 최근 판매량이 급성장한 재규어 랜드로버는 이미 지난해 '가로수길 이벤트'를 통해 재미를 봤다. 일주일 안팎의 짧은 일정에도 젊은 수요층이 구매할 수 있는 모델을 앞세워 브랜드 알리기에 나섰다.

업계 관계자는 "수입차 모델의 다변화로 구입 연령대가 갈수록 낮아지고 있어 강남역, 가로수길을 비롯해 대학가까지 젊은층이 몰리는 지역을 타깃으로 한 마케팅이 더 확대될 것"이라고 밝혔다.

출처 : 아시아경제, 2015.7.3.

저를, 그리고 고객 4는 포르쉐를 선택할 것이다. 만약 이 시장에 1,000명의 고객이 있다면 1,000명의 고객 각각이 어떤 브랜드를 선택할 것인가를 예측하여 각 브랜드의 시장 점유율을 계산할 수 있다. 〈표 4-2〉는 이 과정의 요약을 보여 주고 있다.

여기에서 또한 경쟁을 다시 분석할 수 있다. 만약 YF쏘나타가 보다 저렴하고 가속능력이 좋은 자동차로 그 포지션을 바꾼다면 고객들이 선택하는 브랜드가 바뀔 것이다. 예를 들면 고객 2는 이제 아반떼까지의 거리보다는 새로운 YF쏘나타에 더욱 가까워졌으므로 아반떼보다 새로운 YF쏘나타를 선택할 것이다. YF쏘나타의 새로운 포지셔닝에 따른 시장 점유율은 〈표 4-2〉 하단에 있는 시장 점유율(의도)에 나타나 있다.

YF쏘나타가 보다 저렴하고 가속능력이 우수한 자동차로 그 포지션을 바꾼다면, YF쏘나타는 점유율이 5% 증가할 것이다. 반면에 뉴그랜저는 3%, 아반떼는 2%, 그리고 SM5는 5% 시장 점유율이 감소함을 알 수 있다. 이로써 YF쏘나타의 경쟁자는 SM5라는 사실을 재확인할 수 있으며, 동시에 YF쏘나타와 뉴그랜저, 그리고 아반떼 사이에는 식인화 현상(cannibalization), 즉 자사 제품 간의 경쟁이 발생하고 있음도 파악할 수 있다.

3. 제품 포지셔닝 단계 및 포지셔닝 유형

3.1 포지셔닝 단계

제품 포지셔닝은 일반적으로 다음의 세 단계를 거쳐 이루어진다.

첫 번째 단계는 고객에게 제공하는 혜택의 위상을 정립하는 단계(benefit positioning)이다. 이 단계에서는 제품을 구성하는 구체적인 속성으로부터 고객이 그 제품을 사용이

그림 4-2 포지셔닝의 3단계

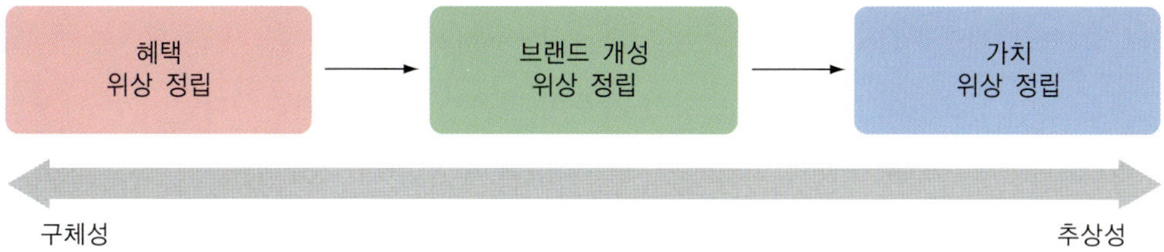

나 소비함으로써 얻는 효익을 중심으로 포지셔닝 한다. 이 단계는 경쟁 제품에 대비하여 자사 제품의 우월성을 5~6개의 속성을 사용하여 강조함으로써 고객으로 하여금 자사 제품이 우월함을 인식하도록 하는 전략이 필요하다. 예를 들면 페리오 치약은 충치 예방을 강조하며, 죽염 치약은 잇몸 강화를 강조하고, 클로우즈업은 구취 제거의 우월성을 강조함으로써 각기 자사 제품의 독특한 포지셔닝을 구축하고 있다.

두 번째 단계는 브랜드 개성의 위상을 정립(brand personality positioning)하는 단계이다. 이 단계에서는 자사 상표를 경쟁 상표와 구별되는 차별적인 개성을 지닌 상표로 인식시키고자 하는 노력을 필요로 한다. 예를 들면 말보로는 강하고 진취적이며 남성스러운 이미지를 강조하는 반면에 아이보리 비누는 흰색을 사용하여 순수한 이미지를 강조하고 있다. 또한 신라호텔은 최고급 서비스를 제공하는 특급호텔의 이미지를 강조하고 있다.

마지막 단계는 가치 위상을 정립하는 단계(value positioning)이다. 이 단계에서는 제품을 사용하거나 소비함으로써 얻고자 하는 가장 기초적이고 근본적인 개인 소비자의 욕구를 표현한다. 이 단계는 소비자들이 공유하여 추구하는 공동의 가치를 표현하는 단계로써 가장 추상적인 단계라고 할 수 있다. 예를 들면 "Just do it" 캠페인을 통하여 전문가 정신(professionalism)과 자아실현의 만족감을 표현한 나이키의 광고가 대표적이다.

3.2 포지셔닝의 유형

기업들은 자사의 제품을 소비자에게 포지셔닝 하기 위해 다양한 방법들을 이용하고 있다. 본 서에서는 각각의 방법들을 사례를 통해서 구체적으로 살펴보기로 한다. 그 내용은 다음과 같다.

(1) 제품 속성에 의한 포지셔닝

제품 속성에 의한 포지셔닝은 기업에서 소비자들이 가장 중요하게 생각하는 속성을 자사가 차별적으로 가지고 있다는 것을 나타내는 방법이다.

예를 들어 청호나이스 정수기는 자사 제품이 얼음이 나와서 편리하다는 점을 강조하면서 '우리 집은 얼음 나온다'라는 점을 부각했다. 그 외로 가야농장의 '가야는 조금 비쌉니다'(우수한 품질 강조), 오리온 초코칩의 '내껀 촉촉해'(부드러운 맛 강조), 하이트의 '천연 암반수'(깨끗함 강조) 등이 있다.

카제이나트륨이라는 새로운 속성을 제시함으로써 차별화된 포지셔닝 전략을 추구한다.

(2) 이미지에 의한 포지셔닝

이미지에 의한 포지셔닝은 제품에 대한 특정 이미지를 부여하는 것으로 고급 화장품, 보석, 고급 패션의류 등의 경우 빈번하게 사용된다. 대표적으로 드비어스의 '다이아몬

명품의 경우 고유의 이미지 부여를 통해 차별화를 실시한다.

드는 영원히'가 있다. 즉, 다이아몬드의 이미지를 변하지 않는 사랑으로 나타낸 것이다.

(3) 사용 상황에 의한 포지셔닝

사용 상황에 의한 포지셔닝은 소비자가 제품을 사용할 수 있는 상황과 자사 제품을 연결시키는 방법이다. 많은 제품들에서 사용되고 있으나 특히 음료 제품에서 많이 이용된다. 운동 후 갈증해소를 위한 게토레이, 음주 전 숙취 방지 음료인 컨디션, 음주 후 숙취 해소 음료인 모닝케어 등이 그 예이다.

다양한 요리에 사용할 수 있다는 점을 제시함으로써 소비자의 욕구를 자극한다.

(4) 제품 사용자에 의한 포지셔닝

제품 사용자에 의한 포지셔닝은 표적 소비자를 대상으로 자사 제품이 가장 적절하다는 것을 어필하는 방법이다. Johnson & Johnson의 베이비오일과 베이비샴푸, 깨끗함

가발, 탈모 등의 제품은 명확한 표적시장을 겨냥한 마케팅이 가장 효과적으로 이루어진다.

을 강조한 화이트 여성 위생용품들이 여기에 속한다.

(5) 경쟁 제품에 의한 포지셔닝

경쟁 제품에 의한 포지셔닝은 소비자의 마음속에 인식된 경쟁 제품 대비 자사 제품의 차별성을 강조하는 방법으로 일반적으로 비교 광고(comparative advertising)의 형식으로 이루어진다. AVIS 렌트카의 'We are NO.2, We try harder'가 그 대표적인 예이다.

경쟁 브랜드 혹은 선두 브랜드에 대한 소비자의 인식을 자극함으로써 후발주자가 성공적으로 포지셔닝 할 수 있다.

(6) 모델에 의한 포지셔닝

모델에 의한 포지셔닝은 특정 모델과 제품을 연관시키는 방법으로 모델의 이미지를

아디다스와 나이키는 스포츠 선수를 이용하여 차별화 전략을 추구한다.

통해 자사의 브랜드를 차별화하는 방법이다. 모델의 긍정적인 이미지를 이용하는 이점이 있으나 모델이 여러 제품의 광고에 등장하거나 불미스러운 일로 모델의 이미지가 악화되면 오히려 역효과를 가져올 수 있다. 다시다의 김혜자, 청정원의 고두심 등이 그 예이다.

(7) 상징 대상에 의한 포지셔닝

상징 대상에 의한 포지셔닝은 제품에 특정 이미지를 부여하여 상징 대상을 통해 제품을 인식시키는 방법이다. 말보로 담배에 등장하는 카우보이는 남성다움과 진취성을 나타낸다. 그리고 이것을 곧 말보로 담배와 연결시키는 것이 그 예이다.

에너자이저와 듀라셀은 각각 건전지와 토끼 캐릭터를 이용하여 대중에게 기억하기 쉽게 다가갔다.

(8) 재포지셔닝

재포지셔닝은 원래 제품이 가지고 있는 포지셔닝을 변경하여 소비자에게 제품에 대한 새로운 포지션을 제시하는 방법이다. 스와치 시계는 시간을 알려주는 기본 속성 이외에도 패션 액세서리라는 이미지로 소비자에게 '가끔 시간도 알려주는 패션 액세서리로' 제품을 재포지셔닝 하였다.

베이킹소다의 탈취제 및 세척제 기능을 전달함으로써 재포지셔닝이 성공하였다,

생각해 볼 문제

1. "인식은 현실이다."
위의 명제를 자신의 말로 해석하여 설명하시오.

2. 당신은 휴대폰 회사의 마케팅 담당자이다. 스마트폰의 출시에 맞춰 소비자들을 대상으로 제품에 대한 포지셔닝 조사를 실시하고자 한다. 어떤 포지셔닝 전략을 사용하는 것이 효과적이라고 보는지 구체적인 전략을 제시하시오.

참고자료

Moore, M. and R. Helstein(2009), "Positioning: The Essence of Marketing Strategy," *Harvard Business Publishing*, Dec.

Sarvary, M. and A. Elberse(2006), "Market Segmentation, Target Market Selection, and Positioning," *Harvard Business Publishing*, Apr.

Soberman, D. A.(2003), "Role of Differentiation in Markets Driven by Advertising," *California Management Review*, Apr.

Wilcox, R. T. and G. Yemen(2012), "Brand Positioning Statements," *Harvard Business Publishing*, Jan.

Case Study

오션 스프레이 크랜베리

오션 스프레이 크랜베리(Ocean Spray Cranberries, Inc.; 이하 OSC)는 1980년대 초 계속되는 시장점유율의 하락으로 인하여 새로운 마케팅전략을 수립할 필요를 느끼게 되었다. OSC는 향후 20년 내지 30년 동안 지속될 수 있는 새로운 마케팅전략의 수립을 위하여 무엇보다도 중요한 것은 표적시장의 선정이라는 결론에 도달하였다. OSC는 이를 위하여 시장세분화를 위한 대규모의 소비자조사를 실시하였다. OSC의 마케팅전략의 핵심 포인트는 “Zero-Based Marketing Strategy”로서 기존에 실행하여 오던 모든 마케팅전략(표적시장, 광고캠페인, 유통경로 등)을 무시하고 새로운 표적시장을 선정하여 새로운 마케팅전략으로 장기적으로 공략한다는 것이었다.

OSC는 1930년 크랜베리를 재배하던 마커스 유랜이 동업자 2명과 함께 창업한 회사로 크랜베리를 재료로 하여 주스, 소스, 젤리 등을 생산하고 있다. 1980년대 초 새로운 마케팅전략의 수립을 필요로 할 때까지도 OSC는 미국 국내시장에서 시장점유율 75%를 차지하는 산업의 선도자였다. 경쟁사로서는 크랜베리 소스와 젤리 그리고 주스를 생산하는 중소규모의 업체들뿐이었고 이들은 전국 브랜드가 아닌 로컬 브랜드를 해당 지역에 공급하고 있었다. OSC와 이들 중소업체들은 당시 연간 800만 상자의 크랜베리 소스와 젤리를 생산, 판매하고 있었다. OSC는 소비자들에게 잘 알려진 브랜드를 바탕으로 경쟁사들에 비하여 고가격 정책을 유지하고 있었다. OSC는 향후 기업의 미래와 지속적인 성장을 위해서는 크랜베리 주스보다는 소스와 젤리 시장에서의 시장점유율과 경쟁적 우위를 지키는 것이 중요하다고 판단하였다.

크랜베리 소스와 젤리는 검붉은 색의 짙은 와인 빛을 띠고 있는 제품으로서 일반적으로 병이나 깡통에 포장되어 판매되어진다. 소비자들은 제품을 구매한 후 별다른 처리나 추가적인 조리과정을 거치지 않고 제품을 사용할 수 있다. 크랜베리 소스와 젤리는 1년 중 항상 사용되는 것은 아니며 주로 추수감사절이나 성탄절, 혹은 가족들의 모임이 있을 때 주로 사용된다. 크랜베리 소스와 젤리는 그 자체만으로는 사용되지 않으며 다른 음식을 조리할 때 맛을 내거나 혹은 요리를 장식하기 위하여 사용되는 식품이다. 또한 크랜베리 소스와 젤리는 모든 음식에 사용되는 것은 아니고 주로 칠면조나 돼지고기 혹은 닭고기요리에 사용되고 있다.

장기적인 마케팅전략의 수립을 위하여 OSC는 무엇보다도 표적시장을 선정하는 것이 중요하다고 판단하였으며 이를 위하여 대규모의 소비자조사를 실시하였다. 소비자조사에는 소비자들이 크랜베리 소스와 젤리 제품에 대하여 지니고 있는 태도, 제품으로부터 기대하는 효익, 제품의 사용상황 및 사용량, 그리고 고객들의 기본정보(인구통계적 특성 및 라이프스타일) 그리고 매체행동 등이 포함되어 있었다. 방대한 양의 소비자 자료를 수집한 뒤 자료의 통계처리를 거쳐 OSC는 크랜베리 소스와 젤리를 사용하는 고객들을 4개의 집단(세분시장)으로 나눌 수 있었다. 이들 4개의 세분시장은 그들이 지니고 있는 특성에 따라 다음과 같은 이름을 갖게 되었다.

1. 편리추구형 집단(convenience oriented group)

이 소비자 집단은 크랜베리 소스와 젤리를 사용함에 있어서 제품이 제공하는 편리성을 가장 중요하게 생각하는 집단이다. 별다른 조리를 하지 않고 병이나 캔을 따서 바로 먹을 수 있다는 것이 제품의 최대 효익이라고 생각한다.

2. 무관심 집단(disinterested group)

이들은 크랜베리 소스와 젤리에 대하여 비교적 무관심하며 계절과 상황에 따라 제품을 사용하는 소비자 집단이다. 네 개의 집단 중 가장 소비지수(consumption index)가 낮은 집단이다.

3. 열정적 마니아 집단(enthusiastic cooks)

이들은 요리를 할 때 크랜베리 소스와 젤리가 없어서는 안 될 중요한 식재료(ingredient)라고 여기는 집단이다. 또한 이들은 자신들이 훌륭한 요리사라는 자부심을 갖고 있다.

4. 전통주의자 집단(decorators)

이들은 비교적 나이가 많으며 크랜베리 소스와 젤리를 주로 요리를 장식하는 목적으로 사용한다. 자기 자신의 소비를 위해서라기보다는 다른 사람에게 멋지게 장식된 요리를 제공함으로써 만족감을 느끼는 집단이다.

〈표 1〉은 이들 4개의 세분시장의 특성을 보여주고 있다.

표 1 Ocean Spray Cranberries 4가지 시장세분화

	편리추구형	무관심	열정적 마니아	전통주의자
세분시장 크기	30%	27%	25%	18%
소비지수	107	74	120	106
인구통계적 특성	•45세 이상 •비교적 낮은 학력	•18-39세 •고학력 •집안에 자녀 있음 •중산층	•40-64세 •고학력 •비교적 높은 지위의 직업	•65세 이상 •저학력 •자녀 없음 •"Grannies"
라이프 스타일	•자연식품을 즐김	•신선한 야채를 즐김	•요리하는 것을 즐김 •활동적이며 사교적	•식품광고에 관심 많음 •영양에 관심이 많음 •부모의 가치관을 답습 •타인의 기쁨이 중요
매체행동	•높은 잡지 구독률	•낮은 잡지 구독률 •낮은 신문 구독률	•높은 잡지 구독률	

제품에 대한 태도	• 편리하게 사용할 수 있는 소모품이라고 생각함 • 브랜드 충성도가 높음	• 제품에 대하여 생각해 보았다면 더 많이 사용했을 텐데, 생각을 많이 하지 않음 • 가끔씩 분위기 전환을 위하여 사용함 • OSC의 인지도 높음	• 요리를 하거나 빵을 굽는 데 반드시 필요한 식재	• 요리를 장식하는 데 필요한 요소 • OSC 제품의 충성도 낮음
제품의 사용 패턴	• 비교적 여러 가지 상황에서 사용 • 닭고기 요리에 많이 사용	• 닭고기 요리에 많이 사용 • 돼지고기 요리에 많이 사용 • 여러 가지 상황에서 사용하지 않음 • 주로 추수감사절과 성탄절에 많이 사용	• 비교적 여러 가지 상황에서 사용 • 칠면조 요리에 많이 사용	• 모든 상황에서 사용하지는 않음
제품의 기대 효익	• 신속하고 간편하게 사용할 수 있음 • 사용하기 편리함	• 휴일이나 명절 등에 적합함	• 별로 개의치 않음	• 다른 사람이 요리를 어떻게 받아들이는가가 보다 중요 • 제품이 점포에 있는가의 여부가 중요

OSC는 이제 소비자조사를 통하여 나타난 4개의 세분시장 가운데 어느 세분시장을 향후 장기적인 마케팅전략을 실행하기 위하여 표적시장으로 삼아야 하는가를 결

정하여야 하는 상황에 처하였다. 또한 선정한 세분시장에서 크랜베리 소스와 젤리의 성공적인 마케팅을 위하여 취해야 할 포지셔닝 전략에 대해서도 이사결정을 하지 않으면 안 되는 상황이었다. 이를 위하여 OSC는 우선 자신들이 마케팅 하고자 하는 제품을 재정의하는 것이 중요하다고 느꼈다.

Discussion Questions

OSC에게 가장 적합한 세분시장은 어디인가?
그리고 그 시장에서의 포지셔닝 전략을 수립하여 보시오.

제5장

소비자행동 및 조직구매행동

들어가며

여자가 산다[buy] 기업이 산다[live]

#사례1. 서울 종로구 평창동에 위치한 A은행 영업점은 부촌(富村) 사모님들의 '사랑방'이다. 짬이 날 때마다 '취미생활'처럼 VIP 고객 부스를 찾아 자산관리 매니저의 상담을 받는 중년 여성들의 발길이 끊이지 않는다. 새로운 금융상품 소개를 담은 신문 기사를 오려 와 문의하거나 대여 금고에 귀중품을 넣으러 왔다가 예 · 적금 상품에 가입하고 가는 경우도 흔하다. 가끔씩 남편을 동반한 여성 고객도 눈에 띄지만 이 역시 남편 명의로 된 부동산을 사고팔기 위해 대출을 받으려는 경우가 대부분이다. '금융상품은 내용을 이해하기 어려워 여성 고객들은 금융 업무를 꺼린다'는 금융권 속설은 이제 옛말이다. A은행 영업점 관계자는 12일 "자산관리 주도권을 여성이 쥐는 가정이 늘다 보니 영업점 방문 횟수도 여성 고객이 남성 고객보다 많고, 금융상품 이해도도 높다"며 "여성 고객들의 마음을 잡아야 영업 실적을 올릴 수 있다"고 전했다.

#사례 2. 14년째 자동차 영업사원을 하고 있는 박동빈(39 · 가명) 씨. 그는 매달 10여 대의 차량을 꾸준히 판매하는 베테랑 영업사원이다. 박씨가 후배 영업사원들에게 강조하는 노하우 중 하나는 바로 '여심 공략'이다. 10여 년 전만 해도 자동차 판매대리점을 찾는 고객 중 남성 비중이 압도적으로 많았지만 최근엔 10명 중 7~8명은 부부가 함께 나와 계약한다. 박씨는 "과거엔 엔진 성능이나 순간가속도 등 자동차 성능 위주로 제품을 소개했다면 최근엔 트렁크 수납 공간이나 열선 시트, 디자인 차별화 등 여성 고객들이 만족할 만한 부분을 우선적으로 강조하고 있다"며 "맞벌이를 하며

차량을 함께 이용하는 부부가 늘어서이기도 하지만 차량 구매 최종 결정은 결국 여성이 하기 때문"이라고 말했다.

우리 사회 전반에 여풍(女風)이 거세다. 교육 · 의류 · 식품 등 전통적인 여성 소비 영역에서 벗어나 주택 · 자동차 · 금융상품 등 남성의 소비 영역까지 여성들이 장악하고 있다. 일찍이 미국계 컨설팅 회사인 보스턴컨설팅그룹은 모든 영역의 소비 결정에서 여성들의 영향력이 커졌다며 "분홍색으로만 치장하면 여성 고객의 마음을 사로잡을 수 있는 시대는 이미 끝났다"고 일갈했다. 연간 20조 달러가 넘는 여성 소비 지출이 전 세계 경제를 '쥐락펴락'하는 거대한 흐름으로 자리잡고 있다는 얘기다.

국내에서도 소비 주도권은 여성에게 넘어간 지 오래다. 신한카드가 올해 1월 빅데이터를 활용해 전체 회원(약 2,200만 명)의 업종별 카드결제 현황을 집계한 결과 소비시장에서 여성의 입지 확대가 두드러진다. 남성과 여성의 전체 카드 결제 금액은 각각 4조 7,942억 원과 3조 8,949억 원으로 여전히 소비시장에서 남성 비중(55.2%)이 여성(44.8%)보다 높다. 하지만 2012년 1월에 견줘 보면 대부분 업종에서 여성 고객의 소비 지출이 늘었다. 이 기간 동안 여성 고객은 여행 · 교통(33.9%), 전자상거래(27.5%), 외식(24.6%), 문화(15.4%) 등의 업종에서 남성의 소비 증가율을 앞질렀다.

소비 주체로 떠오른 여성의 주요 특성

구분	특성
가정 내 최고경영자(CEO)	가정일의 사무자, 재무관리사 자녀 양육, 부모 부양 등 가족 경영자
금융 매니저	남편의 월소득에 의존했던 것과 달리 정보에 민감 '자본 소득'으로 부 창출
수다=돈	수다로 정보 공유하며 부 창출 만들어진 부를 다시 확산
입소문의 전파자	상품에 대한 경험이나 신뢰도를 주변인들과 공유 이를 다시 타인에게 영향력 전파
감성 소비자	가격 할인이나 가계부 안에서 계획된 소비에서 탈피 스스로를 위해서도 지갑을 열고 디자인이나 가치 있는 소비에도 관심

〈자료 : 대흥기획〉

황상민 연세대 심리학과 교수는 "사회가 복잡 다변화되면서 자녀 양육과 관련된 교육이나 재테크 수단이 된 주택 장만 등 소비에도 고도의 전략이 필요한 시대가 됐다"며 "가정 내 최고경영자(CEO)인 주부들에게 소비가 살림살이의 확장된 영역이 된 것"이라고 분석했다. 이용화 현대경제연구원 선임연구위원은 "맞벌이 부부가 늘면서 남편과 자신의 소득을 모두 관리하는 여성들의 구매력도 과거보다 두 배로 확대된 셈"이라고 강조했다.

이러한 흐름에 발맞춰 산업계도 여성 고객을 위한 마케팅에 집중하고 있다.

여성 고객에겐 배타적이었던 금융권 역시 여성 전용 상품들을 선보이며 주거래 고객 확보에 나서고 있다. 하나은행이 2011년 1월 출시한 여성 특화 상품 '씨크릿 적금'은 올 6월 말 기준 17만 7,000좌(수신 잔액 1조 1,690억 원)가 판매되며 히트상품에 이름을 올렸다. 여성 고객이 가입 당시 약정한 자기투자(뷰티숍 · 의류쇼핑 · 피트니스센터 등 영수증 지참)나 자기관리(체중관리 · 금연 등)를 이행하면 최고 연 0.3% 포인트 우대금리를 주는 방식으로 차별화에 성공했다. 하나은행 관계자는 "집안에서 자산관리를 주도하는 여성 고객들을 특화 상품으로 먼저 유치해 은행 호감도를 높이면 주거래 고객으로 끌어들일 수 있는 가능성도 높아진다"고 상품 기획 배경을 설명했다.

업종별 신용카드 결제 금액 추이(단위: 원)

〈자료 : 신한카드 전체 회원(2,200만 명) 빅데이터 분석〉

자동차 업계에선 차종 색상마다 특별한 이름을 붙인다. 예를 들어 현대차 최고 베스트 셀러인 '쏘나타'의 경우 아이스 화이트 · 다크호스 · 나이트 스카이 · 레밍턴 레드 · 팬텀 블랙 등의 이름이 있다. 색상에 민감한 여성 고객을 겨냥한 '이름 마케팅'이다.

여성 고객 비중이 높은 생활가전 업계에서는 여성을 겨냥한 감성 마케팅을 활용해 틈새시장을 개척한 사례도 있다. LG전자의 '포켓 포토'가 대표적이다. 이 상품은 스마트폰으로 촬영한 사진을 즉석에서 출력할 수 있는 휴대용 사진 프린터다. 2012년 9월 출시돼 지난해 6월 국내에서 누적 판매 50만 대를 돌파했다. LG전자 관계자는 "이 상품의 주요 소비 계층은 20~30대 여성"이라며 "스마트폰으로 촬영한 사진을 종이 사진으로 간직하고 싶어 하는 여성 고객들의 '아날로그적 감성'을 겨냥해 상품을 기획했는데 새로운 판매 영역을 개척할 수 있게 됐다"고 전했다.

상품 기획 단계부터 여성 인력을 투입해 시장 공략에 공들이는 업체들도 늘고 있다.

현대건설은 2008년부터 주부 평가단(힐스테이트 스타일러)을 도입했다. 7기까지 운영하면서 연간 100여 건의 아이디어가 나왔다. 이 중 상당수가 실제 주택 설계에 반영됐다. 베란다 세탁기 옆에 손빨래가 가능한 싱크대 및 수납장을 설치한 '원스톱 세탁실'과 욕실에 드라이기 수납장 등 실생활과 밀접한 아이디어가 대부분이다. 박원철 현대건설 차장은 "주택 계약 시 90%는 주부가 구매를 결정한다"며 "수납 공간이나 자녀방 평면, 실내 마감재, 확장 면적 등을 꼼꼼하게 따지는 까다로운 주부들의 눈높이를 맞추는 데 주부 평가단이 톡톡히 역할을 하고 있다"고 말했다.

대신자산운용이 지난 3월 출시한 '대신UBP아시아컨슈머펀드'는 20%가 넘는 수익률을 기록하고 있다. 화장품, 영화, 바이오, 외식 등 여성의 소비 지출이 두드러지는 기업의 주식에 투자하는 펀드 상품이다. 대신자산운용은 이 상품을 기획하기 위해 김미연 리서치본부장을 올 초 영입했다. 김 본부장은 "여성 구매력 상승과 맞물려 나타난 새로운 소비 트렌드와 이에 부합하는 기업을 발굴해 투자하고 있다"며 "가정주부의 시각으로 여성들에게 각광받는 상품이나 기업을 선별했던 것이 높은 수익률에 도움이 됐다"고 비결을 밝혔다.

신동빈 롯데그룹 회장이 지난 3월 "앞으로 그룹 내 임원 10명 중 3명을 여성으로 채우겠다"며 '위미노믹스'(Womenomics) 경영을 선언한 것도 이런 흐름과 무관치 않다. 위미노믹스는 여성의 지위 향상과 소득 증가로 여성이 경제 · 산업계의 주역으로 부상한다는 의미다. 여성 소비자의 입지가 절대적인 유통업계에서 지속 가능한 성장동력 확보를 위해 여성 인력을 적극 활용하겠다는 의미로 풀이된다.

강민정 온콘텐츠 대표는 "여성 인구 증가와 여성의 사회 진출이 확산되는 추세에 따라 여성 중심의 소비 문화는 더욱 심화 · 확대될 수밖에 없다"며 "여성 고객을 사로잡는 기업이 21세기를 주도하게 될 것"이라고 내다봤다.

출처 : 서울신문, 2015.7.13.

제1절 소비자행동

1. 소비자행동의 기본적 이해

1.1 소비자행동의 개념

소비자행동은 마케팅 프로세스의 핵심으로서 고객의 필요와 욕구를 올바르게 이해하고 이를 충족시킴으로써 고객 만족을 실현하는 데 가장 중요한 부분을 차지한다. 소비자행동은 단순히 제품이나 서비스의 구매 혹은 이용만을 말하는 것이 아니라 구매 이전의 행동, 구매행동, 사용행동, 그리고 사용 후의 행동 등을 모두 포함한다. 즉, 소비자행동은 소비의 모든 과정(whole consumption process)에 관련된 소비자의 행동을 일컫는 매우 포괄적인 개념이다. 예를 들면 소비자행동은 다음과 같은 사항들을 포함한다.

- 구매 전 제품 정보의 탐색이나 수집행동
- 점포의 선택
- 제품이나 브랜드의 선택
- 가격민감도
- 사용 후 제품의 폐기행동
- 제품의 사용 후 만족 혹은 불만족 수준의 결정

1.2 소비자의 특성

마케팅 프로세스의 핵심이 되는 소비자(the consumer)의 특징을 살펴보면 다음과 같다. 첫째, 소비자는 매우 합리적(rational)이다. 소비자는 제품이나 서비스를 선택할 때 그들이 제공하는 효용이나 가치를 꼼꼼히 따져보고, 자신에게 가장 많은 효용을 제공하는 제품이나 서비스를 선택하는 합리적인 행동을 보인다. 때때로 소비자들은 충동구매와 같은 비합리적인 행동을 보이기도 하지만 대부분의 소비자행동은 매우 합리적인 의사결정과정을 거친다. 이는 특히 자동차, 컴퓨터, 가전제품, 금융상품 등에서 뚜렷하게 나타난다.

그림 5-1 소비자의 특성

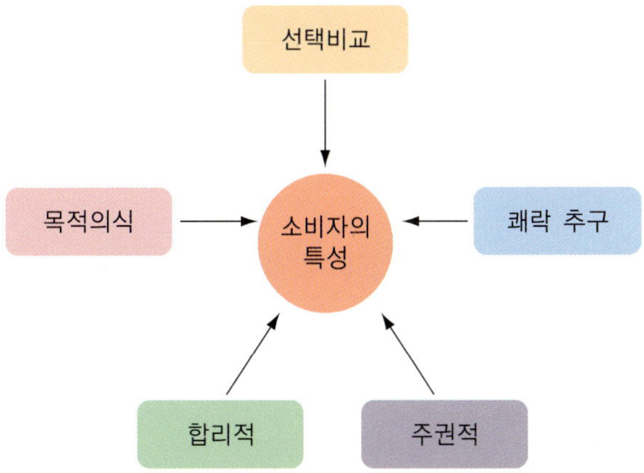

둘째, 소비자는 목적의식을 가지고(purposive) 행동한다. 소비자들은 제품이나 서비스를 선택할 때 그들이 그것을 구매하거나 이용하는 뚜렷한 목적을 가지고 있다. 즉, 자신이 구매하는 제품이나 서비스를 통하여 충족하고자 하는 필요와 욕구를 잘 파악하고 있다.

셋째, 소비자는 그들 앞에 놓여진 선택대안을 비교(comparative)하여 선택한다. 소비자들은 단 하나의 선택대안을 고려하여 바로 구매하는 것이 아니라 자신에게 제공되는 여러 가지의 선택대안들을 비교하고 평가한 후, 가장 많은 효용, 가치, 만족, 혹은 기쁨 등을 제공하는 대안을 선택하는 것이다. 따라서 마케터는 자사의 브랜드가 더 많은 비교적 우위(comparative advantage)를 지닐 수 있도록 제품을 개발하고, 디자인하고, 포지셔닝 하여야 한다.

넷째, 소비자는 쾌락을 추구한다(hedonic), 소비자들은 '같은 값이면 다홍치마'라는 말과 같이, 주어진 가격에서 자신에게 가장 많은 쾌락적 가치를 제공하는 대안을 선택한다. 이러한 소비자의 쾌락 추구 성향은 화장품, 패션 상품, 음식, 엔터테인먼트 등의 분야에서 뚜렷하다.

다섯째, 소비자는 주권을 지니고(sovereign) 있다. 소비자들은 선택대안에 대한 의사결정을 하는 과정에서 자신의 주권을 행사한다. 즉, 광고나 판촉 혹은 판매원의 설득에 의해 수동적으로 제품을 구매하는 것이 아니라 자신이 갖고 있는 필요와 욕구를 가장 잘 충족시켜 줄 수 있다고 판단되는 대안을 스스로 능동적으로 선택하는 것이다. 특히, 최근에는 소비자 주권주의(consumerism)가 증대됨에 따라 의료서비스와 같은 분야에서도 소비자의 알 권리와 의료서비스 제공자의 설명 의무 등의 이슈들이 대두되고 있다.

[그림 5-1]은 앞서 설명한 소비자의 특성 다섯 가지를 제시하고 있다.

2. 소비자 구매의사결정의 영향 요인

소비자의 구매의사결정과정은 많은 요인에 의해 영향을 받는다. 이는 크게 개인적 요인, 사회적 요인, 문화적 요인 그리고 심리적 요인으로 나누어 살펴볼 수 있다.

2.1 개인적 요인(individual differences)

(1) 생애주기 단계

소비자의 구매결정은 생애주기 단계(life cycle stage)에 의하여 영향을 받는다. 소비자가 사용하는 제품에 대한 필요와 욕구는 시간이 흐름에 따라 변화한다. 유아기, 청소년기, 신혼기, 장년기, 노년기의 각각의 생애주기 단계에서 소비자들이 필요로 하는 제품은 상이하다. 예를 들면 신혼기에는 냉장고, 세탁기, 식기세척기 등과 같은 살림살이 도구들을 구매하는 데 많은 비용을 지출하는 반면에 장년기에는 자녀들의 교육에 가장 많은 비용을 지출한다. 그렇기 때문에 마케터는 소비자들의 생애주기에 따른 마케팅 전략을 수립하고 그에 따른 제품을 개발하여야 한다.

(2) 성 별

최근에는 남녀가 공동으로 사용할 수 있는 제품이 많이 등장하고 있다. 그 예로써 뷰티숍이나 성형외과, 피부과 등을 들 수 있다. 그러나 아직도 소비자들이 구매하는 제품이나 서비스의 대부분은 소비자의 성별(gender)에 의해 많은 영향을 받는다. 구체적으로 여성 위생용품과 같은 제품은 여성 소비자만을 대상으로 하는 제품의 예이다.

(3) 라이프스타일

라이프스타일(lifestyle)이란 개인의 활동, 관심, 그리고 의견을 종합한 것으로 개인 소비자행동에 커다란 영향을 미친다. [그림 5-2]는 라이프스타일을 구성하는 요소들을 보여 주고 있다. 개인 소비자의 라이프스타일은 구매하는 제품과 서비스는 물론이고 유통경로의 선택에도 영향을 미친다. 예를 들면 유통경로의 이용에 있어서 진보적 성향을

그림 5-2 라이프스타일의 구성 요소

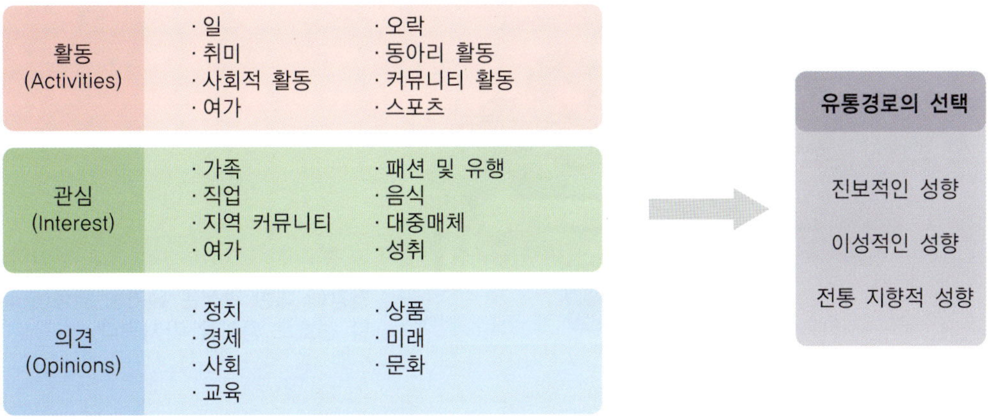

지닌 소비자는 주로 백화점을 이용하고, 이성적이고 합리적인 성향을 지닌 소비자는 대형 할인점이나 슈퍼마켓을 이용한다. 그리고 전통적인 가치를 지향하는 소비자는 주로 재래시장에서 구매한다.

현대사회에서 라이프스타일은 급변하고 있으며 라이프스타일의 몇 가지 변화추세를 살펴보면 다음과 같다.

1) 남성과 여성의 구매 역할의 변화

과거에 자동차는 주로 남성에 의하여 구매되고 식료품은 여성에 의하여 구매되는 것이 일반적인 추세였다. 그러나 현대 시장에서는 구매 역할(purchasing role)에 있어 성별의 차이가 점차 사라지고 있음을 볼 수 있다. 이는 바쁘고 복잡한 현대 생활과 더불어 여성들의 사회진출이 늘어난 현상에 기인한다고 볼 수 있다.

2) 건강한 삶의 추구

현대 시장에서는 건강한 삶을 지향하는 라이프스타일이 두드러지게 나타나고 있으며 이는 웰빙 열풍으로 이어진 바 있다. 운동기구 및 헬스클럽, 자연식품 혹은 유기농 식품의 매출이 상승하는 추세는 이를 잘 반영하고 있다. 또한 의료보험의 확대 실시 및 병원을 찾는 환자 수가 증가하는 추세도 이러한 라이프스타일의 변화를 반영하고 있다.

건강에 대한 관심은 유기농 제품에 대한 선호도 증가를 가져왔다.

3) 외모에 관한 관심

현대 시장에 있어서는 외모도 중요한 경쟁력의 하나이다. 이는 특히 엔터테인먼트 산업에서 뚜렷이 나타나고 있음을 알 수 있다. 외모에 관한 관심이 증가하면서 피부과나 치과, 성형외과를 찾는 소비자가 늘고 있으며 에스테틱 산업도 날로 발전하고 있다.

외모에 대한 관심 증대는 미용산업뿐만 아니라 성형의료의 규모를 확장시켰다.

4) 자아의식의 고조

소비자들의 자아의식(self awareness)이 높아지면서 자아 이미지를 연출하고 자기만의 개성을 표현하는 제품과 서비스가 성황을 누리고 있다. 예를 들면 고급 디자이너 미용실, 휴대폰 단말기, 각종 유명 디자이너 패션용품 등을 꼽을 수 있다.

5) 편의성의 강조

현대의 소비자들은 편리성(convenience)을 추구하고 있으며 이는 편의점의 확산, 각종 이동통신 서비스, 인터넷을 이용한 다양한 서비스 등의 확산으로 이어지고 있다. 특히 서비스 분야에서는 소비자들의 편의를 위한 새로운 서비스가 속속 등장하고 있다. 예를 들어 GM대우의 경우 마티즈 크리에이티브 차량을 구매하는 고객에게 무료로 네비게이션을 장착해 주는 행사를 실시하였고, 일부 손해보험사들은 주행거리에 따라 차별적으로 자동차 보험료를 청구하는 서비스를 선보였다. 또한 구글(Google)은 외국인과 통화할 때 서로 자기 나라의 말로 통화할 수 있는 동시번역기술을 개발하였다.

마케터들은 소비자들의 이러한 라이프스타일의 변화를 재빨리 파악하여 그에 부응하는 새로운 시장기회를 포착하여 매출과 수익으로 구현하여야 한다.

(4) 직업과 소득

개인의 직업(occupation)은 제품 또는 서비스 구매에 영향을 미친다. 사무직에 종사하는 사람은 다른 사람보다 정장을 더 많이 구입할 것이며, 대학생은 주로 캐주얼한 평상복을 주로 구입할 것이다.

소비자의 소득(경제적 상황) 역시 구매의사결정과정에 영향을 미친다. 소득(income)은 특정 상표를 선택하는 데 커다란, 때로는 결정적인 영향을 미치게 되는데, 예를 들어 구매력이 높은 소비자는 고가의 유명 브랜드 제품을 구매할 것이며 구매력이 낮은 소비자는 점포 브랜드나 무(無)상표 제품(generic product)을 구매할 것이다. 또한 소득은 소비자가 어디에서 제품을 구매하는가에도 영향을 미친다. 구매력이 높은 소비자는 백화점이나 부티크를 이용할 것이며 구매력이 낮은 소비자는 대형 할인 매장이나 재래시장을 이용할 것이다. 소비자의 구매력이 지니는 영향은 아파트, 자동차, 여가 상품 등의 분야에서 뚜렷하게 나타난다.

2.2 사회적 요인(social differences)

(1) 사회계층

사회계층(social class)도 소비자행동에 중요한 영향을 미친다. 왜냐하면 같은 사회계층에 속한 소비자들은 일반적으로 비슷한 필요와 욕구, 그리고 취향과 흥미를 가지고 있기 때문이다. 따라서 같은 사회계층에 속한 소비자들의 구매 행태는 매우 유사하다. 이들은 계층 간에 확실히 구별될 수 있는 제품을 선호하기 때문에 사회계층 간에 차별적 마케팅 전략을 수립하는 것이 중요하다.

예를 들어 여가 상품을 선택하는 데 있어서 요트나 승마를 즐기는 소비자들과 낚시, 볼링을 즐기는 소비자들은 다른 사회계층으로 구분될 수 있다.

일반적으로 상이한 사회계층은 서로 간에 차별적인 요구와 취향을 지니고 있지만 때로는 서로의 소비자행동에 영향을 미치기도 한다. 하류계층의 소비자행동이 다른 사회계층의 소비자행동에 영향을 미친 대표적인 예로서는 청바지를 들 수 있다. 청바지는 본래 하류계층에 속한 카우보이들이 입던 옷이었으나 지금은 모든 사회계층의 사람들이 즐겨 입는 평상복 내지는 패션의류가 되었다.

반대로 상류층의 소비자행동이 다른 사회계층에 영향을 미친 예로서는 Izod 셔츠를 들 수 있다. Izod 셔츠는 상류층 사람들이 테니스나 크리켓, 폴로를 즐길 때 입던 일종의 스포츠 웨어였다. 그러나 지금은 누구나가 즐겨 입을 수 있는 캐주얼 의류로 자리매김을 하였다.

(2) 준거집단

준거집단(reference group)은 소비자가 자신이 갖고 있는 지식, 신념, 태도 등이 옳은가 그른가를 확인하기 위하여 접촉하는 사람들을 일컬으며 주로 가족, 친구, 친지, 동료 등을 포함한다. 준거집단은 소비자들에게 중요한 규범을 제공하기 때문에 개인의 소비자행동에 중요한 영향을 미친다. 즉, 준거집단은 어떤 제품이나 서비스를 구매하는 것이 적절한가에 관한 가이드라인을 제시한다. 예를 들면 대학교수들은 자동차를 구매할 때 초록색이나 보라색보다는 주로 검은색을 선호하는 것이 그 한 예가 될 수 있다.

준거집단은 소비자들에게 다음과 같은 힘을 행사한다. 첫째는 전문성의 힘(expert power)이다. 전문성은 소비자들에게 의사결정의 가이드라인이 될 수 있는 정보를 제공한다. 둘째는 준거의 힘(referent power)으로서 소비자들에게 의사결정의 비교 기준을 제공한다. 셋째는 보상의 힘(reward power)으로서 소비자들에게 보상이나 인정, 격려를 제공하거나 혹은 강제적 제재를 가할 수 있다.

마케터들은 이러한 준거집단의 힘을 정확하게 이해하여 자사 제품의 판매를 촉진하는 데 이용하여야 한다. 예를 들면 광고모델(혹은 대변인)의 선정에서 광고메시지의 신뢰성을 높이기 위하여 광고모델의 전문성(expert power) 혹은 유사성(referent power)을 이용하는 전략을 세우는 것이 중요하다.

(3) 가 족

가족(family)은 구매행동에 매우 직접적인 영향을 미친다. 가족의 구매의사결정은 그 영향력에 따라 남편 주도적, 아내 주도적, 그리고 공동결정의 세 가지 유형으로 나눌 수 있다. 가족의사결정에서 남편이 주도적인 영향력을 행사하는 제품의 예로는 자동차, 컴퓨터, 공구 등을 들 수 있다. 반면에 아내가 주도적인 영향력을 행사하는 제품의 예로서는 부동산, 보험, 그리고 냉장고나 세탁기와 같은 가전제품을 들 수 있다. 또한 가족이 공동으로 구매의사결정을 하는 제품의 예로서는 가족 여행, 주택, 외식 등을 들 수 있다. 따라서 마케터는 특정한 제품의 구매의사결정에 영향력을 행사하는 소비자를 파악하여 그들에게 마케팅 노력을 집중하는 것이 중요하다.

2.3 문화적 요인(cultural differences)

문화(culture)는 한 사회의 구성원들이 공유하는 지식, 신념, 태도, 그리고 가치관 등을 포함하는 매우 거시적인 개념이다. 문화적 가치는 한 사회 내에서 학습되고, 답습되며 대체로 변하지 않는 특성을 지니고 있기 때문에 그 사회의 소비자들의 행동에 중요한 영향을 미친다. 예를 들면 우리나라 사람들은 감기에 좋은 민간요법으로서 고춧가루를 탄 소주를 권하는 반면 일본 사람들은 달걀 노른자위를 넣은 청주를 권한다. 반면에 핀란드 사람들은 감기에 걸린 사람에게 눈과 얼음을 맨발로 밟기를 제안한다. 이는 모두 그 사회에서 적절한 행동 혹은 규범을 제시하는 것으로서 감기의 과학적인 치료 효과(medical value)와는 별도로 사회 구성원들의 믿는 바(신념과 가치체계)를 나타내는 좋은 예이다.

문화적 가치는 대체로 영구적이지만 동시에 역동적으로 변화(dynamic)하기도 한다. 따라서 마케팅 관리자들은 항상 문화적 변화에 민감하게 반응해야 한다. 예를 들어 최근 외모에 대한 관심이 증가함에 따라 남녀노소를 불문하고 성형이나 피부관리 등의 에스테틱 산업이 발달하는 것도 문화의 가치가 내면적인 것에서 외면적인 것으로 변화된다는 사실을 말한다고 할 수 있다.

문화는 또한 국적, 인종, 연령, 종교에 따른 미시문화(micro-culture)로 나눠질 수 있다. 한 사회의 주류문화(mainstream culture) 안에 미시문화가 존재하는 만큼 서로 다른 문화권의 차이를 이해하는 것도 중요하다. 특히 글로벌 시대에 세계시장을 상대로 마케팅 전략을 수립할 때는 이러한 문화적 가치의 차이를 이해하는 것이 중요하다. 해외시장의 문화적 차이를 이해하여 성공을 거둔 예로 술을 마시지 않는 중동시장에 무알콜 맥주를 판매하여 큰 성공을 거두었던 Stroh사를 들 수 있다. 또한 LG전자는 중동시장을 겨냥하여 메카 방향을 표시하는 나침판이 부착되고, 하루 다섯 번의 기도 시간을 알려주

Marketing Point

P&G의 Camay Disaster

P&G는 미국 국내시장에서 Camay라는 비누를 선보임으로써 큰 성공을 거두었다. Camay의 성공 뒤에는 TV광고가 커다란 역할을 했는데, 그 광고에서는 퇴근 후 집으로 돌아온 남편이 아내가 욕실에서 샤워를 하고 있는 모습을 보게 되는데, Camay 비누를 사용함으로써 아내의 피부가 매우 부드럽고 윤기나는 피부로 바뀌었다는 내용을 담고 있다.

국내시장에서 성공을 거둔 P&G는 여세를 몰아 일본시장에 Camay를 소개하였다. 미국 국내의 TV광고와 동일한 내용과 포맷으로 일본에서 TV광고를 실행하였는데 결과는 대 실패로 끝나고 말았다. 실패의 원인은 일본 사람들이 지니고 있는 문화적 가치를 제대로 이해하지 못하였기 때문이었다.

미국인들과 달리 일본인들은 아무리 자신의 아내라 하더라도 옷을 입지 않은 모습을 본다는 것은 있을 수 없는 일이기 때문이다. 일본 여자들은 잠자리에 들기 전에도 엷은 화장을 하기 때문에 일본 남자들은 평생 아내의 민낯을 볼 수 없다는 말도 있을 정도이다. 일본은 철저하게 가식과 포장의 문화이기 때문이다. 마찬가지로 일본에서는 화장을 하지 않는 듯 자연스러운 모습(natural look)을 연출하는 화장품은 성공하지 못한다. 그러한 제품들은 미처 옷을 입지 않고 밖에 나가는 것과 같기 때문이다.

는 알람기능이 있는 메가폰을 선보인 바 있다. 반면에 P&G의 Camay Disaster의 사례는 자기문화 중심주의(ethnocentricism)로 인한 실패 사례라고 할 수 있다.

2.4 심리적 요인(psychological differences)

(1) 개성과 자아 개념

개성(personality)은 지속적이고 변하지 않는 개인적인 행동패턴을 말하는 것으로 소비자의 개성과 제품을 연관시켜 구매를 유도하는 것이 중요하다. 예를 들어 커피를 많이 마시는 사람들이 사교성이 좋다는 사실을 알게 된다면 이러한 소비자의 성격을 반영한 광고나 제품 이미지를 통하여 구매를 촉진시킬 수 있다. 또한 공격적이거나 다른 사람을 제압하려는 성향이 강한 소비자는 주로 강한 향을 지닌 향수나 매우 성능이 뛰어난 스포츠 용구 혹은 자동차들을 구매한다는 사실을 파악하여 그러한 제품들을 표적시장에 진입시키는 데 활용할 수 있다.

자아 개념(self concept)은 크게 세 가지 유형으로 나눌 수 있다. 첫째는 현실적인 자아(actual self)로서 지금 이 자리에서 실제로 존재하는 자아를 나타낸다. 둘째는 이상적인 자아(ideal self)로서 미래의 되고 싶은 자아를 나타낸다. 세 번째는 확장된 자아(extended self)로서 현실적인 자아와 이상적인 자아 간의 차이(gap)를 채워 주는 중요한 기능을 갖고 있다. 확장된 자아는 주로 고가, 고급, 호화 제품의 구매, 소유나 서비스의 경험을 통해 이루어지며 소비자로 하여금 자신이 마치 상류층이나 부유한 계층이 되었다는 환상을 제공한다. 예를 들면 특급호텔을 이용한 휴가, 초호화 크루즈 여행 또는 일류 레스토랑에서의 식사 등을 꼽을 수 있다. 마케팅은 결국 소비자의 채워지지 않은 부분을 제품과 서비스를 통하여 채워 줌으로써 고객 만족과 행복감을 이끌어 내는 제반 활동이다. 따라서 마케터는 확장된 자아의 개념과 역할을 잘 이해하고 호화 브랜드의 마케팅 전략에 활용하여야 한다.

(2) 동 기

동기(motivation)는 소비자로 하여금 어떠한 행동을 하도록 하는 중요한 요인이다. 즉, 어떤 특정한 소비자가 어떤 특정한 행동을 하는 이유를 설명하는 것으로 마케팅에서 동기에 관한 연구는 과거에 많이 이루어졌다. 예를 들면 동기 연구(motivation research)를 통하여 미국 남성들은 정력을 잃을 것을 두려워하는 까닭에 헌혈을 꺼려 한다는 사실을 밝혀냈다. 또한 비즈니스맨들은 출장을 간 사이에 자신이 죽음을 맞이함으로써 아내를 과부로 만들 수 있다는 죄의식(posthumous guilt)을 지니고 있기 때문에 비행기 여행을 꺼려 한다는 사실도 알아내게 되었다. 아메리칸 항공사는 이러한 비즈니스맨들의 성향을 잘 파악하여 '우리는 여러분들을 빨리 집으로 모셔다 드립니다(We take you home early)'라는 캠페인으로 큰 성공을 거두었던 사례가 있다. 따라서 마케터는 소비자행동 저변에 깔려 있는 동기를 파악하는 일이 매우 중요하다.

매슬로우(Maslow)는 인간이 갖고 있는 동기를 다음과 같은 다섯 단계로 분류하였다. 첫째는 생리적 욕구(physiological needs)로서 이는 먹고, 마시고, 자기 위한 행동의 기반이다. 많은 사람의 행동은 이러한 생리적 동기에 의하여 이루어진다. 둘째는 안전의 욕구(security needs)로서 이는 자신과 가족의 안녕, 안전, 보안, 혹은 방범을 위한 행동을 유발하는 기반이다. 셋째는 사회적 욕구(social needs)로서 친구, 배우자, 동료 등을

그림 5-3 매슬로우의 동기 계층설

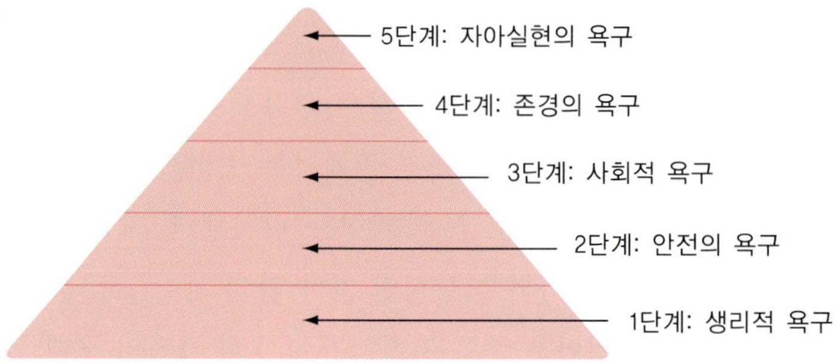

원하게 하는 욕구이다. 넷째는 존경의 욕구(self esteem needs)로서 존경, 출세, 성공, 자존감 등을 추구하는 행동의 기반이다. 마지막으로 자아실현의 욕구(self actualization)를 들 수 있는데 이는 자신이 가진 능력과 자질을 십분 발휘하여 완전한 인격체를 형성하는 노력의 기반이 된다. 많은 사람들은 생리적 동기나 안전적 동기를 추구하는 반면 극소수의 사람들만이 가장 높은 단계의 자아실현 동기를 지니고 있다. 이러한 매슬로우의 동기 계층설(hierarchy of needs)은 사회계층과 밀접한 연관이 있어 마케팅 전략에 많은 시사점을 제공한다.

여기에서 한 가지 지적할 점은 필요와 욕구와 마찬가지로 같은 제품이나 서비스라도 소비자가 지니고 있는 동기에 따라 다르게 포지셔닝 될 수 있다는 사실이다. 예를 들면 성형수술은 아름다움을 갖춤으로써 자아 이미지를 긍정적으로 가지고자 하는 소비자에게는 4단계의 자존(self esteem)의 동기를 대표하지만 아름다움을 바탕으로 하는 사회활동을 하는 소비자에게는 1단계의 생리적 동기를 대표한다.

(3) 태 도

태도(attitudes)는 어떠한 대상에 대해 일관성 있게 반응하려고 하는 성향을 말한다. 태도는 마케팅에서 매우 중요한데, 그 이유는 태도가 행동에 있어 충분조건은 아니지만 필요조건이 되기 때문이다. 실제로 태도와 행동 간의 관계는 매우 약하다. 예를 들면 대부분의 소비자들은 BMW라는 고급 승용차에 대하여 매우 긍정적인 태도를 지니고 있지만 실제로 구매라는 행동을 보이는 소비자는 매우 적다. 그러나 어떤 소비자가 BMW에 대하여 긍정적인 태도를 지니고 있다면 향후에 BMW를 구매할 가능성은 존재한다. 그러나 소비자가 BMW에 대하여 부정적인 태도를 갖고 있다면 아무리 경제적 혹은 사회적 상황이 바뀌어도 그는 BMW를 구매하지 않을 것이다.

태도는 세 가지 구성 요소를 지니고 있다. 첫째는 인지적 요소(cognitive component)이다. 이는 머리(頭: think)의 역할에 해당되는 것으로서 지식, 신념, 경험 등을 포함한다. 예를 들면 '나는 코카콜라가 달다는 사실을 알고 있다'라는 지식이 그것이다. 둘째는 감정적 요소(affective component)로서 때로는 평가적 요소(evaluative component)라고 부르기도 한다. 이는 가슴(心: feel)의 역할에 해당되는 것으로서 좋고 싫음, 관심이 있고 없음, 신경이 쓰이거나 쓰이지 않음 등을 포함한다. 예를 들어 '나는 단 음료를 좋아한다'는 평가 혹은 선호를 말한다. 셋째는 행동적 요소(behavioral component 혹은 conative component)이다. 이는 몸(身: do)의 역할에 해당되는 것으로서 이름 그대로 행동(구매)을 가리킨다. 예를 들어 '나는 코카콜라를 구매한다'라는 행동을 가리킨다. 행동적 요소는 인지적 요소와 평가적 요소의 결합에 의하여 자동적으로 결정된다.

소비자들은 그들이 구매하는 제품의 유형에 따라 상이한 인지반응모형(cognitive response model)을 따르는데 때로는 머리-가슴-몸(think-feel-do) 모형을 따르거나 혹은 그의 변형된 순서를 따른다. 예를 들면 컴퓨터나 자동차를 구매할 때는 머리-가슴-몸의 모형을 따르지만 라면이나 청량음료를 구매할 때는 몸-가슴-머리의 순서를 따른다. 또한 값비싼 보석이나 오토바이를 구매할 때는 가슴-머리-몸의 모형을 따른다. 따라서 마케터는 소비자의 태도에 따른 의사결정과정을 정확하게 이해하고 그에 맞는 소비자 전략을 세우는 것이 중요하다.

기업은 소비자 태도를 구성하는 두 가지 요소(인지적 요소와 감정적 요소)를 사용하여

표 5-1 태도에 따른 세분화

<table>
<tr><th colspan="2" rowspan="2"></th><th colspan="2">인지적 요소</th></tr>
<tr><th>지식 있음(know)</th><th>지식 없음(not konw)</th></tr>
<tr><td rowspan="2">감정적 요소</td><td>관심있음
(care)</td><td>세분시장 1
• 전문가
• 애플컴퓨터
• 자신감, 자부심
• 머리-가슴-몸</td><td>세분시장 2
• 초보자
• 애플컴퓨터
• 걱정, 불안감
• 가슴-몸-머리</td></tr>
<tr><td>관심없음
(not care)</td><td>세분시장 3
• 전문가
• 컴퓨터 부품구매 후 조립
• 자신감, 자부심
• 머리-가슴-몸</td><td>세분시장 4
• 초보자
• 값싸고 적당한 컴퓨터
• 컴퓨터 소유와 사용
• 몸-가슴-머리</td></tr>
</table>

시장을 세분화할 수 있다. 〈표 5-1〉에서 가로축은 인지적 요소를 세로축은 감정적 요소를 나타낸다.

세분시장 1은 제품에 대하여 지식과 경험이 많은 전문가(expert)들로 구성되어 있는데 이들이 제품을 구매하는 동기는 자신감과 자부심 때문이다. 이들이 자신이 구매하는 제품의 이미지에 많은 신경을 쓴다. 컴퓨터의 예를 들면 이들은 애플컴퓨터를 구매한다. 또한 이들의 인지반응모형은 머리-가슴-몸의 순서를 따른다.

세분시장 2에 있는 소비자는 제품에 대하여 잘 알지 못하지만 자신이 구매하는 브랜드에 관해서는 많은 관심을 기울이는 초보자(novice)들이다. 이들이 제품을 구매하는 동기는 제품 실패에 대한 불안감과 걱정이다. 따라서 이들도 역시 애플컴퓨터를 구매한다. 그리고 이들의 인지반응모형은 가슴-몸-머리이며 이들은 타인의 의견이나 구전에 많이 의존하는 경향이 있다.

세분시장 3은 제품에 대한 지식은 있으나 브랜드 이미지에 대해서는 별로 개의치 않는 소비자들로 구성되어 있다. 이들도 역시 전문가이므로 컴퓨터 완제품이 아닌 부품을 구매하여 스스로 컴퓨터를 조립한다. 이들의 인지반응모형은 머리-가슴-몸이다.

마지막으로 세분시장 4에 있는 소비자들은 그들이 구매하는 제품에 대한 지식도 관심도 없는 소비자들이다. 이들이 원하는 것은 그냥 한 대의 컴퓨터일 뿐이며 아들의 선택기준은 적당한 품질과 싼 가격 그리고 당장 구매할 수 있는(available) 제품이다. 이들의 인지반응모형은 몸-가슴-머리이다.

위에서 살펴본 바와 같이 세분시장 1과 세분시장 2에 있는 소비자들은 구매하는 브랜드는 같지만 구매동기는 전혀 다름을 알 수 있다. 마찬가지로 세분시장 1과 세분시장 3의 소비자들은 같은 특성을 지니고 있지만 구매하는 제품은 전혀 다름을 알 수 있다. 따라서 마케터는 소비자가 구매하는 브랜드에 관련한 그들의 태도(태도의 구성요소)를 정확하게 파악하는 것이 중요하다.

3. 소비자 구매행동의 유형

3.1 소비자 관여도

소비자들은 일상생활 속에서 다양한 제품 혹은 서비스를 구매한다. 이때, 각 선택대안이 지닌 관여도(involvement)에 따라 소비자 구매행동의 유형은 크게 달라진다. 따라서 마케팅에서는 소비자 관여도에 관한 이해가 매우 중요하며 또한 필수적이다.

소비자 관여도(consumer involvement)란 특정한 소비자가 특정한 제품이나 브랜드에 대하여 느끼는 중요도 혹은 관심 정도를 의미한다. 이는 동일한 제품이라도 고객에 따라서 인식하는 제품의 중요도가 다를 수 있으며 동시에 같은 고객이라도 상이한 제품에 대하여 느끼는 중요도가 다를 수 있음을 의미하는 것이다. 예를 들면, 골동품은 어떤 소비자(예를 들면 골동품 수집가)에게는 매우 중요하고 따라서 관여도가 높지만 어떤 소비자(예를 들면 현대적 디자인을 즐기는 소비자)에게는 전혀 중요하지 않을 수 있다. 동시에 골동품을 중요하게 여기는 소비자는 매우 현대적인 디자인을 지닌 다른 제품에 대해서는 전혀 중요하다고 느끼지 않거나 관심을 가지지 않을 수도 있다.

또한 소비자 관여도는 특정 제품에 대하여 소비자가 느끼는 관련성 정도를 말한다. 즉, 소비자와 제품 간의 관계, 일치도 혹은 제품이 제공하는 이미지나 품격 등을 나타내기도 한다. 예를 들면 소비자가 빈번하게 구매하는 치약이나 화장지의 경우, 소비자와 구매하는 제품 간의 일치도나 제품으로부터 얻는 이미지나 품격은 거의 없다. 즉, 소비자의 그 제품에 대한 관여도가 낮다는 것이다. 반면에 아파트나 자동차의 경우는 제품 자체가 소비자와 관련성이 높으며 심지어는 소비자의 지위나 품격을 나타내기도 하는 경우를 볼 수 있다.

일반적으로 관여도가 높은 제품은 아파트, 자동차, 가전제품 혹은 컴퓨터의 경우와 같이 자주 구매하지 않으며 따라서 사용주기가 길다는 특징이 있다. 관여도가 높은 제품은 대체로 가격이 비싼 편이며, 어느 정도의 경제적 · 사회적, 그리고 심리적 위험도를 지닌다. 반면에 관여도가 낮은 제품에는 화장지, 청량음료, 식탁용 소금 등이 포함된다. 일반적으로 가격이 낮으며 구매주기가 짧다. 그리고 경제적 · 사회적, 그리고 심리적 위험도를 거의 수반하지 않으며, 그 제품을 구매하는 소비자의 지위나 품격을 상징하지도 않는다.

3.2 소비자 구매의사결정과정의 유형: 제품의 다양성과 관여도

소비자 구매의사결정과정은 시장에 출시되어 있는 제품이나 브랜드의 다양성, 제품의 관여도에 따라 네 가지 유형으로 구분될 수 있다. 즉, 복잡구매행동, 다양성 추구 구매행동, 인지부조화 감소 구매행동, 습관적 구매행동이 바로 그것이다(그림 5-4 참조).

여기서 말하는 제품의 다양성은 소비자의 선택을 위하여 시장에 출시되어 있는 제품의 수와 종류를 의미한다. 제품의 다양성이 높은 제품들로서는 컴퓨터, 휴대폰 단말기,

그림 5-4 제품의 다양성과 관여도에 따른 구매의사결정과정의 유형

	고관여도	저관여도
고다양성	복잡구매행동 (complex buying behavior)	다양성 추구 구매행동 (variety-seeking buying behavior)
저다양성	인지부조화 감소 구매행동 (cognitive dissonance-reducing buying behavior)	습관적 구매행동 (habitual buying behavior)

라면, 청량음료 등을 들 수 있다. 반면에 모피 코트나 식탁용 소금 등은 그 다양성이 낮다고 할 수 있다.

(1) 복잡구매행동

복잡구매행동(complex buying behavior)은 소비자들이 구매하는 제품의 관여도가 높고, 그 제품들의 다양성이 높은 경우에 거치는 구매의사결정과정이다. 구매하는 제품이 자신에게 매우 중요한 반면 선택의 폭이 넓기 때문에 소비자들은 많은 시간과 노력을 기울여서 신중하게 구매를 결정한다.

예를 들어 휴대폰 단말기를 구매할 때 소비자는 가격, 디자인, 기능, 색상, 무게, 스타일 등을 고려하여 구매의사결정을 내린다.

복잡구매행동에서는 일반적으로 신념(belief), 태도(attitude) 그리고 행동(behavior)

고관여-고다양성 제품군을 선택할 때 소비자들은 제품 선택에 많은 노력을 기울인다.

의 세 단계를 거친다. 즉, 제품에 대한 정보를 기반으로 제품에 대한 주관적 신념(think)을 형성하고, 제품에 대해 긍정적이거나 부정적인 태도를 형성하고(feel), 마지막으로 신념과 태도를 바탕으로 가장 합리적인 선택대안을 취한다(do).

그러므로 고관여 제품의 마케터들은 소비자들이 정보를 수집하는 과정, 어떤 영향을 받아 결정적으로 구매를 결정하는지, 그리고 구매 후의 평가에 대해서도 반드시 이해해야 한다. 또한 여러 경쟁 브랜드 중에서 자사의 브랜드를 선택하도록 하기 위해서 소비자들이 구매 시 중요하게 고려하는 속성을 정확하게 파악하고, 경쟁 제품에 비해 자사의 제품이 지니고 있는 차별적인 이점을 소비자들에게 명확하게 전달해야 한다. 이런 특성으로 인해 고관여 제품의 경우 신문지면 광고와 같은 매체 광고뿐만 아니라 구매시점에서 최종적 구매의사결정에 상당한 영향을 미치는 판매원들에게 동기부여를 하기 위해 많은 노력을 기울여야 한다.

복잡구매행동의 경우는 소비자들이 능동적으로 많은 정보를 탐색하고 수집하기 때문에 상표 신념에 영향을 미칠 수 있는 형태의 광고가 효과적이다. 즉, 신문이나 잡지 등의 인쇄 매체를 이용한 정보 제공형 광고가 더 효율적으로 소비자들에게 영향을 미칠 수 있을 것이다.

(2) 다양성 추구 구매행동

다양성 추구 구매행동(variety-seeking buying behavior)은 구매하는 제품이 저관여 제품이지만 제품들 간에 많은 차이가 있는 경우에 거치는 구매의사결정과정이다. 즉, 구매경험의 만족 여부와 상관없이, 소비자가 단지 제품의 다양성을 즐기기 위해서 다른 브랜드로 전환하는 것을 말한다. 이와 같은 구매행동은 이전에 구매한 제품에 대한 불만족 때문이라기보다는 단지 다른 브랜드에 대한 호기심과 욕구에서 브랜드의 전환(switch)이 발생하는 것이다. 다양성 추구 구매행동은 청량음료, 라면, 스낵과 같은 제품에서 많이 나타난다. 다양성 추구 구매행동은 일반적으로 행동, 태도, 신념의 순서(do-feel-think 모형)를 거친다.

이런 다양성 추구 구매행동과 관련된 제품들은 마케팅 전략에 상당한 차이가 있다. 신제품의 경우에는 가격할인, 샘플 증정, 쿠폰 등을 통해 소비자들의 시용구매(trial)를 통해 상표 전환을 유도하고 나아가 궁극적으로 상표 전환을 유도하는 전략이 사용된다. 반면에 점유율이 높은 제품의 경우에는 좋은 진열 위치의 선점, 충분한 재고 보유, 광고 노출을 늘림으로써 소비자들의 습관적 구매를 유도하는 전략이 유용하다.

라면 제품은 때로는 다양성 추구 구매행동이 일어나기도 한다.

(3) 인지부조화 감소 구매행동

인지부조화 감소 구매행동(cognitive dissonance-reducing buying behavior)은 제품의 관여도는 높으나 제품 간의 차이가 거의 없거나 매우 미미한 경우에 발생하는 구매의사결정과정이다. 구매 후 인지부조화(cognitive dissonance)란 구매가 이루어진 다음에 소비자가 자신이 선택하지 않은 대안들이 더 낫다는 정보를 얻음으로써 심리적인 불편함과 갈등을 느끼는 것을 말한다. 이는 현명한 선택에 대한 자신감의 결여에서 오는 심리적 고통으로서 다른 말로는 구매자의 후회(buyer's regret)라고도 부른다.

일반적으로 구매 후 인지부조화는 고관여도 제품의 경우 많이 발생하며, 복잡구매행동의 경우는 별로 문제시되지 않는다. 복잡구매행동의 경우는 비록 제품의 관여도는 높지만 제품 간의 차이가 많기 때문에 구매 후 인지부조화가 일어났을 때, 소비자는 그로 인한 고통을 줄이기 위하여 제품의 특정한 속성 혹은 차이를 들어 자기정당화(self justification)를 한다. 예를 들면 '가격이 저렴해서', '디자인이 현대적이라서' 혹은 '가볍고 휴대가 간편해서'와 같은 구매 사유를 찾아내는 것이다. 그러나 인지부조화 감소 구매행동의 경우는 자신의 구매를 정당화할 수 있는 특정한 속성 혹은 브랜드 간의 뚜렷한 차이가 없기 때문에 구매 후 인지부조화는 쉽게 사라지지 않으며, 인지부조화의 감소는 소비자의 몫이다.

따라서 마케터들은 소비자들이 현명한 구매를 했다는 확신을 갖도록 하기 위하여 여러 가지 촉진 활동을 벌여야 한다. 예를 들어 제품을 판매한 후 편지나 전화를 통해 감사의 뜻을 전하고 소비자의 현명한 선택을 확인시킴으로써 구매 후 부조화를 완화시키는 활동이 필요하다. 일반적으로 인지부조화 감소 행동의 경우에는 행동, 신념, 태도의 순서(do-think-feel)를 거치며 브랜드 간에 뚜렷한 차이가 없고 품질을 평가하기가 어려운 모피코트나 카펫과 같은 제품에서 빈번히 발생한다.

(4) 습관적 구매행동

습관적 구매행동(habitual buying behavior)은 낮은 관여도를 보이고 상표 간에 차이가 적을 경우 주로 발생한다. 즉, 제품 구매 시 다른 대안에 대한 정보 탐색이나 평가를 하지 않고 점포에 들어가서 선택대안에 대한 결정을 내리는 것을 말한다. 이는 같은 상표를 반복적으로 구매하지만 높은 브랜드 충성도(brand loyalty)에 의한 것이 아니라 습관(타성)에 의한 구매를 가리킨다. 예를 들어 껌, 사탕, 화장지, 식탁용 소금 등의 제품에서처럼 가격이 낮고 일상적으로 자주 구매하는 저관여 제품에서 습관적 구매행동이 주로 나타난다.

습관적 구매 시에는 고관여 구매행동처럼 복잡한 결정과정을 거치지 않고 정보를 얻기 위해 노력을 하지도 않으며 어떤 상표를 구매할지에 대해 별로 신중하게 고려하지 않는다. 소비자들이 특정한 상표를 선택하는 것은 신념이 있어서라기보다는 그 상표에 친숙하기 때문이다. 이와 같이 구매는 수동적으로 획득한 상표 신념에 영향을 받기 때문에 몇 개의 중요한 점만을 강조하는 반복적 광고문구가 효과적이며 매체로는 인쇄광고보다 TV나 라디오를 이용한 전파광고가 적합하다.

그리고 소비자들이 어떤 상표에 대한 확신이 없기 때문에 가격할인이나 사은품 증정 등의 구매시점(point of purchase)에서의 판촉 활동이 구매에 결정적인 영향을 미친다. 따라서 습관적 구매행동의 경우에는 일반적으로 행동, 태도, 신념의 순서(do-feel-think)를 거친다.

3.3 소비자 구매의사결정과정의 유형: 문제해결방식과 관여도

소비자 구매의사결정과정은 소비자의 문제해결방식과 제품의 관여도에 따라 포괄적 문제해결, 제한적 문제해결, 브랜드 충성도, 타성적 구매의 네 가지 유형으로 나누어 볼 수 있다(그림 5-5 참조).

소비자의 구매의사결정을 위한 문제해결방식은 크게 문제해결(problem solving)과 습관(habit)으로 나눌 수 있다. 문제해결은 제품의 구매나 선택을 하나의 과제(task)로 인식하고, 이를 위하여 많은 시간과 비용, 그리고 노력을 투입하는 경우를 말한다. 보다 현명한 선택을 위하여 많은 정보를 탐색하고, 수집하고, 선택대안들을 평가하는 과정을

그림 5-5 문제해결과 관여도에 따른 구매의사결정과정의 유형

	고관여도	저관여도
문제해결	포괄적 문제해결 (extensive problem solving)	제한적 문제해결 (limited problem solving)
습관	브랜드 충성도 (brand loyalty)	타성적 구매 (inertia)

거치기 때문에 높은 수준의 인지적 노력을 수반한다. 즉, 현명하고 신중한 선택을 위하여 심사숙고하는 과정을 거친다. 문제해결은 주로 관여도가 높은 제품의 경우에서 흔히 발생한다. 반면에 습관은 정보의 탐색이나 수집이 거의 없으며, 따라서 정보처리 과정도 발생하지 않는다. 가장 간단한 예로는 지난번에 구매한 제품을 다시 구매하는 경우(routine rebuy)를 들 수 있다.

(1) 포괄적 문제해결

포괄적 문제해결(extensive problem solving)은 소비자가 고관여도 제품을 구매할 때 많은 시간과 조력을 투입하여 구매의사결정을 내리는 경우를 말한다. 주로 고가격의, 자주 구매하지 않는, 혹은 친숙하지 않은 제품들의 경우가 이에 해당된다. 또한 구매의사결정에 상당한 위험도가 따른다. 예를 들면 주택, 자동차, 컴퓨터, 가전제품과 같은 고가의 제품과 더불어 넥타이나 향수 같은 패션 제품 등이 여기에 해당된다,

(2) 제한적 문제해결

제한적 문제해결(limited problem solving)은 소비자가 저관여도 제품을 구매하는 상황으로서 어느 정도의 정보 탐색과 노력을 투입하여 의사결정을 내리는 경우를 말한다. 포괄적 문제해결의 경우만큼 구매에 대하여 심사숙고하는 과정을 거치지는 않지만 어느 정도의 제한적인 정보 탐색과 평가 과정을 거친다. 이는 소비자가 친숙한 제품군(product category)에서 그다지 친숙하지 못한 브랜드를 구매할 경우에 주로 발생한다. 대표적인 예로서는 시리얼을 들 수 있다.

제한적 문제해결과정을 거치는 제품의 예.

(3) 브랜드 충성도

브랜드 충성도(brand loyalty)는 고관여도 제품을 구매할 때 상당한 시간과 노력을 기울이지 않고, 습관적으로 구매하는 경우이다. 브랜드 충성도의 대표적인 예로서는 스포츠용품을 들 수 있다. 또한 끽연가의 경우 담배를 들 수 있다.

(4) 타성적 구매

타성적 구매(inertia) 혹은 일상적 문제해결(routinized problem solving)은 소비자가 화장지, 청량음료, 식탁용 소금과 같이 빈번하게 구매의사결정을 내리는 저관여도 제품을 습관적으로 구매하는 경우이다. 일반적으로 일상적 문제해결에 해당되는 제품은 소비자의 정보처리과정을 거의 거치지 않기 때문에 구매시점(point of purchase)에서의

칫솔과 같은 제품은 매장 내의 판촉 활동을 통해 소비자의 예상치 못한 구매를 이끌어낸다.

판촉 활동이 구매에 결정적인 영향을 미친다. 예를 들면 치약을 구매할 때 두 개를 하나의 가격에 판매하는 판촉 활동(two for one sale)은 소비자들의 구매를 이끌어 내는 데 매우 성공적이다.

4. 소비자 구매의사결정과정

소비자의 구매의사결정과정은 필요의 인식, 정보의 탐색 및 수집, 대안의 평가, 구매, 그리고 구매 후 평가의 다섯 단계의 과정을 통해 이루어진다. 모든 제품에 이 단계가 해당되는 것이 아니라 고관여 제품의 경우 이 단계를 모두 거친다고 볼 수 있다. 반면에 저관여 제품의 경우에는 이러한 다섯 단계를 모두 거치지 않는 것이 일반적이다. [그림 5-6]은 소비자 의사결정과정의 다섯 단계에 대해 나타내고 있다. 각각의 단계에서 이루어지는 세부적인 내용들에 대해서 살펴보자.

4.1 필요의 인식

필요의 인식(need recognition)이란 어떤 제품이나 서비스에 대하여 소비자가 필요 혹은 욕구를 느끼는 단계를 말한다. 다른 말로는 문제의 제기(환기: arousal)라고도 한다. 일반적으로 필요의 인식은 소비자가 처한 현재의 상태와 이상적인 상태 간의 괴리에서 발생한다. 또한 필요의 인식은 내부적인 요인과 외부적인 요인에 의하여 나타날 수 있다. 여기서 말하는 내부적 요인이란 배고픔과 갈증과 같은 내부에서 발생하는 생리적 자극을 포함한다. 또한 구매한 제품을 모두 사용하였다거나, 기술의 발달로 인하여 더 이상 사용 불가능한(obsolete) 경우, 신제품에 대한 필요를 느끼는 경우가 이에 해당된다. 반면에 외부적 요인으로는 광고메시지, 판매촉진 활동, 포장, 디스플레이, 혹은 판매원의 설득과 같은 마케팅 자극(marketing mix)을 들 수 있다. 또한 가족이나 친구 등의 준거집단으로부터의 영향도 포함한다.

그림 5-6 소비자 의사결정과정

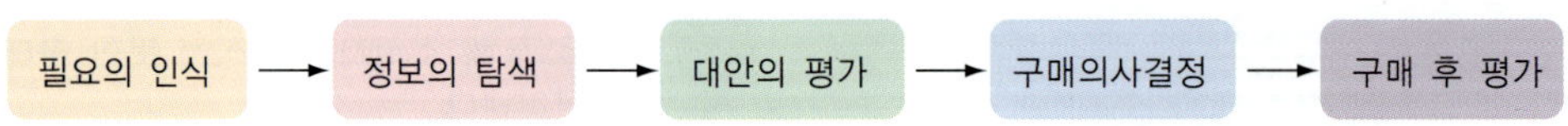

4.2 정보의 탐색

소비자가 제품에 대한 문제를 인식하면 그 다음은 대안의 평가를 위한 정보를 탐색(information search)하고 수집하고자 한다. 소비자의 정보 탐색은 크게 내적 탐색과 외적 탐색으로 나눌 수 있다. 내적 탐색(internal search)은 소비자의 기억 속에 저장되어 있는 특정 제품과 관련된 경험, 다른 소비자로부터의 구전, 광고메시지 등을 포함한다. 외적 탐색(external search)은 내적 탐색을 통해 얻은 정보가 충분하지 않을 경우 추가적인 정보를 외부에서 찾기 위하여 이루어진다. 외적 탐색은 고조된 주의와 능동적 정보탐색으로 구분된다. 고조된 주의(heightened attention)는 자신의 필요와 관련된 정보에 대해 많은 주의를 기울이는 것이며, 능동적 정보 탐색(active information search)은 소비자 스스로 정보를 적극적으로 탐색하는 것을 말한다.

소비자는 정보 탐색 과정에서 다양한 원천으로부터 정보를 얻는다. 첫째, 개인적 정보 원천(personal sources)을 들 수 있는데 여기에는 가족, 친구, 이웃, 동료 등이 포함된다. 둘째, 상업적 원천(commercial sources)으로서 광고메시지, 판매사원, 포장 및 디스플레이, 점포 내 정보 등을 들 수 있다. 셋째, 공공적 원천(public sources)으로 소비자보호원이나 언론기관의 발행물 및 방송 뉴스 기사, 정부 백서 등이 있다. 대부분의 소비자들은 상업적 원천에서 많은 정보를 얻지만 이러한 정보는 그 신뢰성이 매우 낮다. 상업적 원천에 의한 정보는 일반적으로 마케터의 판매동기(sales motivation)를 내포하고 있기 때문이다. 반면에 개인적 원천은 판매동기를 수반하지 않기 때문에 정보의 신뢰도가 높으며 원천(사용자)의 주관적 평가도 같이 포함한다.

4.3 대안의 평가

소비자들은 구매결정을 위하여 수집된 정보를 토대로 선택대안들을 평가(alternative evaluation)한다. 소비자가 하나의 제품을 최종적으로 선택하기 위하여 고려하는 후보 제품의 집합을 고려 상품군(consideration set)이라고 부른다. 고려 상품군의 크기는 제품의 유형과 소비자에 따라 다르지만 일반적으로 3개에서 4개 정도이다.

소비자가 대안의 선택을 위하여 사용하는 평가 기준과 평가 방식을 살펴보면 다음과 같다. 우선, 평가 기준(evaluative criteria)이란 소비자가 대안을 비교하여 평가할 때 사용하는 속성들과 각 속성의 중요도를 말한다. 그리고 대안들의 평가 방식은 크게 보완적 평가 방식과 비보완적 평가 방식으로 나눌 수 있다.

(1) 보완적 평가 방식

보완적 평가 방식(compensatory decision rule)에서는 그 이름이 시사하는 것처럼 비록 어떤 속성의 평가가 낮더라도 다른 속성들의 높은 평가에 의하여 그 선택대안의 전체 평가가 보완된다. 보완적 평가 방식의 대표적인 예로서는 Fishbein 모형을 들 수 있다. Fishbein 모형에서는 어떤 선택대안의 평가 점수가 각각의 속성 평가(점수)에 속성 중요도를 곱한 것들의 합(合)으로 나타난다. 즉,

$$E_o = \sum_{t=1}^{T} W_i X_i$$

E = 브랜드 o의 평가 점수
W_i = i번째 속성의 중요도
X_i = i번째 속성의 평가
i = 1, 2, ⋯, T

〈표 5-2〉는 세 개의 디지털 카메라 브랜드에 대한 어떤 소비자 한 명의 평가를 가상적으로 보여 주고 있다.

이 표에서 브랜드 A의 평가는 8×6+8×10+8×8+8×5=232이다. 같은 방법으로 브랜드 B의 평가는 260, 그리고 브랜드 C의 평가는 270이 됨을 알 수 있다. 따라서 보완적 평가 방식을 사용하였을 때, 이 소비자는 브랜드 C를 선택할 것이라고 예상할 수 있다. 브랜드 C는 가격에서 매우 낮은 평가를 받았으나, 가격을 제외한 다른 세 개의 속성에서의 우수한 평가로 인하여 가격의 낮은 평가를 만회하였음을 알 수 있다.

보완적 평가 방식에서의 마케팅 전략은 다음과 같다. 우선, 소비자의 속성 평가를 긍정적인 방향으로 바꾸어야 한다. 즉, 광고메시지나 판매촉진과 같은 커뮤니케이션 노력

표 5-2 디지털 카메라의 평가

속성	무게	화소 수	모니터	가격	평가 점수
속성 중요도	6	10	8	5	
A	8	8	8	8	236
B	8	10	9	8	260
C	10	10	10	6	270

을 통하여 소비자가 인식하는 속성의 가치를 자사에게 유리한 방향으로 변화시켜야 한다. 또한 소비자가 느끼는 속성의 중요도를 바꾸어야 한다. 자사 제품이 어떤 속성에서 우수한가를 파악하여 그 속성을 중요한 속성으로 인식하도록 소비자들을 설득하는 노력이 중요하다. 예를 들어 SM5는 보증기간/거리가 길다는 점을 강조하여 소비자들로 하여금 이 점을 자동차 구매 시 중요 속성으로 고려하도록 하였다.

(2) 비보완적 평가 방식

비보완적 평가 방식(noncompensatory rule)은 보완적 평가 방식과 달리 어떤 속성에서의 낮은 평가가 다른 속성에서의 우수한 평가에 의하여 보완되지 않는다. 비보완적 평가 방식은 보완적 평가 방식에 비하여 간결하다. 따라서 소비자의 인지부담(cognitive load)이 비교적 가볍다. 보완적 평가 방식이 비교적 정확한 의사결정을 지향하는 데 반하여 비보완적 평가 방식은 간결함과 편리함을 지향한다.

보완적 평가 방식이 가장 적절한 선택대안(best choice)을 결정하는 것(optimizing)이라면 비보완적 평가 방식은 수용 가능한 선택대안(acceptable choice)을 결정하는 것(satisfying)이라 할 수 있으며 다른 말로는 간소화된 의사결정방법(heuristic)이라고도 부른다. 일반적으로 보완적 평가 방식은 신중한 의사결정을 요구하는 고관여 제품의 경우에 많이 사용되며 비보완적 평가 방식은 습관적인 선택과 같은 저관여 제품의 경우에 주로 사용된다. 비보완적 평가 방식의 대표적인 예로서는 사전편집식, 속성결합식, 그리고 속성비결합식 결정방법의 세 가지를 들 수 있다.

1) 사전편집식 결정방법

사전편집식 결정방법(lexicographic rule)에서는 소비자가 의사결정과정에서 중요하게 여기는 속성들을 그 중요도에 따라 나열하고, 가장 중요한 속성에서 가장 높은 평가를 받은 대안을 선택한다. 만약 가장 중요한 속성에서 선택대안이 결정되지 않으면(예를 들면 동일한 점수로 인해) 두 번째로 중요한 속성에서 가장 우수한 평가를 받은 대안이 선택되는 방법이다.

〈표 5-2〉의 디지털 카메라의 예에서 이 소비자가 가장 중요하게 여기는 속성은 화소수(중요도 10)이다. 따라서 대안의 평가는 일차적으로 화소 수의 평가에서 이루어지며, 브랜드 B와 브랜드 C가 선택된다. 하나의 최종적인 선택을 위해서 두 번째로 중요한 속성(모니터)이 고려된다. 브랜드 B와 C를 비교하여 브랜드 C가 최종적으로 선택된다.

2) 속성결합식 결정방법

속성결합식 결정방법(conjunctive rule)에서는 제품을 구성하는 모든 속성에 대해서 기본적으로 충족하여야 하는 최소 평가 점수(cut-off point)가 존재한다. 이 평가 점수는 소비자가 느끼는 최소의 만족 수준을 나타내는 것이라고 할 수 있다. 그리고 모든 속성에서 이 평가 기준을 충족하지 못하는 대안은 제거된다. 속성결합식 결정방법은 마치 단체전 같으며 따라서 과락을 허용하지 않는다.

〈표 5-2〉의 디지털 카메라의 예에서 이 소비자의 최소 평가 기준을 8이라고 가정한다면 일차적으로 브랜드 C는 가격에서 최소 평가 점수를 충족하지 못하였으므로(6<8) 제거된다. 최소 평가 점수를 8로 하면 하나의 최종적인 선택을 할 수 없으므로 최소 평가 점수를 9로 상향 조정하여 결과적으로 브랜드 B가 선택된다. 앞의 예에서 볼 수 있듯이 브랜드 C는 가격을 제외한 모든 속성에서 우수한 평가를 받았지만 가격의 낮은 평가 때문에 일차적으로 제거되었다. 이처럼 비보안적 방식에서는 어떤 속성의 강점으로써 다른 속성의 약점을 만회할 수 없는 방식이다.

3) 속성비결합식 결정방법

속성비결합식 결정방법(disjunctive rule)은 소비자가 가정하는 최소 평가 기준이 존재한다는 점에서는 속성결합식 결정방법과 같지만, 어느 속성이든 최소 평가 기준을 충족하는 속성이 있으면 그 대안이 선택된다는 점에서 속성결합식 결정방법과 차이가 있다. 속성결합식 결정방법이 모든 속성에서 골고루 좋은 평가를 받아야 하는 단체전의 성격을 지니고 있다면 속성비결합식 결정방법은 하나의 속성에서만 좋은 평가를 받아서 최소 기준을 충족하면 되기 때문에 개인전의 성격을 지니고 있다고 할 수 있다.

〈표 5-2〉의 디지털 카메라의 예에서 최소 평가 기준을 8로 한다면 브랜드 A, B, C가 모두 선택될 것이다. 기준을 10까지 올려도 브랜드 B와 C가 선택될 것이다. 이 경우, 최종적인 하나의 선택을 위해서는 다른 평가 방법을 선택하여 병용하여야 한다. 예를 들면 보완적 방식을 사용하여 브랜드 C를 최종적으로 선택할 수 있다.

소비자들의 의사결정방식에 따른 마케팅 전략을 살펴보면 다음과 같다. 우선, 소비자들이 사전편집식 결정방식에 의해 대안들을 고려한다면 그들이 가장 중요하게 여기는 속성에 중점을 두고 제품을 개발하고 광고와 촉진 활동을 통해 그 속성을 강조하여야 한다. 반면에 소비자들이 속성결합식 결정방법에 의해 대안들을 평가한다면 소비자들의 최소 평가 기준을 파악하여 모든 속성에서 이를 충족시킬 수 있는 제품을 개발하여야 한다.

표 5-3 보완적 평가방법과 비보완적 평가방법의 비교

보완적 평가방법	비교기준	비보완적 평가방법
복잡하고 시간이 많이 소요됨	복잡성과 시간	간단하고 빠름
큼(정보처리의 양이 많음)	인지적 부담	적음(정보처리의 양이 적음)
최적의 선택(optimal choice)	평가의 목적	적당한 선택(acceptable choice)
최적화(optimization)	평가과정	만족화(satisficing)

앞에서 살펴본 보완적 평가방법과 비보완적 평가 방법을 비교하면 〈표 5-3〉과 같다.

4.4 구매의사결정

소비자의 구매의사결정은 선택대안에 대한 평가 후에 가장 선호하는 대안을 구매(purchase decision)하는 단계를 말한다. 그러나 소비자가 구매를 원하는 제품과 실제로 구매하는 제품(구매행동) 사이에는 차이가 있을 수 있다.

구매를 원하는 제품과 구매행동 간의 차이가 발생하는 데 영향을 미치는 요인들에 대해서 살펴보면 다음과 같다. 첫째, 구매하기를 원하는 제품에 대한 주변 사람들, 특히 준거집단의 영향은 구매결정에 상당한 영향을 미친다. 준거집단은 어떠한 구매행동이 적절하고 적합한가에 대한 규범을 제시하기 때문에 준거집단의 태도나 의견은 구매결정에 무시할 수 없는 영향력을 행사한다. 둘째, 구매결정은 예기치 않은 상황적 변화에 의해서도 영향을 받는다. 예를 들면 소비자의 경제적 여건의 갑작스런 변화, 품절(stock out), 새로운 또는 매력적인 제품의 출시, 혹은 구매를 원하던 제품에 대한 부정적인 평가에 의해서도 영향을 받아, 구매행동으로 이어지지 않을 수 있다.

일반적으로 구매결정은 구매의 연기(delay)나 구매시기의 결정, 구매장소의 결정, 지불방법의 결정과 같은 일련의 의사결정을 수반한다. 이러한 결정사항들은 마케터가 매출과 수익을 예측하는 데 상당한 어려움을 제공한다. 따라서 소비자의 구매의사결정에 수반되는 요인과 그 영향력을 정확하게 이해하는 것이 중요하다.

4.5 구매 후 평가

소비자들은 제품을 구매한 후에 자신들의 소비경험에 따라 만족 또는 불만족 수준을 결정한다(post purchase behavior). 소비자의 만족 혹은 불만족은 소비자가 사전에 제

Marketing Point

소비자 구매결정 영향력 순위는 친구>PC>모바일

아시아 주요 국가의 소비자들은 제품을 살 때 지인들의 평가를 가장 중시하는 것으로 나타났다. 제품 정보를 얻기 위해 스마트폰보다 PC를 더 선호하는 것으로 조사됐다.

글로벌 통합마케팅커뮤니케이션 기업인 웨거너에드스트롬은 20일 이런 내용을 담은 '콘텐츠 매터스 2015'보고서를 발간했다. 한국, 중국, 인도 등 아시아 주요 9개국 소비자들을 대상으로 디지털 기기와 미디어 채널의 사용자 경험을 조사한 결과다.

조사에 따르면 소비자들이 구매결정 단계에서 가장 선호하는 정보 채널은 '지인 추천'이었다. 한국에선 응답자 중 15%가 블로그를 가장 선호해 다른 아시아 국가들에 비해 블로그 신뢰도가 높았다. 반면 한국에서 소셜 미디어와 홈페이지 선호도는 각각 8%, 7%에 그쳤다.

아시아 9개국 소비자들은 최종 구매정보를 얻을 때 모바일 기기보다 PC를 선호했다. 특히 한국은 9개국 중 PC를 가장 신뢰했다. 스마트폰을 비롯한 모바일에 대해선 가장 낮은 선호도를 보였다. 반면 조사대상 9개국 중 4개국에선 이미 모바일 선호도가 PC를 앞질렀다.

한국 소비자는 평균 1.98개의 디지털 기기를 사용하고 있는 것으로 조사됐다. 연령별로는 25~34세 소비자가 2대 이상의 디지털 기기를 사용하고 있었다. 연령이 높아질수록 사용하는 디지털 기기 수는 줄어들어 55세는 1.76대의 디지털 기기를 사용하고 있었다.

뉴스와 정보를 얻는 데 선호하는 미디어 채널로는 카카오톡이 1위로 꼽혔다. 페이스북과 트위터가 뒤를 이었다.

국내 소비자들은 선호 브랜드를 주변에 추천을 잘 하지 않는 것으로 나타났다. 다른 국가 소비자들 사이에선 '적극 추천한다'는 답변이 28%가 나왔지만 한국 소비자 중에선 12%만 주변에 추천을 한다고 답했다. 추천하지 않는다고 답한 비율은 한국이 56%, 다른 국가들이 40%였다.

김재희 샤우트웨거너에드스트롬 대표는 "지금은 SNS와 모바일 메신저로 대표되는 미디어 채널이 넘쳐나는 모바일 홍수의 시대"라며 "이같은 상황에서 소비자의 구매결정에 영향을 주는 채널은 무엇이고, 어떤 콘텐츠를 준비해야 하는가에 대해 더 많은 고민이 필요한 시점"이라고 말했다. 이어 "수많은 사용자들을 대상으로 다양한 채널을 운영하고 데이터 분석에 기반한 치밀한 전략을 세워야 한다"고 강조했다.

출처 : 한국경제, 2015.7.20.

품에 대하여 지니고 있었던 기대의 함수이며 일반적으로 기대불일치이론(expectation

disconfirmation theory)에 의하여 설명된다.

제품을 구매한 후에 소비자가 지각하는 제품의 성과(perceived performance)가 사전 기대보다 높은 경우, 소비자는 사전에 지니고 있었던 기대를 확인하는 데 실패하며(positive disconfirmation), 그 결과는 만족으로 나타난다. 반면에 소비자가 지각하는 제품의 성과가 사전 기대보다 낮은 경우, 소비자는 사전 기대를 확인하는 데 역시 실패하지만 이 경우는 부정적인 방향으로 나타난다(negative disconfirmation). 결과적으로 소비자의 반응은 불만족으로 나타나게 되는 것이다.

만일 제품의 지각된 성과가 소비자의 사전 기대와 같은 수준이라면 소비자는 자신의 기대를 확인하는 것(confirmation)이 될 것이며 그 결과는 만족도 불만족도 아닌 중립적인 반응으로 나타날 것이다.

한편, 동화효과이론(assimilation effect theory)과 대비효과이론(contrast effect theory)에 따르면 사전 기대와 크게 다르지 않은 사후 성과는, 그것이 긍정적이든 부정적이든, 사전 기대와 유사하게 인식된다(동화효과). 반면에 사전 기대와 확실하게 차이가 있는 사후 성과는 사전 기대와는 매우 다르게 인식된다(대비효과). 비록 기대불일치이론에서는 소비자의 사전 기대를 상회하는 지각된 성과는 만족으로 이어진다고 주장하지만, 동화효과이론에 따르면 소비자의 사전 기대를 겨우 넘는 성과는 사전 기대와 동일한 수준의 성과로 인식되어 고객 만족을 가져오지 못한다는 것이다. 따라서 소비자의 만족을 이끌어 내기 위해서 마케터들은 소비자가 지니고 있는 기대 수준을 명확히 파악하고, 그 기대 수준을 훨씬 상회하는 제품 성과를 내도록 노력을 기울여야 한다.

소비자의 만족 또는 불만족은 미래의 구매행동에 상당한 영향을 미치므로 기업에게 매우 중요한 의미를 제공한다. 만족한 소비자는 재구매로 이어질 가능성이 높고 다른 소비자들에게도 호의적인 구전을 할 가능성이 크다. 또한 만족한 소비자는 자사의 다른 제품들도 구매할 가능성이 크다. 따라서 마케터들은 소비자의 만족을 정기적으로 측정함으로써 만족 수준을 극대화할 수 있는 효과적인 소비자 전략을 구축하는 데 노력을 기울여야 한다.

제2절 소비자 의사결정이론

여기에서는 소비자의 의사결정에 관한 이론적 배경(consumer decision making theory)을 살펴본다. 이는 전망이론(prospect theory)이나 행동경제학(behavioral decision theory)이라는 이름으로 불리기도 하는데 기본적으로 행동과학의 하나인 심리학과 미시경제학을 접목시킨 이론이다. 미시경제학에서는 효용극대화(utility maximization)를 소비자의 경제활동의 주요한 이론적 근간으로 삼고 있는데 효용극대화는 현실적으로 다음과 같은 몇 가지 비판점을 지니고 있다.

첫째, 효용극대화의 원칙은 경제활동의 규범적인 면을 강조하고 있다. 그러나 소비자의 실제 행동은 반드시 이러한 규범적인 면에 부합하는 것은 아니다. 왜냐하면, 소비자들은 항상 효용을 극대화하는 방향으로 행동하는 것은 아니기 때문이다. 예를 들면 충동구매나 음주와 흡연과 같은 자기 파괴적 행동을 보이기도 한다.

둘째, 소비자들은 항상 효용을 계산하여 이를 극대화하는 것은 아니다. 특히 저관여 제품이나 습관적 구매의 경우 효용을 계산하고 효용을 극대화하려는 노력은 이루어지지 않는다.

셋째, 효용은 개인에 따라 매우 상이할 수 있다. 개인이 느끼는 효용에 따라 한 사람의 음식은 다른 사람의 독이 될 수도 있다. 따라서 효용극대화의 원칙은 모든 소비자에게 똑같이 적용할 수 있는 보편적 규범(norm)이 될 수 없다.

미시경제학은 소비자의 이성적이고 합리적인 경제활동을 위한 규범을 제시하고 있지만 실제로 일어나는 소비자의 행동을 설명하지는 못한다는 한계를 지니고 있다. 이러한 점을 보완하고 소비자의 실제 행동을 설명하기 위하여 나타난 것이 바로 행동경제학이다.

1. 가치와 가치함수

미시경제학에서는 어떤 재화의 가치는 고정적이라고 주장한다. 예를 들어 만원이라는 재화는 일정한 가치를 지니고 있어 만원 짜리 물건을 하나 살 수 있고 천원 짜리 물건을 열 개 살 수 있는 가치를 지니고 있다. 반면에 행동경제학에서는 재화의 가치는 고

그림 5-7 가치함수

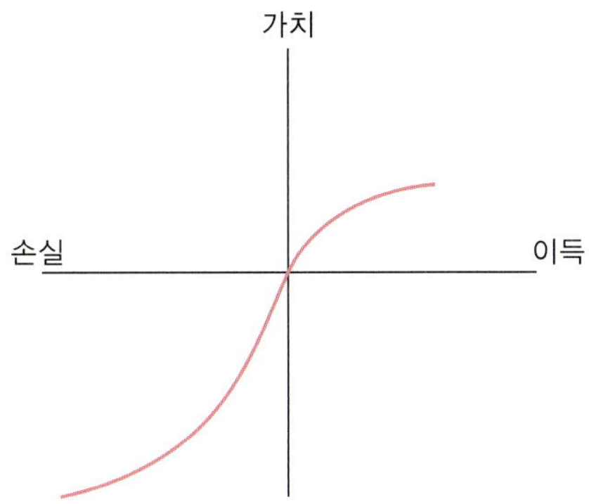

출처: Thaler, Richard (1985), "Mental Accounting," Marketing Science.

정적이지 않다고 본다. 재화의 가치는 오직 재화(wealth)의 변동에 따라서만 존재한다고 보는 것이다. 예를 들어 만원의 가치는 돈이 없을 때와 돈이 많을 때에 따라 달라진다는 것이다. 즉, 돈이 하나도 없을 때 생기는 만원의 가치는 복권이 당첨되어 많은 돈이 있을 때의 가치와 다르다는 것이다.

행동경제학에서는 재화(wealth)의 가치를 가치함수(value function)를 통하여 나타낸다. 가치함수는 [그림 5-7]과 같은 형태를 지니는데 가치함수의 특징을 살펴보면 다음과 같다. 우선 가치함수의 오른쪽은 재화의 습득(부의 증가: gain)을 나타내고 왼쪽은 재화의 손실(부의 감소: lose)을 나타낸다.

가치함수에서 재화의 습득을 나타내는 부분을 이득함수(gain function)라고 부른다. 그리고 소득함수는 일반적으로 오목함수(convex function)의 형태를 지닌다. 즉, 가치함수의 일차도함수는 0보다 크지만($f'(x) > 0$) 이차도함수는 0보다 작다($f''(x) < 0$). 즉, 부가 증가함에 따라 추가적인 부의 가치는 줄어든다는 것이다. 이는 미시경제학에서 이야기하는 한계효용 체감의 법칙(principle of diminishing return)과 같다.

반면에 가치함수의 왼쪽인 손실함수(loss function)는 볼록함수(concave function)의 형태를 지닌다. 즉, 함수의 일차도함수와 이차도함수 모두 0보다 크다는 것이다. 이는 부가 증가함에 따라 부의 가치도 증가하고 동시에 증가의 속도도 빨라진다는 것을 의미한다. 그리고 손실함수의 기울기는 소득함수보다 가파르다. 이는 같은 양의 재화를 얻음으로써 느끼는 가치보다 같은 재화를 잃음으로써 느끼는 가치가 더 크다는 것을 의미한다.

가치함수는 재화의 변동에 따라 사람들이 느끼는 가치(perceived value)를 나타낸다. 가치함수에 따라 사람들은 부의 변화(증가 혹은 감소)에 따른 가치를 결정하는 데 같은 사건(부의 증가 혹은 감소)이라도 보다 많은 가치를 느끼는 방향으로 사건을 해석하는 경향이 있다. 이는 앞에서 살펴본 소비자의 특성 가운데 하나인 쾌락주의(hedonism)를 나타낸다.

2. 프레이밍

프레이밍(framing)이란 어떤 사건을 표현하는 방법을 말하는데 사람들은 보다 많은 가치, 기쁨, 행복 등을 느끼게 하는 프레이밍을 선호한다. 예를 들면 다음과 같은 두 개의 프레이밍이 있다고 하자.

프레이밍 A : 어떤 제약회사가 전염병을 치료하는 신약을 개발하였는데 이 약을 사용하면 전염병에 걸린 사람의 70%를 구할 수 있다.

프레이밍 B : 어떤 제약회사가 전염병을 치료하는 신약을 개발하였는데 이 약을 사용해도 전염병에 걸린 사람의 30%를 구할 수 없다.

프레이밍 A와 프레이밍 B는 동일한 사건을 나타내고 있지만 대부분의 사람들은 프레이밍 A를 선호한다. 왜냐하면 프레이밍 A가 보다 희망적이고 긍정적이기 때문이다.

따라서 우리는 프레이밍과 가치함수를 이용하여 사람들이 동일한 사건을 어떻게 해석할 것인가를 분석하고 예측할 수 있다. 여기에서는 복수의 사건을 묶어서 하나의 사건으로 볼 것인지 혹은 복수의 개별적인 사건을 볼 것인지의 결정을 살펴보는데 전자의 경우를 통합(integration) 프레이밍이라 하고 후자의 경우를 분리(segregation) 프레이밍이라고 한다.

2.1 복수의 이득(multiple gain)

다음의 사건을 살펴보자. 당신은 어제 집에 돌아가는 길에서 5만원권 지폐를 하나 주웠다. 그리고 집 근처에서 다시 5만원권 지폐를 주웠다.

통합 프레이밍: 10만원권

분리 프레이밍: 5만원권, 5만원권

이 경우 대부분의 사람들은 분리 프레이밍을 선호한다. 왜냐하면 가치함수의 형태에 따라 v(5만원) + v(5만원)>v(10만원)이기 때문이다. 따라서 다른 사람에게 선물을 할 때는 예산을 둘로 나누어 두 개의 선물을 준비하는 것이 예산을 모두 사용하여 하나의 선물을 준비하는 것보다 낫다. 또 다른 예는 하나를 구매하면 하나를 덤으로 제공하는 판촉(bonus pack)을 들 수 있다.

2.2 복수의 손실(multiple loss)

다음의 사건을 생각해 보자. 당신은 엊그제 친구들과 카드놀이를 하다가 10만원을 잃었다. 그리고 오늘 카드놀이에서 다시 10만원을 잃었다.

통합 프레이밍: -20만원

분리 프레이밍: -10만원, -10만원

이 경우 사람들은 통합 프레이밍을 선호한다. 왜냐하면 가치함수에서 v(-10만원) + v(-10만원)<v(-20만원)이기 때문이다. 복수의 손실을 통합 프레이밍으로 취급하는 예는 신용카드 이용대금의 청구서이다. 매주 이용대금을 청구하는 것보다는 한 달에 한 번 청구하는 것이 청구금액의 가치를 줄이는 효과가 있다.

2.3 복합손실(mixed loss)

이 경우는 이득과 손실이 함께 발생하였으나 결과적으로 손실이 월씬 더 큰 경우이다. 다음의 사건을 생각해 보자. 당신은 자동차 사고를 당해서 수리비로 300만원을 지불하였다. 그러나 다행히도 당신이 아끼던 CD플레이어는 무사하였다. CD플레이어는 50만원 짜리이다.

통합 프레이밍: -250만원

분리 프레이밍: -300만원, +50만원

이 경우 사람들은 분리 프레이밍을 선호한다. 300만원의 손실과 250만원의 손실은 별반 차이가 없는 반면 50만원의 이득은 비교적 큰 가치가 있기 때문이다. 이러한 경우 50만원의 이득은 마치 먹장 구름 사이로 비치는 한줄기 빛(silver lining)과 같은 가치를 제공하는 것이다. 즉, v(-300만원) + v(50만원)>v(-300만원)이다.

복합손실의 예로서는 연말정산을 통한 세금환급이나 구매금액의 일부를 돌려주는 환불(rebate)을 들 수 있다.

2.4 복합소득(mixed gain)

이 경우는 앞의 경우와 마찬가지로 이득과 손실이 함께 발생하였지만 결과적으로는 이득이 발생한 경우이다. 위에서 살펴본 바와 같이 같은 금액의 손실이 지니는 가치가 같은 금액의 이득이 지니는 가치보다 훨씬 크기 때문에 손실이 비교적 작은 경우 사람들은 통합 프레이밍을 선호한다.

예를 들어 당신이 300만원의 급여를 받고 그 가운데 30만원의 세금을 냈다면 이 경우 당신은 세금을 제하고 270만원의 소득이 있었다고 생각할 것이다. 즉, v(270만원)>v(300만원) + v(-30만원)이기 때문이다.

그러나 소득이 손실에 비하여 그리 크지 않다면 사람들은 인지적 부담(cognitive load)을 피하기 위하여 통합 프레이밍을 선택할 것이다. 예를 들면 카드놀이를 두 번 했는데 한번은 20만원을 따고 한번은 10만원을 잃은 경우이다. 이때는 카드놀이에서 10만원을 땄다고 생각하는 것이 한결 수월하기 때문이다.

3. 순서의 효과

대부분의 사람들은 여러 개의 사건을 정리할 때 긍정적인 사건이 나중에 일어나는 것을 선호한다. 이를 (긍정적인 사건의) 순서효과(order effect 혹은 happy ending effect)라고 부른다. 다시 말하면 동일한 결과를 가져오는 복수의 사건이 있을 때 긍정적인 사건으로 마무리하는 것을 선호한다는 것이다.

예를 들면 카드놀이에서 10만원을 따다가 10만원을 잃는 경우보다는 10만원을 잃다가 10만원을 따고 카드놀이를 마치는 경우를 선호한다는 것이다.

제3절 조직구매행동

1. 조직구매행동의 개념

조직구매행동(organizational buying behavior)이란 제품이나 서비스를 구매하는 소비자가 자신의 소비나 사용을 위하여 구매하는 것이 아니라 조직을 위해 구매행동을 하는 것을 일컫는다. 즉, 조직구매행동은 가구(家口)나 개인 같은 최종 소비자를 대상으로 하지 않는 모든 마케팅 활동을 지칭한다. 조직구매행동의 고객은 기업, 생산업체, 유통업체, 정부조직 및 기관 등을 포함한다. 즉, 조직구매행동은 구매자가 자신의 소비나 사용을 위하여 구매하는 것이 아니라 재생산 혹은 재판매를 목적으로 구매하는 것을 말한다. 조직구매행동의 예로서는 병원의 원무과에서 근무하는 직원이 환자용 침대를 다량으로 구매하는 경우를 들 수 있다. 이때 이 원무과 직원(구매자)은 환자용 침대를 자신의 사용을 위하여 구매하는 것이 아니라 타인, 즉 환자들의 사용을 위하여 구매하는 것이다.

이와 같이 조직구매행동에서는 전형적으로 구매자와 최종 사용자가 다르다. 조직구매행동은 다른 말로는 산업 마케팅(industrial marketing) 혹은 조직 마케팅(organizational marketing)이라고 불리기도 하며 최근에는 흔히 B2B 마케팅(business-to-business marketing), 즉 조직 간 구매라고 불린다. 조직구매행동은 고객의 필요와 욕구를 파악하여 이를 충족시킴으로써 고객 만족을 실현한다는 점에서 일반 소비자 마케팅(consumer marketing)과 크게 다를 바가 없다. 그러나 조직구매행동은 전형적으로 구매자와 최종 사용자가 다르다는 점에서 소비자 마케팅과 많은 차이를 보이고 있다. 따라서 조직구매행동의 특성을 이해하고 그에 따른 마케팅 전략을 수립하는 일은 매우 중요하다.

2. 조직구매행동의 특성

조직구매행동의 특성을 살펴보면 다음과 같다.

첫째, 일반적으로 개인 소비자는 제품이나 서비스의 구매를 통하여 자신의 효용, 기쁨, 만족 등을 극대화시키는 반면, 조직구매자는 최종 사용자인 조직의 필요(요구)와 구매자의 개인적 니즈를 동시에 충족시키기 위한 구매행동을 벌인다. 조직의 요구란 조직이 구매자에게 부여하는 역할(purchasing roles)을 말하며 이는 비교적 객관적이다. 그리고 개인적 니즈란 구매자가 조직 내부 혹은 외부에서 생존하고 경쟁력을 강화하기 위하여 필요한 사항들(개인 수익이나 판매자와의 친분관계 등)이다. 또한 조직구매행동에서 구매자는 자신의 개인적 필요와 욕구를 충족시킬 수 있는 특정 제품을 구매하는 것이 아니기 때문에 개인의 제품 태도나 선호도는 중요한 역할을 하지 않는다. 조직구매행동의 구매자는 제품과 서비스 외에 가격협상, 기술력, 신뢰성, 판매자와의 관계 등 여러 가지 측면을 고려하여 구매의사결정을 한다.

둘째, 조직구매행동은 소비자 마케팅에 비하여 구매에 수반하는 이해관계가 매우 복잡하다. 소비자 마케팅에서는 일반적으로 구매자와 최종 사용자가 동일하기 때문에 의사결정자 개인의 선호도나 구매성향에 따라 구매가 이루어진다. 반면에 조직구매행동에서는 엔지니어링, 생산, 재무, 마케팅, 연구개발, 구매 등 다양한 부서들의 이해관계가 얽혀 있는 경우가 많다. 예를 들어 엔지니어들은 구매되는 제품의 규격이나 스펙을 중요하게 여기는 반면 생산 부서에서는 사용의 용이성 및 생산성을 중요하게 여긴다.

셋째, 조직구매행동의 고객들은 일반적으로 구매하는 제품에 관하여 전문적인 지식과 경험을 갖추고 있다. 또한 대안들을 평가하는 공식적이고 객관적인 정책과 기준을 가지고 있으며, 필요에 따라서는 협상을 통해 구매가격과 거래조건들을 조정하기도 한다.

넷째, 소비재에 비하여 시장을 구성하고 있는 고객의 수가 훨씬 적으며 개별 고객이 구매하는 구매량은 많기 때문에 수요의 고객집중도가 높다. 따라서 산업재는 고객에게 매우 의존적이며, 한 고객을 상실하는 것이 매출에 심각한 영향을 미칠 수 있다. 고객의 입장에서는 구매량이 많기 때문에 구매에 상당한 위험이 따른다. 그리고 구매량과 구매시기가 비교적 안정적이며 규칙적이라는 특징을 지니고 있다. 조직구매행동에서 구매되는 제품은 주로 최종 제품을 생산하기 위한 중간재인 경우가 많기 때문에 최종 제품의 생산계획에 따라 구매량이 결정된다.

다섯째, 일반적으로 조직구매행동의 고객들은 특정한 지역에 집중되어 있다. 예를 들면 연구개발에 관련된 제품과 서비스는 대전(대덕단지)에 집중되어 있으며, 미국의 경우 금융 산업의 고객들은 주로 월가(Wall Street)에 집중되어 있음을 알 수 있다.

여섯째, 조직구매행동에서는 거래 기간이 장기적이다. 특정한 공급자로부터 구매결정을 내리기까지는 많은 시간을 필요로 하지만 일단 구매가 이루어지면 높은 전환비용(switching cost)과 높은 위험도로 인하여 공급자를 바꾸지 않는 경향이 있다. 따라서 구매자와 공급자(판매자)와의 관계(buyer-seller relationship)는 장기적이다.

〈표 5-4〉는 소비자행동에서의 마케팅 활동과 조직구매행동에서의 마케팅 활동에 대

표 5-4 소비자행동과 조직구매행동의 비교

구분	소비자행동	조직구매행동
의사결정자	개인이나 가족	구매센터
의사결정과정	비교적 단순	복잡
위험도	낮음	높음
구매자의 수	적음	많음
구매량	소량	대량
가격	고정(정찰제)	협상 가능
정보의 흐름	비공식적(informal)	공식적(formal)
의사결정과정시간	짧음	길

해 비교하여 설명하고 있다.

3. 조직구매행동의 의사결정자

조직구매행동에서는 개인 소비자의 만족이 아닌 조직의 목표달성을 위해 구매가 이루어지므로 조직구매행동의 의사결정과정에는 조직 내의 다양한 인원들이 참여한다. 조직구매행동의 의사결정에 참여하는 사람들을 총칭하여 구매센터(buying center)라고 부른다. 즉, 구매센터란 조직의 목표를 달성하기 위하여 구매의사결정과정에 참여하는 모든 개인과 집단이라고 정의할 수 있다.

일반적으로 구매센터의 참여자 간에는 상충되는 이익으로 인한 많은 갈등과 집단역학관계(group dynamics)가 수반된다. 예를 들면 생산부서는 구매되는 제품의 생산성을 가장 중요하게 고려하는 반면, 최고경영자는 구매된 제품으로부터 발생하는 수익성에 가장 큰 관심을 가질 수 있다. 또한 구매의 중요도가 높고 위험도가 높을수록 구매센터에 참여하는 인원은 더욱 다양하고 많아진다. 구매센터에 참여하는 인원은 구매의사결정이 진행됨에 따라 달라진다. 구매의 초기 단계에서는 조직의 다양한 부서가 구매의사결정과정에 참여하지만, 재구매가 반복적으로 진행됨에 따라 구매자가 의사결정의 대부분을 담당하게 된다. 따라서 구매센터의 크기는 구매의사결정이 진행됨에 따라 점차 작아진다.

대부분의 구매센터는 일반적으로 제안자로부터 구매자, 사용자, 영향자, 의사결정자, 정보통제자와 같은 여섯 가지 역할을 분담하여 수행한다. 이들의 역할을 살펴보면 각

그림 5-8 조직구매의사결정 참여자

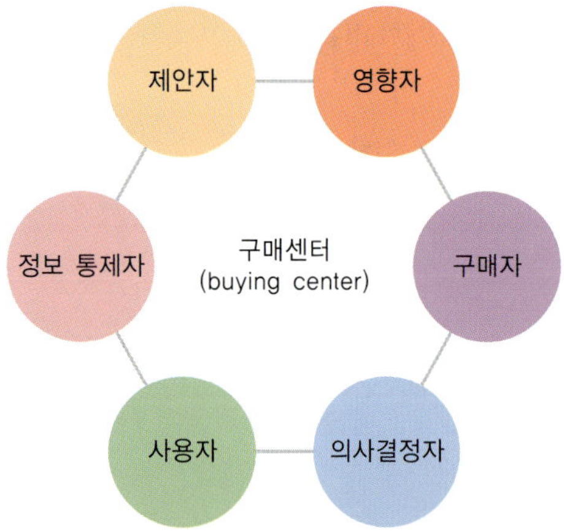

각 다음과 같다.

3.1 제안자

제안자(initiator)는 제품이나 서비스의 필요를 인식하고 구매를 제안하는 사람을 말하는데 조직 내의 어느 누구라도 제안자가 될 수 있다. 제품의 실제 사용자도 사용상의 불편함으로 인하여 구매를 제안할 수 있으며 동시에 최고경영자도 수익성의 향상을 위하여 신규 구매를 제안할 수 있다.

3.2 영향자

영향자(influencer)는 제품사항(규격, 품질, 성능 등)에 대한 전문적인 정보의 소유자나 사용자로서, 제품대안을 평가하고 검토하는 데 필요한 정보를 제공함으로써 구매의사결정에 영향을 미친다. 따라서 조직 내에서 이러한 정보를 가진 사람은 누구라도 영향자가 될 수 있다

3.3 구매자

구매자(buyer)는 구매의사결정에 따라 실제로 구매하는 사람을 말한다. 구매자의 역

할은 주로 조직의 구매부서 인원이 담당한다.

3.4 의사결정자

의사결정자(decider)는 공식적으로 최종 구매 여부를 결정하는 사람으로서, 공급자를 선택할 수 있는 책임과 권한을 갖는다. 주로 최고경영자 혹은 구매와 관련된 부서의 책임자가 이 역할을 맡는다. 그러나 반복적인 재구매가 이루어지는 경우, 구매자가 의사결정자의 역할을 대신할 수 있다.

3.5 사용자

사용자(user)란 구매된 제품을 최종적으로 사용하는 사람이다. 직접 구매결정을 할 수는 없으나, 제품의 성능이나 기능, 그리고 사양을 결정하는 일을 지원한다.

3.6 정보 통제자

정보 통제자(gatekeeper)는 의사결정 초기부터 정보의 흐름을 통제하는 사람으로서, 제품 선택과 무관한 공급자의 부수적인 정보가 조직 내에 유입되는 것을 통제(차단)하는 역할을 한다. 주로 기술기획담당자 혹은 비서 등으로서, 공급자(판매자)가 조직의 사용자나 의사결정자를 만날 수 있는 기회를 결정하는 권한을 가지고 있다.

지금까지 구매센터 내에서 여러 가지 역할들에 대하여 살펴보았다. 이것은 산업재 시장에서는 단순한 소비자행동이 아니라 구매센터를 파악하는 것이 중요하다는 것을 의미하는 것이라고 할 수 있다. 그러므로 판매자는 구매센터에 대하여 충분히 이해함으로써 가장 효과적인 접근방법을 선택할 수 있다.

예를 들어 구매의사결정의 주체를 파악하기 위해서는 권력 구조에 대하여 이해해야 한다. 또한 마케팅 관리자는 구매센터에 관련된 부서 간의 영향력을 파악하여야 한다. 재무부서의 영향력이 크면, 가격 지향적 구매가 이루어지며, 기술부서의 영향력이 크면 기술지원의 비중이 커지기 때문이다.

또한 구매센터의 각각의 역할을 누가 담당하고 있는가를 파악하고, 구매센터 구성원들 사이에 존재하는 상호관계를 구매의사결정과정의 단계별로 파악하는 일이 중요하다.

B2B산업에서도 이해관계자에게 우호적인 이미지를 위해 광고를 이용하기도 한다.

조직의 구매의사결정은 조직의 객관적 요구뿐 아니라 의사결정자의 개인적 요인(이익)에 의해서도 영향을 받기 때문이다. 이 외에도 각 기업이 처한 상황에 따라 채택하는 구매정책이 다르기 때문에 공급자는 기업이 처한 상황에 대한 정확한 분석을 하여야 한다.

4. 조직구매행동의 의사결정유형

조직구매행동에서의 구매의사결정유형은 크게 세 가지로 나누어 볼 수 있다. 신규 구매, 순수 재구매, 그리고 변형된 재구매가 그것이다. 이들을 살펴보면 다음과 같다.

4.1 신규 구매

기업이 어떤 제품이나 서비스를 처음으로 구매할 때의 상황을 신규 구매(trial 혹은 new task)라고 한다. 신규 구매 상황에서는 일반적으로 초기 비용(set up cost)이 많고 제품이나 서비스에 대한 경험이 없으므로 지각되는 위험도가 높다. 그리고 비용이나 위험이 클수록 의사결정 참여자(구매센터)의 수도 많아질 뿐만 아니라, 정보 수집도 광범위하게 이루어진다. 따라서 구매의사결정시간도 많이 소요된다.

표 5-5 구매의사결정유형의 비교

	신규 구매	순수 재구매	변형된 재구매
의사결정자의 수	많음	적음	비교적 적음
의사결정자	구매 센터	구매부서	구매센터
위험도	높음	낮음	비교적 낮음
의사결정시간	긺	짧음	비교적 짧음
정보의 흐름	복잡	간단	비교적 간단

4.2 순수 재구매

순수 재구매(straight 혹은 routine rebuy)란 조직구매자가 똑같은 제품을 아무런 조정 없이 재구매하는 경우를 말한다. 순수 재구매는 구매경험이 축적되고 구매자와 판매자 간의 관계가 장기적이고 우호적으로 정립된 단계에서 흔히 발생한다. 구매는 정형화된 과정을 거치기 때문에 구매의사결정에 참여하는 사람(구매센터)의 수도 적고 의사결정에 소요되는 시간도 가장 짧다.

4.3 변형된 재구매

변형된 재구매(modified rebuy)란 조직구매자가 제품이나 서비스를 재구매할 때, 제품의 규격을 수정하거나 가격, 구매조건, 공급업자 등을 변경하는 경우를 말한다. 변형된 재구매의 경우, 순수 재구매보다는 더 많은 수의 의사결정자가 참여하는 것이 보통이나 신규 구매보다는 적은 수의 의사결정자가 참여한다. 의사결정시간도 신규 구매와 순수 재구매의 중간 수준이다.

5. 조직구매행동의 마케팅 믹스 전략

지금까지 조직구매행동의 특성 및 의사결정자 등에 대해서 살펴보았다. 여기서는 조직구매행동에서의 마케팅 믹스 전략이 일반적인 소비재에서의 마케팅 믹스 전략과 어떻게 차이가 있는지를 살펴보자.

〈표 5-6〉은 조직구매행동과 소비재 마케팅의 믹스 전략을 제품, 가격, 촉진, 유통으

표 5-6 조직구매행동과 소비재의 마케팅 믹스 전략 비교

마케팅 믹스	조직구매행동 마케팅	소비재 마케팅
제 품	• 구매자의 요구에 따라 가변적 • 품질(제품품질, 지원품질, 배달품질)이 중요 • 기술이 중요	• 표준화된 제품
가 격	• 제품의 표준화가 어렵고 주문사양이 다양하므로 협상에 의하여 결정 • 선택사양이나 서비스에 따라 가변적 • 객관적인 기준(품질, 서비스, 생산성 및 수익성 등)이 중요	• 정찰제(fixed) • 고객의 주관적이며 지각된 가치(perceived value)가 중요
촉 진	• 소수의 특정 고객을 대상으로 실행 • 영업사원을 통한 인적판매를 주로 이용 • 촉진은 주로 전시회나 이벤트를 이용 • 광고나 홍보(MPR)는 주로 기업의 이미지 제고가 목적	• 다수의 불특정 고객을 대상으로 실행 • 주로 광고나 소비자 판촉 활동을 중심으로 실행 • 다양한 소비자 판촉 수단(샘플, 가격할인, 쿠폰, 사은품 등)을 이용 • 광고는 특정 제품이나 브랜드의 구매를 유도
유 통	• 유통경로가 짧고 직접적 • 장기적인 구매자-판매자 관계(거래관계)가 형성 • 재고관리 및 통제가 중요	• 다수의 중개상을 통한 긴 유통경로 • 단기적 구매자-판매자 관계

로 나누어서 비교하고 있다.

생각해 볼 문제

1. 스마트폰의 이용 인구가 늘어나면서 업무 및 여가를 스마트폰으로 해결하는 '호모모빌리스(homo mobilis)'라는 새로운 디지털 인류가 등장하였다. 이는 마케터에게 새로운 시장을 제시한다고 할 수 있다. 이 인류의 라이프스타일을 AIO 분석을 이용하여 정리하고 이들을 겨냥하여 효과적으로 마케팅 활동을 전개할 수 있는 산업 유형을 제시하시오.

2. 일반적으로 소비자 구매의사결정은 문제의 인식, 정보의 탐색, 대안의 평가, 구매, 구매 후 평가의 다섯단계를 거친다. 다음의 각각에 대하여 소비자가 어떤 단계를 거쳐 구매의사결정을 하는지 밝히시오.

(1) 맥북 (2) 일회용 카메라

(3) 게토레이 (4) 피임약

3. 당신은 완제품 제조업체에 부품을 제공하는 납품업체의 영업사원이다. 당신이 제조업체에 대한 판매전략을 고려하여야 하는 사항 중 하나가 의사결정자와 그들의 역할이다. 당신은 의사결정자의 집합인 구매센터에서 가장 알기 어려운 의사결정자와 그들의 역할은 무엇이라고 생각하는가? 또 당신이 그렇게 생각한 이유를 밝히시오.

참고자료

Berman, B.(2005), "How to Delight Your Customers," *California Management Review*, Nov.

Bohmer, R.(2001), "Customers in Health Care," *Harvard Business Publishing*, Jan.

Corey, E. R.(1989), "Industrial Buyer Behavior," *Harvard Business Publishing*, Apr.

Dolan, R. J.(2001), "Analyzing Consumer Perceptions," *Harvard Business Publishing*, Dec.

Gourville, J. T.(2004), "Why Cousumers Don't Buy : The Psychology of New Product Adoption," *Harvard Business Publishing*, Apr.

Hemp, P.(2006), "Avatar-Based Marketing," *Harvard Business Publishing*, Jun.

Narayandas, D.(2005), "Building Loyalty in Business Markets," *Harvard Business Publishing*, Sep.

Tan, C. S., D. R. Bell and T. Ho(2011), "Store Choice and Shopping Behavior : How Price Format Works," *California Management Review*, Jan.

Thaler, Richard (1985), "Mental Accounting," Marketing Science.

Tversky, A. and D. Kahneman(2001), *Judgement under Uncertainty : Heuristics and Biases*, Cambrige University Press.

Wise, R. and D. Morrison(2000), "Beyond the Exchange: The Future of B2B," *Harvard Business Publishing*, Nov.

Zaltman, G., K. Braun, N. Puccinelli and F. Mast(2002), "Implicit Predictors of Consumer Behavior," *Harvard Business Publishing*, Mar.

Case Study

기린 맥주

가을의 햇살이 내리쬐는 1987년 10월의 오후 기린 맥주의 사장인 모토야마 히데요는 향후의 기린 맥주의 전략에 대하여 깊은 생각에 빠져 있었다. 최근 기린 맥주의 최대 경쟁자인 아사히 맥주에서 비열처리과정을 통해서 만든 드라이 맥주를 선보였기 때문이다. 드라이 맥주는 나마 맥주로서 보다 신선하고 가벼운 맛을 느낄 수 있는 새로운 형태의 맥주로서 출시 후 꾸준한 인기와 성장세를 보이고 있었다.

일본의 맥주 시장

일본의 맥주 시장은 1853년 한 의사의 실험적인 맥주제조에서 시작되어 백오십년에 걸친 역사를 가지고 있다. 일본 맥주 시장에서의 주요 공급자는 기린, 아사히의 양대 산맥 이외에 삿포로와 산토리의 4개 업체가 각축을 벌이고 있었다. 이 가운데 기린 맥주는 세계 4위의 맥주 공급업체로서 1986년 현재 1조 2천억 엔의 매출과 31억 엔의 수익을 내고 있는 일본 최대의 맥주 회사이다. 기린 맥주는 라거 맥주를 주력 상품으로 하고 있었다.

일본 맥주 소비자

우선 일본의 맥주 소비 행동에 있어서 가장 눈에 띄는 것은 세계에서 맥주 소비량이 가장 많다는 사실이다. 일본의 소비자들은 항상 그리고 어디서나 맥주를 즐긴다. 식당에서, 주점에서, 열차나 항공기 안에서, 가정에서 맥주를 즐긴다. 또한 일본 소비자들은 어떤 술을 마시든지 첫 잔은 맥주를 마신다. 그 이유는 첫 잔을 들고 건배를 할 때 반드시 잔에 거품이 있어야 하기 때문이다. 술잔 위의 거품은 축하, 행복, 건강, 성공, 단결 등의 긍정적인 의미를 담고 있기 때문이다.

실제 일본 내의 전체 맥주 소비량의 70%는 가정에서 소비된다. 농담 반 진담 반으로 일본에서는 남자들이 집에 돌아와서 하는 일이 세 가지가 있다고 한다. 첫째는 목욕이다. 목욕이라고 해도 몸을 씻는 일보다는 욕조에 잠깐 앉아서 휴식을 취하는 것에 더 큰 비중이 있다. 또한 이때 아이들의 목욕을 아빠가 맡는다. 일본에서는 아이들이 초등학교에 가기 전에는 아이들의 목욕은 아빠의 몫이다.

둘째로 목욕을 마치고 나서는 오차즈케라고 부르는 음식을 먹는데 오차즈케는 밥 한공기에 차를 부은 것이다. 밥 위에 차를 붓고 간이 될 수 있는 단무지와 같은 절임

채소나 다른 고명을 넣어 먹는 일종의 간식이다. 일본 사람들은 밖에서 하는 식사의 양이 적어서 집에 돌아와서 간단한 간식을 먹는 일이 많다.

셋째는 맥주를 마시는 일을 빼놓을 수 없다. 저녁식사와 함께 혹은 오차즈케와 함께 맥주 한 캔 혹은 한 병을 마신다. 그러나 집에서는 그 이상의 과음은 하지 않는다.

맥주 소비의 새로운 추세

일본에서 나타나고 있는 맥주 소비의 새로운 추세는 보다 알코올의 함량이 적은 맥주를 선호한다는 것이다. 따라서 아사히의 드라이 맥주는 이러한 소비자 추세의 변화에 적절히 대응한 것이라고 할 수 있다. 특히 알코올에 약한 여성 소비자들을 위하여 보다 작은 용량의 캔맥주도 출시되고 있다.

일본은 짬뽕의 나라이다. 일본 소비자들은 섞는 것을 좋아한다. 일반적으로 사람들은 양주를 마실 때 스트레이트로 마시거나 얼음과 함께 마시지만 일본에서는 미즈와리라고 해서 물과 섞어 마신다. 심지어는 유와리라고 해서 따뜻한 물과 섞어 마시기도 한다. 맥주도 마찬가지로 어떤 소비자들은 맥주를 얼음과 함께 혹은 물과 함께 섞어 먹기도 한다.

기린 맥주의 대안

이러한 상황을 고려할 때 기린 맥주가 취할 수 있는 대안은 다음과 같은 네 가지가 있을 수 있다고 모토야마는 생각하였다.

첫째는 아사히의 수퍼 드라이에 맞설 수 있는 라거 맥주의 품질을 향상시키는 것이다. 라거 맥주는 기린 맥주가 창업 이후로 이어오고 있는 역사와 전통을 자랑하는 기린의 대표 상품이다.

둘째는 아사히의 수퍼 드라이와 같은 생맥주를 개발하는 일이다.

셋째는 아사히의 드라이 열풍을 잠재울 수 있는 새로운 브랜드의 맥주를 개발하는 일이다.

그리고 마지막으로는 현재 기린이 판매하는 라거 맥주의 가격을 내리는 일이다.

어느덧 창 밖에는 해가 뉘엿뉘엿 지면서 석양이 비치고 있었다. 모토야마는 네 가지 전략 대안들을 하나하나 살펴보면서 각 대안을 통해 기린 맥주가 얻을 수 있는 득과 실이 무엇인지 곰곰이 따져 보았다. 이제 연말과 새해를 맞아 맥주의 소비가 늘어날 것을 생각하면서 모토야마는 서둘러 의사결정을 하지 않으면 안 되는 상황에 처했다.

Discussion Questions

당신이 기린 맥주의 사장이라면 고려하고 있는 4가지 대안 중에서 어떤 전략을 추진할 것인가?

그때 표적소비자는 누구인가?

제6장

마케팅 조사

"나는 당신이 뭘 원하는지 알고 있다" 빅데이터 마케팅 열풍

빅데이터 기반의 마케팅 기법이 일반 기업으로 확산되고 있다. 빅데이터를 활용한 마케팅이 수익 증대로 이어지자 기업들의 빅데이터 마케팅 도입에 가속도가 붙고 있다.

CJ제일제당이 빅데이터를 활용해 장마철 밀가루 · 부침가루 판매에 나섰다.

빅데이터란 디지털 환경에서 생성되는 방대한 양의 고객 정보를 의미한다. 예를 들어 인터넷 쇼핑몰의 경우 구매를 하지 않은 고객이더라도 관심있게 본 물건이나 몇 시에 쇼핑몰에 머물렀는지 분석해 다음 방문 시 해당 상품의 쿠폰을 제공하는 등 고객별로 데이터를 분석해 활용하는 기법이다.

제과업계에 허니 바람을 몰고 온 해태제과의 '허니버터칩'도 사실은 빅데이터를 활용한 대박 상품이다. 해태제과는 감자칩의 주요 구매층인 10~20대 여성들이 단맛과 버터향을 좋아한다는 데이터 분석 결과를 바탕으로 제품 개발에 착수해 출시 3개월 만에 100억 매출을 올렸다.

CJ제일제당은 빅데이터 분석을 기반으로 부침가루로 만드는 '파전', 밀가루로 만드는 '수제비'의 두 가지 메뉴를 중심으로 온 · 오프라인에서 대대적인 마케팅을 진행한다고 밝혔다.

CJ제일제당은 7~8월의 장마철에 밀가루 및 부침가루 판매 규모가 평월에 비해 30% 이상 늘어난다는 점에 착안해 소비자가 비 오는 날 떠올리는 요리와 먹고 싶어하는 요리를 빅데이터로 분석했다. 이 분석은 최근 3년간의 장마철 강수량과 비 오는 날 '음식'과 관련된 검색어, 부침가루 판매액 증감의 상관관계를 조사하는 방식으로 진행했다.

그 결과 강수량이 높아지는 날 전체 7만여 건의 온라인 음식 관련 키워드 중 '파전'과 '부침개' 등, 전 · 부침 요리 관련 검색량이 5,600여 건으로 가장 많았다. '비 오는 날엔 파전에 막걸리'가 생각난다는 속설이 빅데이터 분석을 통해 사실로 검증된 것이다. 특히, 강수량이 높을수록 전 · 부침 요리에 대한 검색량과 부침가루 판매액이 함께 증가하는 경향도 나타났다.

CJ제일제당 소재마케팅담당 이정우 부장은 "이번 마케팅은 빅데이터 분석을 활용해 속설로 여겨지던 '비 오는 날엔 파전'이라는 메시지를 실제 판매로 연결하려는 시도"라며 "밀가루와 부침가루와 연관된 빅데이터를 적극적으로 분석해 고객 밀착형 마케팅을 지속할 것"이라고 밝혔다.

삼성카드 역시 가입자 결제 기록 등 빅데이터를 통해 대형마트와 특정 점포에 방문할 가능성이 높은 '숨은 고객'들을 찾아낸다. 이들을 대상으로 타깃 마케팅을 벌여 매장 방문 가능성을 높이는 효과를 거두고 있다. DM을 보내는 리스트가 매장 주변에 사는 주부로 한정됐던 기존 방식을 훌쩍 뛰어넘었다는 평가를 받고 있다.

삼성카드가 활용한 빅데이터는 카드 결제 데이터에 찍혀 있는 '일주일 마트 방문 횟수'와 주요 소비 지역, 마트 방문 요일 등을 분석했다. 수집된 데이터를 활용해 특정 소비자가 어느 시점에 어디에 있는 마트를 갈 것인지 예측하는 것이다.

실제 삼성카드 빅데이터를 활용해 할인 쿠폰을 발송한 서울의 한 대형마트는 이전에 무작위로 보내던 때와 비교해 소비자 반응률이 3~4%에서 16~17%로 5배가량 치솟았다.

소셜커머스 티몬은 방문 고객의 성별, 연령, 과거 쇼핑 정보 등을 활용해 이용자의 특성에 맞는 상품을 추천하는 'XXX님을 위한 맞춤 추천'이라는 메뉴를 모바일 앱 메인화면에서 선보이고 있다.

혼자 사는 싱글남에게는 간단히 조리할 수 있는 음식을 추천하고 아기 젖병을 구입한 경험이 있는 엄마 고객에게는 젖병 청소기를 보여주는 방식이다.

LG전자도 구글과 손잡고 빅데이터를 활용한 올레드(OLED · 유기발광다이오드) TV 공동 마케팅에 들어간다.

양사는 구글의 빅데이터 분석 능력을 바탕으로 구매 가능성이 높은 사람들에게 마케팅 활동을 집중해 제품 판매를 유도할 계획이다. 불특정 다수에게 '이 제품이 좋다'고 외치는 게 아니라 올레드 TV에 관심이 있을 법한 이들에게 화질이 얼마나 뛰어난지, 샀을 때 어떤 이득이 있는지를 강조하는 식이다. 소득 수준이 높으면서 화질에 관심이 많은 세계 프리미엄 TV 잠재 고객 1억 명이 마케팅 대상인 셈이다.

업계 관계자는 "빅데이터가 기업들의 관심사이기는 하지만 아직 개인화된 마케팅을 실현시키지 못한 기업이 많아 충분한 정보를 가졌음에도 적절한 마케팅이 이뤄지지 못하고 있다"며 "국내에서도 빅데이터 활용 마케팅이 활발해지면서 기업들이 '숨은 고객'을 찾아내 많은 혜택을 볼 수 있을 것"이라고 내다봤다.

출처 : 데일리한국, 2015.7.9.

제1절 마케팅 조사의 이해

1. 마케팅 조사의 개념

마케팅 조사(marketing research)란 의사결정과정에 수반되는 불확실성(uncertainty)을 줄임으로써 결과적으로 의사결정의 정확성을 높이고 보다 현명한 의사결정을 하도록 하는 것을 목적으로 한다. 즉, 마케팅 조사는 자료의 객관적이고 체계적인 수집, 분석, 그리고 해석을 통하여 실무적 시사점과 향후의 전략방향을 도출하는 과정이다. 여기에서 객관적(objective)이라고 하는 것은 기존에 개발되고, 정립되고, 검증된 개념과 이론들을 사용하여 마케팅 조사를 수행한다는 뜻이다. 그리고 체계적(systematic)이라고 하는 것은 조사자가 자의적(arbitrary)으로 조사를 수행하는 것이 아니라, 정해진 조사 절차에 의해 조사를 수행한다는 것을 의미한다.

마케팅 조사는 자료의 과학적이고 체계적인 처리를 통하여 기업이 당면한 문제를 해결하는 것이 그 주된 목적이다. 이러한 점에서 마케팅 조사는 새로운 이론을 정립하거나 지식의 양(body of knowledge)을 늘리거나 학문의 새로운 방향을 제시하는 순수과학(pure science)과 대비되는 응용과학(applied science)이다. 마케팅 조사의 생명은 전략적 시사점과 향후의 전략방향을 제시하는 데 있다고 할 수 있다. 만약 마케팅 조사의 결과물이 이러한 시사점과 전략방향을 제시할 수 없다면 그것은 마케팅 조사로서의 가치가 없는 죽은 조사(pseudo-research)라고 할 수 있다. 죽은 조사의 예는 실무적 시사점이 존재하지 않는 연구, 조사자 개인의 호기심을 충족시키기 위한 연구, 연구 자체를 위한 연구(research for the sake of research) 등이 있다.

일반적으로 마케팅 조사(marketing research)와 시장 조사(market research)는 같은 의미로 많이 사용되지만 엄격히 말하면 이 둘은 다르다. 시장 조사는 시장 현상에 대한 사실을 파악하는 데(fact finding) 그 주된 목적을 두고 있다. 예를 들면 자사 고객의 몇 퍼센트가 여성이고 몇 퍼센트가 남성인가를 파악하는 일을 하는 것까지를 말한다. 반면에 마케팅 조사는 시장 현상에 대한 사실을 파악하는 데 그치지 않고 한 걸음 더 나아가 그 파악된 사실로부터 기업의 문제를 해결하기 위한 전략적 시사점을 도출하는 데 그 주된 목적을 두고 있다. 예를 들면 기업의 고객 대부분이 여성이라는 것을 파악했다면, 마케팅 담당자는 매장의 분위기를 여성 고객의 취향에 맞도록 디자인하고, 이들을 위한

표 6-1 미국 기업의 마케팅 조사 실태

		조사 비율	마케팅 조사 부서에 의한 자체 조사	기타 부서에 의한 자체 조사	외부 용역
제 품	경쟁 상품 조사	87	71	10	6
	신제품 수용도 및 잠재력 조사	76	59	11	6
	기존 제품 조사	80	55	19	6
	패키지 조사	65	44	12	9
가격 조사		83	34	47	2
광고와 매출 조사	매출목표와 상권설정 조사	78	23	54	1
	광고효과 조사	76	42	5	29
	판매보상 조사	60	13	43	4
	촉진 조사	58	38	14	6
	광고카피 조사	61	30	6	25
매체 조사		68	22	14	32
유통 조사	유통채널 조사	71	32	38	1
	공장 및 창고입지 조사	68	29	35	4

출처: Twedt, D. W.(1983), *1983 Survey of Marketing Research*, Chicago: Americann Marketing Association, p.44.

편의시설 및 위생시설을 갖추도록 할 필요가 있다는 등의 시사점을 제공해야 한다. 〈표 6-1〉은 과거 미국 기업의 마케팅 조사 실태를 예시적으로 보여 주고 있다.

2. 마케팅 조사의 특성

2.1 조사 보고서의 목표 청중

일반적으로 마케팅 조사 보고서는 자사 및 경쟁사의 장점과 단점에 대한 분석과 더불어 향후 전략방향을 담고 있다. 그러므로 마케팅 조사 보고서를 접하고 읽는 사람은 기업 내부의 인력으로 제한되어야 한다. 즉, 다른 순수과학 분야에서의 연구 결과물은 매스컴이나 학회지 혹은 학술발표를 통하여 널리 알려지는 데 반하여 마케팅 조사의 결과물은 대외비적(confidential) 성격이 매우 강하여 극히 제한적인 청중을 대상으로 한다는 특징이 있다.

2.2 오류의 최소화

마케팅 조사의 목적은 의사결정과정에서 발생되는 불확실성을 줄임으로써 의사결정의 정확성을 제고하는 것이다. 그러므로 마케팅 조사는 모든 조사 과정에서 발생할 수 있는 오류를 최대한 줄여야 한다. 마케팅 조사 과정에서 발생할 수 있는 오류는 개념상의 오류, 자료 수집 과정에서 발생할 수 있는 오류, 분석상의 오류 혹은 보고서 작성 과정 중에 발생하는 오탈자에 의한 오류 등 모든 종류의 오류를 포함한다. 따라서 마케팅 조사를 통한 의사결정의 정확도를 높이기 위해서는 모든 종류의 오류를 최소화하는 노력이 필요하다.

2.3 정확도와 조사 비용의 절충

마케팅 조사는 일반적으로 비용과 시간이 많이 소요되는 방대한 작업이다. 어떤 기업이든 마케팅 조사를 통하여 얻는 의사결정의 정확성을 최대한 높이고자 할 것이며, 동시에 조사를 위하여 최소한 적은 비용을 지출하고자 할 것이다. 그러나 정확도와 조사 비용은 같은 방향으로 움직인다. 즉, 높은 정확도는 많은 비용을 필요로 한다. 따라서 기업은 정확도를 높이기 위하여 비용을 무한적으로 지출할 수 없으며 또한 비용을 최소화하기 위하여 정확도를 희생할 수 없다. 기업은 조사 예산을 우선적으로 설정하고 그 예산 범위 내에서 가장 높은 정확도를 낼 수 있는 조사 기관 혹은 조사자를 선정하는 형식을 취하는 것이 보통이다.

2.4 반복연구의 불필요성

마케팅 조사는 기업이 당면한 문제해결을 그 주된 목적으로 하기 때문에 반복조사(replication)는 필요하지 않다. 순수과학이 이론의 정립을 위하여 반복적인 연구를 필요로 하는 것과는 달리 응용과학으로서의 마케팅 조사는 단 한 번의 조사로 기대하는 성과물(전략적 시사점과 향후 전략방향)을 제시하여야만 한다. 이러한 성과물을 제시할 수 없는 마케팅 조사는 시간과 비용의 낭비이며 동시에 죽은 조사이다.

Marketing Point

신메뉴·마케팅 기법 역수출… 본사보다 잘나가는 한국지사

대만 밀크티 전문업체 로열티타이완은 아시아 주요 시장인 일본 진출을 고심하다가 직진출 대신 공차코리아가 직접 진출하는 것으로 결정했다. 공차코리아가 일본 공략을 위한 마케팅 전략과 신제품 개발을 전담하는 반면 본사는 로열티를 받는 식이다. 이는 공차코리아가 싱가포르·중국·홍콩 등의 지사는 물론 심지어 대만 본사보다 성장률이 월등히 높고 다양한 신메뉴와 정보기술(IT)을 응용한 운용방식 등이 뛰어났기 때문이다.

'본사보다 나은 코리아'의 위력이 글로벌 시장에서 빛을 발하고 있다. 공차의 경우처럼 글로벌 본사가 한국지사에 해외진출 전권을 위임하는 한편 글로벌 시장에 적용할 신제품이나 신메뉴, 매장운영 시스템 등을 한국지사에 의존할 만큼 코리아 브랜드의 위상이 나날이 높아지고 있다.

업계에 따르면 공차코리아는 연내 일본 진출계획을 세웠다. 지난 2006년 대만에서 탄생한 공차는 2011년 김여진 전 대표가 공차코리아를 설립하며 국내에 소개됐다. 공차코리아는 설립 1년 만에 매출이 급증했고 4년 만에 매출 539억 원, 영업이익 120억 원의 '대박' 브랜드로 급성장했다.

공차코리아는 다소 생소하던 타피오카펄, 코코넛 알갱이 등이 들어간 티 베이스 밀크티를 국내에 소개한 데 이어 대만 본사에는 없는 스탬프 적립, 소비자 기호에 맞게 주문하는 DIY형 주문, 신메뉴인 실크빙수 등 철저한 현지화 전략이 적중했다는 평가를 받는다. 공차 관계자는 "한국만의 독특한 경영전략을 본사에서 높이 평가한다"고 전했다.

피자헛코리아는 미국 피자헛 본사의 밀가루 반죽 레시피를 새롭게 바꾼 케이스다. 2010년 한국지사가 개발한 '찰도우' 레시피가 출시 2년 반 만에 1,000만 개나 팔리자 미국 본사가 올해 신레시피를 전 세계 시장에서 '글로벌 도우'라는 이름으로 활용하기로 전격 결정했다. '찰도우'는 토핑 외 테두리 빵 부분이 퍽퍽한 일반 도와 달리 에어셀을 많이 넣어 부드러우면서도 한국인이 좋아하는 쫀득한 식감이 특징이다. 글로벌 본사가 채택한 코리아 '찰도우'는 현재 호주·싱가포르에 이어 중국 등 세계 각국에서 도입해 신메뉴에 적용하고 있다. 피자헛 관계자는 "한국 소비자의 입맛을 공략하기 위해 개발된 '찰도우'가 전 세계 지사에서는 새로운 분야의 것으로 받아들였다"면서 "각국 지

한국지사 역수출 현황

공차 코리아	일본 진출 건 본사가 한국지사에 위임
피자헛코리아	피자 반죽 '찰도우' 글로벌 도우로 채택
스무디킹	한국 개발 메뉴 5종, 싱가포르로 역수출
쌤소나이트 코리아	세컨드 브랜드 '레드' 론칭 주도해 해외 진출
뉴발란스 코리아	뉴발란스키즈 한국 론칭 성공, 중국 시장 판권 확보

사마다 '찰도우'를 기반으로 한 메뉴 개발이 한창" 이라고 설명했다.

2003년 국내에 들어온 스무디킹은 미국에 없는 한국형 메뉴를 개발해 다른 국가로 수출한 경우다. 미국 · 한국 · 싱가포르 등 3개국에만 지사를 둔 스무디킹은 한국에서 개발된 메뉴를 싱가포르 지사에 활용했다. 오렌지레볼루션 · 스트로베리키스 · 제주그린티 등 다섯 가지 메뉴로 싱가포르 현지에서 인기 순위 5위권을 휩쓸고 있다.

한국지사가 본사를 뛰어넘어 '형보다 나은 아우' 역할을 톡톡히 해내자 글로벌 시장에서는 한국지사를 성장 잠재력이 가장 높은 시장으로 분류하기에 이르렀다. 맥도날드 본사는 최근 한국지사를 '하이그로스마켓'으로 구분하는 한편 드라이브스루 등 면적이 좁은 국내 상황에 맞춘 시스템을 본사 정책으로 도입해 아시아 지사에 적용하고 있다.

일례로 쌤소나이트코리아는 본사에 없는 브랜드까지 만들었다. 아시아태평양 지사의 메인오피스를 홍콩에서 서울로 옮긴 쌤소나이트코리아는 2010년 캐주얼 가방 브랜드 '쌤소나이트 레드'를 개발해 국내에 첫 출시한 후 중국으로 수출, 세컨드 브랜드의 세계화를 주도하고 있다. 2013년 쌤소나이트 레드의 아시아권 매출이 전년 대비 83% 증가하는 등 국내에서 매년 평균 세자릿수 성장률을 보이자 글로벌 본사는 한국지사의 해외 역수출과 독자 브랜드 추가 개발을 적극적으로 지원하겠다고 천명했다.

뉴발란스키즈 역시 한국 지사인 이랜드가 글로벌 본사에 제안해 글로벌 시장에서 처음으로 국내 시장에 선보였다. 매출이 크게 늘자 뉴발란스 본사는 베이징 · 상하이 등 중국 주요 도시의 영업권을 이랜드 측에 이양했다.

이처럼 한국지사의 위력이 갈수록 커진 데는 과거 테스트베드로 통했던 한국 시장이 이제 검증된 시장으로 떠올랐기 때문이다. 과거 글로벌 시장을 주도했던 미국 · 유럽의 소비계층인 베이비부머보다 한국에서는 브랜드에 민감한 베이비부머의 2세인 20~30대가 소비 트렌드를 주도하고 있다. 브랜드에 대한 평가가 훨씬 감각적이면서 빠르게 이뤄져 트렌드를 앞서가는 리드유저(선도사용자)들이 많은 한국 시장에서 검증되면 세계 시장에서도 통할 수 있다는 점을 글로벌 본사가 깨달았다는 얘기다.

출처 : 서울경제, 2015.6.22.

제2절 마케팅 조사의 자료와 정보

1. 자료의 종류

1.1 내부 자료와 외부 자료

마케팅 조사에 사용되는 자료는 크게 내부 자료(internal data)와 외부 자료(external data)로 나눌 수 있다. 내부 자료는 기업이나 조직 내에서 얻을 수 있는 자료나 정보를 말한다. 예를 들면 회계 부문에서는 재무제표를 통한 매출액 및 원가에 관한 자료들이 내부 자료이다. 또한 생산 부문에서의 생산 계획 및 재고에 관한 자료, 영업 부문에서의 유통경로와 경쟁자의 움직임 등에 관한 자료들이 내부 자료이며, 이는 기업 내부에서 얻을 수 있는 것이다. 반면에 외부 자료는 기업의 외부에서 얻을 수 있는 모든 자료를 말한다. 즉, 소비자, 경쟁자, 유통업자 등에 대한 자료뿐만 아니라 정치, 사회, 문화, 경제 등 다양한 거시적 환경에 관한 자료도 포함한다. 또한 외부 자료는 업계간행물 및 기관지, 신문, 정부간행물 등으로부터 얻을 수 있는 2차 자료와 기업이 마케팅 조사의 목적을 위하여 직접 수집하는 1차 자료로 나눌 수 있다.

1.2 1차 자료와 2차 자료

마케팅 조사에서 사용하는 자료는 그 수집원천에 따라 1차 자료(primary data)와 2차 자료(secondary data)로 나눌 수 있다. 우선 2차 자료란 마케팅 조사의 주체가 아닌 다른 사람이나 기관이, 본 조사의 목적이 아닌 다른 목적으로, 이미 수집해 놓은 자료를 말한다. 반면에 1차 자료는 마케팅 조사의 주체가 본 조사의 목적을 달성하기 위하여 직접 수집하는 자료를 말한다.

2차 자료는 비교적 적은 비용으로 빠른 시간 내에 손쉽게 구할 수 있다는 이점이 있다. 그러나 기업이 조사의 주체가 되는 것이 아니라, 제3자가 본 조사 목적이 아닌 다른 목적으로 수집해 놓은 자료이기 때문에 본 조사의 목적에 정확히 맞지 않을 수도 있다(fit problem)는 단점이 있다. 예를 들어 조사자가 원하는 자료는 월별 매출액(monthly sales)인 데 반하여 수집 가능한 2차 자료는 분기별 매출액(quarterly sales)인 경우가 있

표 6-2 1차 자료와 2차 자료의 비교

구분	1차 자료	2차 자료
누가	조사자(자료 주체)	제3자
언제	지금	과거
왜	조사의 목적을 위하여	연구조사 이외의 다른 목적으로
자료수집의 관여 정도	높음	낮음
자료수집의 용이성	복잡함	용이함
시간	오래 걸림	짧음
비용	많음	적음

을 수 있다. 또한 2차 자료를 수집한 원천에 따라 2차 자료의 정확성과 신뢰도에 문제가 있을 수도 있다. 즉, 1차 자료의 장단점은 2차 자료의 반대라고 할 수 있다. 〈표 6-2〉는 1차 자료와 2차 자료의 특성을 비교한 것이다.

2차 자료의 일종으로서 많이 활용되는 것이 스캐너 데이터(scanner data)이다. 스캐너 데이터는 구매 시점에서 제품의 바코드를 이용하여 수집되기 때문에, 때로는 POS(point of sales) 데이터라고도 부른다. 또한 스캐너 데이터의 모든 자료는 가구(家口) 단위로 수집되기 때문에 단일 원천 데이터(single source data)라고도 부른다. 스캐너 데이터에 포함되는 정보는 매우 다양하여 누가, 언제, 어디서, 무엇을, 얼마에, 그리고 얼마나 많이 구매하였는지를 알 수 있다. 또한 소비자가 구매한 제품이 최근 6개월 동안에 해당 판매 지역에서 광고되었는지 혹은 그 제품을 위한 판촉 활동이 있었는지의 여부도 기록되어진다.

마케터들은 스캐너 데이터를 이용하여 특정 고객이 언제, 어디에서, 무엇을 구매할 것인지를 예측할 수 있다. 또한 데이터 안에 있는 개인 고객의 자료를 통합하여(aggregated datas) 제품이나 브랜드의 월별, 분기별, 혹은 연도별 매출과 시장 점유율을 분석할 수 있다. 마찬가지 방법으로 미래의 개인 고객의 행동을 통합하여 브랜드의 미래 매출과 시장 점유율을 파악할 수도 있고 두 시점 사이의 선택 상표를 파악함으로써 소비자의 상표 전환(brand switching)도 분석할 수 있다.

2. 자료와 정보

자료(data)와 정보(information)는 흔히 같은 개념으로 쓰이지만 엄밀하게 구분한다면 두 개념은 다르다. 즉, 자료는 설문지 등을 통해 수집된 단순한 사실의 모음이다. 때로는 가공하거나 분석을 거치지 않았다는 의미를 강조하기 위하여 미가공 자료(raw data)라고도 부른다. 반면에 정보는 수집된 자료를 분석하여 의사결정에 유용한 것만을 추출한 것을 일컫는다. 따라서 마케팅 조사의 목적은 자료로부터 정보를 추출하여 의사결정자로 하여금 정확하고 현명한, 그리고 실무적으로 도움이 되는 의사결정을 하도록 하는 데 있다고 할 수 있다.

제3절 마케팅 조사 과정

마케팅 조사는 기업이 당면한 경영상의 문제를 해결하는 과정이다. 일반적으로 마케팅 조사는 조사 문제를 정의하고 조사의 목적을 결정한 다음, 조사 계획을 설계한다. 그리고 설계된 조사 계획을 가지고 자료의 수집과 분석을 실시하고 이를 통해 전략적 시사점과 향후 전략방향을 도출한다. 마지막으로 최종 보고서를 작성하는 과정을 거친다. 이들 다섯 단계를 살펴보면 다음과 같다.

1. 조사 문제의 규명

마케팅 조사의 첫 번째 단계는 조사 문제의 규명(problem formulation)이다. 조사 문제의 규명이란 기업이 당면하고 있는 경영의 문제(managerial problem)를 정확하게 파악하여 명확히 정의된 조사 과제(researchable problem)로 전환하는 작업을 말한다. 경영상의 문제는 대부분 불분명하며 희미한 경우가 많다. 이러한 경영상의 문제를 조사를 통하여 그 해결책을 제시할 수 있는 과제로 전환하는 과정이 조사 문제의 규명이다.

예를 들면 마케팅 담당 임원이 가지고 있는 경영상의 문제는 광고비의 지출에 비하

그림 6-1 마케팅 조사 과정

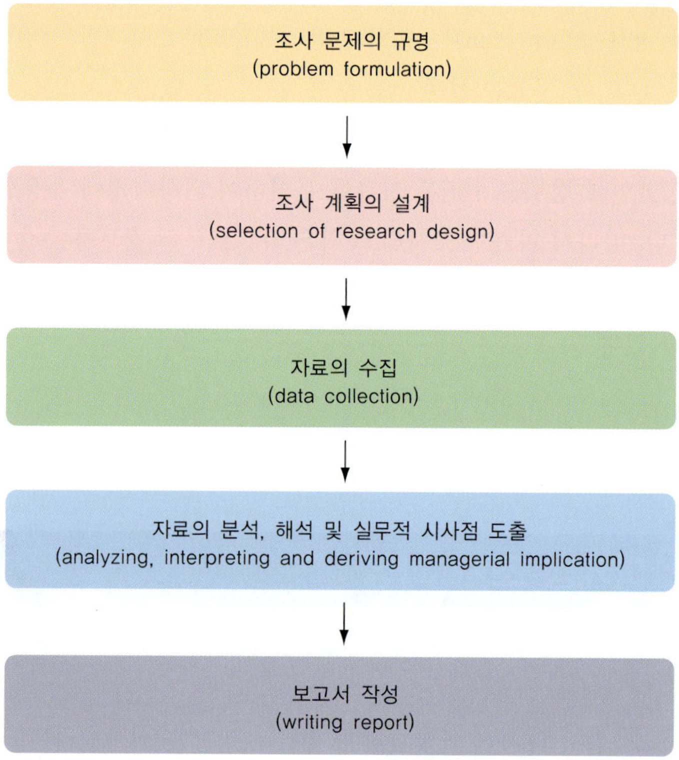

여 광고효과가 충분히 발생하지 않는다는 점이라고 했을 때, 이 문제를 해결하기 위한 조사 과제는 여러 가지가 있을 수 있다. 우선 광고효과가 발생하지 않는다는 문제의 의미를 정확히 파악하여야 하는데, 이는 '광고비의 지출에 비하여 매출이 발생하지 않는다, 광고비 지출에 따라 매출은 발생하는데 시장 점유율은 지속적으로 감소한다, 혹은 광고비의 지출에 비하여 고객들의 제품 인지도가 낮다'는 점 등 여러 가지 의미로 해석할 수 있다. 이는 광고비의 지출에 대한 매출의 문제, 경쟁의 문제, 또는 고객 인지도의 문제 등으로, 어떻게 해석하느냐에 따라 수행하여야 할 조사 과제가 달라진다. 또한 마케팅 조사에서는 조사 문제의 범위를 적절하게 규정하여야 한다. 만약 조사 문제를 너무 광범위하게 규정한다면 많은 시간과 비용이 소모될 것이며 시장 현상에 대하여 효과적으로 대응할 수 없는 상황에 처하기도 할 것이다. 반면에 조사 문제를 너무 좁게 정의한다면 중요한 전략적 요소를 놓쳐서 잘못된 조사 결과를 얻을 수 있으며 궁극적으로는 잘못된 전략을 도출하게 된다.

그림 6-2 조사 문제 규정의 예

경영상의 문제	조사 문제
매체 간 광고예산의 배정	각 매체에 의하여 발생되는 인지도의 측정
토요일 사무실 업무 지속 여부에 대한 결정	토요일에 서비스를 이용하는 고객에 관한 조사와 소비자가 주중에 이용 가능한지의 결정
마케팅 프로그램의 전환	새로운 마케팅 프로그램의 효과와 같이 측정 가능한 마케팅 상황의 테스트
제품 판매의 증가	제품의 최근 이미지 측정

2. 조사 계획의 설계

조사 문제가 명확히 정의되면 다음으로는 조사 계획을 설계하여야 한다. 조사 계획의 설계(research design)는 마케팅 조사의 모든 과정을 일목요연하게 나타내는 전반적인 계획이다. 즉, 전체적인 조사 과정의 청사진이라고 할 수 있다. 조사 설계는 당면한 문제를 해결하기 위하여 누구로부터, 어떤 자료를, 어떤 방법으로 수집하는가에 그 초점을 둔다. 조사 설계는 마케팅 조사의 모든 과정과 절차를 구체적으로 기술하여 나타내는 문서(document)이기도 하다.

조사 설계는 일반적으로 탐색적 조사(exploratory research), 기술적 조사(descriptive research), 그리고 인과적 조사(causal research)로 나눌 수 있다. 각각의 조사에 대해 구체적으로 살펴보자.

2.1 탐색적 조사

탐색적 조사(exploratory research)는 조사 문제가 명확하지 않거나, 주어진 조사 문제가 친숙하지 않거나, 혹은 해당 조사 문제에 대한 경험이 없을 때 주로 사용되는 방법이다. 탐색적 조사의 주된 목적은 주어진 조사 문제에 대하여 배경정보를 얻음으로써 조사 문제에 대한 친숙도를 높이고 향후 연구에 대한 직관과 통찰을 얻는 것이다. 탐색적 조사는 일반적으로 비계량적인 자료수집과 분석방법으로 이루어지며, 표본의 크기가 작아서 최종적인 결론을 도출하지 않는다. 즉, 탐색적 조사의 결론은 기업의 궁극적인 전략적 방향이 아니라 향후에 수행될 기술적 혹은 인과적 조사의 실행방법에 대한 잠정적(tentative)인 결론일 뿐이다.

비계량적 자료수집방법에는 문헌 조사, 표적 집단 면접, 심층 면접, 전문가 의견 조사, 사례 조사 등이 있다.

- 문헌 조사(literature research): 기존의 업계 간행물, 정부 간행물, 학술자료 및 통계자료 등을 통해 수행하는 조사를 말한다.
- 표적 집단 면접(focus-group interview): 일반적으로 10명 내외의 응답자들을 대상으로 한 장소에서 주어진 주제에 대하여 자유롭게 토론을 하는 형식을 통해 자료를 수집하는 방법이다. 이 토론은 진행자(moderator)에 의하여 진행되는데 일반적으로 녹음이나 녹화를 통해 기록되고 일방거울(one-way mirror)을 통해 관찰되기도 한다.
- 심층 면접(in-depth interview): 전문 면접원이 피면접자를 상대로 주어진 주제에 관련된 질문을 통하여 자료를 수집하는 일대일 대면 면접 방법이다. 응답자들이 일반적으로 드러내지 않는 내면의 동기, 신념, 태도 등을 파악하는 데 그 목적이 있다.
- 전문가 의견 조사(key informant survey): 조사 문제에 관련된 전문적 지식이나 경험을 수렴하는 방법을 말한다. 전문가 의견 조사의 단점은 해당 분야의 전문가를 찾기가 어려우며 또한 전문가로 선정된 응답자가 조사에 필요한 전문지식이나 경험을 갖고 있지 않은 경우가 있다는 점이다.
- 사례 조사(case study): 기업이 당면한 문제의 상황과 유사한 사례들을 분석함으로써 조사 문제를 파악하고 해결방안을 모색하는 방법이다. 성공적인 사례 조사는 사례에 나타난 상황과 당면한 실제 상황과의 유사점과 차이점을 명확하게 분석할 수 있는 통합적 사고(integrated thinking) 능력을 얼마나 가지고 있느냐에 달려 있다.

2.2 기술적 조사

기술적 조사(descriptive research)는 조사자가 관심을 갖고 있는 소비자 혹은 시장의 특성을 빈도나 비율을 사용하여 기술하는 것을 말한다. 마케터들은 기술적 조사를 통하여 고객, 표적시장 혹은 경쟁자 등에 관한 이해를 도모할 수 있으며 이는 주로 서베이

(survey), 관찰(observation), 그리고 실험(experiment)의 방법에 의해 이루어진다. 기술적 조사가 사용되는 대표적인 예로서는 제품의 시장 잠재력(market potential), 소비자의 제품에 대한 태도 및 선호도, 소비자의 인구 통계적 특성 및 라이프스타일 등에 대한 조사 등이 있다.

기술적 조사는 횡단 조사(cross sectional study)와 종단 조사(longitudinal study)로 나누어진다. 횡단 조사는 특정 시점에서 특정 표본의 특성에 관한 정보를 단발적으로 수집하는 방법이다. 반면에 종단 조사는 일정한 패널(panel)을 대상으로 일정한 시간적 간격을 두고 반복적으로 측정하는 방법이다. 특히 종단 조사는 시간의 흐름에 따른 변화 및 추세를 파악할 수 있다는 이점이 있으나, 비용이 많이 든다는 단점을 가지고 있다. 횡단 조사를 사진(still picture)에 비유한다면, 종단 조사는 동영상(video)에 비유할 수 있다.

2.3 인과적 조사

인과적 조사(causal research)는 변수들 간의 인과관계(causality, cause and effect relationship)를 규명하는 조사이다. 인과관계란 어떤 변수가 원인이 되고 어떤 변수가 결과로 나타나는가를 보여 주는 두 변수 간의 관계를 말한다. 예를 들면 광고비의 지출이

표 6-3 탐색적 조사, 기술적 조사, 인과적 조사의 비교

구분	탐색적 조사 (잠정적 결론 도출)	기술적 조사 (최종 결론 도출)	인과적 조사 (최종 결론 도출)
목적	• 조사 문제에 대한 통찰과 아이디어의 개발	• 시장(고객) 특성의 기술	• 인과관계의 정립
특성	• 조사 방법의 유연성(flexibility) • 다양한 조사 방법의 활용 • 조사 과정의 초기 단계에서 수행	• 가설의 검증 • 구조화된(structured) 조사 설계	• 실험변수의 조작 • 외생변수의 통제
방법	• 전문가 의견 조사 • 2차 자료 조사 • 사례 조사 • 문헌 조사 • 정성적 조사	• 관찰 기법 • 서베이 기법 • 정성적(qualitative) 혹은 정량적(quantitative) 조사	

그림 6-3 마케팅 조사의 진행과정

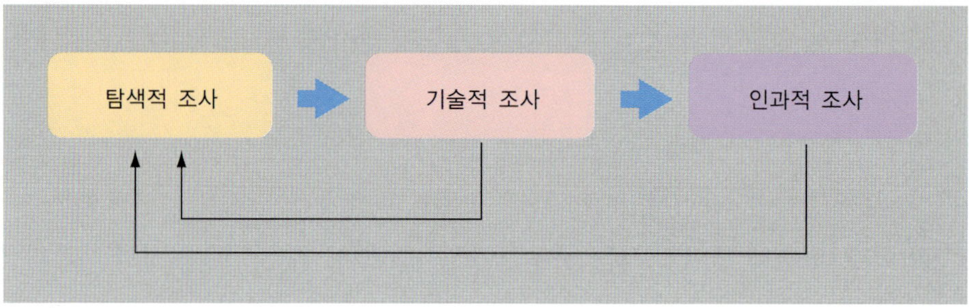

원인이 되어 그 결과로 매출이 나타난다는 것을 설명하는 조사이다.

조사 설계에서 가장 중요한 것은 조사 문제를 명확하게 알고 있느냐는 것이다. 즉, 기술적 조사를 선택하든 인과적 조사를 선택하든 관계없이 조사의 단계에서 기초적인 배경정보가 부족하고 조사 문제에 대해 친숙하지 못하다고 판단되면 다시 탐색적 조사부터 시작해야 할 것이다(그림 6-3 참조).

〈표 6-3〉은 탐색적 조사, 기술적 조사, 인과적 조사를 비교하여 설명하고 있다.

3. 자료의 수집

3.1 1차 자료 수집방법

1차 자료를 수집하는 방법은 일반적으로 서베이 기법(survey)과 관찰 기법(observation)으로 나누어진다. 이들을 각각 살펴보면 다음과 같다.

(1) 서베이 기법

서베이 기법(survey)은 조사 대상자를 상대로 말이나 글을 통한 질문을 함으로써 원하는 자료(정보)를 수집하는 방법을 말한다. 따라서 서베이 기법은 때때로 커뮤니케이션(communication)이라고도 불린다. 서베이 기법의 장점은 한 번의 조사를 통하여 여러 가지 다양한 종류의 자료를 수집할 수 있다는 점이다(versatility). 예를 들면 하나의 설문지를 통해서 제품에 대한 태도, 구매동기, 사용행태, 가격민감도, 인구 통계적 특성 및 라이프스타일 등의 다양한 정보를 수집할 수 있다. 다른 장점은 시간과 비용이 적게 든다는 점이다. 원하는 정보를 얻기 위하여 오직 필요한 것은 응답자들에게 질문을 던지는 일이기 때문이다. 서베이 기법의 예로서는 우편 설문 조사, 개인 면접 조사, 전화 면접 조사, 인터넷 서베이, 그리고 몰 인터셉트 서베이(mall intercept survey) 등을 들 수 있다.

(2) 관찰 기법

관찰 기법(observation)은 서베이 기법과는 달리 말이나 글을 통한 질문을 하지 않고, 조사 대상자들을 지켜봄(관찰)으로써 원하는 자료를 수집하는 방법이다. 조사자는 관심을 가지고 있는 행동이나 사건의 발생 여부 혹은 빈도나 내용을 기록함으로써 자료를 수집한다.

관찰 기법은 조사자에 의한 직접 관찰이나 녹음 혹은 녹화를 통해 이루어지기도 한다. 미국의 대표적인 조사회사인 A.C. Nielsen은 TV 채널의 시청률을 조사하기 위해 응답자 TV 수상기에 전자장치(people meter)를 부착하여 언제, 어떤 프로그램을 얼마나 오래 시청하였는지를 자동적으로 기록하고 있다. 이를 토대로 프로그램의 시청률을 파악하여 TV 광고에 이용하고 있다.

관찰 기법의 장점은 실제로 발생하는 사건이나 행동에 관한 정확한 자료를 수집할 수 있다는 점이다. 서베이 기법은 인간의 기억에 의존하기 때문에 수집된 정보가 부정확하거나 또는 조사 대상자가 응답을 거부하거나 회피할 가능성이 있지만 관찰 기법은 이러한 문제로부터 매우 자유롭다는 이점이 있다.

그러나 관찰 기법은 몇 가지 측면에서 단점을 가지고 있다. 우선 관찰 기법은 오직 외적인 행동이나 사건에 관한 정보만을 수집하기 때문에 조사 대상자의 내면적인 상태를 파악하기 힘들다는 문제점이 있다. 즉, 조사 대상자의 행동을 파악할 수는 있지만, 조사 대상자의 태도, 동기, 지식, 신념 등은 파악할 수 없다는 것이다. 관찰 기법의 다른 문제는 시간과 비용의 문제이다. 즉, 관찰 기법은 관심을 지니고 있는 사건이나 행동이 언제 발생할지 알 수 없는 경우가 있기 때문에 서베이 기법에 비해 시간과 비용이 많이 소요

표 6-4 서베이 기법과 관찰 기법의 비교

구분	서베이 기법	관찰 기법
수집정보의 다양성(versatility)	높음	낮음
비용과 시간(speed and cost)	적음	비교적 많음
객관성과 정확도(objectivity and accuracy)	낮음	높음

된다는 단점이 있다.

〈표 6-4〉는 서베이 기법과 관찰 기법의 차이점에 대해 비교하고 있다.

3.2 표본추출 및 응답자 접촉방법

마케팅 조사를 위한 표본의 추출방법은 크게 확률표본추출방법과 비확률표본추출방법으로 나눌 수 있다.

(1) 확률표본추출방법

확률표본추출방법(probability sampling)은 어떤 응답자가 조사를 위한 표본으로 뽑힐 확률을 계산할 수 있는 방법이다. 이 방법은 일반적으로 분석 결과에 의해 얻게 되는 통계량, 예를 들어 평균이 얼마나 정확한지 또는 얼마나 신뢰도가 있는지 계산하여 알 수 있으며, 모든 응답자가 표본에 선정될 동일한 확률을 가지고 있다는 특징이 있다. 확률표본추출방법은 단순무작위 표본추출방법, 층화표본추출방법, 군집표본추출방법으로 나누어 볼 수 있다.

① 단순무작위 표본추출방법(simple random sampling): 가장 단순한 형태의 확률표본추출로서 각각의 응답자가 표본으로 추출될 확률이 사전에 알려져 있고 동일하다는 특징이 있다.

② 층화표본추출방법(stratified sampling): 모집단을 몇 개의 계층(stratum)으로 나누고 각각의 계층에서 동일한 수의 응답자를 표본으로 추출하는 방법이다. 이 표본추출방법은 모집단의 분포가 한쪽으로 기울어져 있을 경우(skewed)에 사용하는 방법으로서 모든 계층에 속한 응답자들의 특성이나 의견을 골고루 반영할 수 있다는 장점을 가지고 있다. 예를 들어 소득을 사용하여 표본을 추출하는 경우, 단순무작위 표본추출방법을 사용한다면 표본의 대부분은 중간 정도의 소득을 가진 이들로 구성될 것이다. 따라서 극빈층과 초부유층의 의견이나 특성은 조사 결과에 제대로 반영되지 못할 것이다. 이러한 경우 층화표본을 사용하여 소득계층을 구분하고 계층별로 일정 수의 표본을 추출할 수 있다.

③ 군집표본추출방법(cluster sampling): 모집단을 몇 개의 소집단으로 나눈다. 그리고 나누어진 소집단 중에서 하나의 소집단을 무작위로 추출하여 그 소집단 내에 있는 모든 응답자를 조사를 위한 표본으로 사용하는 방법이다. 군집표본추출방법

은 우선 모집단을 몇 개의 소집단으로 나눈다는 점에서는 층화표본추출방법과 동일하지만 층화표본추출방법이 모든 소집단으로부터 표본을 추출하는 방법을 사용하는 데 반하여 군집표본추출방법에서는 나누어진 소집단 중에서 하나의 집단을 선정한다는 점에서 차이가 있다.

(2) 비확률표본추출방법

확률표본추출방법과 달리 비확률표본추출방법(nonprobability sampling)에서는 어떤 응답자가 조사를 위한 표본에 포함될 확률을 미리 알 수 없기 때문에 통계 결과의 정확도나 신뢰도를 가늠할 수 없다. 비확률표본추출방법은 편의표본추출방법, 판단표본추출방법, 할당표본추출방법으로 나누어 볼 수 있다.

① 편의표본추출방법(convenience sampling): 가장 흔히 사용되는 방법으로 조사자가 편의대로 표본을 선정하는 방법이다. 이는 조사자가 편리한 시간과 장소에서 표본을 임의로 추출할 수 있다는 이점이 있다. 강의실에서 수강생을 대상으로 자료를 수집하는 것이 예가 될 수 있다. 이 방법은 모집단에 대한 대표성은 낮으나 모집단의 특성에 관한 개략적인 정보를 쉽게 얻을 수 있다. 편의표본추출방법에서 한 가지 주의해야 될 점은 표본의 크기가 커지면 대표성을 확보할 수 있다는 잘못된 생각이다. 편의표본은 비확률표본의 하나이므로 아무리 표본의 크기가 증가한다 하더라도 모집단에 대한 대표성을 확보할 수 없다.

② 판단표본추출방법(judgement sampling): 이 방법은 조사 목적에 가장 적합할 것으로 판단되는 특정 집단을 표본으로 선정하는 방법이다. 예로는 전문가 조사를 들 수 있다. 이 경우 판단표본은 소수의 전문가이기 때문에 모집단(전체 시장에 있는 소비자)에 대한 대표성을 확보할 수 없다. 판단표본은 조사 목적에 부합하는 표본을 선정하는 방법이기 때문에 때로는 목적표본(purposive sampling)이라고도 부른다.

③ 할당표본추출방법(quota sampling): 모집단의 특성을 기준으로 이에 비례하여 표본을 추출하는 방법으로 인구 통계적 특성이나, 거주지 등의 측면에서 사전에 정해진 비율에 따라 응답자를 추출하는 방법이다. 즉, 모집단에 있는 응답자의 특성의 비율이 표본에 선정된 응답자들의 특성의 비율과 동일하게 유지되도록 표본을 추출하는 방법이다. 예를 들어 재학생이 10,000명인 어떤 대학에서 200명의 표본을 추출하고자 할 때 이 대학에 재학 중인 1학년은 3,000명, 2학년 3,000명, 3학년 2,500명, 그리고 4학년이 1,500명이라고 하면 이 비율이 200명의 표본에서

도 동일하게 유지되도록 표본을 추출하는 방법이다. 즉, 1학년 60명, 2학년 60명, 3학년 50명, 그리고 4학년 30명을 뽑음으로써 200명의 표본을 추출할 수 있다.

(3) 응답자 접촉방법

표본을 추출한 후 자료를 수집하기 위하여 응답자를 접촉하는 방법에는 개인 면접 조사(personal interview), 전화 면접 조사(telephone interview), 우편 설문 조사(mail questionnaire), 몰 인터셉트 인터뷰(mall intercept interview), 그리고 인터넷 조사(internet survey) 등이 있다.

개인 면접은 훈련된 면접 담당자가 응답자를 직접 만나 자료를 수집하는 방법이다. 이는 다시 방문 인터뷰와 몰 인터셉트 인터뷰의 두 가지로 나누어지는데, 방문 인터뷰는 응답자의 가정이나 사무실을 직접 찾아가 인터뷰하는 방식이고 몰 인터셉트 인터뷰는 상가나 점포를 방문한 고객들을 대상으로 인터뷰하는 방식이다. 전화 면접 조사는 직접 대면하기보다 전화를 이용하여 질문을 하고 응답을 받는 방법이다. 우편 설문 조사는 우편을 이용하여 설문지를 발송하고 응답자가 이를 회신하는 방식으로 이루어진다. 또한 인터넷을 이용하여 이메일이나 인터넷 홈페이지를 통한 인터뷰가 이용되기도 한다. 그리고 Drop-off 서베이의 경우 조사자로부터 질문지를 직접 받은 후 우편을 통해 조사자에게 회신하기도 한다. 최근에는 스마트폰의 보급으로 모바일을 이용한 조사가 활발하게 이용되고 있다.

〈표 6-5〉는 이들의 장단점을 요약하여 나타내고 있다.

표 6-5 응답자 접촉방법의 비교

	장점	단점
개인 면접 조사 (personal interview)	• 가장 높은 응답률 • 일반적으로 응답자의 파악이 가능하며 표본의 추적이 가능 • 가장 풍부하고(rich) 심층적인 자료 수집이 가능(probing) • 질문의 순서를 쉽게 바꿀 수 있음 • 응답자를 위한 설명이 가능 • 시각적인 자극물(그림, 샘플, 사진 등)의 보조 사용이 가능	• 표본의 수가 적고 비용이 가장 많이 소요 • 조사자의 특징(태도, 외모, 언어 등)에 의하여 영향을 받음 • 응답자당 시간이 많이 소요(2시간 가량)

전화 면접 조사 (telephone interview)	• 상대적으로 비용이 적게 소요 • 넓은 지역을 조사 가능 • 상대적으로 높은 응답률 • 사후 조사, 추적 조사 혹은 재접촉이 용이 • 컴퓨터의 사용(computer assisted telephone interview: CATI)으로 자료수집이 빠르고 정확	• 시각적인 자극물을 사용할 수 없음 • 조사자와 응답자 간의 관계(rapport)를 형성하기 어려움 • 조사 시간이 짧음 • 조사자의 영향이 비교적 강함(음성, 어조 등)
우편 설문 조사 (mail questionnaire)	• 우편리스트가 확보 가능할 때는 표본추출이 용이 • 조사자의 의견이나 태도에 의해 영향을 받지 않음 • 응답자가 자신의 속도(pace)에 따라 응답 가능 • 응답자의 익명을 보장 • 가능한 널리 배포할 수 있음 • 개인적이고 민감한 질문을 하기에 가장 유리함 • 조사 비용이 저렴	• 조사에 참여한 응답자들의 자료만 분석 가능(selection bias)하며 응답자와 무응답자의 차이를 알 수 없음(대표성의 문제) • 글자를 읽지 못하는 응답자(유아 등)에 대한 조사가 불가능함 • 애매모호한 혹은 불분명한 문항에 대한 설명을 할 수 없음 • 문항의 제시 순서로 인한 편견 혹은 답변의 순서로 인한 편견이나 오류(order bias)가 발생 가능 • 무응답이 가장 많음
몰 인터셉트 인터뷰 (mall intercept interview)	• 쇼핑몰의 시설을 이용할 수 있음 • 일반적으로 자극물(식음료, 직물, 샘플 등)의 제시를 통하여 직접적이고 풍부한 평가자료의 수집이 가능 • 비교적 저렴한 비용	• 표본추출을 위한 사전리스트(sampling frame)가 존재하지 않음 • 대표성 확보가 어려움
인터넷 조사 (internet survey)	• 빠른 시간에 많은 양의 자료수집이 가능 • 비용이 저렴 • 시간과 공간의 제약이 없음 • 익명성의 보장 • 원하는 표본을 위한 스크리닝 가능 (성별, 연령, 취미별) • 통계분석이 자동적으로 실행되도록 연계 구동 가능	• 익명성으로 인한 무책임한 혹은 불성실한 응답이 가능 • 중복 참여가 가능
모바일 조사 (mobile survey)	• 비용이 저렴 • 많은 응답자에게 접촉할 수 있음 • 즉시 응답 가능 • 시간과 공간의 제약이 없음	• 표본추출에서 모바일 이용자 연령의 영향을 받을 수 있음

4. 자료의 분석

수집된 자료의 분석은 크게 자료의 선처리 작업(data pre-processing)과 주된 분석(main analysis)으로 나눌 수 있다.

자료의 선처리 작업은 모든 응답자의 자료를 제대로 파악했는가를 점검하는 작업이다. 모든 응답자와 모든 응답항목이 자료에 포함되었는지, 혹은 허용구간 이외의 자료(illegitimate number)는 없는지 등을 확인하는 작업이다. 예를 들면 소비자 만족도를 7점 척도로 측정하였을 때 8이라는 점수는 허용구간 밖의 숫자이므로 설문지를 대조하여 확인하여야 한다. 또한 자료의 선처리 작업에서는 너무 크거나 작은 관찰치(극단치)가 있는지, 그리고 그 관찰지가 실제로 수집된 자료인지 혹은 오타인지도 점검해야 한다. 너무 크거나 작은 관측치는 통계분석 결과에 영향을 미칠 수도 있기 때문이다(outlier 혹은 influential observation).

자료의 선처리 작업은 일반적으로 빈도분석을 통하여 이루어진다. 이 작업은 정확한 의사결정을 위한 마케팅 조사의 목적을 달성하는 데 매우 중요한 부분이다. 따라서 빈도분석은 마케팅 조사에 주된 분석이 무엇이든 간에 상관없이 반드시 이루어져야 한다. 주된 분석이란 마케팅 조사의 목적을 달성하기 위하여 이루어지는 분석으로서 빈도분석이나 회귀분석, 상관관계분석, 분산분석, 요인분석, 군집분석 등의 다변량 통계 분석 기법을 포함한다.

〈표 6-6〉은 마케팅 조사에서 사용하는 주요 분석기법과 사용상황을 보여주고 있다.

표 6-6 마케팅에서 사용되는 주요 분석기법

주요분석기법	내용
빈도분석 (frequency analysis)	•관찰대상을 각 범주에 할당하고 각 범주에 속하는 자료의 수를 계산하는 방법 •인구통계적 특성에 대한 조사 결과를 나타낼 때 이용 예) 1,000명의 조사 중 남성이 60%, 여성이 40% 차지
t통계분석 (t-test)	•조사자가 관심을 가지고 있는 변수의 평균이나 비율이 두 집단 간에 차이가 있는지 알아보는 방법 예) 하버드 대학과 예일 대학 학생이 한 달에 읽는 교양서적의 수 비교
카이제곱 테스트 (χ^2 test)	•두 개의 변수 사이의 유의한 관계 혹은 연관성이 있는지를 알아보는 방법 예) 혈액형 분포가 남녀에 따라 차이가 있는지 알아보는 것

회귀분석 (regression analysis)	•하나 혹은 둘 이상의 독립변수가 하나의 종속변수에 끼치는 영향의 정도나 그 방향을 파악하기 위해 사용되는 분석기법 예) 광고비의 지출이 매출액에 미치는 영향
상관관계분석 (correlation analysis)	•두 변수 사이의 연관 정도를 알아보는 방법 예) 매출액의 변화와 광고비의 변화 간의 상관관계
분산분석 (analysis of variance: ANOVA)	•조사자가 관심을 갖고 있는 특정(종속) 변수의 평균값이 집단 간에 차이가 있는지를 알아보는 기법 •t-test와 달리 3개 이상 집단을 분석할 때 이용 예) 연령대별로 선호하는 청바지의 가격대에 차이가 있는지 검증하는 것
요인분석 (factor analysis)	•조사에서 사용되는 많은 수의 변수들을 유사한 변수들끼리 묶음으로써 적은 수의 요인(factor)으로 줄이는 데 이용되는 기법 예) 자동차의 가격, 연비, 세금, 중고차 가격 등의 변수들을 경제성이라는 하나의 요인으로 줄이는 것
군집분석 (cluster analysis)	•유사한 특성을 갖는 조사 대상자들을 몇 개의 집단으로 묶는 기법 •시장세분화에 많이 사용됨 예) 음료수를 구매하는 소비자들을 단맛을 좋아하는 집단, 가격을 중시하는 집단, 음료수의 이미지를 중요시하는 집단을 나누는 것

5. 보고서 작성

마케팅 조사의 마지막 단계는 보고서의 작성이다. 보고서는 간결하면서도(concise) 명확하게(precise) 작성되어야 한다. 일반적으로 조사 결과의 세부적인 사항은 모두가 의사결정자들에게 필요한 정보가 아니기 때문에, 의사결정자들이 쉽고 빠르게 이해할 수 있도록 보고서를 작성하여야 한다. 또한 보고서는 객관적이어야 한다. 수집된 자료의 정확한 분석에 의한 객관적인 결과와 시사점을 제공하여야 하며 조사자의 주관적이고 자의적인 의견이나 편견이 개재되어서는 안 된다. 또한 보고서는 쉽게 이해할 수 있는 용어를 사용하여 작성되어야 하며 전문용어나 기술적인 용어(technical jargon)는 피하여야 한다. 우수한 마케팅 조사 기관들은 초등학교 5학년 수준의 어휘를 사용할 것을 권장하고 있다.

표 6-7 마케팅 조사 보고서의 구성

1. 조사 문제를 둘러싼 기업과 산업의 배경
2. 조사 문제의 설정
3. 조사 목적
4. 조사 설계
   4.1 조사 방법
   4.2 표본 설계 및 자료수집
   4.3 자료의 분석
5. 분석 결과
6. 관리적 시사점과 제언

생각해 볼 문제

1. 당신의 회사에서는 새로운 과일음료의 출시를 위하여 마케팅 조사를 실시하려고 한다. 이 때 활용할 수 있는 1차 자료 및 2차 자료는 어떤 것이 있는가? 그 자료를 획득하기 위한 방법은 어떤 것이 있는지 설명하시오.

2. "표본의 수가 1,000개일 때보다 10,000개일 경우에 더 정확한 결과를 얻을 수 있다."
   위의 명제에 대해 당신의 의견을 제시하시오.

3. 잘못된 마케팅 조사로 인해 마케팅 및 기업 전략의 실패를 가져온 사례들에 대해 조사해 보시오.

4. 시장 조사(market research)와 마케팅 조사(marketing research)의 차이를 설명하시오.

참고자료

Dolan, R. J.(1984), "Marketing Research: An Overview of Research Methods," *Harvard Business Publishing*, Sep.

Dolan, R. J.(1992), "Researching and Monitoring Consumer Markets," *Harvard Business Publishing*, Mar.

Green, P. E.(1988), *Research for Marketing Decisions*, 5th edition, Prentice Hall.

Malhotra, N. K.(2009), *Basic Marketing Research; A Decision-Making Approach*, 3rd edition, Prentice Hall.

Rossin, P., P. Delurgio and D. Kantor(2000), "Making Sense of Scanner Data,"

Harvard Business Review, Mar.

Sultan, F.(1991), "Marketing Research," *Harvard Business Publishing*, Aug.

Twedt, D. W.(1983), *1983 Survey of Marketing Research*, Chicago: American Marketing Association, p.44.

Ward, S. and D. J. Reibstein(1987), "Note on Market and Consumet Research," *Harvard Business Publishing*, Feb.

Case Study

친절 몸으로 배운다…LGU+ 신입사원 '미스터리 쇼퍼'로

"부풀리거나 속이는 것 없이 정확하게 안내해주니 소비자 입장에서 참 좋더라고요."

지난 달, 신촌의 한 휴대폰 매장에서 상담을 마치고 나온 손님의 평가다. 아직 학생티가 남아 있는 20대 초반 여성 고객인 만큼, 소위 '호갱'님으로 여기고 정직한 '할부원금' 대신 약정할인을 단말기 할인으로 속여 '알고 보면 바가지인 공짜폰'을 팔 것이라는 예상은 보기 좋게 빗나갔다.

이 여성 고객의 정체는 바로 '미스터리 쇼퍼'다. 평범한 손님을 가장해 일선 매장을 방문, 서비스를 평가하고 개선점을 도출해내는 것이 '미스터리 쇼퍼'의 임무다.

국내에서 '미스터리 쇼퍼'는 지금까지 유통업체들이 주로 활용해왔다. 백화점이나 대형 할인마트, 또 화장품 매장에서 아르바이트를 해본 사람이라면, 그 악명에 치를 떨고도 남는다.

LG유플러스가 올 상반기 채용한 신입사원들에게 '미스터리 쇼퍼'를 교육과정의 하나로 집어넣은 것도 이런 이유다. 가격 경쟁이 사실상 불가능해진 단통법 발효 이후, 통신사들에게 남은 무기는 이제 고객과 만나는 직원, 대리점의 친절뿐이기 때문이다.

미스터리 쇼퍼 신입사원들이 매긴 점수는 바로 현장에 반영된다. 특히 평가가 낮은 일부 매장은 부족한 부분에 대해 강도 높은 재교육이 이뤄지기도 한다. 반대로 친절도와 청결, 상담 모두에서 높은 점수를 받은 매장에 대해서는 깜짝 포상도 돌아간다.

신입사원 교육을 주관하는 관계자는 "신입사원들에게 회사 영업의 일선 현장을 직접 체험하게 할 뿐만 아니라, 향후 회사가 개선해야 할 점까지 스스로 도출해내는 효과가 있다"며 "고객의 눈으로 회사를 바라보는 시도 자체가 회사와 직원 모두에게 윈윈(win-win)이 될 것"이라고 의미를 강조했다.

출처 : 헤럴드경제, 2014.10.2.

Discussion Questions

미스터리 쇼퍼의 장단점을 분석하여 보시오.
그리고 "고객을 알기 위해서는 고객이 되어야 한다." 이를 실천하기 위해 기업이 추구할 수 있는 다른 전략은 무엇이 있을까?

제3부

공급 측면의 전략

MARKETING

제7장

제품관리

들어가며

유럽 주요 4개국 TOP 소비재 브랜드 살펴보니...
PB가 NB를 위협하고 있다!

글로벌 시장조사회사 칸타월드패널은 '유럽 주요 4개국(영국, 스페인, 프랑스, 독일) TOP 소비재 브랜드 및 PB점유율'을 발표했다.

유럽 주요 4개국에서는 PB(마트 자체 브랜드)의 지속적인 성장이 NB(제조업체 브랜드)를 위협하고 있다.

영국이 48%로 가장 높은 점유율을 보였고, 스페인 39%, 프랑스 36%, 독일 33%로 주요 시장 모두에서 높은 비중을 차지하고 있다. 프랑스는 성장세가 다소 주춤하고 있지만, 그 외 주요 국가에서는 계속해서 PB점유율이 높아지고 있는 추세이다.

지속되는 저성장과 소비위축 속에서 실속형 쇼핑을 추구하는 소비자들이 늘어나면서, 상대적으로 저렴한 가격에 좋은 품질을 제공하는 PB가 점차 NB의 자리를 차지하고 있는 양상이다.

이와 함께, NB 내에서도 경쟁이 과열되고 있다. 작년 한 해 유럽 주요국 소비자들이 가장 많이 선택한 브랜드들을 살펴보면, 성숙한 시장 안에서 제품에 대한 신뢰를 강조한 '로컬 푸드 브랜드'가 새로운 변화 조짐이 보이고 있다.

2013년 유럽 말고기 스캔들 이후 소비자들의 먹거리 안전성에 대한 관심이 크게 증대됐고, 생산 및 제조 과정을 보다 가까이서 지켜볼 수 있는 로컬 푸드 브랜드를 선호하기 시작했다.

유럽 주요국 소비재 시장 내 PB* 점유율

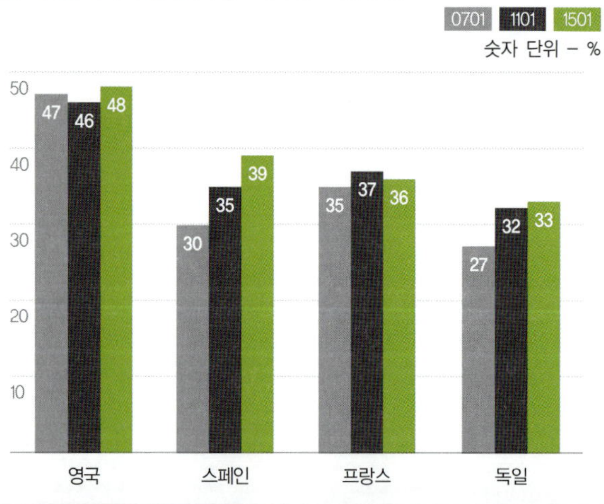

*PB – Private Brand, 마트 자체 브랜드
기준 – 각 해, 1분기 기준 / 출처 –칸타월드패널

프랑스 내 전체 소비재 및 식품 Top Riser 1위인 유제품 브랜드 페이상 브레통은 고급 버터, 크림, 치즈가 주품목이다. 프랑스 농부가 서부 브르타뉴 농장에서 직접 기르고 만든 믿을 만한 상품임을 강조해 소비자를 이끌었고, 총 구매횟수 증감률 16.4%를 기록했다.

영국 내 전체 소비재 및 식품 1위인 베이커리 브랜드 워버톤은 140년이 넘은 가업(家業)인 점을 강조해, '나의 가족이 먹는다'는 생각을 바탕으로 고품질과 가족 전 구성원이 함께 즐길 수 있는 다양한 제품으로 영국 로컬 소비자들의 삶 깊숙이 자리잡았다.

오랜 역사를 지닌 브랜드의 경우, 계속해서 다양한 신제품을 출시해 경쟁력을 제고하고 있다.

스페인 내 식품 Top Riser 1위인 글로벌 초콜릿 브랜드 밀카는 최근 영역을 넓혀, 초콜릿뿐 아니라 다양한 맛의 비스킷, 도넛, 케이크, 아이스크림, 타먹는 분말 등을 출시하며, 작년 한 해 동안 스페인에서 66만 명의 신규 소비자를 유입했다. 특히 메르카도나와 같은 로컬 할인점에 집중해 소비자들의 접근성을 높인 것도 성공 요인 중 하나다.

유럽에서 가장 많이 선택 받은 브랜드

■ 가장 많이 선택한 TOP 1 브랜드(총 구매횟수 기준)
■ 가장 빠르게 성장한 TOP 1 브랜드(구매횟수 증감률 기준%)

	영국	스페인	프랑스	독일
전체 소비재	■ 워버톤 Warburtons	■ 코카콜라 Coca–Cola	■ 헤르타 Herta	■ 닥터 에트커 Dr Oetker
	■ 위트워스 Whitworths	■ 돈 시몬 Don Simon	■ 페이샹 브레통 Paysan Breton	■ 바릴라 Barilla
식품군	■ 워버톤 Warburtons	■ 액티비아 Activia	■ 헤르타 Herta	■ 닥터 에트커 Dr Oetker
	■ 위트워스 Whitworths	■ 밀카 Milka	■ 페이샹 브레통 Paysan Breton	■ 바릴라 Barilla
음료군	■ 코카콜라 Coca–Cola	■ 코카콜라 Coca–Cola	■ 코카콜라 Coca–Cola	■ 코카콜라 Coca–Cola
	■ 알프로 Alpro	■ 돈 시몬 Don Simon	■ 비텔 Vittel	■ 그라니니 Granini
개인용품	■ 콜게이트 Colgate	■ 콜게이트 Colgate	■ 시그널 Signal	■ 니베아 Nivea
	■ 카렉스 Carex	■ 오랄비 Oral–B	■ 오랄비 Oral–B	■ 블렌드 어 메드 Blend A Med
생활용품	■ 위스카스 Whiskas	■ 페어리 Fairy	■ 로터스 Lotus	■ 르노르 Lenor
	■ 드리미즈 Dreamies	■ 브레프 Bref	■ 카나드 Canard	■ 쿠셸바이히 Kuschelweich

KANTAR WORLDPANEL

*총 구매횟수 : CRP(Consumer Reach Point)
기준 – 2013 vs 2014 / 출처 –칸타월드패널

독일 내 개인용품 Top Riser 1위인 피앤지 치약브랜드 블렌드 어 메드는 고품질 · 고기능 신제품을 출시하기로 유명하다. 높은 미네랄 함유량으로 강한 충치예방 효과를 강조한 '프로미네랄'라인, 양치 후 1시간까지 구강 청소 효과를 내는 '컴플리트7' 라인 등 기능성 신제품으로 독일 내에서 큰 성과를 거두었다.

영국 내 음료 Top Riser 1위 벨기에 유제품 브랜드 알프로는 건강 · 웰빙 컨셉의 아몬드, 헤이즐넛 등 7가지 견과류 및 콩, 쌀, 귀리 등 농산건식이 함유된 테트라팩 우유를 출시했다. 신제품과 함께 즐길 수 있는 토핑 레시피를 소비자들이 직접 브랜드 온라인 채널에 공유하는 알프로 탑스 캠페인 또한 높은 참여율을 기록하며 신제품 성과에 기여했다.

간편하게 소비할 수 있는 '편의' 상품도 큰 인기다.

독일 내 식품 Top Riser 1위 식품 브랜드 닥터 에트커는 1분 안에 완성되는 간편 홈쿠킹으로 유명하다. 스페인 내 음료 Top Riser 1위 음료 브랜드 돈 시몬은 유럽 최초로 가벼운 테트라팩 용기에 편리하게 마실 수 있는 와인을 담아 저가로 판매하기 시작했다.

칸타월드패널 오세현 대표는 "유럽과 같이 성숙한 시장일수록, 미미한 소비자들의 움직임에도 촉각을 곤두세우고 지켜보아야 한다"라며 "실속을 강조한 PB 및 신뢰와 고품질에 기반한 로컬 푸드의 성장, 꾸준한 신제품 출시와 편의성 강조로 성과를 낸 브랜드들은 이러한 시장 변화를 먼저 읽어내고 있는 사례들이다"라고 전했다.

출처 : 글로벌이코노믹, 2015.7.20.

제1절 제품의 개념

1. 제품의 개념

제품(product)은 고객들의 필요나 욕구를 만족시키기 위해 제공되는 모든 것을 말한다. 즉, 고객의 욕구를 만족시키기 위해 제공되는 속성(공급 측면) 및 편익(수요 측면)의 집합이라고 할 수 있다. 여기서 말하는 제품은 단순히 유형의 제품(tangible product) 이상의 것을 포함한다. 넓은 의미로 정의하자면, 제품은 물리적 제품뿐만 아니라 서비스, 제공자, 제공 장소, 조직체, 아이디어, 또는 이런 요소들의 결합들을 포함한다. 일반적으로 서비스는 무형성(intangible)의 대표적인 부분이며 최근에 그 중요성이 많이 부각되고 있다. 따라서 본 서에서는 서비스를 별도의 장에서 다루고 이번 장에서는 유형의 제품을 중심으로 설명하기로 한다.

2. 제품의 수준

마케터는 제품을 단순하게 일차원적으로 생각하지 말고 다차원적으로 생각할 필요가 있다. Kotler가 제시한 제품의 세 가지 수준을 통해 제품의 구성 요소를 구체적으로 살펴보자.

2.1 핵심 제품

핵심 제품(core product)은 제품의 가장 기본적인 차원으로 소비자들이 제품의 구매를 통해 얻고자 하는 편익(benefit)을 말한다. 다시 말하면 소비자들이 제품을 구매함으로써 문제를 해결해 주는 것을 의미한다. 예를 들어 여성들이 화장품을 구매하는 이유는 아름다움 또는 피부 건강과 같은 편익을 얻기 위한 것이며, 치약은 충치 예방, 미백 등의 편익을 얻기 위해 구매를 한다. 그러므로 마케터들은 제품을 계획할 때 우선 제품이 소비자에게 제공할 핵심 편익에 대해서 정의하여야 한다.

2.2 실제 제품

실제 제품(actual product)이란 핵심 제품을 구체화하는 것으로 일반적으로 유형의 제품을 말한다. 실제 제품은 기업이 유형의 제품 특성들을 어떻게 결합하여 구성하느냐에 따라 다양한 형태로 제공된다. 즉, 동일한 편익을 제공하지만 소비자들은 다양한 형태의 제품을 만나게 되는 것이다.

이동하기 위한 수단으로 자동차를 구매할 경우에도 다양한 유형적 특성을 가진 자동차를 선택할 수 있다. 같은 자동차라 하더라도 세단, 웨건, 쿠페, 컨버터블, SUV 등과 같이 차별화된 제품 특성을 지니게 된다.

실제 제품을 구성하는 요소들로는 품질 수준, 특성, 디자인, 브랜드명, 포장 등이 있다. 그러므로 기업들은 실제 제품의 구성 요소들을 경쟁사와 다르게 결합하여 소비자의 욕구를 충족시키는 제품을 제공할 수 있다.

2.3 확장 제품

확장 제품(augmented product)은 핵심 제품과 실제 제품을 제공하는 것 이상으로 부가적인 서비스와 편익들을 소비자에게 제공하는 것을 말한다. 그 요소들로는 품질보증과 보장, 지불방식, 배달, A/S, 설치 등이 있다.

그림 7-1 제품의 세 가지 차원

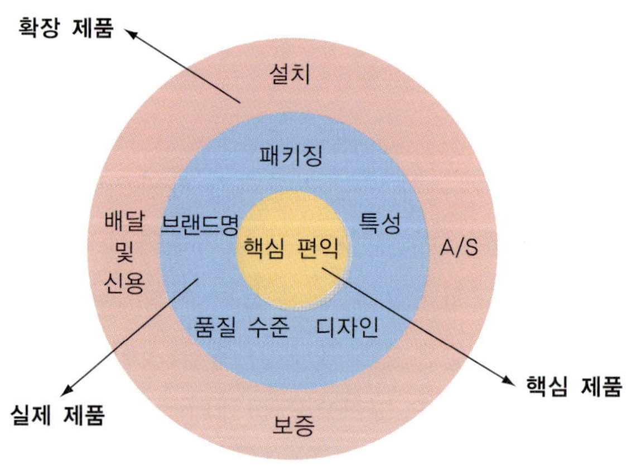

출처 : Kotler, P. and G. Armstrong(2008), *Principles of Marketing*, 12th edition, Prentice Hall, p.220.

예를 들어 소비자가 삼성전자의 냉장고를 구매할 때, 삼성전자는 소비자에게 품질보증뿐만 아니라 냉장고의 기능 및 사용 설명, 신속한 보상서비스 등을 제공한다. 또한 소비자들이 문제의 발생이나 문의사항이 있을 경우 이용할 수 있는 수신자 부담 전화 및 웹사이트 등도 필요하다. 이런 확장 제품 구성 요소들은 소비자의 제품 선택에 있어서 중요한 부분을 차지하고 있다.

이 세 가지 차원은 서로 분리되는 것이 아니다. 왜냐하면 소비자들은 제품을 그들의 욕구를 만족시킬 수 있는 편익의 묶음으로 보기 때문이다. 그러므로 제품을 개발할 때, 마케터는 우선 제품이 만족시킬 수 있는 소비자의 핵심 욕구가 무엇인지를 파악해야 한다. 그리고 이를 통해 실제 제품을 설계하는 것이 필요하다. 마지막으로 마케터는 이런 실제의 제품을 어떻게 소비자에게 만족스럽게 제공할 수 있을지에 대해 고민하고 그것을 확장할 수 있는 방법을 찾아야 한다.

2.4 잠재 제품

앞서 언급한 세 가지 제품 차원과 더불어 추가적으로 제품의 개념 가운데 가장 넓은 범위를 가지고 있는 제품 차원으로 잠재 제품이 있다.

잠재 제품(potential product)이란 제품의 모든 가능성을 지닌 제품을 말하는 것으로 현재 상용화되지 않은 제품의 미래 아이디어도 포함한다.

따라서 기업의 입장에서는 장기적으로는 앞선 세 가지 개념과 더불어 잠재 제품 측면도 고려해야 한다.

제2절 제품의 분류

제품은 기준에 따라 여러 가지로 분류될 수 있다. 일반적으로 사용자의 구매 목적이나 용도에 따라 소비재(consumer products)와 산업재(industrial products)로 구분할 수 있다.

표 7-1 소비재에 대한 마케팅 시사

구분	편의품	선매품	전문품	미탐색품
소비자 구매 행동	• 잦은 구매 • 적은 구매 계획 • 적은 비교 및 낮은 쇼핑 노력 • 낮은 관여 수준	• 중간 수준의 구매 빈도, 구매 계획 및 쇼핑 노력의 투입 • 가격, 품질, 스타일로 브랜드 간 비교 • 높은 관여 수준	• 강력한 브랜드 선호 및 충성도 • 특별한 구매 노력 • 브랜드 비교 낮음 • 낮은 가격민감도 • 높은 관여 수준	• 제품 인지 및 제품 지식 적음
가격	저가격	고가격	매우 높은 가격	다양함
유통	광범위한 유통	선택적 유통	독점적 유통	다양함
촉진	생산자에 의한 대량 촉진 활동	생산자 및 판매업자들에 의한 광고 및 인적 판매 활동	생산자 및 판매업자들에 의한 신중한 표적 촉진 활동	생산자 및 판매업자들에 의한 공격적인 광고 및 인적 판매 활동
예시	생필품(치약 등), 충동품(껌, 잡지 등), 긴급품(우산 등)	가전제품, 의류, 승용차, 가구	명품(Rolex 시계, 구찌 핸드백)	헌혈

출처 : Kotler, P. and G. Armstrong(2008), *Principles of Marketing*, 12th edition, Prentice Hall, p.221.

1. 소비재

소비재(consumer products)는 최종 소비자가 개인적으로 소비하기 위해 구매하는 제품을 말한다. 소비재는 소비자들이 구매과정에서 보이는 행동적 특징에 따라서 편의품, 선매품, 전문품, 미탐색품으로 분류된다.

1.1 편의품

편의품(convenience products)은 소비자가 구매 욕구가 발생하면 제품 구매를 위해 비교적 적은 노력을 기울이는 제품으로 일반적으로 가격이 저렴하고 구하기 쉽다는 특징이 있다. 편의품은 비누, 화장지, 치약 등과 같이 정규적으로 구매되는 필수품(staple goods)과 슈퍼마켓이나 약국, 할인점 등에서 계획 없이 충동적으로 구매하게 되는 껌, 잡지 같은 충동품(impulsive goods), 그리고 비 올 때의 우산처럼 비상시에 즉각적으로 구매해야 하는 제품인 긴급품(emergency goods)으로 나누어진다.

껌 또는 우산은 사전 구매계획을 세우지 않고 상황에 따라 구매가 이루어진다.

1.2 선매품

선매품(shopping products)은 자주 구매를 하지는 않으나, 구매 시 비교적 주의 깊게 그리고 내구성, 품질, 가격, 스타일 등과 같은 제품 특성을 토대로 제품 대안들을 비교 평가한 다음 구매하는 제품을 말한다. 가구, 의류, 텔레비전, 승용차 등이 이에 해당된다. 대체적으로 고가격이며 소비자가 구매 계획과 정보 탐색에 많은 시간을 할애한다는 특징이 있다.

가전제품을 구매할 경우 제품 간 비교를 통한 신중한 구매가 이루어진다.

명품의 경우 가격 민감도가 상대적으로 낮다.

1.3 전문품

전문품(specialty products)은 특정 브랜드에 대한 독특성 또는 매력 때문에 소비자들이 구매를 위해 상당한 노력을 기울이는 제품을 말한다. 전문품을 구매하고자 하는 소비자들은 대체품을 거부하며, 그 제품에 대해 강한 상표 애호도 및 감정적 애착을 갖는 경향이 있다. 또한 자신이 원하는 제품을 얻기 위해서는 많은 시간을 투자하기도 한다. 루이비통, 구찌 같은 고가의 제품들이 이에 해당한다.

1.4 미탐색품

미탐색품(unsought products)은 소비자들이 그 제품에 대해 모르거나, 그 제품을 구

헌혈의 경우 평상시 인지하지 않다가 외부자극(광고 혹은 로고)에 의해 환기되기도 한다.

매하려고 미처 생각하지 않는 제품들을 말한다. 소비자들이 광고 등을 통해 제품에 대해 알기 전까지의 새로운 혁신 제품들도 여기에 속할 수 있다. 더불어 우리가 알고 있지만 찾지 않는 대표적인 예로는 적십자의 헌혈이 있다.

2. 산업재

산업재(industrial products)는 다른 제품의 생산이나 재판매를 위하여 제조업자, 도·소매상, 정부, 병원 등의 기업이나 기관, 기타 조직체들이 구매하는 제품을 말한다.

2.1 원자재와 부품

원자재와 부품(materials and parts)은 최종 제품을 생산하는 데 있어서의 처리 및 부분품을 말한다. 원자재와 부품은 원료, 가공재, 부품 등을 포함한다. 원료(raw materials)는 밀, 채소 등의 농산품과 목화, 원유, 철광석 등과 같은 천연 재료로 나눌 수 있다. 가공재 및 부품(manufactured materials and parts)은 철, 원사, 시멘트와 같은 구성원자재(component materials)와 소형 모터, 타이어 등과 같은 부속품(component parts) 등을 포함한다.

2.2 자본재

자본재(capital items)는 제품의 일부분을 구성하지는 않지만 제품 생산에 도움을 주는 산업용품으로 설비품(installations)과 부속장비(accessory equipment) 등이 이에 해당된다. 설비품은 공장, 사무실 등과 같은 건물과 컴퓨터, 엘리베이터 등과 같은 고정설비(fixed equipment)로 구성된다. 부속장비는 이동용 생산 장비 및 생산 도구와 컴퓨터, 팩스, 책상 등의 사무용 설비 등을 포함한다. 이들은 설비품에 비해 제품 수명이 짧으며 단순히 생산 과정에 도움을 준다.

2.3 소모용품과 서비스

소모용품(supplies)은 완제품 생산에 투입되는 것이 아니라 윤활제, 컴퓨터용지, 볼펜 등과 같이 회사의 운영을 위해 사용되는 용품들을 말한다. 소모용품은 구매가 쉽기 때문에 산업 현장에서의 편의품으로 분류될 수 있다. 비즈니스 서비스(business services)는 유지 · 수선서비스와 경영자문서비스 등을 포함하는데, 대체로 계약에 의해 제공된다.

제3절 제품 믹스 및 제품 계열

1. 제품 믹스

제품 믹스(product mix)는 기업이 판매하고자 제공하는 모든 개별 제품들로서 제품 계열과 제품 품목을 포함한다. 기업의 제품 믹스에는 네 가지의 중요한 차원이 있다. 제품 믹스의 폭(width), 길이(length), 깊이(depth), 그리고 일관성(consistency)이 바로 그것이다.

1.1 제품 믹스의 폭

제품 믹스의 폭(width of product mix)이란 기업이 취급하는 다양한 제품 계열의 수를 말한다. 예를 들어 삼성전자는 TV, 냉장고, 에어컨, 세탁기, 휴대폰, 컴퓨터 등의 제품 계열을 가지고 있는 것이다.

1.2 제품 믹스의 길이

제품 믹스의 길이(length of product mix)란 기업이 취급하는 제품의 총 개수 또는 각 제품 계열에 있는 평균적인 제품 수를 말한다.

1.3 제품 믹스의 깊이

제품 믹스의 깊이(depth of product mix)란 제품 계열 내에서 개별 제품이 제공하는

그림 7-2 제품 믹스의 기본 개념

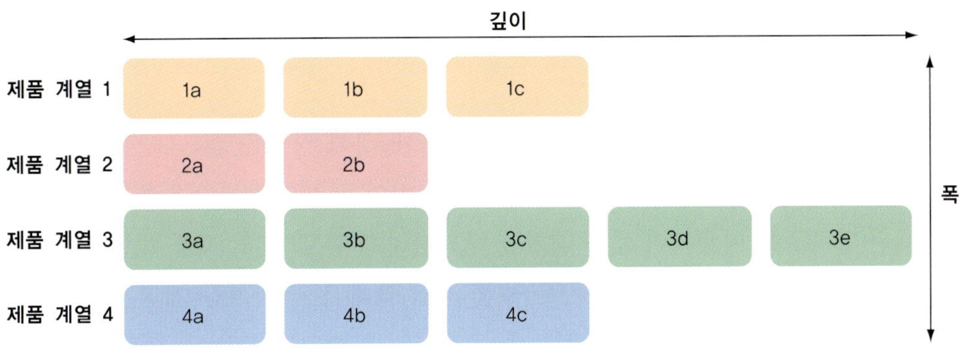

품목의 수로 각 제품이 얼마나 다양한 품목을 취급하고 있는지를 나타낸다. 삼성전자 냉장고를 살펴보면 일반 냉장고, 양문형 냉장고, 김치 냉장고 등으로 나눌 수 있다.

1.4 제품 믹스의 일관성

제품 믹스의 일관성(consistency of product mix)은 제품 믹스상의 다양한 제품 계열들이 최종 사용 용도, 생산 시설, 유통채널 등의 측면들에서 얼마나 관련되어 있는가를 나타내는 것이다.

[그림 7-2]는 제품 믹스를 개념적으로 표현한 것이다. 여기서 제품 믹스의 폭은 4개(제품 계열 1~4), 제품 믹스의 길이는 13개, 제품 믹스의 깊이는 평균 3개(2~5개)인 것을 알 수 있다.

2. 제품 계열

제품 계열(product line)은 기업 내에서 서로 관련된 개별 제품들의 집합을 말한다. 구체적으로 말하자면, 서로 유사한 기능을 가지고 있는 제품들, 동일한 고객에게 판매되는 제품들, 동일한 생산 공정을 거치는 제품들, 혹은 동일한 유통경로를 이용하는 제품들과 같은 제품들의 집합이다.

대부분의 기업들은 시간이 경과함에 따라 기존에 보유하고 있는 제품 계열에 새로운 제품을 추구하고자 한다. 기업이 모든 시장을 포괄적으로 공략할 수 없으므로 제품 계열 담당자는 제품 계열의 길이를 결정해야 한다. 제품 계열이 너무 짧을 경우, 담당자는 추가적으로 새로운 제품 항목을 투입함(addition)으로써 이익을 증대시킬 수 있다. 반대로 제품 계열이 너무 길 경우 담당자는 항목들을 제거함(deletion)으로써 이익을 증대시킬 수 있다. 제품 계열의 길이는 기업의 목표에 의해 영향을 받는다. 높은 시장 점유율을 추구하는 경우에는 길이를 확장하려고 할 것이고, 단기간에 이익을 얻기 위해서는 선택된 항목들을 이용하여 짧은 계열을 관리하려고 할 것이다. 제품 계열 관리 담당자가 실시할 수 있는 제품 계열 전략은 제품 계열 확대 전략과 제품 계열 축소 전략으로 나누어 볼 수 있다.

2.1 제품 계열 확대 전략

일반적으로 제품 계열을 증가시키는 방법은 제품 계열을 확대시키는 확대 전략과 기존 제품 계열 내 추가하는 확충 전략의 두 가지로 구분된다. 여기서는 세 가지의 확대 전략과 한 가지의 확충 전략에 대해서 자세히 살펴보기로 하자.

(1) 하향 확대 전략

하향 확대 전략(stretching downward)은 기존의 고품질-고가격 제품에 대하여 저가격-저품질 제품을 추가하는 전략이다. 고급 재화 이미지를 구축한 에스콰이아는 중저가 시장에 진출하기 위해 '미스미스터'라는 브랜드를 이용하였다. 이는 소위 말하는 명품에서도 실시하는 전략이다. 아르마니가 내놓은 아르마니 익스체인지, 프라다의 미우미우 등이 여기에 속한다.

하향 확대 전략은 기존 고급 시장이 둔화되기 시작하거나, 기존 고급 제품의 이미지가 중저가 제품 시장에서 효과적으로 이용될 수 있을 때, 그리고 중저가 시장에 경쟁자가 진입하기 전에 시장 선점을 위해서 사용할 수 있다. 그러나 하향 확대 전략은 기존에 저가 제품을 취급하는 기업들로부터 역으로 상향 확대를 통한 위협을 받거나, 기존에 고급 제품을 취급하던 소매업자들로부터 저가 제품의 판매를 거부 당할 수 있는 위험을 내포한다.

(2) 상향 확대 전략

상향 확대 전략(stretching upward)은 기존의 저가 제품에 대하여 고가의 제품을 추가

그림 7-3 제품 계열 확대 전략

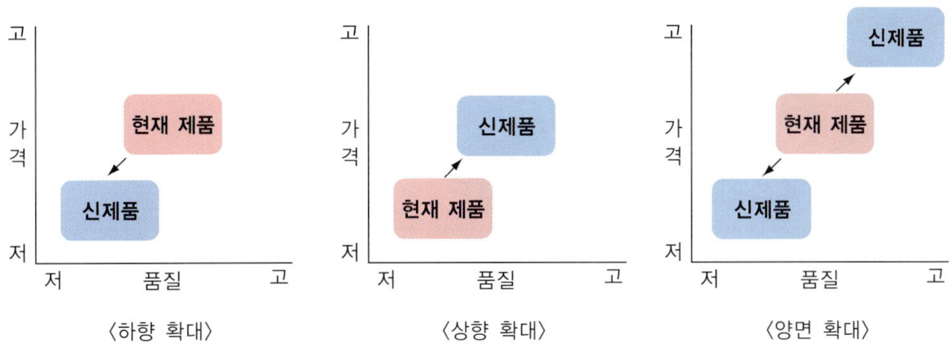

하는 것이다. 현대자동차는 초기 소형 자동차에서 차츰 중형차, 고급차로 제품을 추가하는 전략을 사용하였다. 기업들이 상향 확대 전략을 추진하려는 이유는 고급 시장의 규모 증가, 높은 마진, 모든 항목을 취급하고자 하는 욕구 등 때문이다. 그러나 상향 확대 전략은 위험을 동반한다. 구체적으로 기존 고급 시장에 있는 기업들이 진입장벽을 구축하여 신규 기업의 진입을 어렵게 할 수 있다. 또한 잠재적인 소비자들이 신규로 진입한 기업에서 제작한 제품의 품질을 신뢰하지 않을 수 있다. 이런 시장에서의 문제와 더불어 저가를 생산하던 기업이 고급 제품을 생산하는 능력을 키우는 것도 어려운 부분이다.

(3) 양면 확대 전략

양면 확대 전략(stretching both ways)이란 중가 시장에 위치한 기업이 고품질-고가격대, 저품질-저가격대 제품을 모두 추가하는 전략이다. 이 전략은 주로 중산층 소비자에게 집중하던 기업이 저가 제품과 고급 제품 소비자 모두에게로 시장을 확대하고자 할 때 사용할 수 있다. Marriott 호텔은 고급 지향 상품으로 Marriott Marquis 호텔을 선보였고, 저가 호텔로는 비즈니스맨을 위한 Courtyard와 휴가 여행객들을 위한 Fairfield Inn을 추가하였다.

(4) 계열 확충 전략

계열 확충 전략(filling in the product line)은 기존의 제품 계열 내에서 제품을 추가하는 것으로 하나의 제품 계열 내에서 공백을 메우고, 경쟁 제품의 진입을 막기 위하여 사용된다. 또한 기업의 과잉 설비 및 유통업자를 만족시키기 위해서 사용되는 경우도 있

스마트 제품 시장의 확대는 유사 제품군(폰, 패드, 컴퓨터) 간의 자기 시장 잠식 가능성의 위험을 내포한다.

다. 그러나 지나친 계열 확충은 자기 잠식(cannibalization)이 발생하거나 소비자들을 혼란스럽게 할 수 있다. 자기 잠식은 신제품이 타사의 제품을 사용하는 고객을 끌어들이는 것이 아니라 자사의 기존 제품의 구매자를 끌어오는 것으로 기업의 이익 증가에는 별다른 영향이 없다. 그러므로 기업은 새로운 항목이 기존에 존재하는 제품들과 구별되는 차이점이 있는지를 판단하는 것이 필요하다.

2.2 제품 계열 축소 전략

제품 계열 축소 전략은 계열 내 일부 품목의 수를 줄이는 것을 말한다. 초기에 기업은 기업의 생산 능력 및 소비자의 욕구를 만족시키기 위한 방법으로 다양한 유형의 제품을 개발하여 시장에 투입하여 왔다. 그러나 항목들의 증가로 인해 마케팅 비용도 같이 증가하는 문제가 발생하였다. 이런 문제가 야기될 경우 마케터는 계열 축소를 고려해 보아야 할 것이다.

제품 계열 축소를 고려해야 할 경우는 다음과 같다. 계열 내의 품목들 중에서 이익을 내지 못하거나 품목들 간의 상호 경쟁으로 인해 기업의 이익에 기여하는 수준이 낮을 때, 매출액 대비 기업의 자원이 과도하게 투입될 때, 혹은 제품 품질의 향상으로 기존 품목들이 진부화될 경우 등이 바로 그것이다. 이때 기업은 제품 계열 축소 전략을 사용하는 것이 효과적일 수 있을 것이다.

제4절 포 장

포장(packaging)이란 제품을 보호하기 위한 용기 또는 포장물을 설계하고 생산하는 활동들을 말한다. 포장의 기본 기능은 제품을 보호하고 유지하는 것이다. 그러나 점차 포장은 마케팅의 중요한 요소가 되어 가고 있다. 잘 설계된 포장은 편의성과 더불어 촉진으로서의 역할을 할 수 있기 때문이다.

다음에 제시하고 있는 여러 요인들로 인해 포장은 마케팅 도구로서 그 중요성이 증대되고 있다.

1. 셀프서비스

할인점, 슈퍼마켓, 편의점 등과 같은 다양한 소매상들의 증가로 많은 제품들은 소비자가 직접 선택하는 셀프서비스(self-service)를 통해 판매되고 있다. 모든 제품의 50퍼센트 이상이 충동적으로 구매되는 상황에서 효과적인 포장은 '5초간의 상업 광고'로서의 역할을 수행하게 되는 것이다. 포장이 효율적인 판매 도구가 되기 위해서는 '주의 끌기, 제품 특성 설명하기, 소비자에게 확신 주기, 전체적으로 좋은 인상 주기'의 역할을 해야 한다.

2. 소비자의 풍요함(consumer affluence)

소비자들은 소득의 증대에 따라 보다 편리하고 외관이 좋으며, 믿을 수 있는 제품을 얻기 위해서 더 많은 비용을 지불할 용의가 있다.

3. 기업과 브랜드 이미지(company and brand image)

포장은 기업 또는 브랜드가 즉시 인지될 수 있도록 도와준다. 하나의 촉진 도구로서

Marketing Point

향수 자극하는 '빈티지 마케팅' 바람

유통업계가 소비자에게 친근하게 다가가기 위해 향수를 자극하는 '빈티지 마케팅'에 적극 나서고 있다. 포장에 복고풍 스타일의 디자인을 적용하고 브랜드의 역사와 정체성을 담은 한정판 제품을 잇따라 내놓고 있는 것.

농심 켈로그는 최근 시리얼과 빈티지한 디자인을 적용한 틴케이스(깡통케이스)를 함께 판매하면서 소비자에게 좋은 반응을 얻고 있다. 켈로그는 이 틴케이스에 자사가 1900년대에 사용했던 아메리칸 빈티지 스타일의 포스터와 삽화를 그려 넣었다. 켈로그 관계자는 "이 틴케이스는 특별한 광고나 홍보 없이 프로모션 1주일 만에 300건 이상의 블로그 포스팅을 통해 알려졌고 인스타그램 등 소셜네트워크서비스(SNS)에서 화제가 되고 있다"며 "제품이 아직 품절되지 않은 매장에 대한 정보까지 공유하고 있는 상황"이라고 말했다.

코카콜라도 100주년을 맞아 1920년부터 2010년까지 코카콜라의 대표적인 광고 캠페인과 캐릭터 10가지를 골라 병을 디자인했다. 특별 한정판 '100년의 헤리티지 에디션'에는 코카콜라의 첫 광고인 'Drink, Coca-Cola' 메시지를 넣은 에디션, 코카콜라에서 가장 유명한 캐릭터 중 하나인 '스프라이트 보이'가 새겨진 에디션, 팝의 전성기였던 1980년대의 'Can't Beat the Feeling' 광고를 테마로 한 에디션, 코카콜라의 상징과도 같은 북극곰을 담은 에디션 등 코카콜라의 100년 역사가 담겨 있다.

유명 캐릭터와의 컬래버레이션을 통해 추억을 불러일으키는 업체도 있다. 메이크업 브랜드 에스쁘아는 지난 1월 1980년대 인기 캐릭터 '스머프' 컬렉션을 출시해 일주일 만에 준비수량을 모두 판매하는 기록을 세웠다. 던킨도너츠도 지난 5월 스머프 캐릭터를 물병으로 형상화한 '스머프 보틀' 프로모션을 진행했다.

유통업계 관계자는 "업체들은 빈티지 마케팅을 통해 브랜드나 제품에 대한 친근하고 긍정적인 이미지를 형성할 수 있고 한정판으로 소장가치가 높여 소비자들의 구매욕구를 상승시키고 있다"며 "키덜트족(어린이의 감성을 추구하는 어른)이 늘어나면서 빈티지 마케팅 열풍은 더욱 활발하게 일어날 것"이라고 말했다.

출처 : 매일경제, 2015.6.30.

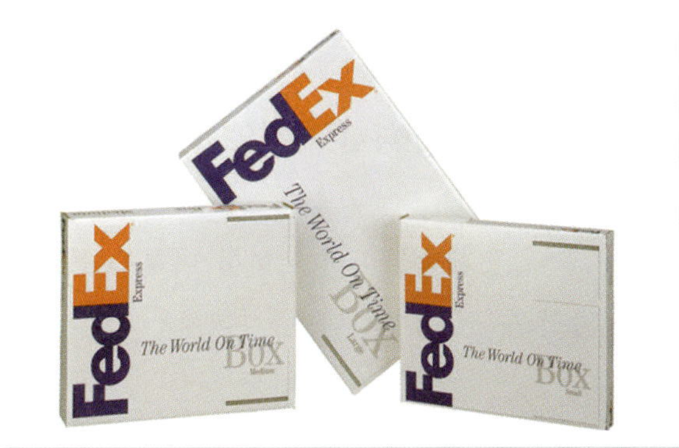

소비자들은 페덱스 로고가 들어간 포장을 통해 브랜드를 쉽게 인지하고 구분한다.

의 역할을 수행하는 것이다.

4. 혁신 기회(innovation opportunity)

혁신적인 포장은 소비자에게는 많은 편익을, 생산자에게는 더 많은 이익(시장 점유율 등)을 가져다줄 수 있다. 혁신적인 포장은 소비자들로 하여금 저장과 사용을 용이하게 함으로써 소비를 늘리게 하고 결국 판매의 증가를 가져오게 한다. 고형 비누에서 액체형 비누로의 확장, 튜브형 치약에서 펌프형 치약으로의 확장, 지퍼로 된 비닐 패키지 같은 제품들이 그 대표적인 예이다.

5. 차별화 도구

포장은 자사의 제품을 경쟁 제품과 차별화할 수 있는 중요한 도구이다. 소비자의 주의를 끌 수 있는 독특하고 화려한 포장, 사용이 편리한 포장 등은 모두 제품을 차별화하는 역할을 담당한다. 이는 제조기술의 발달로 제품 품질이 비슷해진 현대 시장에서 특히 중요한 기능이다.

포장을 개발하는 데 있어서 제조업자는 다음과 같은 요소들을 고려해야 한다.

첫째, 개발에 대한 원가이다. 다양한 재료와 디자인으로 구성된 포장은 제품의 가치를 높이는 데 효과적이다. 따라서 소비자가 구매 시 추가적으로 더 많은 비용을 부담해야 하는 경우가 발생될 수 있다.

둘째, 포장의 안전성이다. 포장의 기본적인 기능은 제품의 보호이다. 뛰어난 디자인이나 재료에도 불구하고 제품의 안전성을 보장하지 못한다면 그것은 좋은 포장이 될 수 없다.

셋째, 포장의 일관성이다. 포장은 기업 내의 다른 제품들과의 조화를 이루는 동시에 소비자들에게는 기업의 일관된 이미지를 전달할 수 있어야 한다.

제5절 브랜드

소비자는 브랜드를 제품의 가장 중요한 부분으로 인식하며, 브랜드는 제품의 가치를 더해 줄 수도 있다. 이런 이유로 제품관리에서 제품의 설계 및 결정과 더불어 중요한 역할을 하는 것이 브랜드를 정하는 것이다. 본 장에서는 우선 브랜드 개념 및 브랜드 의사결정과정에 대해 설명하고 브랜드 자산과 관련된 내용들에 대해서 다루기로 한다.

1. 브랜드의 의미와 역할

브랜드(brand)란 자사의 제품을 경쟁사의 제품들과 구별하기 위해 사용하는 이름, 용어, 사인, 심벌, 디자인 또는 이들의 결합체를 말한다. 속성과 편익의 집합인 제품과 달리 브랜드는 속성 수준의 집합을 말한다. 예를 들면 자동차는 가격, 연비, 승차감, 안전도의 속성(attributes)으로 구성되는 반면 '메르세데스'라고 하는 브랜드는 3억원의 가격, 10km의 연비, 안락한 승차감, 그리고 우수한 안전도의 속성 수준(attribute levels)으로 구성된다.

브랜드가 소비자에게 제공하는 긍정적인 역할은 다음과 같다.

첫째, 브랜드는 제품의 생산자 또는 판매자를 식별할 수 있게 한다. 특히 기능이나 속성이 유사한 제품일수록 브랜드가 없다면 소비자들은 구분하기 어렵다. 둘째, 브랜드는 소비자에게 제품 특징, 편익, 서비스 등을 일관성 있게 제공하겠다는 판매자의 약속이다. 그러므로 소비자들은 언제나 그들이 같은 제품을 구매할 때마다 같은 품질을 얻게 된다는 것을 알게 되는 것이다. 셋째, 브랜드는 소비자의 쇼핑 효율성을 증대시킨다. 판매점에서 브랜드가 없는 상품들만 진열된다면 소비자들은 쇼핑할 때마다 어떤 제품을 선택할 것인지 결정하는 데 많은 시간을 쓰게 되는 것이다. 넷째, 브랜드의 중요한 역할 중 하나는 브랜드명을 통해서 소비자들이 제품의 속성 및 편익을 쉽게 인지할 수 있다는 것이다. 왜냐하면 브랜드명의 대부분은 제품의 특별한 품질 및 속성과 같은 요소에 기초해서 만들어지기 때문이다.

브랜드는 소비자뿐만 아니라 기업에게도 이점을 제공한다. 첫째, 강력한 브랜드는 시장 내의 진입장벽을 구축하는 역할을 하여 경쟁적 우위를 점할 수 있게 한다. 둘째, 선호 브랜드는 신제품 도입을 보다 쉽게 만든다. 셋째, 유통업자와의 관계에서 우위를 차지할 수 있다. 경쟁사에 대비하여 더 좋은 진열대를 확보하고 유통업자의 추가적인 촉진 관련 요구들을 거절할 수 있다. 넷째, 브랜드 이미지가 좋을 경우 고가를 책정하여 이익을 추구할 수 있다.

2. 브랜드 의사결정

브랜드는 마케팅 담당자들에게 어려운 결정을 하게 만든다. 전략적 브랜드 의사결정을 하기 위해서는 우선 제품에 브랜드를 부여할 것인가를 먼저 결정해야 한다. 일반적으로 브랜드를 가지고 있는 제품들은 그렇지 않은 제품보다 시장 내에서 영향력이 더 크다. 최근에는 야채, 채소 등과 같은 농산품에도 브랜드를 부여하는 추세이다.

[그림 7-4]는 기업이 전략적인 브랜드 의사결정을 하기 위한 주요 결정 단계들에 대

그림 7-4 전략적인 브랜드 의사결정

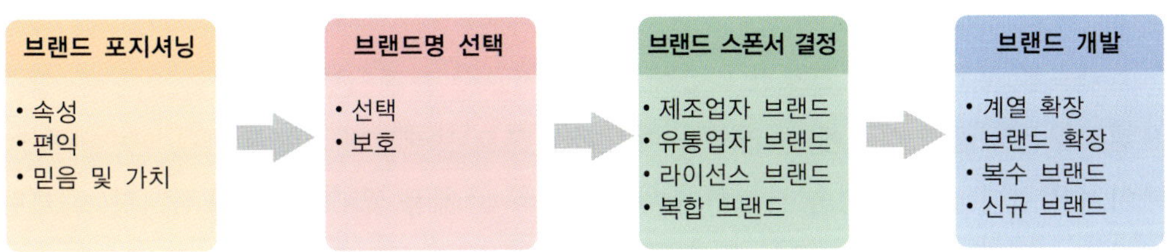

출처 : Kotler, P. and G. Armstrong(2008), *Principles of Marketing*, 12th edition, Prentice Hall, p.231.

해 제시하고 있다. 각 과정들에 대해서 자세히 살펴보기로 한다.

2.1 브랜드 포지셔닝(brand positioning)

마케팅 담당자는 그들의 브랜드를 소비자의 마음속에 위치시키는 것이 필요하다. 그들은 3가지 수준으로 포지셔닝을 할 수 있다. 가장 낮은 수준은 제품 속성을 가지고 포지셔닝을 하는 것이다. 이 방법은 포지셔닝 하기 쉬운 반면에 경쟁사가 쉽게 속성을 모방할 수 있다는 문제가 있다. 더 중요한 것은 소비자들은 제품 자체의 속성보다는 제품의 속성들이 그들에게 어떻게 기여할 것인지에 더 많은 관심을 가지고 있다는 것이다. 더 강력한 포지셔닝은 관심 있는 편익을 연상시키는 이름(브랜드명)을 가지고 있을 때 이루어진다. Volvo가 주는 안전함, Harley-Davison이 주는 모험, FedEx가 주는 배송의 정확성 등과 같은 예가 여기에 속한다. 가장 강력한 브랜드는 믿음과 가치에 의해 포지셔닝이 될 수 있다. 이를 가진 브랜드들은 감정적으로 큰 영향력이 있다.

볼보는 안전성(safety)으로 포지셔닝 전략을 지속적으로 진행하여 인식을 확립하였다.

2.2 브랜드명 선택(brand name selection)

브랜드를 부착하기로 결정한 다음에는 구체적으로 브랜드명을 결정해야 한다. 좋은 브랜드명은 제품의 성공에 큰 영향을 미치게 되므로 브랜드명 결정은 매우 신중하게 이루어져야 한다. 브랜드명을 결정하기 위해서는 우선 제품 및 그 편익, 표적시장, 마케팅 전략들에 대한 주의 깊은 검토가 필요하다. 더 나은 브랜드명을 선택하기 위해서는 크게 다음과 같은 5가지 요소들에 유의해야 한다.

브랜드명을 들으면 제품의 상황 혹은 연상이 쉽게 이루어지기도 한다.

첫째, 브랜드명은 제품의 편익이나 품질을 전달할 수 있어야 한다. 미국의 Sunkist는 초기에 캘리포니아의 태양을 받고 자란 과일이라는 의미의 'Sun Kissed'(태양에게 입맞춤을 받은)에서 지금의 이름으로 변화하였다. 또한 제품의 기능을 쉽게 표현한 세제 브랜드 '한스푼'도 그 대표적인 예이다.

둘째, 발음하기 쉽고, 인지하기 쉽고, 기억하기 쉬워야 한다. 특이한 브랜드명을 사용하거나 짧고 단순한 단어 혹은 음절(nonsense syllables)들을 사용함으로써 기억하기 쉽도록 해야 한다. 예를 들어 'International Business Machine'보다는 IBM이 훨씬 기억하기 쉽다. 그러나 일부 식품 브랜드에서 상품이나 특징을 브랜드명에 도입하기도 한다. 아침에 주스 자몽(서울우유), 햇살담은 자연숙성 맛간장(청정원) 등은 소비자들이 기억하기 어렵다는 단점이 있으나 제품의 특성을 쉽게 풀어서 제시함으로써 소비자에게 어필할 수 있다는 이점도 있다.

셋째, 브랜드는 그 고유의 특색이 있어야 한다. 풀무원이라는 브랜드명은 그 기업에서 생산되는 제품들이 자연과 관련되어 있다는 것을 소비자들에게 암묵적으로 인지시키며 경쟁사와의 차별화를 꾀하고 있다.

넷째, 외국어로 번역하기 쉬워야 한다. 이 경우는 기업이 세계 시장에 진출할 경우 문제가 되기도 한다. 국내에서는 긍정적인 의미로 사용되는 단어들이 다른 나라에서는 부정적인 이미지를 연상시킬 수도 있기 때문이다. 예를 들어 일본 ANA 항공(All Nippon Airways Co. Ltd.)의 경우 한자로 변경하면 '全日本空輸株式會社(전일본공수주식회사)'이다. 중국 비즈니스맨들 사이에서 '全, 日, 空'은 '하루종일 공치다, 하는 일 없다'라는 부정적인 의미로 받아들여져서 이 항공사의 탑승을 꺼리게 만들었다.

다섯째, 브랜드명은 등록 및 법적 보호를 받을 수 있어야 한다. 브랜드가 소유권과 사

다른 문화 혹은 다른 언어 국가로 진출할 경우 소비자에 의해 브랜드명이 왜곡되어 받아들여질 수도 있다.

용권에 관한 법적인 보호를 받지 못할 경우 동일 또는 유사한 타 브랜드에 의한 피해를 받을 수 있다.

2.3 브랜드 스폰서 결정

브랜드 부착을 결정하고 브랜드명을 정하였으면 그 다음은 브랜드의 스폰서(brand sponsor)를 누구로 할 것인가를 결정해야 한다. 크게 다음과 같은 4가지의 경우로 나누어 살펴볼 수 있다.

(1) 제조업자 브랜드

제조업자 브랜드(manufacturer's brand)는 제조업자가 자신이 생산한 제품에 자신의 브랜드를 붙이고 마케팅 전략을 실행하는 것을 말한다. 제조업자들은 강력한 브랜드 애호도를 구축하기 위해 광고와 촉진 활동에 많은 비용을 투입한다. 그리고 제조업자들은 전국적으로 동일한 브랜드를 사용하기 때문에 이 브랜드는 전국적 브랜드(national brand)라고도 불린다. 우리가 일반적으로 알고 있는 코카콜라, 롯데제과, 농심 등과 같은 기업 브랜드들이 여기에 속한다.

(2) 유통업자 브랜드

제조업자 브랜드는 대부분 아주 오랫동안 시장 내에서 우위를 차지하였으나 최근 백화점, 할인점 및 많은 소매점들을 중심으로 자신의 브랜드를 소유하기 시작했다. 이렇게 대형 소매업자들이 자기 브랜드를 개발하면서 제조업자 브랜드와의 경쟁이 치열하게 됨에 따라 브랜드 전쟁(battle of the brand)이 심화되었다. 유통업자 브랜드(private

최근에는 대형마트뿐만 아니라 편의점에서도 자체 PB브랜드 개발을 통해 매출증대 전략을 추진하고 있다.

brand or distributor brand)는 제조업자가 생산한 제품에 유통업자가 자체적으로 개발한 브랜드를 부착하는 것을 말한다. 우리가 일반적으로 PB 브랜드라고 줄여서 말하고 있는 것들이 그것이다. 이 브랜드는 미케팅 전략을 유통업자가 직접 통제한다는 특징이 있다. 우리나라에서는 할인점인 이마트에서 개발한 '이베이직'과 '자연주의' 그리고 롯데마트의 '와이즐렉'이 그 좋은 예이다. 또한 일부 유통업자들은 자체 개발의 부담 등으로 인해 외국에서 직수입한 브랜드를 독점 판매하는 등의 방식으로 PB 제품을 공급하기도 한다. 현대백화점의 '쥬시꾸뛰르'가 그 예라고 할 수 있다.

(3) 라이선스 브랜드(licensed brand)

많은 제조업자들이 그들의 자체 브랜드를 만들기 위해 많은 시간과 엄청난 비용을 투입한다. 그러나 일부 기업들은 다른 제조업자들, 인기 있는 영화나 책, 유명인들에 의해 만들어진 이름이나 심벌들을 사용하기도 한다. 디즈니, 워너브라더스의 캐릭터들을 사용한 브랜드들이 여기에 속한다.

(4) 복합 브랜드

복합(공동) 브랜드(co-branding)는 하나의 제품에 두 개 이상의 다른 기업의 브랜드들을 함께 부착하는 것을 말한다. LG전자가 IBM과 공동으로 LG-IBM PC를 공급한 것이 그 예이다. 복합 브랜드 전략을 사용할 경우 기업 간 서로 다른 제품 카테고리 내에서 유명한 브랜드 간의 결합을 통해 소비자들을 유인하고 브랜드 가치를 더욱 강화시킬 수 있다. 또한 독자 진출이 힘든 제품 카테고리 내에 자사의 브랜드를 쉽게 진출시킬 수 있다. 복합 브랜드는 이와 같은 장점을 가지고 있는 반면에 기업 간 법적 계약 문제, 광고 및 판매 촉진과 관련된 문제를 조정하는 데 어려움이 발생할 가능성도 또한 존재한다.

참고로 단독으로 브랜드를 개발 · 관리하기 힘든 중소기업들이 공동으로 브랜드를 개발 · 사용하는 '협동 브랜드'라는 개념도 있다.

2.4 브랜드 개발 전략

기업은 네 가지 유형으로 브랜드 개발 전략(brand development strategy)을 수립할 수 있다. 현재의 제품 계열에서 새로운 형태, 크기, 맛 등을 확장시키면서 현재의 브랜드를 사용하는 계열 확장 전략, 현재의 제품을 새로운 제품 카테고리로 확장시키는 브랜드 확장 전략, 같은 제품 카테고리 내에서 새로운 브랜드를 추가하는 복수 브랜드 전략, 새로운 제품 카테고리에 새로운 브랜드를 만드는 신규 브랜드 전략이 있다.

(1) 계열 확장

계열 확장(line extension)은 기업이 동일한 브랜드명하에서 새로운 맛, 형태, 색상, 재료, 원료, 포장 규모 같이 추가적으로 품목을 도입할 때 사용되는 전략이다. 신제품 개발 활동의 대부분은 계열 확장에 의해 일어난다.

기업이 계열 확장 전략을 사용하는 데는 몇 가지 이유가 있다. 우선 다양성을 추구하는 소비자의 욕구에 부합하거나, 잠재적인 소비자의 욕구를 파악 및 발견하기 위해서이다. 또한 과잉 제조 생산 능력이 기업에게 부가적인 품목을 도입하여 계열 확장을 하게 하거나, 경쟁사의 성공적인 계열 확장에 대응하고자 사용되기도 한다. 일부 기업들은 소매상들에게 많은 판매 선반 공간을 요구하기 위해 계열 확장을 도입한다.

그러나 기업들이 많이 사용하고 있는 계열 확장 전략에는 몇 가지 위험이 내포되어 있

그림 7-5 브랜드 개발 전략

출처 : Kotler, P. and G. Armstrong(2008), *Principles of Marketing*, 12th edition, Prentice Hall, p.237.

코카콜라는 소비자의 욕구에 맞춰 계열을 확장하였다.

다. 첫째, 지나치게 확장된 브랜드명은 브랜드의 독특한 의미를 상실할 수도 있다. Coke의 예를 살펴보면, 과거에 소비자들이 Coke를 원하면 그들은 6온스의 병을 구매하는 것으로 선택이 끝났다. 그러나 지금 Coke를 구매하고자 하면 어떤 맛의 Coke, 레귤러 또는 다이어트, 카페인 또는 무카페인, 병 또는 캔을 원하는지를 선택해야 한다. 둘째, 많은 계열 확장은 기업의 개발 및 촉진 비용을 충당할 만큼 많이 판매되지 않거나, 같은 계열 내의 다른 품목들의 소비를 감소시킬 수도 있다. 그러므로 효과적인 계열 확장은 기업의 다른 품목들의 판매를 감소시키는 자기잠식(cannibalization)이 아닌, 경쟁사 브랜드 대비 판매가 많이 발생될 때 이루어진다.

(2) 브랜드 확장

브랜드 확장(brand extension)은 하나의 성공적인 브랜드명을 신규 또는 수정된 제품 카테고리에 사용하는 전략을 말한다. P&G가 Ivory의 브랜드명을 식기세척기 세제, 액체 비누, 샴푸 등에 도입하거나, Honda가 자동차, 오토바이, 제설차, 잔디깎기, 선박용 엔진, 스노우모빌 등에 도입한 것이 그 예이다.

브랜드 확장의 장점은 우선 개별 브랜드 대비 더 큰 시장 점유율과 더 많은 광고효과를 나타낸다는 것이다. 매우 긍정적으로 평가되는 브랜드명은 기업이 새로운 제품 카테고리에 진입하는 것을 도와주며 새로운 제품의 즉각적 인지와 빠른 수용을 할 수 있게 한다. 또한 새로운 상품이 고객에게 친숙해지는 데 드는 높은 광고비 및 촉진 비용을 절감하게 한다.

이와 같은 장점들을 보유하고 있음에도 불구하고, 브랜드 확장은 몇 가지 위험을 내포하고 있다. 첫째, 만약 확장된 브랜드가 실패할 경우 동일한 브랜드를 가진 다른 제품

장수 브랜드의 경우 제품명보다는 품목 혹은 범주명으로 인식되기도 한다.

들에게도 부정적인 영향을 줄 수 있다. 둘째, 과용으로 인해 기존 소비자의 마음속에서 특별한 포지셔닝을 잃어버릴 수도 있다. 즉, 브랜드 희석(brand dilution)이 발생할 수 있다는 것이다. 브랜드 희석은 소비자가 더 이상 브랜드를 특정 제품과 연결시키지 않거나 심지어 유사한 제품들을 통칭하게 될 때 발생할 수 있다. 미원, 다시다, 크리넥스 등이 그 대표적인 예이다.

(3) 복수 브랜드

복수 브랜드(multi-brands)는 기업이 동일한 제품 카테고리 내에서 두 개 이상의 브랜드를 사용하는 전략을 말한다. LG생활건강에서 치약 제품을 페리오, 죽염, 클라렌, 럭키 등으로 다른 브랜드명을 사용하는 것이 복수 브랜드의 예이다.

기업이 복수 브랜드 전략을 실행하는 이유는 다음과 같다. 첫째, 복수 브랜드는 다른 특징들을 나타내거나 다른 구매 동기들에 맞출 수 있다는 이점이 있다. 둘째, 복수 브랜드는 기업이 소매업자에게 더 많은 판매 공간을 제공하도록 요구할 수 있다. 셋째, 기업은 방패 또는 방어용 브랜드를 통해 주요 브랜드를 보호할 수 있다. 넷째, 기업은 소비자가 다른 제품을 희망할 때 자사의 다른 제품을 선택하도록 유인할 수 있다. 다섯째, 기업은 다른 문화 또는 언어를 쓰는 지역에 다른 브랜드를 도입할 수 있다.

이와 같은 긍정적인 측면에도 불구하고 복수 브랜드 전략은 약점을 가지고 있다. 첫째, 시장 내에서 각각의 브랜드가 낮은 시장 점유율을 가지게 되며, 일부는 이익을 내지 못할 수 있다. 둘째, 기업들은 높은 수익성을 가진 소수의 제품들에 집중하는 대신 너무 많은 제품들에 그들의 자원을 사용해야 하는 문제가 있다. 그러므로 기업들이 복수 브랜드를 도입하기 전에 기존 카테고리 내에서 브랜드 영향력을 명확히 인식하고 새로운 브랜드의 도입을 위해 치밀한 스크리닝 과정을 거쳐야 한다. 또한 자사 브랜드 간의 잠식이 이루어지지 않는지 여부도 고려해야 할 것이다.

(4) 신규 브랜드

신규 브랜드(new brand) 전략은 기업이 새로운 제품 카테고리에서 새로운 제품을 만들 때, 기존에 기업에서 가지고 있던 브랜드명을 사용하는 것이 아니라 새로운 상표명을 도입하는 것을 말한다. 코카콜라사의 경우 새로운 제품을 출시할 때마다 네스카페, 파워에이드, 환타 등의 다른 브랜드명을 도입함으로써 개별 브랜드 전략을 실시하고 있다. 그러나 신규 브랜드 전략은 복수 브랜드 전략과 같이 기업이 생산하는 여러 가지 제품들에 대해서 서로 다른 브랜드명을 사용함에 따라 마케팅 자원을 분산시키는 문제가 발생할 수 있다. 이에 따라 P&G와 같은 일부 기업들은 초우량 브랜드(mega-brand) 전략을 도입하고 있다. 이는 경쟁력이 약한 브랜드들을 퇴출시키고 시장 점유율이 1~2위를 확보할 수 있는 브랜드에게만 그들의 마케팅 비용 등을 집중하는 것을 말한다.

3. 브랜드 자산

3.1 브랜드 자산의 의미

시장 내에서는 다양한 브랜드가 존재한다. Coca-Cola, Nike 등과 같은 브랜드는 오랫동안 그들의 힘을 유지하여 왔다. 이런 강력한 브랜드들을 일컬어 우리는 '높은 브랜드 자산을 가지고 있다'고 말한다. 브랜드 자산(brand equity)이란 하나의 브랜드가 고객에게 미치는 긍정적이며 차별적인 효과를 말한다. 여기서의 차별적인 마케팅 효과는 기업의 마케팅 활동에 대한 소비자의 반응의 차이로 브랜드 선호도, 브랜드 선택, 브랜드 확장, 제품에 대한 긍정적 평가 등을 통해 나타날 수 있으며, 최종적으로는 기업의 이익 증대에 기여한다.

구체적으로 높은 브랜드 자산은 기업에게 많은 경쟁우위를 제공한다. 강력한 브랜드는 소비자의 높은 브랜드 인지(brand awareness)와 브랜드 충성도(brand loyalty)를 가진다. 여기서의 브랜드 인지는 소비자가 한 제품 카테고리에 속한 특정 브랜드를 재인(recognition)하거나 회상(recall)하는 것으로 브랜드 자산 구축의 기본 단계라고 할 수 있다. 그러므로 특정 브랜드가 높은 신뢰성을 가지게 되면 해당 기업에서 제품 계열 및 브랜드 확장을 하는 데 유리하다. 예를 들어 Coca-Cola가 Diet Coke, Vanilla Coke 등

Marketing Point

포브스 '브랜드 가치평가' 1위는 애플, 삼성은 7위

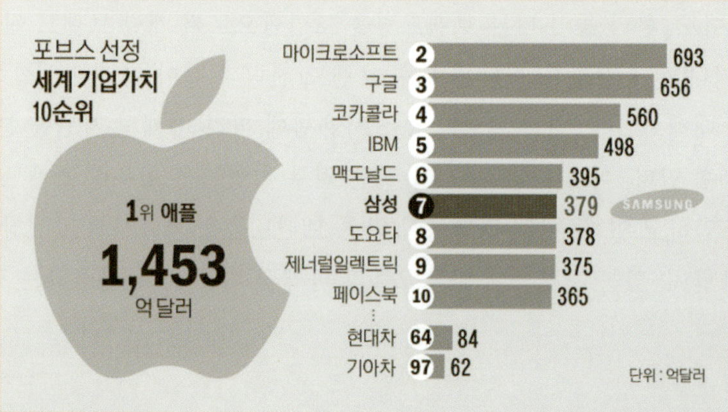

세계 시가총액 1위 기업인 애플이 포브스가 선정한 '브랜드 가치평가' 순위에서 올해도 1위 자리를 굳건히 지켰다. 국내 기업 중 삼성은 7위, 현대와 기아는 각각 64, 97위에 올랐다.

미 경제전문지 포브스는 13일(현지시간) 전 세계 100개 글로벌 기업을 대상으로 브랜드 가치평가 순위를 매긴 결과를 발표하며 이같이 보도했다. 포브스는 해마다 이 순위를 발표한다. 순위 산정 방식은 최근 3년 동안 기업의 전체 매출 중 브랜드 충성도로 거둔 매출의 비중을 따져 계산한다.

보도에 따르면 애플의 브랜드 가치는 1,453억 달러(159조 5,103억 원)로 집계됐다. 2014년 1,242억 달러에 비해 17%나 증가한 수치로 5년 연속 1위를 달성했다. 신문은 지난 2014년 4분기 아이폰 판매량의 증가가 큰 원인이라고 분석했다. 이 기간 동안 애플은 아이폰 총 7,048만 대를 팔아 2011년 이후 처음으로 삼성의 스마트폰 판매량을 넘어섰다.

삼성은 지난해 대비 순위는 올랐지만 증가율은 줄었다. 8위였던 삼성은 작년에 비해 8% 증가한 379억 달러(41조 6,066억 원)로 7위에 올라섰다. 그러나 2013년(295억 달러) 대비 18% 올랐던 작년 350억 달러(38조 2,375억 원)에 비해 증가율은 절반 가까이 떨어졌다. 현대는 전년보다 7% 오른 84억 달러(64위), 기아는 전년보다 11% 감소한 62억 달러(97위)를 기록했다.

2위는 마이크로소프트(MS)가 차지했다. 브랜드 평가가치는 전년보다 10% 정도 늘어난 693억 달러(76조 775억 원)였다. 구글(656억 달러), 코카콜라(560억 달러), IBM(498억 달러)은 전년과 동일하게 '톱5' 안에 들었다.

가장 약진한 기업은 페이스북과 아마존이었다. 페이스북의 평가가치는 전년보다 54% 증가한 365억 달러를 기록하며 올해 10위(작년 18위)에 올랐다. 아마존도 전년보다 32%가량 오른 281억 달러로 13위(작년 24위)에 올랐다.

출처 : 브릿지경제, 2015.5.14.

을 출시하는 것과 P&G가 아이보리 식기세척기 세제 등을 출시하는 것 등이다.

3.2 브랜드 자산의 측정

브랜드 자산의 측정은 그 브랜드가 시장에서 가지는 영향력의 정도로 알 수 있다. 이 방법은 보다 실제적으로 브랜드의 가치를 나타내 주는 것으로 마케터들에게 효과적으로 사용될 수 있는 방법이다.

(1) 비교 평가법

비교 평가법(comparative methods)은 특정 브랜드가 제시될 때 소비자가 얼마나 더 호의적으로 반응하는지를 평가하는 것으로 브랜드가 없는 제품 또는 다른 브랜드가 부착된 제품 대비 특정 브랜드에 대해 소비자가 느끼고 있는 추가적인 가치를 평가함으로써 측정할 수 있다.

비교 평가법은 소비자의 지불 의도에 따른 가격차를 측정하는 방법, 브랜드를 전환하는 데 필요한 가격 차이를 측정하는 방법으로 살펴볼 수 있다. 구체적인 방법을 살펴보면 다음과 같다.

첫째, 브랜드가 없는 제품 또는 다른 브랜드가 부착된 제품 대비 특정 브랜드에 대해 소비자가 느끼고 있는 추가적인 가치를 지불 의도를 가지고 평가할 수 있다. 소비자의 지불 의도에 따른 가격차를 평가하는 방법은 제품의 가격프리미엄을 결정하는 데 효과적으로 사용 가능하다.

둘째, 특정 브랜드에서 다른 브랜드로의 전환을 위해 추가적으로 지불할 수 있는 가격의 수준에 따라 평가하는 방법이다. 이를 통해 브랜드의 상대적 가치를 측정할 수 있다. 이 방법은 가격의 변화에 따라 선택하고자 하는 브랜드가 어떻게 변화하는지 측정한다는 점에서 브랜드명이 변화함에 따라 가격지불이 달라지는 첫 번째의 방법과는 차이가 있다.

(2) 총체적 평가법

총체적 평가법(holistic methods)은 특정 브랜드가 가지는 전반적인 시장 성과에 근거하여 평가하는 것을 말한다. 이 방법은 시장 점유율이나 주식 시장에서의 기업 평가를 기초로 브랜드 자산의 가치를 측정하는 방법이다. 이 방법에서는 비교 평가방법과 달리 브랜드의 전반적인 가치를 재무적인 수치로 파악한다.

총체적 평가방법은 다음과 같이 두 가지로 나누어 볼 수 있다. 첫째, 잔차적 평가법(residual methods)은 시장 내에서 특정 브랜드의 시장 점유율과 같은 시장 성과에서 물리적 제품 속성들에 의해 발생된 부분을 뺀 나머지 부분을 브랜드 가치로 평가하는 방법을 말한다. 둘째, 가치 평가법(valuation methods)은 재무 · 회계적 관점에서 브랜드의 가격을 책정하는 것으로 특히 인수합병, 라이선싱, 자금 유입과 관련된 업무에서 효과적으로 사용될 수 있다.

생각해 볼 문제

1. 당신은 가전제품 회사의 마케팅 담당자이다. 당신의 회사 TV는 현재 중저가 시장에 공급되고 있다. 당신의 회사는 새로운 TV를 기존 시장이 아닌 고품질-고가격 시장에 상향 진입시키고자 한다. 이때 고려해야 할 문제들은 어떤 것들인지, 당신 회사의 최대 경쟁사는 누구인지, 그리고 이 시장에 진입하기 위한 당신 회사의 차별화된 전략은 무엇인지 제시하시오.

2. "소비자들은 제품의 기능이 아니라 브랜드를 구매한다."
위의 명제에 대한 귀하의 의견을 제시하고, 그러한 의견을 도출하게 된 근거를 설명하시오.

3. 해외 시장에서 삼성전자의 제품을 구매하는 소비자들은 삼성전자의 브랜드 가치를 중요시하는가 혹은 대한민국의 국가 브랜드 가치를 중요시하는가? 삼성전자의 기업브랜드 가치와 대한민국의 국가 브랜드 가치의 영향력에 관하여 당신의 생각을 제시하시오.

참고자료

Elberse, A.(2006), "Principles of Product Policy," *Harvard Business Publishing*, May.

Farris, P. W., E. A. Gregg, B. Chinn and M. Razuri(2015), "Brand Equity: An Overview," *Harvard Business Publishing*, Feb.

Holt, D. B.(2003), "Brands and Branding," *Harvard Business Publishing*, Mar.

Kotler, P. and G. Armstrong(2008), *Principles of Marketing*, 12th edition, Prentice Hall.

Wilcox, R. T. and G. Yemen(2012), "Brand Positioning Statements," *Harvard Business Publishing*, Jan.

Case Study

브랜드의 개성을 찾아야 한다

마케팅은 치열한 아이디어의 싸움이다. 그러나 성공하고 싶다면, 노력을 집중할 자신만의 고유한 아이디어나 속성을 확보해야 한다. 그게 없다면 저렴한 가격이라도 내세울 수 있어야 한다. 그것도 '아주' 저렴해야 한다. 속성은 그 가치가 다 같지 않다. 다른 속성들보다 더 중요하게 고객들에게 다가가는 게 있다. 당신은 그중 가장 중요한 속성을 찾고 소유해야 한다.

충치 예방은 치약에서 가장 중요한 속성이다. 바로 이런 게 당신이 소유해야 할 속성이다. 그러나 '독점의 법칙'은 경쟁자가 취해 있었기에 성공을 거둔 속성은 논외 대상이 돼야 한다는 것을 단순한 진리로 강조하고 있다. 그렇다면 당신은 '2위' 속성을 취할 수밖에 없고, 해당 영역에서 더 낮은 시장점유율로 만족해야 한다는 말일까? 그렇지 않다. 현재의 '1위'가 영원한 1위가 되라는 법은 없다. 포착한 다른 속성의 가치를 극대화해 시장점유율을 높이는 게 당신이 해야 할 일이다.

자신이 현재 팔고 있는 제품과 정반대의 새로운 속성이 나왔을 때, 결코 코웃음 치고 넘어가지 않을 회사가 바로 면도기 시장의 1인자 질레트다. 질레트는 첨단 테크놀로지 면도기와 카트리지 시스템으로 꾸준히 업계 1위의 맹위를 떨쳐왔다. 그러던 중 프랑스의 신생 기업 하나가 '1회용' 면도기라는 정반대의 속성을 들고 영역 안으로 들어왔다. 이때 질레트는 그 사실을 무시하고, '시장에서는 견고하고, 고급스럽고, 첨단기술로 만들어진 면도기를 원한다'는 조사 결과만을 믿고 종전대로 밀고 나갈 수도 있었다. 그러나 다행스럽게도 질레트는 그러지 않았다. 대신 질레트는 '굿뉴스'라는 브랜드로 독자적인 1회용 면도기를 들고 시장으로 뛰어들었다. 비용은 많이 들었지만, 질레트는 1회용 면도기 싸움에서 승리할 수 있었다.

맥도날드의 '빠르다'는 속성을 같이 소유하려 했을 때 버거킹은 별 이득을 보지 못했다. 버거킹은 어떻게 했어야 하는가? 반대되는 속성을 이용해야 옳았을까? 그러나 '빠르다'의 반대되는 속성인 '느리다'는 패스트푸드라는 전체 비즈니스 속성과 맞아떨어질 수 없다. 어떤 매장이건 한 번만 들러 봐도 맥도날드가 소유하고 있는 또 다른 속성을 금세 발견할 수 있다. 바로 '아이들'이다. 맥도날드는 분명 꼬마들이 부모의 손을 이끌고 찾아가는 장소이며, 그 사실을 대내외에 알리고자 어린이용 놀이공간까지 갖추어 놓고 있다. 맥도날드가 아이들을 겨냥하고 있다면 버거킹은 성인층을 겨냥한 자리를 치고 들어갈 기회가 있다는 말이 된다. 물론 그 성인층에는 '아이'로 인식되고 싶어 하지 않는 아이들까지 포함된다. 그렇다면 10세 이상의 모든 사람들을 대상으로 삼을 수 있다.

이 개념이 실효를 거둘 수 있게 되려면 버거킹은 희생의 법칙을 적극 채용할 필요가 있다. 버커킹이 새로운 고객층을 겨냥한다면 대신 맥도날드에 아이들을 모조리 내주어야 하는 것이다. 놀이공간을 철거하는 수고는 들겠지만 대신 버거킹은 맥도날드 앞에 '어린이 전용공간'이라는 현판을 정식으로 내걸 수 있게 된다.

출처 : 스포츠경향, 2015.7.7.

Discussion Questions

기업이 브랜드 개성을 찾기 위해 가장 먼저 해야 할 일은 무엇인가?

위에서 제시된 사례 외에 브랜드 개성을 통한 성공 사례는 어떤 것들이 있는가?

제8장

신제품 개발 전략 및 제품수명주기

들어가며

'새로운 변화에 도전하다'…불황 넘는 기업들의 콜라보-컨버전스 전략

웹툰, 자동차와의 콜라보에서 복합문화공간 플래그십 스토어까지

여름을 맞아 아웃도어 업체들 간의 경쟁이 치열해지는 가운데 브랜드 아이덴티티 강화를 위한 업체들의 콜라보-컨버전스 전략이 눈에 띈다.

그 동안 아웃도어는 기능성 개발에만 치중하고 마케팅적으로는 콜라보레이션 및 융-복합에 소극적이었으나 최근 성장률이 둔화되면서 브랜드 아이덴티티의 강화를 위한 방편으로 다양한 분야와의 접목을 시도하고 있다.

신제품과 어울리는 업체와의 콜라보레이션부터 신개념의 복합문화공간의 플래그십 스토어에 이르기까지 다양한 방식으로 브랜드 인지도 상승과 브랜드 이미지 전환을 노리고 있다.

최근 펠주식회사의 '오프로드'는 컨버전스 플래그십 스토어 '077SPACE'를 오픈했다. 077 SPACE는 오프로드 의류 및 캠핑기어를 판매하면서 커피를 함께 즐길 수 있는 신개념 복합문화공간이다. '077'이라는 카페명은 OFFROAD의 'OFF'에서 착안해 '일상에서 일상을 BREAK 하자'는 OFF의 뜻을 담고 있다. 이를 통해 오프로드는 '어드벤처웨어'라는 아웃도어의 정의를 다른 시각으로 제시하며 새로운 브랜드 아이덴티티를 각인시킬 계획이다.

'마모트'는 유럽 정통 해양레포츠 브랜드 '미스트랄(mistral)'과 콜라보레이션을 진행해 마모트 매장에서 미스트랄의 래쉬가드를 선보였다. 이로써 마모트는 해양스포츠 활동을 일상에서 구현하는 해양 전문브랜드 미스트랄의 이미지에 힘입어 아웃도어에서 해양스포츠까지 아우르는 브랜드 이미

지를 소비자에게 전달하며 판매촉진을 노리고 있다.

화승의 '머렐'은 네이버 인기웹툰 '질풍기획'으로 유명한 웹툰 작가 이현민 씨와의 협업을 진행한다. 웹툰은 '질풍기획'이 '머렐'을 클라이언트로 맞아 광고전략을 수립하는 상황에서 에피소드를 코믹하게 그려내 '머렐'만의 친근한 브랜드 이미지를 만들어갈 계획이다.

MEH의 '밀레'는 프랑스 자동차 브랜드 '푸조'와 콜라보레이션을 통해 신규 골프라인을 출시했다. '푸조'의 사자 로고와 '밀레' 로고를 접목한 심플하고 모던한 디자인을 제작을 통해 '밀레' 골프웨어에 대한 인식의 전환을 이끌어 내겠다는 계획이다.

이처럼 다각화된 아웃도어 업체들의 컨버전스 전략이 업계 활성화에 도움을 줄지 귀추가 주목된다.

출처 : 서울경제, 2015.7.15.

제1절 신제품 개발 전략

기업은 현재 자사의 제품이 고객 욕구의 충족, 기술력, 유통망, 마케팅력(力) 등의 면에서 우수하여 시장에서 성공적으로 받아들여지고 있다고 하더라도, 기업의 지속적인 성장과 미래를 위하여 신제품을 지속적으로 개발하여 시장에 선보여야 한다. 더욱이 고객의 욕구, 기술의 발달, 시장의 거시적 환경의 끊임없는 변화는 기업의 비전 및 미션 그리고 기업 성과에 커다란 영향을 미친다. 기업이 신제품 개발에 지속적인 관심을 가져야 하는 당위성은 바로 여기에 있다. 신제품은 기업의 미래이다. 지속적인 신제품 개발의 필요성을 살펴보면 다음과 같다.

첫째, 기업이 새로운 제품을 개발하여 성공적으로 시장 수요를 이끌어 낸다고 해도 대부분의 경우, 경쟁자의 진입으로 인하여 자사 제품의 매출이 하락할 가능성이 있다. 이는 빠르게 성장하는 시장, 즉 매력도가 높은 시장에서 더욱 뚜렷하다. 둘째, 신제품이 성공적으로 출시되어 수요가 증가하더라도 고객의 욕구나 기술의 변화에 따른 대체품 개발로 그 수요가 감소되고 언젠가는 시장에서 사라지게 된다(obsolete). 따라서 기업은 자사의 제품이 수명주기의 어떤 단계에 있으며, 현재의 고객 욕구와 경쟁 상태가 어떠한지, 또한 향후에 어떤 변화가 예상되는지를 면밀히 파악하고 이를 토대로 마케팅 전략을 수립하고 수행해야 한다.

1. 신제품의 개념

1.1 신제품의 의미

신제품은 지금까지 아무도 생각지 못했던 진정한 의미에서의 신제품으로부터 기존제품의 개선과 같은 간단한 변화에 이르기까지 새로움(newness)의 정도에 따라 매우 다양하다. 따라서 신제품의 유형은 기업의 관점과 고객의 관점에서 분류될 수 있다. 신제품을 어떻게 보느냐에 따라서 마케팅 전략이 달라지기 때문에 신제품의 정의 및 분류는 중요하다. 신제품의 유형은 다음과 같이 분류될 수 있다.

(1) 대혁신 제품

대혁신 제품(discontinuous innovation)이란 기업이 아직까지 시장에서 존재하지 않았던 새로운 제품을 개발하여 출시하는 것을 가리킨다. 대혁신 제품은 그 개발과정에 새로운 기술(breakthrough technology)이 적용되고, 신제품을 사용하는 소비자의 행동을 변화시킨다. 디지털 카메라, 전기 자동차, 태양열 주택, 개인용 컴퓨터 등이 여기에 해당된다.

(2) 기존 제품 개선

기존 제품 개선(continuous innovation)이란 이미 시장에 존재하던 제품을 기술 및 소비자 욕구의 변화에 맞도록 개선하는 것을 가리킨다. 기존 제품의 개선은 품질의 향상, 성능의 개선, 새로운 기능의 추가, 혹은 디자인과 색상의 단순한 변화 등을 포함한다. 이 경우, 기업은 지속적으로 제품을 개선하고 있지만 고객들은 이를 느끼지 못하는 경우도 있다. 예를 들어 1980년대에 출시된 농심라면은 고객의 입맛에 부응하기 위해 여러 차례 제품 개선을 통하여 오늘날의 농심라면에 이른 것이다.

(3) 제품 계열의 추가 및 확장

제품 계열(product line)이란 유사한 기능을 제공하는 제품들의 집합이다. 고객들에게 이미 알려져 있는 제품 계열에 신제품을 추가함으로써 제품 계열을 확장하는 경우가 있다. 예를 들어 제일제당이 슈퍼마켓을 통하여 새로이 화장품 사업에 참여한 경우(제품 계열의 추가)나 기존의 여성 화장품에 남성 화장품을 추가한 경우(제품 계열의 확장)가 이

사회문화의 변화는 화장하는 남성의 증가를 가져왔다. 그리고 이는 남성 화장품 시장이 확대되는 데 큰 영향을 미쳤다.

에 해당된다. 제품 계열의 추가 및 확장은 자사의 입장에서는 신제품으로 취급될 수 있으나, 고객들에게는 여전히 기존 제품의 모방으로 인식될 수도 있다.

(4) 재포지셔닝

기존 제품을 새로운 사용자를 위하여 혹은 새로운 용도로 사용되도록 재포지셔닝(repositioning) 하는 경우를 말한다. 이는 기업에게는 참신성이 낮을 수도 있으나 고객들에게는 참신성이 높은 제품으로 인식될 수 있다. 대표적인 예로서는 Arm & Hammer사의 베이킹 소다를 들 수 있다. Arm & Hammer사는 원래 빵을 만들 때 사용하던 베이킹 소다를 냉장고의 냄새를 제거하는 탈취제로도 사용하도록 새로운 용도로 재포지셔닝 하였다. 또한 Swatch는 자사의 제품을 "가끔 시간을 알려주는 패션 액세서리"라고 정의함으로써 시계라는 제품에서 패션 액세서리로 그 포지셔닝을 바꾸었다. 이러한 제품 개념의 재포지셔닝은 소비자들이 Swatch를 구매하는 상황과 구매량에 커다란 영향을 미쳤음을 쉽게 알 수 있다. 시계라는 제품의 구매량은 하나이지만 패션 액세서리의 구매량은 여러 개가 되기 때문이다.

1.2 신제품의 중요성

신제품의 중요성은 다음과 같이 세 가지로 요약할 수 있다.

첫째, 신제품은 기업의 미래를 나타낸다. 기업은 신기술을 개발하고 그 기술을 이용하여 신제품을 출시한다. 그리고 이런 기술들은 소비자의 욕구 변화에 따라 언젠가는 쓸모가 없어지게 될 수 있다. 따라서 기업이 지속적인 성장과 유지를 추구하기 위해서는 성공적인 신제품 개발이 필수적인 요소라고 할 수 있다.

둘째, 신제품 개발은 시간과 비용이 많이 소요되는 작업이다. 특히 많은 비용의 대부분은 연구개발비(R&D costs)이다. 이는 특히 기술을 기반으로 하는 산업(반도체, 정보통신, 화학 등)에서 뚜렷하다. 또한 신제품의 개발과 아울러 사후의 임상 기간을 필요로 하는 제약 산업의 경우에서도 연구개발비는 전체 신제품 개발 비용의 많은 부분을 차지한다.

셋째, 신제품이 기업 경영에서 중요성을 갖는 마지막 이유는 높은 실패 확률 때문이다. 모든 신제품 개발 노력의 약 85%는 성공적인 출시에 이르지 못하고 도중에 실패한다. 따라서 성공적인 신제품의 개발을 위해서는 성공 요인과 실패 요인을 이해하는 것이 중요하다.

1.3 신제품의 성공과 실패 요인

매년 수많은 신제품들이 출시되지만 시장에서 성공을 거두지 못하고 사라지는 경우가 대부분이다. Xerox는 세계 최초의 개인용 컴퓨터로 알려진 Apple보다 3년 전에 이미 Alto를 개발하였지만 상업화에 실패하였다. 또한 RCA는 Selecta Vision 비디오디스크 플레이어(videodisk player)를 개발하여 5억 8천만 달러의 손실을 입었다. 그리고 RJR Nabisco는 연기 없는 담배(Premier)를 개발하여 2억 5천만 달러의 손실을 입은 바 있다.

마케터들은 신제품의 성공 요인과 실패 요인을 잘 이해하여 신제품 개발 노력이 수포로 돌아가지 않고 소기의 성과를 거둘 수 있도록 하여야 한다. 신제품의 주요한 실패 원인을 살펴보면 다음과 같다.

(1) 소비자 관련 요인

신제품이 실패하는 요인 중에 가장 중요하면서도 빈번하게 발생하는 것이 기존 제품과 차별화된 편익을 고객에게 제공하지 못한다는 점이다. 단순히 경쟁 제품을 모방한 신제품은 이미 시장 기반을 구축한 제품과의 경쟁에서 우위를 점하기가 매우 어렵다. 또한 독특한 편익을 제공하는 신제품도 고객들의 욕구가 변함에 따라 역시 성공을 거두지 못하는 경우가 있다. 1950년대에 포드사에서 3억 5천만 달러를 투자하여 개발한 Edsel이 실패한 주요한 이유 중의 하나는 대형차를 선호하던 소비자들이 중형차를 선호하는 쪽으로 돌아섰기 때문이다.

(2) 마케팅 전략 관련 요인

신제품이 표적시장에서 올바르게 포지션 되지 못하였거나, 우수한 제품을 만들고도 광고를 효과적으로 하지 못하거나, 가격을 높게 책정하였거나, 혹은 제품 아이디어는 좋으나 표적시장의 규모가 너무 작아서 실패하는 경우가 있다. 이는 모두 수요 측면을 정확하게 이해하지 못하거나 마케팅 믹스 전략이 적절히 수행되지 못한 점에 기인하는 것이다. 이러한 마케팅 전략의 실패는 수요 측면을 보다 정확하게 이해함으로써 방지할 수 있을 것이다.

(3) 마케팅 조사 관련 요인

신제품이 실패하는 이유로 흔히 부적절한 혹은 부정확한 마케팅 조사를 들 수 있다.

표 8-1 신제품의 대표적인 성공 요인

신제품 성공 요인
1. 고객의 욕구를 충족시키며 높은 고객 가치를 제공하는 경우
2. 신제품의 성능과 품질이 우수한 경우
3. 기술적 우위를 바탕으로 혁신적인 제품을 개발하는 경우
4. 성장 가능성에 대한 면밀한 분석이 뒷받침되는 경우
5. 경쟁이 치열하지 않으며 기업 역량과 잘 부합할 경우
6. 최고경영진의 적극적인 지원이 있는 경우

그 예로서 마케팅 조사를 하지 않았거나, 마케팅 조사를 하였다 하더라도 그 결과를 무시하고 최고경영진이 좋아하는 아이디어를 무리하게 추진하거나, 혹은 자사의 기술적 능력과 한계를 제대로 파악하지 못하고 고객의 욕구를 제품 개발로 연결하는 경우 등을 들 수 있다. 따라서 마케팅 조사는 수요 측면에 관한 유용한 정보를 얻기 위하여 객관적이고 체계적인 방법으로 수행되어야 하며 조사 결과의 해석 역시 편견이 개입되지 않고 이루어져야 한다. 부적절한 마케팅 조사로 인하여 실패를 초래한 예로서는 코카콜라의 New Coke를 들 수 있다. New Coke는 개발과정에서 실시된 소비자 조사에서는 좋은 평가를 받았지만 소비자 조사에서 New Coke의 개발자들이 간과한 것은 기존 Coke에 대한 소비자들의 향수(鄕愁)였다. Coke에 어린 추억과 향수를 원하는 고객들의 욕구는 마케팅 조사에 반영되지 못하였던 것이다.

(4) 기타 요인들

신제품의 실패를 초래하는 기타 요인들로서는 기술 발달의 속도를 잘못 파악하여 적절하게 대응하지 못하는 경우, 시장 출시에 대한 타이밍이 부적당한 경우, 수요 예측이 잘못되어 적절한 생산량을 공급하지 못할 경우, 경쟁 상황을 잘못 파악하였을 경우, 기업을 둘러싼 경영환경이 급격하게 바뀌는 경우 등을 들 수 있다. 예를 들면 기술 개발의 속도가 빠른 산업에서는 때때로 경쟁자의 기술 개발 수준을 뛰어넘어(by pass) 차세대의 기술을 이용한 신제품을 개발하는 데 노력을 기울여야 하는 경우(frog leaping)가 있다. 반면에 신제품의 성공 요인을 요약하면 〈표 8-1〉과 같다.

2. 신제품 개발과정

신제품 개발과정은 일반적으로 [그림 8-1]에 나타난 바와 같이 아이디어를 창출하는 단계에서부터 시작하여 시장에 출시하는 단계까지 8단계를 거친다. 이러한 과정에서 중요한 점은 각 단계가 만족할 만한 수준이어야 다음 단계로 진행된다는 것이다. 만약 각 단계의 평가가 만족스럽지 않다면 신제품 개발의 중단을 심각히 고려해야 한다. 신제품 개발과정의 각 단계를 살펴보면 다음과 같다.

2.1 아이디어 창출

아이디어 창출은 신제품에 관한 아이디어를 가능한 한 많이 수집하는 것을 의미한다. 이 단계에서의 목표는 가장 많은 수의 신제품 아이디어를 수집하는 것이며 아이디어들의 타당성이나 정당성을 고려하지 않는다. 신제품 아이디어의 주된 원천은 다음과 같다.

그림 8-1 신제품 개발과정

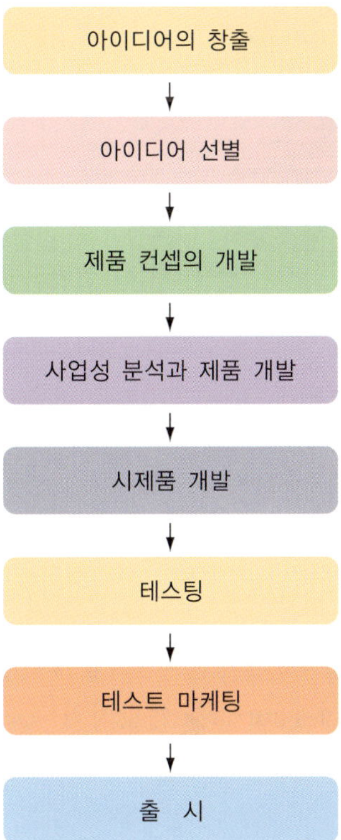

(1) 신제품 아이디어의 원천

1) 고 객

신제품 아이디어의 중요한 원천은 고객이다. 즉, 기업은 고객들을 대상으로 소비자조사(설문 조사나 표적 집단 면접 등)를 통해서 고객의 욕구와 필요를 파악하거나 혹은 기존 제품에 대한 고객의 불만사항을 파악하여 해결하는 과정에서 신제품에 대한 아이디어를 얻을 수 있다. 예를 들어 글로벌 가전업체인 GE는 비디오 제품 사업 부서에 종사하는 엔지니어들과 최종 고객들과의 대화를 통하여 새로운 가전제품의 아이디어를 얻은 바 있다. 또한 LG전자의 아하프리는 중·고생들의 의견을 토대로 하여 개발되었으며, 동서가구는 주부들이 직접 설계한 가구 디자인을 공모하고 이를 신제품 개발에 반영함으로써 '컨셉 가구'를 선보였다.

최근 소비자들은 기존 시장에 있는 제품들을 결합하여 새로운 형태의 수정제품을 내놓기도 한다.

2) 경쟁자

기업은 경쟁 기업의 제품을 분석하는 과정에서 신제품에 관한 아이디어를 얻을 수 있다. 특히 대응 전략에 의해 개발되는 모든 신제품의 아이디어는 경쟁자로부터 얻어진다. 예를 들어 Ford사는 Taurus 모델을 개발함에 있어 약 50여 가지의 기존 경쟁 모델을 분석하였다. 타이어와 잭의 저장체계는 BMW를 분석하고, 가속기와 페달은 Audi를, 연료 계통은 도요타를 모방하여 Taurus를 개발하였다.

3) 내부 조직

신제품 아이디어는 기업 내의 R&D 부서와 마케팅 부서에서 주로 제공되며, 이 밖에도 최고경영진에서 일선 실무진까지 모든 조직 구성원이 신제품 아이디어를 제시할 수 있다. 이를 위해서는 기업 문화가 창의적인 아이디어를 중시하고 격려하는 분위기가 되어야 한다. 예를 들어 '숨어 있던 1인치를 찾았다'라는 삼성전자의 TV 개발은 이건희 회장의 아이디어로부터 시작되었다고 한다. 또한 도요타는 모든 조직 구성원이 신제품에 관한 새로운 아이디어를 제시할 수 있도록 곳곳에 제안함을 설치하여 광범위한 신제품 아이디어를 수집하는 노력을 기울이고 있다.

4) 유통업자 및 판매사원

유통업자와 판매사원들은 최종 고객과 직접 접촉하기 때문에 고객의 문제, 제품 컨셉 및 포지셔닝 그리고 신제품의 가능성에 관한 정보를 제공한다. 또한 납품업자들은 새로운 소재와 기술에 대한 정보를 제공하며 그 밖에도 정부기관, 발명가, 협회지나 기관지, 박람회 등 여러 가지 원천으로부터 신제품에 관한 아이디어를 수집할 수 있다.

(2) 아이디어 창출기법

기업은 신제품 아이디어의 창출을 위하여 여러 가지 기법들을 활용한다. 주로 이용되는 기법들을 살펴보면 다음과 같다.

1) 브레인 스토밍

브레인 스토밍(brain storming)은 가능한 한 많은 창의적 아이디어를 창출하기 위한 방법으로 보통 6~10명의 인원이 한 가지 주제를 가지고 다양한 의견을 제시하는 방법이다. 브레인 스토밍은 하나의 아이디어가 다른 아이디어의 창출을 유도함으로써 가급적 많은 아이디어를 창출하는 노력을 기울이는 것으로, 브레인 스토밍에서는 다른 사람의 아이디어에 대해서 비판하지 말아야 한다.

2) 속성열거법과 강제적 결합법

브레인 스토밍의 변형된 기법으로 속성열거법(attribute listing)과 강제적 결합법(forced relationships)이 있다. 먼저 속성열거법은 기존 제품을 구성하는 속성들을 열거한 다음, 일부 속성 수준들을 변경시키거나 다른 것으로 대체하여 결합함으로써 새로운 제품 아이디어를 찾는 방법이다. 코카콜라는 설탕과 카페인을 제거함으로써 Diet Coke

를 성공적으로 개발하였다. 강제적 결합법은 기존의 제품들을 구성하는 여러 속성들을 강제적으로 결합시켜 보는 방법이다. 예를 들어 팩스, 복사기, 프린터를 결합한 복합기와 같은 컨버전스 제품이 이에 해당된다.

3) 표적 집단 면접법

표적 집단 면접법(focus-group interview)은 표적 집단을 선정하여 참여자들로부터 새로운 제품에 관한 아이디어를 얻는 방법이다. 표적 집단은 일반적으로 해당 제품의 구매나 사용 경험이 있는 고객으로 구성되며 8~12명의 인원이 참가한다. 예를 들면 청바지의 경우 이를 즐겨 입는 10대와 20대의 고객들이 참여하며, 세제의 경우는 가정주부가 참가자가 된다. 표적 집단 면접의 참여자들은 해당 제품에 대하여 자신의 의견(불만사항, 사용 행태, 가격민감도, 새로운 필요와 욕구 등)을 자유롭게 제시함으로써 신제품에 대한 아이디어를 수집하도록 한다. 표적 집단 면접법은 주로 소비재의 경우에 자주 활용하지만 새로운 서비스나 산업재의 개발에도 사용될 수 있다.

4) 컨조인트 분석기법

컨조인트 분석기법(conjoint analysis)은 제품을 구성하는 여러 가지 속성의 수준을 조합하여 새로운 신제품의 가능성을 찾는 기법이다. 속성 수준의 조합(신제품 프로파일)에 대한 소비자의 반응(평가)을 측정함으로써 어떤 신제품이 가장 높은 구매 가능성을 지니는지를 파악할 수 있다.

2.2 아이디어 선별

아이디어 선별(idea screening)은 창출된 아이디어로부터 몇 개의 타당성을 지닌 아이디어를 고르는 데 그 목적이 있다. 이는 창출된 아이디어의 대부분이 여러 가지 이유로 인하여 실제 제품으로 구현시킬 만한 가치가 없기 때문이다. 즉, 기술적 측면에서 불가능하거나, 수익성이 없거나, 혹은 기업의 사업 목표나 이미지에 부합하지 않기 때문이다.

아이디어 선별과정에서 두 가지 오류가 발생할 수 있음에 유의해야 한다. 바람직한 아이디어가 잘못된 판단으로 기각되는 것과 좋지 않은 아이디어가 선정되어 계속 개발과정이 진행되는 것이다. 시장에 도입된 후 실패한 제품들은 대부분 제품 아이디어가 잘못된 것이었다. 하지만 바람직한 아이디어가 기각된 경우도 찾아볼 수 있는데 이

표 8-2 아이디어의 평가를 위한 신제품 체크 리스트

		가중치(A)	만족정도(B)	종합점수(A×B)
신제품의 일반적인 특성	이익잠재력 현재 경쟁 상황 잠재적 경쟁 상황 시장의 크기 투자의 크기 특허 여부 위험의 수준			
신제품의 마케팅적 특성	시장 능력과의 적합성 계절적 요소의 정도 차별화 이점의 존재 여부 제품수명주기의 잠재적 길이 현재 소비자들의 소구점 제품의 이미지 가격경쟁력			
신제품의 제품 특성	생산 능력의 적합성 상업화 기간 생산의 용이성 노동력의 가용성 원자재의 가용성			
합 계				

출처: 안광호, 하영원, 박홍수(2009), 마케팅원론, 학현사, p.308.

는 의사결정자의 위험회피적인 태도에 기인하는 경우가 많다. 예를 들면 Bell의 전화기는 Western Union에 의해 거부당했으며, 형광등은 Wesinghouse에 의해 거부당했다.

〈표 8-2〉는 아이디어 선별과정에 활용될 수 있는 체크 리스트이다. 아이디어 선별과정에 대한 기준으로 신제품의 일반적 특성, 마케팅 특성, 제품 특성으로 나누고, 각 기준별로 세부적인 항목들을 기술하고 있다. 이에 따른 세부적인 항목들은 제품과 기업이 처한 시장 상황에 따라 달라질 수 있다. 기업은 각 항목에 대한 상대적 중요도에 따라 가중치를 부여하고 신제품 아이디어가 실제로 이러한 기준을 얼마나 만족시키는지를 측정해서 점수화하고, 이들을 곱하여 합산한 종합점수를 바탕으로 각 아이디어의 매력도를 평가하게 된다.

2.3 제품 컨셉의 개발

제품 컨셉(product concept)은 제품 아이디어를 고객의 입장에서 더욱 구체적으로 표현한 것으로 제품의 형태, 특징, 기능, 편익, 가격 등에 관한 기술(description)이다. 예를 들어 남양유업의 유아식 '아기사랑'은 "아기의 성장 · 발육 상태를 더욱 세분화하여 각 단계에 적절한 영양 성분을 보강한 4단계 유아식"으로 기술하고 있다. 그리고 하이트 맥주의 PET 재질로 만든 Hite Pitcher는 "깨지지 않고 가벼운 포장으로 된 편리한 맥주"로 제품 컨셉을 기술하고 있다.

제품 컨셉이 개발되면 표적 고객들이 그 제품 컨셉을 평가한다. 제품 컨셉 테스트(concept testing)는 소비자들뿐만 아니라 유통업자들을 대상으로 하기도 한다. 이때 제품 컨셉을 기술한 카드(profile card)만을 제시할 수도 있으나, 그림이나 사진, 일러스트 등을 제시하여 소비자들로 하여금 제품 컨셉을 더욱 잘 이해하게 함으로써 응답의 정확도와 신뢰성을 높일 수 있다. 또한 제품 컨셉 테스트는 기존의 경쟁 제품과 비교하여 수행되기도 한다.

2.4 사업성 분석과 제품 개발

사업성 분석(business analysis)은 표적시장에서의 매출과 수익성을 대략적으로 측정해 보는 과정으로 타당성 조사(feasibility test)라고 부르기도 한다. 사업성 분석의 목적은 신제품의 시장성(수익성)을 예측하여 신제품 개발과정의 진행 여부를 결정하는 것이다. 이 단계에서는 표적시장의 크기를 잠정적으로 정하고 가격, 유통, 촉진 등의 마케팅 노력의 투입에 따라 예상되는 매출과 수익 그리고 수요를 추정하는 것이다. 또한 시장의 크기와 마케팅 믹스를 바꾸어 봄(simulation)으로써 표적시장에서 소비자의 니즈에 따른 매출과 수익의 변화를 알아볼 수 있다(sensitivity analysis).

수요 예측은 유사한 제품들의 과거 판매 기록을 살펴보거나 시장 조사를 통해서 표적 고객의 구매 의도를 측정함으로써 얻을 수 있으며, 최대의 매출액과 최소의 매출액을 함께 추정하여 신제품 개발에 수반되는 위험 수준을 분석해야 한다.

2.5 시제품 개발

신제품이 충분한 매출과 수익성을 지닌다고 판단되면 다음으로 시제품(prototype)

을 개발한다. 시제품 개발은 주로 R&D 부서에 의하여 진행되는데 R&D 부서는 제품 개념 혹은 제품 설계에 따라 여러 가지 형태의 시제품(모형 제품)을 개발한다. 이 시제품은 하나의 제품으로서 완전한 기능을 할 수 있어야 하며 시제품이 개발되면 내부적으로 기능 테스트를 거친 뒤 일부 잠재 고객을 대상으로 소비자 테스트를 시행하는 것이 바람직하다.

2.6 테스팅

테스팅(testing)은 기능 테스트와 소비자 테스트로 나눌 수 있다. 기능 테스트(functional test)는 제품이 제대로 작동되는지의 여부를 평가하는 과정이다. 이는 기업 내부에서 실행되는 테스트로서 기능의 전달이나 오작동 여부 등을 점검하는 과정이다. 의약품 개발에서의 다양한 동물 실험이 그 예가 될 수 있다. 또한 로봇을 사용하여 반복적으로 기능이나 작동 여부를 테스트하는 경우도 있다.

소비자 테스트(consumer test)는 소비자들이 실제 제품의 사용 상황에서 제품을 사용하는 데 문제가 있는지를 점검하는 과정이다. 기능 테스트와는 달리 소비자가 실제로 제품을 사용할 때 느끼는 편리성, 용이성, 불만사항 및 요구사항 등에 관한 소비자 반응을 조사하는 과정이다.

2.7 테스트 마케팅

제품 개발 후 기능 테스트와 소비자 테스트가 낙관적인 결과를 나타내면 테스트 마케팅을 실행한다. 테스트 마케팅(test marketing)은 신제품을 시장에 소개하여 실제 구매 상황과 사용 상황에서의 소비자 반응을 테스트하는 과정이다. 테스트 마케팅은 시장 진입 초기에 나타날 수 있는 잠재적인 문제점들을 해결할 수 있는 방안을 모색하는 데 그 목적이 있다. 따라서 이 단계에서 마케터는 제품뿐만 아니라 포지셔닝 전략, 가격, 유통, 촉진 등 여러 가지 마케팅 프로그램에 대한 시도를 하게 된다. 테스트 마케팅을 통해 마케팅 관리자는 소비자나 유통경로 구성원들의 신제품에 대한 태도와 구매 여부 등을 파악할 수 있으며, 향후 마케팅 전략을 수립 혹은 수정하는 데 이를 적용할 수 있다.

일반적으로 테스트 마케팅은 많은 비용과 시간이 소요되는 작업이다. 테스트 마케팅은 원칙적으로 실행하여야 하며, 특히 테스트 마케팅 이전 단계까지 발생한 비용이 많을수록 필수적이다. 그러나 테스트 마케팅 기간이 길어지는 경우, 신제품에 대한 정보가 경쟁자에게 노출될 우려가 있는 경우, 그리고 최고경영진과 마케팅 부서가 신제품과 마케팅 프로그램의 성공에 상당한 자신감을 갖는 경우에는 테스트 마케팅을 생략할 수 있다. 예를 들어 P&G는 무카페인 커피인 Folgers를 테스트 마케팅 없이 바로 시장에 도입하였다.

2.8 출 시

신제품의 출시(launching)를 위한 전략에는 다음과 같은 세 가지가 있다.

첫째, 초기 진입 전략이다. 이는 경쟁 제품보다 먼저 시장에 진입함으로써 유리한 위치를 선점하는 전략이다. 시장을 선점함으로써 후발 진입자에 대한 진입장벽(entry barrier)을 형성할 수 있다. 예를 들면 독점 계약을 통한 유통경로의 장악, 많은 광고를 통한 제품군 내의 리더 이미지 확립 등이 진입장벽의 예가 될 수 있다.

둘째, 동시 진입 전략이다. 이는 경쟁 기업과 동시에 시장에 진입하는 전략으로 경쟁 기업이 신제품 출시를 서두를 경우에는 출시 시기를 앞당기고, 경쟁 기업이 출시를 늦추는 경우에는 역시 출시 시기를 연기하는 전략을 사용하는 것이다. 동시 진입 전략은 자사 브랜드에 대한 수요(company demand)를 자극하기보다는 산업 수요(industry demand), 즉 전체 시장의 수요를 자극하는 것이 비교적 용이할 때 사용하는 전략이다. 예를 들면 경쟁사의 광고가 경쟁 브랜드의 구매를 자극하기보다는 산업(제품군) 전체의 수요를 자극하는 경우에 유리한 전략이다.

셋째, 후발 진입 전략으로, 이는 경쟁 기업보다 나중에 시장에 진입하는 전략이다. 초기 진입에 드는 막대한 마케팅 비용을 줄이고 시장에서 나타난 문제점들을 해결하여 시장에 진입할 수 있다는 이점을 갖는다.

이러한 출시 전략들은 나름대로 그 장단점을 가지고 있으나 많은 연구들은 초기 진입 전략에 따른 시장 선점의 이점(pioneering advantage)을 강조하고 있다. 따라서 기업들은 경쟁사보다 먼저 시장을 선점하는 데 마케팅 노력을 기울여야 한다.

출시 전략은 또한 지역적으로 나누어 볼 수 있는데 전국 출시(simultaneous introduction)와 순차적 지역 출시(roll-out)가 그것이다. 전국 출시는 한 시점에 신제품을 전체 시장에 진입시키는 것을 의미한다. 초기 진입 전략과 같은 이점을 가지고 있지만 진입 후 전략의 수정(제품 디자인의 변화 혹은 유통경로의 재디자인 등)이 어렵다는 점이 단점이다. 지역 출시는 신제품을 한 지역 시장에 우선적으로 출시하고 그 시장에서의 반응을 조사하여 다음 시장으로 진입할 때 문제점을 해결함으로써 새로운 시장 전략을 구사하는 방법

Marketing Point

'신제품 출시·마케팅은 이렇게' 전문가들이 전하는 5가지 팁

1. 제대로 동작하는지 확인한다. 제품 또는 서비스가 디지털 속성이거나 온라인으로 판매할 계획이라면 우선 "앱 또는 웹 사이트에 버그가 없는지 확인해야 한다"라고 웹 개발 기업 긱스 시카고(Geeks Chicago)의 공동 창업자 겸 사장 마크 터치쉐러가 말했다.

다시 뻔한 이 주문에 대해 그는 "많은 기업들이 엄격히 시험하지 않는 제품을 출시하며 이로 인해 잠재적인 고객을 많이 잃기 때문"이라며, "사람들은 관심을 갖는 기간이 짧고 제품을 빨리 사용하고 싶어한다. 처음 몇 초 만에 애플리케이션이 충돌을 일으키면 많은 신규 사용자를 잃게 될 것"이라고 강조했다.

이는 비 소프트웨어 또는 웹 기반 제품도 마찬가지이다. 새로운 제품이 제대로 동작하는지, 손쉽게 망가지거나 오작동하지는 않는지 점검해야 한다.

2. 그러나 처음부터 제품이 절대적으로 완벽하지 않아도 된다. 직원 일정관리 소프트웨어를 제공하는 웬아이워크(When I Work)의 창업자 겸 CEO 채드 핼버슨은 다른 의견을 피력했다.

그는 "출시할 모든 것이 완벽해질 때까지 기다리지 말라. 결국, 제품을 이상적인 고객들의 손에 쥐어주게 되면 제품을 개선할 수 있을 것이다"라고 말했다.

단지 제품이나 서비스의 핵심이 제대로 동작하기만 하면 된다. 초기 출시 후 인터컴(Intercom)과 콸라루(Qualaroo) 등의 툴을 이용해 고객들로부터 실시간 피드백을 얻고 해당 피드백을 이용해 제품을 지속적으로 개선할 수 있을 것이라고 핼버슨은 조언했다.

3. 사전 지지 세력을 구축한다. 콘텐츠가 주효할 수 있다. "[특히] 킥스타터나 인디고고 등의 크라우드펀딩 툴을 이용해 신제품을 출시할 때는 캠페인이 실제로 진행되기 전에 팔로워를 구축하는 것이 좋다"고 HWS(Havas Worldwide Chicago)의 소셜 책임자이자 곧 출시될 카드 게임인 데블스 애드버킷(Devil's Advocate)의 개발자인 렌 켄달이 말했다.

그는 "이런 식으로 [제품 또는 서비스 또는] 크라우드펀딩 [캠페인]을 진행하면 신속하게 지원을 요청할 수 있는 사람들을 확보하게 된다"라고 덧붙였다.

소프트웨어 디자인 기업 노마티브(Normative)의 마케팅 책임자 암리타 찬드라는 이에 설명을 덧붙였다. 그는 "대상 청중들이 메일링 리스트에 가입하거나 소셜 미디어에서 자신을 팔로우하도록 할 만큼 매력적인 콘텐츠를 개발하라"라며, "출시 준비가 완료되었을 때 이미 자신이 하는 말에 관심을 가질 만한 사람들을 확보하게 된다"라고 말했다.

4. 커뮤니티를 구축하고 즐긴다. 코드 스쿨

(Code School)의 창업자 겸 CEO 그렉 폴락은 "커뮤니티의 힘을 조기에 활용하라. 다시 말해 제품 또는 서비스를 사용할 생각이 비슷한 사람들로 구성된 커뮤니티를 찾고 소셜 미디어를 이용하거나 직접적인 방법으로 커뮤니티와 소통하라"라고 말했다.

그는 이어 "이는 특히 기술 세계에서 중요하다. 모든 종류의 기술을 위한 다양한 모임이 존재하기 때문에 이런 커뮤니티에 직접 참여하는 것이 좋다"라고 덧붙였다.

5. 업계 또는 틈새 시장에서 영향력을 행사하는 사람을 발굴한다. 찬드라는 대상 청중에 영향을 끼치는 사람을 찾아 협력하라고 조언했다.

출처 : CIO Korea, 2015.6.19.

이다. 이는 시장 선점의 이점은 없으나 순차적으로 전략의 수정이 가능하다는 이점을 지니고 있다.

3. 신제품의 확산

3.1 확산의 개념

신제품의 확산(diffusion)이란 시장에 출시된 신제품이 커뮤니케이션 과정을 통하여 시장 내에서 퍼져나가는 과정을 말한다. 즉, 시장 내에서 신제품을 구매하는 고객(수용자: adopter)의 수가 커뮤니케이션(구전과 관찰)을 통하여 증가하는 과정을 말한다. 따라서 확산이란 시간의 함수로 나타낸 신제품 구매자(수용자)의 수이며 수요 측면의 개념이다.

커뮤니케이션은 구전과 관찰을 포함하는데 어떤 제품은 신제품을 이미 구매한 고객의 구전에 의하여 그 확산 속도가 증가하며 어떤 제품의 경우에는 기구매자의 구매가 가시적이기 때문에 확산이 빠르게 진행되기도 한다. 전자의 경우는 제품의 품질이나 혁신성이 우수하지만 가시적이지 않은 제품이 속한다. 탈모방지약이 대표적인 예가 될 수 있다. 후자의 경우는 가시성이 뛰어난 패션의류나 자동차 등의 제품을 예로 들 수 있다.

3.2 신제품 확산의 촉진 요인

신제품의 확산을 촉진하는 요인들은 다음과 같다.

첫째, 상대적인 이점(relate advantage)이다. 신제품이 기존 제품에 비하여 기능, 성능, 편리성, 이미지 등에서 우월하다면 시장 내에서의 확산 속도는 빠를 것이다.

둘째, 호환성(compatibility)이다. 신제품이 기존 제품과 호환성이 높을수록 시장 내에서 신제품의 확산 속도가 빠르다. 호환성은 물리적 혹은 기능적 호환성뿐만 아니라 고객의 심리적 호환성도 포함한다. 물리적 호환성이란 신제품이 기존 제품과 함께 사용될 수 있는 정도를 말한다. 예를 들어 윈도우 비스타는 출시 당시 기존의 많은 소프트웨어들과 함께 사용할 수 없는 단점을 지니고 있었다(낮은 호환성). 심리적 호환성은 신제품이 기존의 제품과 함께 사용될 수 있는 물리적 호환성을 완벽하게 갖추고 있더라도 고객이 신제품의 호환성이 낮다고 인식하는 경우를 말한다. 예를 들면 많은 소비자들은 메인 프레임 컴퓨터와 PC의 호환성이 전자레인지와 식기세척기의 호환성보다 낮다고 인식한다. 전자레인지와 식기세척기는 모두 주방에서 사용되므로 같은 장소에 있지 않은 메인 프레임 컴퓨터와 PC보다 호환성이 높다고 인식하는 것이다.

셋째, 간결성(simplicity)이다. 이는 신제품의 사용이 간단하고 편리할수록 그 확산 속도가 빠르다는 것을 의미한다. 이는 특히 신기술을 이용한 복잡한 제품의 경우 뚜렷하게 나타난다.

넷째, 관찰 가시성(observable ability)이다. 이는 신제품의 가시성이 높을수록 그 확산이 빠르다는 것을 의미한다. 고객이 혼자 사용하는 탈모방지제보다는 가시성이 높은 의류, 패션용품, 자동차 등의 제품이 확산 속도가 빠르다.

다섯째, 시용 가능성(trial ability)이다. 이는 소비자가 신제품을 사용해 볼 수 있는 기회 정도를 말한다. 제품의 포장 크기가 작을수록 시용 가능성은 증가한다. 또한 시용 가능성은 제품의 유형에 따라 많은 차이가 있다. 예를 들어 청량음료의 경우에는 시용 가능성이 매우 높지만 김치냉장고와 같은 가전제품의 경우에는 시용 가능성이 낮다.

마지막으로, 분할 가능성이다(division ability). 이는 신제품을 여러 조각 혹은 부분으로 나누어 사용해 볼 수 있는 기회의 정도를 나타낸다. 시용 가능성과 마찬가지로 분할 가능성도 포장의 크기가 작을수록 높아진다. 또한 어떤 제품군에 있어서는 분할 가능성이 존재하지 않는 경우도 있다. 예를 들어 청량음료는 한 모금 마셔볼 수 있어서 분리 가능성이 높지만 자동차는 타이어, 엔진, 시트만을 분리하여 구매하거나 사용해 볼 수 없으므로 분리 가능성이 없다.

3.3 확산 효과

신제품이 시장 내에서 확산하는 데 기여하는 확산효과는 다음의 두 가지로 살펴볼 수 있다.

우선 모방 효과(imitation effect)이다. 모방 효과는 다른 소비자들이 신제품을 사용하는 것을 보고 그들의 행동을 모방하여 신제품을 구매함으로써 확산이 일어나는 것을 말한다.

두 번째 혁신 효과(innovation effect)이다. 모방 효과와 달리 혁신 효과는 신제품의 가시성보다는 신제품 자체의 혁신성 때문에 확산이 이루어진다. 타인에게 알려지기를 꺼려 하지만 제품을 구매하고 싶어 하는 탈모치료제 등이 그 대표적인 예이다.

3.4 신제품 수용자의 유형

신제품을 구매하는 수용자(adopter)의 유형은 일반적으로 [그림 8-2]에 나타난 바와 같이 5가지 집단으로 구분된다.

또한 [그림 8-3]은 앞서 구분한 5가지 신제품 수용자 유형이 시간의 경과에 따라 어떻게 분포되고 있는지를 보여 준다. 이때 주의할 것은 이 곡선은 한 소비자가 신제품을 최초 구입한 것을 의미하는 것으로 누적치가 아니라는 것이다.

일반적으로 5가지 집단으로 분류하지만 이 분류에는 문제가 존재한다. 우선 전체 시장에 있는 모든 소비자가 언젠가는 궁극적으로 신제품을 수용하여 구매하는 것은 아니라는 점이다. 예를 들어 아무리 신제품이 혁신적이고 그 품질이 우수하다고 하더라도 여성 위생용품을 남성 소비자들이 구매하는 일은 결코 없다. 또한 혁신성 이외에도 표적시장에 있는 소비자가 지니고 있는 신제품에 대한 관심이나 흥미, 필요성, 지각하는 제품 이미지 등도 신제품이 확산되는 과정에서 변할 수 있다. 즉, 신제품이 표적으로 삼는 시장의 크기는 항상 고정적인 것이 아닐 수도 있다. 즉, 이들 요인들은 시장의 크기를 늘리는 역할을 할 수도 있다.

그림 8-2 수용자의 유형

혁신자(innovators)

- 전체 구매자의 초기 2.5%에 해당
- 고소득, 고학력
- 범세계적 성향, 가정 외에서 활발함
- 집단 규범에 의존하지 않음
- 정보의 원천은 전문적 · 적은 수의 잡지

↓

초기 수용자(early adopters)

- 혁신자 이후 구매하는 13.5%의 고객
- 집단 규범에 의존함, 범우주적 성향이 적음
- 사회 지향성이 높음
- 의견선도자(opinion leaders)일 가능성이 높음
- 많은 구전을 함

↓

전기 다수(early majority)

- 초기 수용자 이후 34%의 고객
- 구매를 조심스럽게 고려함
- 정보 수집이 많음
- 많은 수의 대안을 평가함
- 제품의 구매 기간이 긺

↓

후기 다수(late majority)

- 전기 다수 이후 34%의 고객
- 신제품에 대하여 매우 회의적인 태도
- 노년층 고객, 평균 이하의 소득과 교육
- 집단의 규범이나 가치에 의존적임
- 집단이나 사회의 압력에 의하여 구매함

↓

래거드(laggards)

- 마지막 16%의 고객
- 집단의 규범에 의존하지 않음
- 전통적인 가치관
- 신제품에 대하여 매우 의심쩍은 태도
- 사회로부터 소외된 계층, 기술의 발달을 도외시함

그림 8-3 수용-확산 곡선

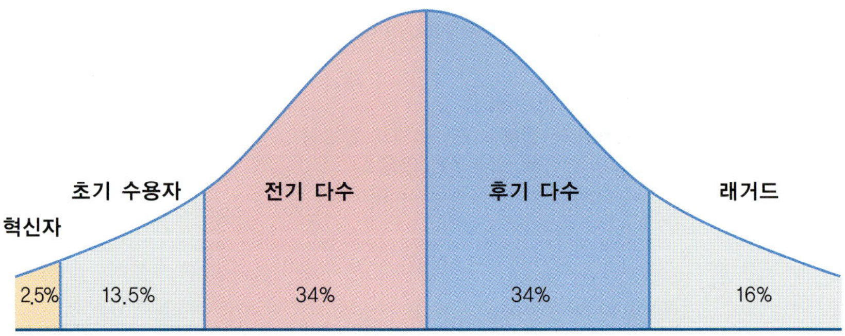

제2절 제품수명주기

1. 제품수명주기의 개념

제품수명주기(product life cycle: PLC)란 신제품이 시장에 출시되어 매출이 어느 정도의 성장을 누리고, 그 정점에 도달한 후, 성장률이 둔화되고, 마지막으로는 매출액이 감소하여 종국에는 시장에서 사라지는 과정을 마치 살아 있는 유기체(organism)의 일생(수명주기)에 비유하여 나타낸 개념이다. 즉, 제품수명주기는 시간의 함수로 나타낸 매출액의 변화이며, 따라서 공급 측면의 개념이다. 제품수명주기에 대응하는 수요 측면의 개념은 확산(diffusion)이다. 제품수명주기는 신제품의 도입부터 시장에서 사라질 때까지의 과정(현상)을 기술하는 것이며 학문적인 이론은 아니다.

제품수명주기는 일반적으로 도입기, 성장기, 성숙기, 그리고 쇠퇴기의 다소 자의적인(arbitrary) 네 단계로 나누어진다. 자의적이라는 말의 의미는 생명을 가지고 있는 유기체와는 달리, 제품수명주기의 각 단계는 그 기간이 고정적이 아니라는 것이다. 사람의 경우 태어나서부터 24개월까지를 유아기라고 부르는 데 비하여, 제품수명주기의 도입기는 신제품의 출시 후 몇 개월 혹은 몇 년까지라고 정할 수 없다. 도입기의 길이는 제

그림 8-4 제품수명주기

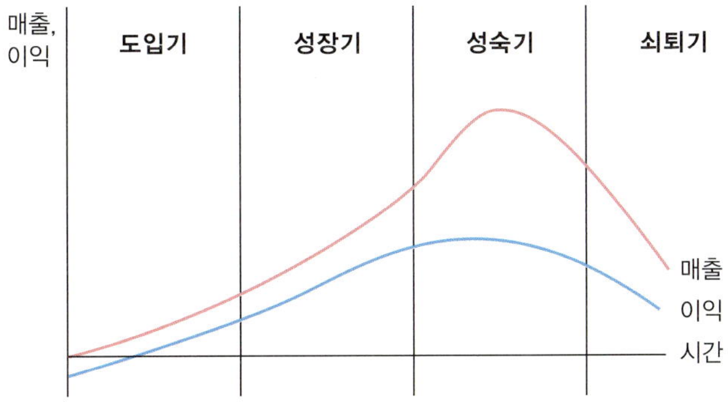

품과 산업의 유형에 따라 크게 차이가 나기 때문이다. 예를 들어 고정자본이 많이 소요되는 항공이나 제철산업의 경우는 도입기가 매우 길다. 아시아나 항공은 창사 후 손익분기점에 이르는 데 무려 5년의 시간이 소요되었다. 반면에 청량 음료, 스낵, 혹은 라면과 같은 저관여 제품은 일반적으로 그 도입기가 짧다.

제품수명주기는 대체로 S자 곡선의 형태를 지닌다(그림 8-4 참조). 그러나 제품수명주기의 특별한 경우로서 두 가지를 들 수 있는데 패션 사이클과 패드(fad)가 그것이다(그림 8-5 참조). 우선 패션사이클은 제품수명주기가 매우 짧다는 것을 그 특징으로 하고 있다. 패션의류의 경우 도입기에서 쇠퇴기까지 걸리는 시간은 불과 3개월 남짓일 뿐이다. 다음으로는 패드를 들 수 있는데 패드의 특징은 급격한 매출의 상실로 대표된다. 즉, 신제품이 시장에 출시되어 매우 짧은 도입기를 거친 후 빠르게 성장하여 정점에 도달한 뒤 성숙기와 쇠퇴기를 거치지 않고 바로 시장에서 사라지는 경우를 말한다. 그 예로서는 미국에서 한때 크게 유행했던 양배추 인형(cabbage patch doll)을 들 수 있다. 그 원인으로는 양배추 인형에 대한 미국 소녀들의 급격한 관심과 흥미의 상실을 들 수 있다.

제품수명주기는 일반적으로 제품군(product category), 제품 유형(product type), 그리고 브랜드의 세 가지 수준에서 개념화할 수 있다. 예를 들어 맥주는 제품군이며, 비열처리 맥주는 제품 유형, 그리고 하이트나 카스는 브랜드이다. 제품군의 수명주기가 가장 길며, 제품 유형, 브랜드의 순으로 수명주기가 짧아진다. 일반적으로 제품수명주기는 제품군 수준에서의 수명주기를 가리킨다.

그림 8-5 패션사이클과 패드

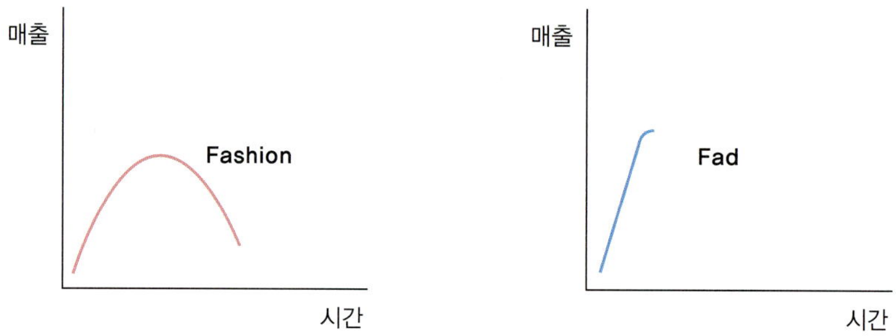

2. 제품수명주기의 단계

2.1 도입기

(1) 도입기의 특징

도입기(introduction stage)는 신제품이 시장에 출시되어 매출이 급성장하기 직전까지의 기간을 말한다. 도입기에서 고객들은 신제품에 대한 인지도가 낮고 기존 제품의 구매로부터 형성된 소비 습관의 저항이 크다. 매출은 완만한 증가 추세를 보이며 그 기간이 상당히 오랜 시간을 소요할 수도 있다. 예를 들어 인스턴트 커피는 기존에 원두커피에 익숙하던 기존 고객들의 습관 때문에 성장기에 도달할 때까지 수년의 시간이 걸렸다.

도입기의 구매자들의 수는 매우 적지만 이들은 해당 제품(군)에 대한 관심이 높고, 충분한 구매력과 구매 의사를 지니고 있으며, 또한 위험도를 감수하려는 성향을 지니고 있다. 도입기의 고객들은 주로 혁신자들(innovators)이다. 이들은 신제품에 대한 정보를 보다 전문적인 원천으로부터 수집한다. 이들은 또한 신제품의 구매나 사용에 관한 자신들의 경험을 후발 구매자들에게 전파(disseminate)하는 의견선도자(opinion leader)이기도 하다. 그러나 혹자는 자신들의 경험을 전파하지 않기도 한다. 도입기에서 경쟁자들은 존재하지 않거나 소수에 불과하다. 따라서 경쟁 상황은 치열하지 않다. 또한 유통업자들이 검증되지 않은 신제품을 선뜻 취급하려 하지 않을 수 있다. 매출에 대한 위험부담으로 인해 신제품에 대한 선호가 낮다.

도입기의 촉진 활동은 주로 광고와 판매 촉진에 의존한다. 소비자들의 신제품에 대한 인지도를 높이고 시용 구매를 유도하기 위해 많은 광고비와 판매 촉진비가 소요된

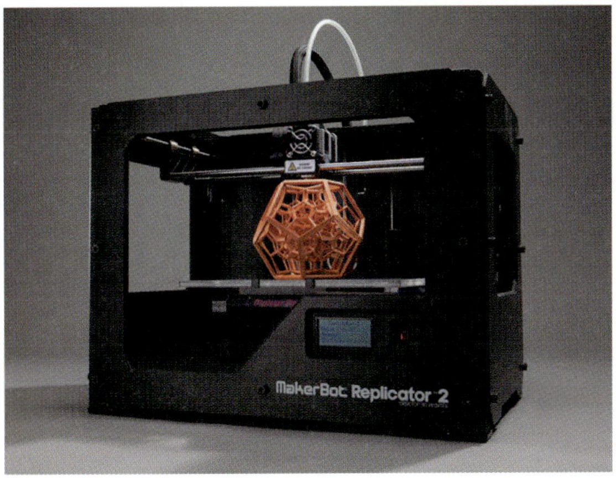

소비재 시장에서는 도입기인 3d프린터.

다. 반면에 매출은 낮으므로 이익은 매우 낮거나 혹은 손실을 보이기도 한다. 더욱이 높은 제품개발비와 초기 시설투자 비용으로 인하여 이익을 기대하기 어려운 경우도 있다.

(2) 도입기의 마케팅 전략

도입기의 전형적 마케팅 전략을 마케팅 믹스별로 살펴보면 다음과 같다.

1) 제 품

시장 규모가 작고 고객들의 욕구가 다양하지 않기 때문에 기본 기능을 갖춘 제품을 출시한다. 따라서 도입기에는 시장 세분화의 필요성이 낮다. 도입기의 제품은 기능이나 기술적인 측면에서 문제점을 수반하는 경우가 많으므로 기업은 이러한 문제들을 초기에 해결하는 데(technical debugging) 노력을 기울여야 한다. 기술적인 문제의 해결을 통한 품질의 향상은 성장기에 진입하는 경쟁자를 겨냥하여 반드시 수행하여야 할 과제이다.

2) 가 격

도입기의 구매자들은 높은 가격을 지불할 의사가 있고, 경쟁자의 대체 제품이 없기 때문에 기업은 고가격 정책(skimming pricing)을 구사할 수 있다. 이는 초기 개발 비용을 회수하기 위해 일반적으로 사용하는 가격전략이다. 이를 '모험가격(venture price)'이라고 부르기도 한다.

3) 촉 진

도입기의 촉진 전략은 대부분 인지도를 제고하는 데 그 주된 목표를 두고 있다. 특히 신제품의 혁신성이 높을수록 인지도 제고에 많은 노력을 쏟아야 한다. 또한 도입기의 광고는 자사 제품에 대한 수요(company demand)를 자극하기보다는 제품군의 수요 혹은 산업 수요(industry demand 혹은 primary demand)를 자극하는 데 목표를 두어야 한다. 즉, 도입기에서는 시장의 크기를 늘리는 것이 자사 제품의 매출을 늘리는 일보다 더 중요하다고 할 수 있다.

4) 유 통

유통경로의 디자인과 확보가 가장 중요하다. 즉, 신제품에 대한 유통업자들의 망설임과 저항을 극복하는 일이 무엇보다도 중요하다. 신규 브랜드인 경우 자사의 인지도와 이미지가 좋다면 적은 비용으로 쉽게 유통망을 확보할 수 있을 것이다. 그러나 기업 이미지가 나쁘거나 경쟁자가 같은 제품을 개발하는 경우에는 유통망의 확보가 어려울 것이다.

2.2 성장기

(1) 성장기의 특징

성장기(growth stage)는 매출이 빠르게 성장하는 시점에서부터 성장률이 둔화되기 시작하는 시점까지의 기간을 가리킨다. 성장기의 고객은 비교적 가격 민감도가 높은 고객들이다. 성장기에서는 시장 수요가 급증하고, 대량 생산과 규모의 경제로 인하여 가격이 하락하게 됨에 따라 고객들은 비교적 낮은 가격으로 신제품을 구매한다. 이들은 도입기의 고객과는 달리 대부분이 구전을 통해 제품 정보를 얻고, 다시 후발 구매자에게 구전을 통해 자신들의 경험과 평가를 전파하는 의견선도자(opinion leader)들이다. 따라서 고객들을 파악하는 것은 신제품의 확산에 있어서 매우 중요하다. 성장기에서는 시장 수요와 매출이 급증함에 따라, 이 시장에 매력을 느낀 새로운 경쟁자의 진입이 시작된다. 또한 매출이 빠르게 증가함에 따라 서서히 이윤이 발생하기 시작한다.

(2) 성장기의 마케팅 전략

성장기의 마케팅 전략을 구체적으로 살펴보면 다음과 같다.

1) 제 품

성장기에서는 새로운 경쟁 제품의 진입에 대응하기 위해서 제품 기능 및 품질 향상을 모색하여야 한다. 또한 제품 성능의 향상과 더불어 새로운 기능이나 소비자 편익의 추가가 이루어져야 한다. 그리고 새롭고 다양한 고객 욕구를 충족시키기 위해서 새로운 표적시장을 개발하고 차별화를 꾀하여야 한다.

2) 가 격

수요의 증가에 따른 대량 생산과 규모의 경제를 이용한 저가격 전략을 사용한다. 특히 초기 수용자와 전기 다수자 집단으로 구성된, 비교적 가격 민감도가 높은 고객층을 유인하여야 한다.

3) 촉 진

도입기의 인지도 제고 광고를 자사 제품의 선호도 확립 광고(preference building advertising)로 전환한다. 즉, 경쟁자의 진입으로 인하여 자사 제품에 대한 차별적 수요의 자극이 성장기 광고의 주요 목표가 된다.

4) 유 통

매출이 급속하게 성장함에 따라 고객들이 다양한 유통경로에서 제품을 구매할 수 있도록 가능한 한 많은 유통경로를 확보하는 것이 중요하다.

성장기에서의 주요한 의사결정의 하나는 이 단계에서 발생한 이윤에 관한 것으로 크게 두 가지의 전략을 생각해 볼 수 있다. 하나는 이윤을 이익금으로 배당하는 것인데 이는 단기적(myopic) 전략을 대표한다. 또 하나의 전략은 성장기에서 발생한 이윤을 신제품의 지속적인 연구개발에 재투자함으로써 높은 시장 점유율을 실현하고 유지하는 것으로 이는 장기적 전략을 대표한다.

2.3 성숙기

(1) 성숙기의 특징

성숙기(maturity stage)는 매출의 성장률이 둔화되기 시작하는 시점으로부터 매출이 최고점에 이를 때까지의 기간을 말한다. 성숙기의 고객들은 제품의 구매와 사용에 관한 경험이 상당히 축적되어 있으므로 매우 다양하고 까다로운 취향과 선호도를 지니고 있다. 또한 독특하고 개성이 뛰어난 제품을 통하여 자기만의 개성을 표출하기를 원한다. 이에 따라 시장에는 많은 다양한 제품들(me too product)이 출시되며, 또한 시장 세분화의 필요성을 높인다.

성숙기에서는 매출이 지속적으로 증가하지만 그 성장률은 감소한다. 이 단계에서는 성장기에 비하여 시장 수요에 대한 기업들의 공급 능력이 크기 때문에 경쟁이 매우 치열하다. 그리고 경쟁은 가격할인과 판촉 활동을 중심으로 이루어진다. 이러한 전략들은 모두 많은 기업 자원을 소모하는 것이기 때문에 자사 제품의 이익은 감소하게 된다. 따라서 자원이 충분하지 못한 기업들의 퇴출을 가져오고 결과적으로 몇몇 기업으로 구성된 안정적인 경쟁 구조(과점체제)를 초래한다.

성숙기에서는 시장이 크게 성장하지 않으므로 현재 시장에서의 점유율을 늘리는 전략이 필요하다. 즉, 자사의 제품을 캐쉬카우(cash cow)로 유지하는 일이 중요하다.

(2) 성숙기의 마케팅 전략

1) 제 품

성숙기의 제품 전략은 다음과 같다. 첫째, 기존 제품을 새로운 시장에 진입시키거나 경쟁사의 고객을 자사 제품의 고객으로 유인하는 것이다. 예를 들어 동아제약은 자양강장제 시장이 성숙기에 접어들자 박카스의 표적시장을 중년층에서 젊은 층으로 확대한 바 있다.

둘째, 자사 제품의 기존 소비량을 증대시키는 것이다. 예를 들어 프랑스의 미쉘린(Michelin) 타이어는 파리 시민들이 운전을 보다 많이 하도록 하기 위하여 남부 프랑

스마트폰 시장은 성장이 거의 이루어지지 않는 성숙기 시장에 있다.

Marketing Point

오뚜기 '오뚜기카레', 46년간 1등 지킨 장수 브랜드

우리나라에서 '카레'를 말할 때 '오뚜기'를 떼어놓고 말할 수 있을까. 1940년께 국내에 처음 소개된 카레는 1969년 오뚜기 분말 즉석카레가 국내 최초로 생산되며 본격적으로 대중화되기 시작했다.

출시 초기 분말 형태였던 오뚜기 카레는 시대가 변화하면서 형태도 다양해져서 1981년 '3분 요리'란 브랜드 레토르트 제품으로도 등장했다. 카레는 어린이들이 선호하는 음식이었으나 가정에서는 번거로운 조리 과정 때문에 쉽게 식단에 올리지 못하는 점에 착안해 언제 어디서나 즉석에서 먹을 수 있는 3분 요리의 첫 작품으로 개발되었다.

3분 요리는 출시하자마자 획기적인 제품으로 많은 소비자의 폭발적인 호응을 불러일으키며, 판매 첫 해에만 400만 개를 웃도는 매출을 기록했다. 즉석에서 언제든지 카레의 맛을 간편하게 즐길 수 있고 순한맛, 약간 매운맛, 매운맛 등으로 소비 계층에 따른 다양한 맛을 즐길 수 있는 영양가 많은 완전 조리식품이라는 레토르트 식품 장점이 소비자들에게 인식된 결과였다.

2004년에는 건강에 좋은 강황을 기존 제품과 비교해 50% 이상 늘리고 베타글루칸 및 식이섬유가 풍부한 귀리 등을 원료로 사용한 백세카레가 출시되면서 건강을 더욱 생각하는 카레로 진화했다. 이후 가정에서 더욱 간편하게 조리할 수 있도록 물에 더 잘 녹는 과립형 카레가 2009년에 오뚜기에 의해 국내 최초로 탄생된다. 2012년에는 발효제품에 대한 소비자의 긍정적인 인식을 접목한 명품카레 '백세 발효강황카레'를 출시했고, 지난해에는 세계 5대 건강식품으로 꼽히는 렌틸콩을 주원료로 한 '3분 렌틸카레'를 내놓았다. 최근에는 밥, 생선구이, 볶음, 부침 · 튀김요리 등 다양하게 활용할 수 있는 100% 인도산 강황을 직접 엄선해 분쇄한 '오뚜기 강황'도 선보였다.

오뚜기는 품질 향상을 위한 끊임없는 연구개발과 앞서가는 마케팅으로 출시 46주년째를 맞는 지금도 국내 1위 자리를 당당히 지키고 있다. 특히 카레요리 시연회, 카레 심포지엄 등 다양한 마케팅을 통해 카레 알리기에 적극적으로 나서고 있으며 카레를 활용해 가정에서 손쉽게 만들 수 있는 요리를 적극 홍보하면서 카레의 꾸준한 인기를 이끌고 있다.

출처 : 뉴데일리경제, 2015.6.25.

스 지방의 관광지 안내책자와 지도를 무료로 제공함으로써 남부 지방으로의 주말여행을 유도한 바 있다. Johnson & Johnson은 한 번의 린스로는 샴푸 찌꺼기를 완전히 씻어내지 못하고, 이는 탈모의 원인이 된다고 말함으로써 린스의 사용량을 늘린 바 있다.

셋째, 기존 제품의 새로운 용도를 개발하는 것이다. 그 예로서는 Arm & Hammer사의 베이킹 소다 사례나 바셀린의 용도를 공업용에서 일반 소비자용으로 전환시켜 새로운 소비층을 발견한 사례가 있다.

넷째, 기존 제품의 품질이나 기능을 향상시키거나 혹은 새로운 브랜드를 개발하는 것이다. 예를 들어 LG생활건강은 성숙기 세제 시장에서 경쟁이 치열해지자 농축세제 '한스푼'을 개발하였다.

성숙기의 시장에서의 이러한 전략들은 ① 비사용자(non-user)를 사용자(user)로 전환하는 전략, ② 사용자의 사용량을 늘리는 전략, ③ 경쟁 제품의 사용자를 자사 제품의 사용자로 전환하는 전략의 세 가지로 귀결할 수 있다. 이는 모두가 기존 시장에서 제품의 사용량을 늘리는 전략들이다.

2) 가 격

성숙기에서 가격인하는 매출 증대를 위해 가장 쉽게 고려할 수 있으나 경쟁자들의 모방이 용이하여 그 효과를 무력화(無力化)시킬 수 있다는 단점이 있다.

3) 촉 진

성수기에서의 촉진 활동은 대부분 판촉에 의존한다. 성숙기에서는 시장이 크게 성장하지 않으므로 기존 시장에서의 사용량을 증대시켜 시장 점유율을 극대화시키는 일이 중요하다. 따라서 샘플, 쿠폰, 사은품 증정, 끼워 팔기 등의 다양한 판촉 수단을 사용하여 매출 증대를 꾀하여야 한다.

4) 유 통

새로운 유통경로를 확보하는 것이다. 예를 들어 최근 급성장하고 있는 인터넷 쇼핑이나 홈쇼핑을 적절히 이용하면 상당한 매출 증대를 실현할 수 있다.

2.4 쇠퇴기

(1) 쇠퇴기의 특징

쇠퇴기(decline stage)는 매출이 최고점에 이른 후, 실제로 감소하는 때부터 제품이 시장에서 완전히 사라지는 때까지를 말한다. 실제 매출 감소의 주된 이유는 시장 수요의 포화, 신기술의 출현, 사회적 가치의 변화, 고객 욕구의 변화 등을 들 수 있다. 판매량과 이익이 감소함에 따라 많은 기업들이 시장에서 철수한다. 그리고 시장에 남아 있는 기업들은 경쟁력이 취약한 제품을 제거하여 제품의 수를 감소시킨다. 시장 규모가 작은 시장과 성과가 저조한 중간상들을 제거하며, 촉진 예산도 충성 고객들만을 유지하는 수준으로 줄이고, 가격도 계속 인하한다.

(2) 쇠퇴기의 마케팅 전략

쇠퇴기의 마케팅 전략에는 다음과 같은 세 가지 대안이 있다.

첫째, 제품을 시장에서 철수(divest)하는 것이다. 이는 쇠퇴기에 있는 제품을 다른 기업에게 매각하거나 잔존가치로 감가상각함으로써 청산(liquidation)시키는 경우이다. 즉, 이는 빠른 현금화를 의미한다.

둘째, 수확 전략(harvest)을 취할 수 있다. 이는 그 제품에 대한 마케팅 비용을 점진적으로 줄이는 것을 말한다. 동시에 제품 판매를 유지함으로써 단기적 현금흐름을 높이는 전략이다. 특히, 이 전략은 제품 시장에서 경쟁 기업들의 다수가 먼저 철수한 경우 작아진 제품 시장에서도 상당한 매출을 실현할 수 있다.

셋째, 재활성화(rejuvenation) 전략을 취할 수 있다. 이는 기업의 지속적인 제품 개선

2g폰은 기술의 발달에 따른 통신환경의 변화로 인해 쇠퇴기 시장에 있다.

표 8-3 제품수명주기의 단계별 특성과 마케팅 전략

		도입기	성장기	성숙기	쇠퇴기
시장 현상 (수요 측면)	시장의 크기	매우 작음	점차 증가	점차 증가	작음
	시장 성장률	매우 느림	매우 빠름	완만함	감소
	매출	적음	빠른 증가	서서히 증가	감소
	이윤	적거나 손실	서서히 증가	최대	감소
	고객	• 혁신자 (innovators) • 전문적 욕구	• 초기 수용자 (early adopters) • 단순한 욕구	• 전기 다수자 (early majority) 와 후기 다수자 (late majority) • 다양한 욕구	• 최후 수용자 (laggards) • 요구와 흥미의 상실
	경쟁자	극히 소수 혹은 없음	점차 증가	안정적	감소
마케팅 전략 (공급 측면)	마케팅 전략 목표	• 신제품에 대한 인지도 제고 • 시용 구매의 유도	• 자사 제품에 대한 선호도 제고 • 시장 점유율의 확대	시장 점유율의 유지(cash cow)	퇴출의 결정
	제품	초기의 문제 해결(debugging)이 주요	• 제품 품질의 개선 • 새로운 기능의 추가	• 제품 다양성 제고 • 시장 세분화의 필요성	기존 제품의 유지 혹은 축소
	가격	높음(skimming pricing; venture pricing)	점차 인하	가격할인	최저 (salvage value)
	촉진	• 인지도 제고를 위하여 주로 광고에 의존 • 시용 구매를 유도하기 위하여 다양한 판촉 수단을 사용	선호도 제고를 위하여 주로 광고에 의존	매출 증대를 위하여 다양한 판촉 수단을 사용	촉진 노력의 감소
	유통	유통경로의 확보가 중요	유통경로의 확장이 중요	다양한 유통경로를 사용	기존 유통경로의 축소
	핵심 성공 요인	인지도와 시용 구매	선호도 시장 점유율 확보	시장 점유율의 확대 및 유지	효과적인 퇴출 전략 혹은 재활성화 전략

그림 8-6 재활성화의 제품수명주기

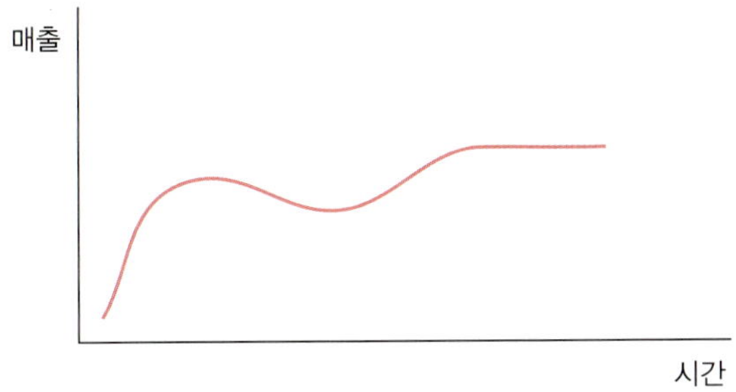

노력으로 성숙기를 연장하는 전략을 말한다(그림 8-6 참조). P&G는 분말세제인 Tide가 성숙기 끝자락에서 매출이 하락하는 추세를 보이자 액체(liquid) Tide를 선보였고, 액체 Tide의 매출이 하락하기 시작하는 시점에서 단백질 효소 Tide를 출시하였다. 이어서 단백질 효소 Tide의 매출이 감소하는 시점에서 산소(oxygen) 효소 Tide를 출시함으로써 쇠퇴기의 도래를 방지하고 성수기를 연장하여 나간 바 있다. 이러한 P&G의 노력은 반(反)PLC 관점(anti-PLC view)을 대표한다고 할 수 있다.

지금까지 제품수명주기에 따른 마케팅 전략에 대해서 살펴보았다. 그 내용을 정리한 것이 〈표 8-3〉이다.

생각해 볼 문제

1. 당신이 생각하기에 신제품을 개발할 때 가장 먼저 고려할 요소는 무엇이라고 생각하는가? 그리고 그 요소가 당신이 개발하는 신제품이 기존 제품 혹은 경쟁사 제품과 차별성을 지니는 데 얼마나 중요한 역할을 한다고 생각하는지 의견을 제시하시오.

2. 성숙기에서 쇠퇴기로 들어선 제품 중에서 재포지셔닝을 통해 다시 성숙기가 연장된 제품들의 사례를 조사해 보시오.

참고자료

안광호, 하영원, 박흥수(2009), 마케팅원론, 학현사.

Corey, E. R. and N. Capon(1985), "Product Life Cycle," *Harvard Business Publishing*, Aug.

Dolan, R. J.(1991), "Managing the New Product Development Process," *Harvard Business Publishing*, Aug.

Moon, Y.(2005), "Break Free from the Product Life Cycle," *Harvard Business Review*, May.

Ofek, E.(2013), "Forecasting the Adoption of a New Product," *Harvard Business Publishing*, Dec.

Urban, G. and J. Hauser(1993), *Design and Marketing of New Products*, 2nd edition, Prentice Hall.

Case Study

후리카케

2015년 6월 일본의 유수한 식품회사인 NFC의 마케팅 담당 임원인 카네도 켄은 NFC의 인기 품목의 하나인 후리카케의 한국시장 재출시를 앞두고 깊은 생각에 잠겨 있었다. NFC(Nihon Food Corporation)는 2000년대 초 한국시장에 후리카케를 출시하였으나 실패로 끝나고 말았다. 카네도는 당시의 상황을 다시 생각해 보며 이번의 한국시장 재출시에서는 같은 실패를 되풀이하지 않기 위하여 후리카케의 실패 요인을 곰곰이 찾아보려 하였다.

후리카케

후리카케는 일본에서 손꼽히는 식품회사인 NFC의 주력 상품의 하나이다. NFC는 일본 소비자들이 추가적인 조리 없이 먹을 수 있는 각종 반찬들을 제공하는 회사이며 일본 국내 시장은 물론이고 해외시장에도 많은 제품을 공급하고 있다.

후리카케는 일본 사람들이 좋아하는 반찬 가운데 하나이다. 후리카케는 달걀, 쇠고기, 김 등의 식재를 건조하여 분말로 만들어 밥 위에 뿌려 먹는 일종의 반찬이다. 후리카케는 김, 달걀, 외사비 등 여러 가지 다양한 맛을 제공하고 있으며 작은 봉지 안에 포장되어 판매된다(한국의 라면 수프와 같은 형태의 포장을 사용한다).

한국시장 출시

NFC는 2000년대 초에 후리카케를 한국시장에 출시하였다. NFC는 당시 한국 소비자들의 입맛이 다양해지고 특히 90년대 이후 꾸준히 증가하는 일본음식에 대한 한국인의 선호도를 바탕으로 후리카케의 한국 출시를 결정하였다.

NFC의 예상대로 후리카케는 한국시장에서 커다란 성공을 거두었지만 불행히도 그 성공은 오직 부분적인 것이었다. 일본에서는 후리카케가 어린이에서 어른들까지 모든 사람이 간편하고 손쉽게 즐길 수 있는 식품인 데 반해서 한국시장에서는 오직 어린이들이나 장난삼아 먹는 식품으로 인식되었다.

후리카케는 어린이들에는 선풍적인 인기를 모으고 있었다. 특히 토토로나 아톰과 같은 일본의 인기 있는 만화 캐릭터가 인쇄되어 있는 후리카케의 포장을 뜯어서, 밥 위에 솔솔 뿌려서, 밥과 비벼 먹는 일은 어린이들에게는 반찬 이상의 가치를 제공하였다. 한국 어린이들은 후리카케를 식사 이상의 재미있는 놀이로까지 여기고 있었다.

반면에 엄마들은 후리카케에 대하여 그리 긍정적이지 않은 생각을 지니고 있었다. 후리카케의 작은 포장 안에 한 끼 식사에 해당하는 영양소가 있다고는 하지만 밥 한 공기에 달랑 후리카케 한 봉지만을 아이에게 주는 것은 한국 엄마들의 정서로서는 다소 마음이 편치 않은 것이 사실이었다. 자기 아이에게 정성을 쏟지 않는 일종의 불량 엄마가 된 느낌을 한국 엄마들은 후리카케로부터 느꼈던 것이다.

또 하나 엄마들이 후리카케를 탐탁지 않게 여겼던 이유는 바로 후리카케의 판매 단위였다. 후리카케는 별로 비싼 제품은 아니었지만 낱개로는 판매되지 않았다. 대신에 후리카케는 열 개들이 혹은 스무 개들이로만 판매되었다. 당연히 엄마들은 새로운 제품에 대한 위험을 느끼면서 그 품질을 잘 알지 못하는 제품을 처음부터 열 개, 스무 개씩 사는 것을 꺼려했다.

후리카케의 촉진 활동의 대상은 최종 소비자인 어린이들이었다. 후리카케의 주된 촉진활동은 유치원이나 어린이 집을 대상으로 무료 샘플을 뿌리는 일이었다. 물론 어린이들 사이에서 후리카케는 대인기였다. 상대적으로 후리카케의 구매자인 엄마들을 위한 촉진 활동은 미미한 수준에 그치고 말았다.

결국 후리카케는 여섯 달에 걸친 한국시장 진출 노력에도 불구하고 한국시장에서 철수하고 말았다.

재출시 전략

카네도는 이번 후리카케의 한국시장 재출시를 앞두고 새로운 마케팅 전략을 구상하고 있었다. 지난번의 실패 상황을 곰곰이 돌이켜 생각해보니 실패의 원인을 알 수 있을 것 같았다. 카네도는 후리카케의 재출시에서 가장 중요한 것은 기본적인 고객의 이해라고 생각하였다. 즉, 구매자와 사용자가 다를 경우의 다소 복잡한 마케팅 전략의 구상이 필요하다고 카네도는 생각하였다.

Discussion Questions

후리카케의 한국시장 재출시 전략 진행 시 가장 중요하게 고려할 사항은 무엇인가?
그리고 제품의 확산을 위해 후리카케가 겨냥해야 할 표적 소비자는 누구인가?

제9장

가격관리

제1절 가격의 개념과 중요성

제2절 가격결정의 목표 및 고려사항

제3절 가격결정 전략

들어가며

모루밍족(morooming族), 스마트폰으로 합리적 쇼핑 한다!

사람들은 어디에서 주로 쇼핑을 할까? 직접 백화점이나 매장을 방문해서 하는 사람들도 있고, 온라인 사이트를 이용하여 하는 사람도 있다. 하지만 요즘은 지하철이나 버스에서 출퇴근을 하며 스마트폰으로 쇼핑하는 사람들이 많이 늘었다.

모루밍족은 이와 같은 사회 현상을 반영한 신조어이다. 백화점이나 매장에서 상품을 자세히 살펴보고 모바일을 통해 가격비교를 한 후 가장 저렴한 곳에서 구매하는 현상을 모루밍(morooming)이라고 한다. 모루밍의 근원은 쇼루밍(Showrooming)에서 찾을 수 있는데, 쇼루밍은 제품은 오프라인 매장(showroom)에서 하고 구매는 온라인에서 하는 경우를 뜻하였는데, 이제는 모바일을 이용한 쇼핑을 하는 사람들이 많아지면서 모루밍족이라는 신조어가 탄생했다.

모루밍족의 파워는 최근 유통업계의 흐름을 바꿔놓고 있다.

통계청과 관세청에 따르면 지난해 모바일 쇼핑 거래액은 14조 8,090억 원으로 전년 6조 5,596억 원에 비해 125.8%나 성장했다. 또한 온라인 쇼핑이 처음으로 대형마트를 앞질렀다. 지난해 해외 직접구매를 포함해 국내 온라인 쇼핑 전체 시장 규모는 총 46조 9,280억 원으로 대형마트 매출액보다 약 3천억 원 가량 더 높은 것으로 나타났다.

모루밍족의 증가로 오프라인 매장에서 고객과 종업원의 미묘한 갈등이 생기기도 했다. 종업원이 열성적으로 설명을 하면 고객은 열심히 듣는 척 하다가 상품번호만 핸드폰으로 찍어가는 서로 민망

한 상황이 종종 벌어진다.

합리적인 소비를 하려는 모루밍족을 오프라인 매장으로 끌고 오기 위해 유통업계도 다양한 마케팅을 시도하고 있다. 온라인에서 제품의 정보를 얻고 매장에서 구매를 하게 하는 역쇼루밍을 권하고, 서점에서는 배송기간이 걸린다는 온라인 쇼핑의 단점을 이용하여 온라인에서 주문하고 오프라인 매장에서 찾아가는 바로드림 서비스도 모루밍족을 겨냥한 서비스이다.

모루밍족은 바쁜 현대인들이 출퇴근 시간을 이용해 토막 쇼핑을 하는 현상을 보여준다. 짧은 시간에 좀 더 합리적인 가격으로 좋은 물건을 사고 싶어 하는 것은 누구나 원하는 것이다. 때문에 이런 기술의 발전과 합리적인 쇼핑의 욕구는 모루밍족을 만드는 원동력이 된다.

출처 : 시선뉴스, 2015.7.14.

제1절 가격의 개념과 중요성

1. 가격의 개념

가격(price)이란 시장에서의 제품의 교환가치로서, 제품이나 서비스를 소유하거나 사용하는 대가로 소비자가 지불하는 금전적 가치를 일컫는 개념이다. 기업이 적절한 가격을 결정하는 것은 단순한 것이 아니라, 기업의 매출과 이윤에 직접적인 영향을 미친다는 점에서 매우 중요하다고 할 수 있다.

가격에는 그 하한선과 상한선이 존재한다. 우선 가격의 하한선(floor)이란 기업이 제품을 생산하는 데 소요되는 비용이다. 제품 가격이 단위당 생산 비용(unit cost)과 같다면 제품의 판매로 인하여 발생하는 이윤이나 손실은 존재하지 않는다. 즉, 손익분기점(break even point)에 위치하는 것이다. 기업의 궁극적인 존재 이유는 고객 만족을 통한 이윤의 창출과 극대화이므로 기업은 생산 비용 이하의 가격을 책정할 수 없다. 반면에 가격의 상한선(ceiling)은 가격의 하한선의 경우처럼 고정적으로 존재하지 않는다. 가격의 상한선은 고객이 제품이나 서비스에 대하여 지각하는 가치(perceived value)이다. 이는 단위당 생산 원가를 산출하기 힘든 경우에 주로 해당되는데 희귀품이나 골동품, 예술작품, 전문 서비스 등에서 흔히 찾아볼 수 있다. 고객은 제품이나 서비스에 대하여 자신이 지각하는 가치가 가격보다 높을 경우에 해당 제품이나 서비스를 구매한다. 즉, 제품이나 서비스가 잉여가치(surplus value)를 지니고 있을 때 구매가 이루어지는 것이다.

2. 가격의 중요성

가격결정의 중요성은 다음과 같이 정리할 수 있다.

첫째, 가격은 기업의 매출과 수익에 직접적이고 결정적인 영향을 미친다. 가격의 하락은 일반적으로 매출의 증가를 가져오고 반대로 가격의 상승은 매출의 감소를 가져온다. 이런 특성은 특히 가격탄성률(price elasticity)이 높은 제품의 경우에서 뚜렷하게 나타난다. 가격탄성률이란 가격의 변화에 따른 매출의 증가 또는 감소와 같은 변화의 비율을 나타낸 것을 말한다. 일반적으로 생활필수품, 의약품, 학용품 등을 포함한 필요 제품(need good)은 그 가격탄성률이 낮은 편이고, 고급 화장품, 패션의류, 보석 등과 같은 사치품 혹은 호화품들은 그 가격탄성률이 높다.

둘째, 가격은 특정한 제품이나 서비스에 대한 기업의 매출뿐만 아니라 시장 수요에도 영향을 미친다. 일반적으로 제품의 가격이 하락하면 시장 내에서 제품의 수요가 증가한다. 반대로 제품 가격이 상승하면 시장 내에서 수요의 감소를 가져오게 된다.

셋째, 가격에 대한 통제는 제품, 촉진, 유통과 같은 다른 마케팅 믹스에 비하여 가장 빠르게 이루어질 수 있고 변경 또한 매우 용이하다. 예를 들어 제품의 디자인을 바꾸거나, 성능을 개선하거나, 혹은 새로운 기능을 추가하는 일 등은 많은 시간과 노력을 필요로 한다. 또한 유통경로의 새로운 디자인이나 유통경로 구성원을 확보하는 일도 많은 시간과 비용 등이 소요된다. 반면에 가격에 대한 결정과 변경은 하룻밤 사이에 빠르게 이루어질 수도 있다.

넷째, 가격은 그 통제와 변경이 빠른 만큼 경쟁자에 의한 모방을 비롯한 다른 반응(competitive reaction)들도 빠르게 나타날 수 있다. 경쟁자의 빠른 반응과 모방은 자사의 가격전략의 효과를 무력화(無力化)시킬 수 있다. 이런 이유로 가격은 가격전쟁(price war)의 위험성을 내포하고 있다. 결과적으로 자사의 가격인하에 따른 경쟁자의 모방에 의한 적대적인 반응은 결국 자사와 경쟁자 모두의 매출과 이윤을 감소시키는 출혈전쟁으로 이어질 수도 있다.

다섯째, 가격은 고객이 지각하는 제품의 품질이나 이미지에 중요한 영향을 미친다. 일반적으로 소비자들은 특정 제품이 고가격일 경우 품질이 우수하거나 고급스러운 이미지를 가지고 있다고 인식한다. 즉, 고가와 고품질을 유사한 개념으로 인식하는 것이다.

여섯째, 가격은 기업의 마케팅 활동 중에서 각종 법규로부터 가장 명확하고 많은 규제를 받는다.

그러나 실무적으로 마케터들은 가격결정을 별로 신중하게 다루지 않는 경향이 있다. 이런 이유로 다음과 같은 문제들이 나타날 수 있다.

- 가격결정이 지나치게 원가 지향적이다.
- 시장 변화에 신속하게 적응하기 위해 필요한 융통성을 갖고 있지 않으며, 일단 결정된 가격은 좀처럼 수정되지 않는다.
- 가격이 총체적인 마케팅 믹스의 한 요소임에도 불구하고 다른 요소와의 상호작용이나 관계를 충분히 고려하지 않고 결정되는 경향이 있다.

- 세분 시장별로 다양한 가격을 제시하지 않는 경우가 많다.

제2절 가격결정의 목표 및 고려사항

1. 가격결정의 목표

가격결정의 목표는 전반적인 마케팅 목표로부터 특정한 가격결정 정책과 절차에 이르기 위한 중간적 연결고리의 역할을 수행하는데, 마케터는 상품의 가격 자체를 결정하기에 앞서서 전반적인 마케팅 목표를 달성하기 위해 가격이 어떻게 기여해야 하는지를 검토해야 한다.

1.1 이윤 지향적 목표

이윤 지향적 목표는 기업이 이윤 추구를 할 수 있도록 제품의 가격을 책정하는 것을 말한다. 이윤 극대화를 추구하는 기업의 경우에는 이윤을 가장 극대화할 수 있는 가격을 책정하는 것이고, 일정 수준의 이윤 목표를 설정할 경우 그 목표에 부합하는 가격을 책정하게 된다. 이윤 지향적인 가격은 대부분 고가 전략을 통해 이루어진다. 고가 전략은 시장 진입 초기에 고가로 진입할 경우 사용될 수 있다(skimming pricing). 또한 명품 등과 같이 비가격적인 요소들로 인해 가격수준이 결정되는 제품에서 많이 활용될 수 있다.

1.2 매출 지향적 목표

매출 지향적 목표는 기업의 매출액 증대나 시장 점유율 확장과 같은 매출과 관련된 요소의 목표 달성에 그 기준을 두고 가격을 책정하는 것을 말한다. 매출 지향적 가격은 단위 제품의 가격을 낮추고 많은 양을 판매함으로써 총매출을 증대시키고자 하는 것을 핵심 목표로 하여 결정되는 가격이다. 이 가격전략을 추구하고자 할 경우에는 일반적으로 저가전략을 사용하는 것이 효과적이다. 즉, 경쟁사보다 저가격으로 제품을 공급할 경우 제품의 판매를 증대시킬 수 있고, 시장 내 경쟁사의 진입을 막을 수도 있다.

1.3 기타 목표

그 외의 가격결정 목표는 우선 현재의 가격을 유지하는 가격전략을 목표로 할 수 있다. 이 목표는 시장 내에서 제품이 좋은 위치에 있어 변화가 필요하지 않을 경우 사용하는 방법이다. 그리고 시장 내에서 생존을 위해 가격목표를 책정하거나 좋은 이미지를 형성하기 위해서 가격목표를 결정할 수 있다.

2. 가격결정 시 고려사항

가격결정 목표는 전체적인 가격결정에 가장 큰 영향을 미친다. 그러나 가격결정 목표 이외에도 기업의 내적 · 외적 요인들이 구체적인 가격결정에 영향을 줄 수 있다. 〈표 9-1〉은 가격결정에 영향을 미치는 요소들을 나타내고 있다. 그 구체적인 내용을 살펴보자.

2.1 기업의 내적 요인

(1) 표적시장과 바람직한 목표 포지션

마케팅 담당자가 특정한 상품의 가격을 결정하는 데 있어서 고려해야 할 첫 번째 요인은 표적시장의 특성을 파악한 후 바람직한 목표 포지션을 설정하는 것이다. 일반적으로 표적시장을 구성하는 소비자들의 경제적 특성이나 행위적 특성은 가격결정에 많은 영향을 미친다. 또한 표적시장에서 어떠한 포지션(이미지)을 구축할 것인가에 따라 가

표 9-1 가격결정에 영향을 미치는 요인

내적 요인	외적 요인
• 표적시장 • 목표 포지션 • 마케팅 믹스의 다른 요소들 • 생산 원가	• 시장의 경쟁구조 • 수요의 성격과 가격탄력성 • 경쟁가격과 거래조건 • 기타 마케팅 환경 요인

격도 달라질 수 있다.

(2) 마케팅 믹스의 다른 요소들

가격결정은 마케팅 믹스의 다른 요소들에 관한 결정으로부터 영향을 받는다. 더불어 가격은 마케팅 믹스의 다른 요소들에게 영향을 미치기도 하므로 마케터는 상품 가격을 결정하는 데 있어서 상품, 유통경로, 촉진 등 다른 마케팅 믹스 요소를 함께 고려해야 한다.

2.2 기업의 외적 요인

(1) 시장의 경쟁구조

마케팅 담당자가 상품의 가격을 자유로이 결정할 수 있는 범위는 시장의 경쟁구조에 의해 결정되는데, 경쟁구조는 대체로 네 가지 유형으로 구분된다.

완전경쟁(perfect competition)은 다수의 구매자와 판매자 사이에 완전히 동질적인 상품이 거래되며 완전한 시장 정보가 이용될 수 있는 상태를 말한다. 이 경쟁에서 모든 마케팅 담당자는 시장 내의 수요와 공급관계에 의해 결정된 단일의 시장 가격을 그대로 받아들이게 된다.

독점적 경쟁(monopolistic competition)은 완전경쟁과 대체로 유사하지만, 마케팅 담당자가 상품차별화를 통해 가격결정의 자유를 어느 정도 가질 수 있는 상태이다.

과점(oligopoly)은 경쟁자의 가격과 마케팅 전략에 민감한 소수의 기업들로 구성되는 상태이다. 과점의 상태에서는 동질적 상품의 경우이든 이질적 상품의 경우이든 경쟁자의 가격인상에는 항상 동조하지는 않는 데 반해 가격인하에는 모두 동조하면서 전체의 매출액을 감소시키기 때문에 시장 가격을 그대로 받아들이는 경향이 있다.

완전독점(perfect monopoly)은 한 기업이 시장 수요를 독점하는 상태를 말한다. 마케팅 담당자는 정부의 개입과 경쟁자의 시장 참여를 배제하면서 고가격으로 최대의 이익을 추구하거나 신속히 시장에 침투하기 위해 저가격을 구사할 수 있다. 그러나 공기업의 경우에는 복지 차원에서 저소득층에게 저가격으로 공급하거나, 수요를 억제하기 위해 고가격을 구사할 수도 있다.

(2) 수요의 성격과 가격탄력성

수요량이란 일정한 가격에서 소비자들이 기꺼이 구매하려는 상품의 양을 의미한다.

대체로 그러한 양은 가격이 높아짐에 따라 감소하는 경향을 보인다. 그러나 간혹 기능보다 상징적 의미가 중요한 일부 상품이나 화장품, 의약품 등에 있어서는 일정한 가격 범위 내에서는 오히려 가격이 높을수록 수요가 증가하는 현상이 나타나기도 한다. 한편 수요의 가격탄력성이란 가격변화율에 대한 수요량의 변화율인데, 값이 1보다 크면 수요가 탄력적이며 1보다 작다면 수요가 비탄력적이라고 한다. 즉, 수요가 탄력적이라면 가격인하 시 가격인하율보다 큰 폭으로 수요가 증대됨을 의미하고, 수요가 비탄력적이라면 가격인상 시 가격인상률보다 작은 폭으로 수요가 감소함을 의미한다.

(3) 경쟁가격과 거래조건

소비자들은 상품 가치뿐 아니라 가격과 거래조건을 종합적으로 고려하여 구매 상품을 선택하고, 더욱이 다수의 상품 대안이 있을 경우 그들 사이의 상대적인 가격과 거래조건을 비교할 것이므로 마케터는 가격을 결정할 때 가격과 아울러 기래조건도 충분히 고려하여야 한다.

(4) 기타 마케팅 환경 요인

인플레이션율이나 경기의 활성화 정도, 이자율 등 경제적 요인들은 상품의 생산 원가와 상품 가치에 대한 소비자 지각에 영향을 미치므로 가격결정 시 중요한 고려사항이다. 또한 정부나 재판매업자의 반응도 중요하다.

제3절 가격결정 전략

가격에 대한 의사결정은 크게 원가 중심 가격결정, 시장 중심 가격결정, 그리고 차별적 가격결정의 세 가지로 나누어 볼 수 있다. 이들을 각각 살펴보면 다음과 같다.

1. 원가 중심 가격결정

원가 중심 가격결정(cost oriented pricing)은 제품의 생산 비용을 산출하고, 그 비용에 원하는 비율 혹은 액수의 이윤(margin)을 추가하여 가격을 결정하는 방법이다. 원가 중심 가격결정은 마케팅 중심적인 경영철학이라기보다는 생산 중심의 경영철학을 반영한 방법이다. 이 결정방법은 다음과 같다.

$$\text{가격} = \frac{\text{총생산비용} + \text{희망이윤}}{\text{총생산량(단위)}}$$

원가 중심 가격결정에서 추가적으로 고려할 수 있는 것이 손익분기점(break even point)의 계산이다. 손익분기점은 일정한 가격을 가정하고, 기업의 이윤이나 손실이 발생하지 않는 수준의 판매량, 혹은 생산량을 말한다. 손익분기점은 그 자체로서는 중요하지 않으나 일정한 가격을 가정한 상태에서 어느 정도의 물량을 생산하거나 판매하여야 손실을 방지할 수 있는가를 제시한다는 점에서 가장 기본적이다. 기업은 손익분기점 분석을 통하여 어느 정도의 가격에서 손실을 방지할 수 있는 최소의 물량을 판매할 것인가에 대한 아이디어를 얻을 수 있다. 또한 손익분기점은 이윤을 추구하기보다는 손실을 방지하는 지극히 방어적인 측면을 나타낸다.

$$\text{손익분기점} = \frac{\text{총비용}}{\text{단위당 공헌(unit contribution)}}$$

$$= \frac{\text{고정비용} + \text{총가변비용}}{\text{가격} - \text{단위당 가변비용(unit variable cost)}}$$

2. 시장 중심 가격결정

2.1 진입가격 전략

진입가격 전략(penetration pricing)은 경쟁자보다 낮은 가격으로 자사의 제품이나 서비스를 시장에 출시하는 전략이다. 진입가격 전략의 목적은 낮은 가격으로 시장 수요를 자극하고 빠른 시간 내에 많은 매출과 수익을 확보하려는 데 있다. 진입가격 전략은 해당 제품이나 서비스에 대한 가격탄성률이 높을 때 효과적인 전략이다. 또한 이 전략은 자사의 제품이나 서비스가 가격을 제외한 다른 속성에서 경쟁적 우위를 지니고 있지 못한 경우에 주로 사용한다. 즉, 저렴한 가격만이 유일한 경쟁적 우위가 될 수 있는 경우에 주로 사용한다. 덤핑(dumping)이 그 대표적인 예라고 할 수 있다. 또한 진입가격 전략은 대량 생산을 통해 단위당 생산 원가가 현저히 낮아질 수 있는 경우와 그로 인하여 경쟁사의 시장 참여를 효과적으로 억제할 수 있는 경우(낮은 원가와 저가격에 의한 진입장벽)에 적합한 전략이다.

2.2 동등가격 전략

동등가격 전략(parity pricing)은 경쟁자와 비슷한 수준의 가격으로 시장에 진입하는 전략을 말한다. 동등가격 전략이 효과적인 경우는 제품의 가격탄성률이 낮거나, 자사의 제품이 경쟁사의 제품과 비교하여 두드러진 우위가 없을 때, 혹은 자사의 제품과 경쟁사의 제품이 별로 차별화되지 않았을 때이다. 예를 들면 원유, 원목, 석탄 등과 같은 산업재와 우유, 달걀, 농수산물 등과 같은 소비재가 여기에 해당된다.

2.3 프리미엄가격 전략

프리미엄가격 전략(premium pricing)은 자사의 제품을 경쟁사의 가격보다 높은 가격으로 판매하는 전략을 말한다. 이 전략은 일반적으로 모든 비가격 속성(non-price attributes)에서 경쟁적 우위를 지니고 있을 때 사용한다. 프리미엄가격 전략은 고급 화장품, 패션의류, 고급 승용차 등의 제품에 많이 사용된다. 예를 들면 메르세데스는 안전도, 승차감, 엔지니어링, 이미지 등의 모든 비가격 속성에서 경쟁사보다 우수하다고 평가되므로 높은 가격에 판매될 수 있다.

Marketing Point

비싼수록 잘 팔리는 시대 저물어…명품, 전 세계 '일물일가' 전략으로

명품 같은 사치품 시장은 경제학의 기본 원리인 '수요공급의 법칙'이 잘 들어맞지 않는 영역이다. 대신 '비쌀수록 잘 팔린다'는 뜻의 '베블런 효과'가 이 시장을 잘 설명하는 이론이다.

베블런 효과는 가격이 오르는데도 과시욕이나 허영심 때문에 수요가 줄어들지 않는 현상을 말한다. 미국의 사회학자이자 사회평론가인 소스타인 베블런이 '유한계급론'에서 창안한 이론이다. 1899년 펴낸 이 책에서 베블런은 "상층 계급의 두드러진 소비는 사회적 지위를 과시하기 위해 자각 없이 행해진다"고 분석했다. 베블런은 물질만능주의를 비판하면서 상류층 사람들은 자신의 성공을 과시하고, 허영심을 만족시키기 위해 사치를 일삼는다고 꼬집었다.

이 같은 이론은 '과시' 목적의 수요가 많은 명품시장에 잘 맞아떨어진다. 명품업체들은 소비자들의 이런 성향을 감안해 일부러 높은 가격을 매기는 고가전략을 고수해왔다.

하지만 해외 원정쇼핑이 크게 늘고, 인터넷을 통한 가격 정보 공유가 활성화되면서 평준화 전략으로 방향을 바꾸고 있다. 유럽에서 명품 백을 구입한 뒤 해외 인터넷 중고시장에서 웃돈을 붙여 팔거나 공식 판매망을 통하지 않는 병행수입 등의 '회색시장'을 차단하기 위해서다.

브루노 파블로브스키 샤넬 패션부문 사장은 지난 4월 국내 언론과의 인터뷰에서 "앞으로는 소비자들이 세계 어디서나 비슷한 가격에 살 수 있도록 지역별 가격 차를 10% 이내로 유지할 방침"이라고 말했다. 세계 어느 지역에서나 같은 물건은 같은 가격에 판매된다는 '1물1가의 법칙'까지는 아니더라도 합리적인 수준의 가격전략을 펴겠다는 의지를 밝힌 것이다. 장 클로드 비버 태그호이어 사장도 "앞으로도 많은 브랜드가 전 세계에서 가격을 조정해야 할 것"이라고 내다봤다.

출처 : 한국경제, 2015.6.13.

2.4 초기 고가격 전략

초기 고가격 전략(skimming pricing)은 제품수명주기의 초기 단계(도입기)에서 제품을 판매할 때 사용되는 전략으로서 신제품을 고가격에 판매하는 전략을 말한다. 제품수명주기의 초반에 신제품을 구매하는 소비자들은 가격민감도가 낮고, 제품에 대한 관심과 관여도가 높으며, 고가격을 지불하려는 성향이 있으며, 높은 위험도를 감수하려는 특성을 지니고 있다. 초기 고가격 전략은 이런 소비자의 특성을 이용한 전략이다.

3. 차별적 가격결정

3.1 정기적 가격할인

정기적 가격할인(periodic discounts)은 일정한 주기에 따라 가격할인을 시행하는 전략을 말한다. 예를 들면 백화점 정기세일이나 비수기의 항공 요금 혹은 철 지난 의류의 할인가격 등이 이에 포함된다. 소비자들은 언제 가격할인이 일어날지 예상할 수 있으며, 따라서 가격할인이 일어나는 시기에 맞추어 구매를 계획할 수 있다. 가격할인이 일어나지 않는 시기에 정규가격을 지불하고 제품을 구입하는 소비자들은 기업에게 경영자금을 제공하며(venture pricing), 가격할인이 일어날 때 제품을 구매하는 소비자들은 기업에게 잔존가치(salvage value)를 제공한다. 정기적 가격할인은 매출과 이윤의 극대화(profit maximization)보다는 잔존가치를 얻음으로써 손실을 극소화(loss minimization)하는 것을 목적으로 한다. 정기적 가격할인의 대상은 주로 가격민감도가 높은 고객들

소비자들이 가격할인기간을 알고 있을 경우 소비 시점을 조정하기도 한다.

이다. 즉, 정기적 가격할인은 구매력보다는 탐색 시간이 더 많은 고객들을 대상으로 할 때 효과적이다.

3.2 비정기적 가격할인

비정기적 가격할인(random discounts)은 이름 그대로 가격할인이 비정기적으로 발생하기 때문에 소비자들이 언제 가격할인의 혜택을 누릴 수 있을지 예측할 수 없다. 따라서 소비자들은 때때로 예상치 못한 가격할인을 접하기도 한다. 이런 낮은 예측성으로 인해 그 효과가 정기적 가격할인보다 높다. 일반적으로 기업은 비정기적 가격할인을 자주 시행하지 않는데, 이는 가격할인이 기업의 매출과 이윤에 부정적인 영향을 미치기 때문이다. 비정기적 가격할인은 예상치 못한 가격할인에 대한 소비자들의 기대를 유발하기 때문에 점포를 방문하는 소비자의 수(store traffic)를 늘리는 효과가 있다. 그리고 비정기적 가격할인은 비교적 가격민감도가 높고 탐색을 많이 하는 소비자층을 대상으로 한다. 예를 들면 백화점 내의 부띠크나 입점 점포들 혹은 전문점(specialty store) 등의 가격할인이 이에 해당된다.

특정 이벤트로 인해 발생하는 비정기적 가격할인은 소비자들의 관심 및 매출증대에 긍정적 영향을 미치기도 한다.

3.3 2차 시장 가격할인

2차 시장 가격할인(second market discounting)은 표적 고객을 대상으로 한 1차 시장에서 모든 비용을 회수하고, 할인가격으로 2차 시장에 진입하는 전략을 말한다. 2차 시장이란 표적 고객의 가족, 친구, 친지 등으로 구성된다. 2차 시장 가격할인은 1차 시장을 위한 시설이나 설비 혹은 기타 자원이 남아 있을 때 사용한다. 예를 들어 어떤 고객이 헬스클럽의 회원권을 구매했을 경우 그 가족이나 친구들(2차 시장)이 비교적 한산한 낮 시간에 저렴한 가격으로 헬스클럽을 이용하도록 그 시설을 제공하는 것을 말한다. 이 가격전략은 1차 시장을 위한 시설이나 수용 능력의 여유가 있을 때 사용 가능한 방법이다.

3.4 가격신호

가격신호(price signaling)란 가격을 제품의 품질을 나타내는 지표로 사용하는 전략이다. 일반적으로 제품에 대한 추가적인 정보가 없을 때 소비자들은 제품의 품질과 가격 간에는 강한 상관관계가 존재한다고 인식한다. 그러나 제품에 대하여 가격 이외의 추가적인 정보가 제공될 때 소비자들이 느끼는 가격과 품질과의 관계는 매우 약하다. 따라서 이 전략은 고객들이 제품의 품질에 대한 정보를 충분히 가지고 있지 않을 때 효과적인 전략이다. 즉, 제품의 품질을 파악하기 어려울 때 주로 사용한다. 예를 들면 비싼 와인이 좋은 와인이라고 생각하고 항상 값비싼 와인만을 구매하는 소비자를 대상으로 할 경우 효과적인 방법이다.

3.5 준거가격 전략

준거가격 전략(reference pricing)이란 자사 제품의 판매를 위하여 경쟁 제품의 가격이나 품질을 가격판단의 준거점(reference point)으로 이용하는 전략이다. 만약 자사 제품의 품질이 그리 우수하지 못할 경우에는 자사 제품을 매우 비싼 경쟁사의 제품 옆에 진열함으로써 경쟁 제품의 비싼 가격을 선택의 준거점으로 이용할 수 있다. 즉, 자사 제품의 가격 대비 품질이 경쟁 제품보다 뛰어나다고 고객들이 인식하도록 하는 전략이다. 반대로 자사 제품의 가격이 매우 높은 경우에는 자사 제품을 품질이 매우 낮은 경쟁 제품 옆에 진열함으로써 자사 제품을 선택하도록 유도한다. 즉, 자사 제품이 경쟁 제품보다 품질 대비 가격이 우수하다는 점을 강조한다.

3.6 포섭가격 전략

포섭가격 전략(captive pricing)이란 기본 제품과 부속 제품을 함께 사용하는 경우에

프린터기 사용에서 실질적으로 비용이 많이 드는 부분은 토너의 구매이다.

흔히 사용된다. 기본 제품은 매우 낮은 가격으로 판매하고, 심지어는 무료로 제공하기도 한다. 그러나 기본 제품과 함께 사용되는 부속 제품(보완재)의 가격은 높게 책정하는 전략이다. 따라서 기본 제품의 판매만으로는 매우 낮은 수준의 매출을 가져오고 이윤도 매우 적거나 때로는 손실이 발생하기도 한다. 따라서 기본 제품을 손실의 주도자(loss leader)라고 부르기도 한다. 보완적으로 사용할 수 있는 부속 제품에서 대부분의 매출과 이윤을 실현하는 정책이다. 그 대표적인 예로서는 면도기와 면도날, 폴라로이드 카메라와 필름 등을 들 수 있다. 포섭가격 전략이 가능한 이유는 대부분의 소비자들이 기본 제품의 가격 이외에 추가적으로 보완재에 들어갈 총비용을 미리 계산하지 못하기 때문이다. 또한 지금까지 보완재의 사용에 지출한 총비용(sunk cost)에 대한 미련 때문에 추가적인 비용을 들여서라도 기본 제품을 계속 사용하려는 성향이 있기 때문이다.

3.7 묶음가격 전략

묶음가격 전략(bundle pricing)은 특정한 단일 제품에 대한 가격전략이 아니라 여러 가지 제품의 묶음에 대한 가격전략이다. 묶음가격 전략의 이점은 단일 제품을 각각 구매하는 것보다 묶음으로 구매하는 것이 보다 저렴한 가격을 제공한다는 것이다. 야구경기의 시즌 티켓, 뷔페 레스토랑, 혹은 자동차의 옵션 패키지 등이 여기에 포함된다. 이는 묶음에 포함되는 제품들이 대체재가 아니고 서로 함께 사용함으로써 그 효용을 높일 수 있는 보완재일 경우에 사용된다. 또한 묶음가격 결정은 단 한 번의 판매 기회만이 존재할 때 사용되기도 한다. 예를 들면 자동차를 판매할 때 고객이 추가적인 옵션을 구매하기 위하여 자동차 매장을 재방문할지 여부가 불확실할 때 이 옵션들의 판매를 위

묶음가격 전략은 소비자들이 개별가격을 알고 있을 경우 묶음에 따른 할인을 쉽게 인식할 수 있으므로 사전에 개별가격을 같이 알려주는 것이 효과적이다.

하여 사용한다.

3.8 단수가격 전략

단수가격 전략(odd pricing)은 고객의 지각을 이용하여 자사 제품의 가격이 보다 저렴한 가격으로 인식되도록 하는 심리적 가격전략(psychological pricing)의 일종이다. 일반적으로 가격의 단위를 한 단계 내려 책정함으로써 저렴하다는 인식을 심어 주기 위한 노력을 말한다. 예를 들면 100만 원의 가격을 99만 9천 원으로 할인하여 실제 할인

소비자는 실제 하락 금액보다 더 크게 가격할인폭을 지각하기도 한다.

금액은 천원에 불과하지만 고객들은 90만 원대의 가격으로 지각하도록 유도하는 전략이다. 단수가격 전략에서는 주로 가격의 끝자리를 홀수로 처리하는 것이 일반적이다.

3.9 미끼가격 전략

미끼가격 전략(bait pricing)은 가격의 인하를 통하여 소비자를 유인하는 전략이다. 일단 가격할인에 관한 허위 또는 오도 광고로 소비자를 점포 안으로 유인한 후, 할인가격의 제품이 품절 등의 이유로 판매 불가능하여 정상가격 혹은 고가의 대체품을 구매하도록 유도하는 전략이다. 이는 기만적인 행위로서 법적 규제를 받는 대상이다.

4. 사용주기비용을 이용한 가격결정

제품의 사용주기비용(life cycle cost)을 이용한 가격결정 방법은 설비나 장비와 같은 산업재의 가격결정에서 많이 사용되지만 소비재 가격결정에도 이용되고 있다. 제품의 사용주기비용이란 제품을 일정 기간 동안 사용하는 데 소요되는 총비용으로서 초기 구매가격, 제품의 유지 비용(부품 비용 및 수리 비용), 재판매가격(resale value) 혹은 잔존가치(salvage value) 등의 요소로 구성된다.

사용주기비용을 이용한 가격결정에서는 우선 경쟁 제품의 생산성과 사용주기비용을 준거점으로 하여 자사 제품의 생산성에 따른 사용주기비용을 산출한다. 예를 들어 경쟁 제품의 생산성이 100이고 사용주기비용이 50일 때, 만약 자사 제품의 생산성이 120이라면 자사 제품의 최대 사용주기비용은 60이 될 것이다. 이때 사용주기비용 단위당 생산성은 경쟁 제품과 동일한 수준이며 경쟁 제품보다 나은 가치를 제공하지 못한다.

따라서 자사 제품의 가격이 경쟁 제품에 비하여 잉여가치(surplus value)를 제공하기 위해서는 사용주기비용이 60보다 낮아야 한다. 그리고 가격은 사용주기비용에서 제품의 유지 비용을 뺀 수준에서 결정된다. 만약 자사 제품이 유지 비용 측면에서 경쟁 제품보다 우수하다면 상대적으로 높은 가격을 매길 수 있다. 예를 들면 미국 자동차 시장에서 일본 자동차는 미국 자동차에 비하여 연비가 좋고 수리 비용이 적으며 높은 재판매가격을 지니고 있기 때문에 미국 자동차에 비하여 높은 가격을 받을 수 있다. 또한 구리로 만든 조리기구(cookware)들은 한 번 구매하면 오래 사용할 수 있고 열전도율이 높아 연료비가 적게 든다는 이점 때문에 비싼 가격에 판매되고 있음을 알 수 있다.

생각해 볼 문제

1. 최근에 소비자들은 인터넷의 가격비교 사이트들을 통해 제품의 가격이 적절한지를 판단할 수 있다. 그렇다면 당신은 이 상황에서는 무조건 가장 낮은 가격을 제시하는 것이 최선의 방법이라고 생각하는가?

2. 당신의 회사는 국내 시장에 휴대폰을 만들어 공급하는 중소규모의 기업이다. 최근 당신의 회사는 배터리 용량을 경쟁사의 제품보다 50% 더 큰 휴대폰을 개발하였다. 이에 신제품의 가격을 어떻게 책정할 것인지에 고심하고 있다. 당신은 어떤 가격전략이 이 신제품에 적절하다고 생각하는가? 또 당신이 제안하는 가격전략의 근거는 무엇인지 표적시장의 특성과 제품 속성에 관한 요인을 들어 설명하시오.

3. "가격의 상한선은 고객이 지각하는 가치이기 때문에 고객이 가치가 있다고 느끼는 한 아무리 높은 가격을 책정해도 무방하다."
당신은 위의 주장에 동의하는가? 동의하는 혹은 동의하지 않는 이유를 들어 설명하시오.

참고자료

Chun, S.(2000), "Pricing: Design and Implementation," *Harvard Business Publishing*, May.

Corey, E. R.(1984), "Note on Pricing," *Harvard Business Publishing*, Oct.

Corey, E. R.(1990), "Note on Pricing Strategies for Industrial Products," *Harvard Business Publishing*, Jan.

Dolan, R. J.(1992), "Pricing Policy," *Harvard Business Publishing*, Oct.

Dolan, R. J.(2003), "Pricing: A Value-Based Approach," *Harvard Business Publishing*, Nov.

Dolan, R. J. and J. T. Gourville(2009), "Principles of Pricing," *Harvard Business Publishing*, Apr.

Farris, P. W., P. E. Pfeifer, and N. Bendle(2005), "Pricing Metrics and Concepts," *Harvard Business Review*, Aug.

Hamilton, R. and J. Srivastava(2010), "Slicing and Dicing Your Pricing," *Harvard Business Review*, Jan.

Monroe, K. B.(2003), *Pricing Marketing Profitable Decisions*, 3rd edition, McGraw-Hill.

Shapiro, B. P.(2002), "Performance-Based Pricing Is More Than Pricing," *Harvard Business Publishing*, Feb.

Steenburgh, T. and J. Avery(2011), "Marketing Analysis Toolkit: Breakeven Analysis," *Harvard Business Publishing*, Jul.

Case Study

컴퓨트론

2012년 봄 컴퓨트론의 독일 지사장인 프리드리히 쉴러는 쾨니히에 제출할 입찰 가격을 결정하기에 부심하고 있었다. 컴퓨트론은 미국회사로서 우수한 품질의 컴퓨터와 제반 부품을 생산하는 회사이며 40여 년간 독일에서 자사의 컴퓨터와 부품을 판매해 왔다. 이번에 발주한 쾨니히는 독일 시장에서 컴퓨트론의 제품을 가장 많이 구매하는 컴퓨트론 최대의 고객이다. 쾨니히는 그간 많은 양의 특수 목적 컴퓨터인 프로세스 컨트롤 컴퓨터를 컴퓨트론으로부터 구매해 왔다. 쾨니히는 그러나 이번에는 프로세스 컨트롤 컴퓨터가 아닌 일반 컴퓨터의 구입을 희망하고 있었다. 그 이유는 이번 구매가 프로세스 컨트롤 컴퓨터를 구매하여 업무에 이용하려는 것이 아니라 직원들의 교육을 위한 것이기 때문이었다. 컴퓨트론은 독일 시장에서 자사의 프로세스 컨트롤 컴퓨터를 $311,200의 가격에 판매해 왔다. 그러나 업계의 정통한 소식통은 이번 입찰에서의 최저 가격은 $218,000이 될 것이라고 쉴러에게 알려주었다. 또한 프리드리히 쉴러는 쾨니히의 부사장과의 전화 통화에서 컴퓨트론의 입찰 가격이 최저가보다 20%를 넘지 않는다면 컴퓨트론과 계약을 체결할 가능성이 높다는 이야기를 들었다.

프리드리히 쉴러는 컴퓨트론 컴퓨터의 가격이 이번 입찰계약을 체결하기에는 너무 높지 않을까 우려하고 있었다. 컴퓨트론은 제조원가에 33%의 마진을 붙여서 $256,000의 가격으로 미국 시장에서 판매하고 있었고 독일 시장의 경우에는 15%의 관세와 함께 운송비용을 추가하여 $311,200에 판매해 왔다.

독일 시장 내에서 컴퓨트론과 경쟁을 벌이는 업체는 모두 9곳이었다. 컴퓨트론의

자료 1 컴퓨트론의 가격구조(단위 USD)

제조원가	192,000
33% 마진	64,000
미국국내가격	256,000
관세(미국내가의 155)	38,400
운송비용	16,800
최종가격	311,200

최대 고객이자 이번 입찰의 발주자인 쾌니히는 이번 입찰에 컴퓨트론을 포함하여 4개의 회사를 초빙하였다. 이들 네 개 업체는 독일 시장규모의 89%를 차지하고 있었다. 이번 입찰에 참여한 경쟁사는 다음과 같다.

루르

이 회사는 독일 기업으로서 컴퓨트론의 가격보다 22.5% 낮은 가격으로 입찰에 참여할 것으로 예상되고 있다. 루르는 일반 컴퓨터를 판매하고 있으며 모든 제조과정을 독일 내에서 수행하고 있어 관세를 물지 않으며 관세의 부재는 컴퓨트론과의 가격차의 17%를 차지하고 있다. 루르는 최근 매우 공격적인 마케팅을 펼치고 있어 이번 입찰에 매우 적극적으로 임할 것으로 업계 관계자들은 보고 있다.

EDAG

최근에 창업한 기업으로 일반용 컴퓨터를 판매하고 있다. 시장에서의 입지를 확보하기 위하여 저가격 정책을 펼치고 있다. 한때는 제조원가의 가격으로 시장 진입을 꾀한 적도 있다. 프리드리히 쉴러는 장기적으로 볼 때 EDAG가 컴퓨트론에 심각한 위협을 가할 것으로 분석하고 있다.

디지텍스

이 기업은 미국 기업의 독일 자회사로서 컴퓨터 장비와 주변기기들에 주력하고 있다. 디지텍스의 컴퓨터는 품질이 그다지 우수하지 못한 편이다. 품질의 열세를 극복하기 위하여 디지텍스는 통상적으로 가격할인 정책을 펼쳐왔다. 업계 관계자들은 디지텍스의 입찰가격은 컴퓨트론 입찰가격의 절반이 될 것으로 전망하고 있다. 프리드리히 쉴러는 디지텍스의 컴퓨터 품질이 워낙 낮기 때문에 디지텍스를 심각한 위

자료 2 컴퓨트론의 가격구조(단위 USD)

	매출액(USD)	시장점유율(5)
컴퓨트론	1,200,000	30%
루르	800,000	20
EDAG	500,000	12.5
디지텍스	700,000	17.5
기타(6개 업체)	800,000	20
합계	4,000,000	100

협으로 여기지 않고 있다.

컴퓨트론이 이번 입찰을 위하여 쾌니히에 입찰을 제시하여야 하는 마감일은 채 2주도 남지 않았다.

Discussion Questions

당신이 컴퓨트론의 사장이라면 입찰에 참여할 것인가?
만약 참여를 한다면 입찰가격은 얼마로 제시하는 것이 적절하다고 보는가?

제10장

통합적 마케팅 커뮤니케이션, 광고

제1절 통합적 마케팅 커뮤니케이션

제2절 데이터 베이스마케팅

제3절 광 고

‘취향과 체험’, 전염성 있는 브랜드 만든다

소셜미디어가 부상하면서 과거의 브랜딩 방식으로는 소비자의 마음을 얻기가 점점 어려워지는 환경이 되고 있는 가운데, 취향을 추구하는 소비자들로부터 인상적인 소비체험을 이끌어내고 있는 ‘작은 브랜드’들이 부상하고 있다. 소비자들의 적극적인 호응을 이끌어내고 있는 ‘전염성 있는 브랜드’의 속성을 살펴본다.

블루보틀 커피의 일본 상륙

2015년 2월 도쿄에 아시아 1호점을 낸 블루보틀 커피숍 앞에는 커피를 마시려는 사람들이 매일 길게 줄을 서 있다. 들어가려면 2시간 이상 기다려야 할 때가 많고 주문을 하는 데 성공하더라도 방문자들이 커피를 실제 마시기까지에는 또 30~40분의 시간이 걸린다. 블루보틀 커피에서는 주문을 받고 나면 볶은 지 48시간 이내의 신선한 원두 적정량을 전용 저울로 재는 것부터 시작하여 원두를 갈고, 이를 특유의 슬로우 드립 방식으로 내리는 과정을 거치기 때문이다. 무엇이 소비자들로 하여금 커피 한 잔을 마시기 위해 무려 2시간 이상을 기꺼이 소비하도록 만드는 것일까?

‘커피 궁극의 맛’을 지향하는 블루보틀 커피는 커피 애호가인 제임스 프리먼이 2002년 샌프란시스코의 작은 가게로 시작하였다. 그는 개업 초기부터 손님이 커피를 주문하면 그때서야 커피콩을 저울에 달고 갈아서 한 잔 씩 만드는 핸드 드립 방식을 고수하였는데, 가격마저도 스타벅스와 비슷한 수준으로 책정하여 샌프란시스코 지역의 커피 애호가들에게 열광적인 지지를 받기 시작하였다. 지역 명물이 된 블루보틀 커피는 배우 자레드 레토, 록그룹 U2의 보노, 트위터와 인스타그램의 설립자 등을 단골로 두게 되었다.

수요가 커지게 되면 빠른 성장을 위한 프로세스 효율화와 프랜차이즈 확장을 염두에 둔 시스템화 등을 지향하게 되는 것이 일반적이나, 블루보틀 커피는 오히려 그 반대를 지향하였다. 블루보틀 커피는 뉴욕 등에 분점을 내면서도 소비자들이 개점 초기에 열광하였던 ‘장인 정신’을 체화한 프로세스를 그대로 유지하였고, 이를 통해 소비자들이 한 잔의 완벽한 커피를 위해 때로 2시간이 넘는 대기시간을 기꺼이 소비하는 ‘열광적인 지지’를 이끌어내는 데 성공하였다.

그렇지만 이러한 프로세스를 고집하면 사업의 규모를 키우고 수익성을 확대하는 데 한계가 있지 않을까? 이미 커피에 대해 일가견이 있는 소비자들의 열광적인 반응을 이끌어낸 블루보틀 커피는 소매 사업보다 오히려 자사의 원두를 다른 커피숍에 공급하는 B2B 사업을 확대하여 수익성 확보에도 성공하였다. 커피숍에 쓰여 있는 ‘저희는 블루보틀 커피에서 제공하는 원두를 씁니다’라는 문구가 소비자들이 커피숍을 고르는 기준이 된 것이다. 2012년에 구글 벤처스 등으로부터 2,000만 달러, 2014년에는 모건스탠리로부터 4,600만 달러, 2015년에는 피델리티 등으로부터 7,000만 달러의 투자를 유치하는 데 성공한 블루보틀 커피는 글로벌 확장의 일환으로 일본 도쿄에 1호점을 열었다. 홍보나 광고에 거의 돈을 들이지 않았음에도 불구하고 블루보틀 커피의 명성을 알고 있는 태평양 건너 일본 소비자들조차 열광적인 반응을 보이고 있다.

기술 문외한이 만든 GoPro

GoPro는 2014년 기준 액션캠 세계 시장 점유율 57%를 확보하고 있는 액션캠 분야 독보적 1위 업체이다. 2014년에는 증시 상장에도 성공, 2015년 6월 기준 시가총액은 8조 원을 상회한다.

닉 우드만에 의해 설립된 GoPro는 객관적으로 보면 내로라 하는 전통적인 카메라 제조사들이 수십 년 동안 지배해 온 비디오 카메라 시장에서 경쟁을 통해 성공할 수 있는 요소라곤 전혀 없었다. 하드웨어 제조 역량과 기술도 부족하고 브랜드 인지도도 없으며, 마케팅 비용도 부족했던 작은 회사가 어떻게 액션캠 시장 점유율 1위에 등극하게 되었을까?

시각디자인과 문예창작을 전공한 창업자 닉 우드만은 기술 분야의 문외한이었으나 서핑을 사랑하는 소위 '마니아'였다. 2002년 호주에 서핑 여행을 간 닉 우드만은 자신이 서핑하는 모습을 근접 촬영할 수 있는 아마추어 수준의 촬영 장비가 전무함을 깨닫고 스트랩에 연결하여 몸에 장착할 수 있는 카메라 시장의 가능성을 인지하였다. 2006년에 그가 시장에 내놓은 몸에 장착이 가능한 소형 카메라 'Digital Hero'는 동영상 촬영 가능 시간이 10초에 불과하였음에도 시간이 지나면서 서핑, 패러글라이딩 등 익스트림 스포츠를 즐기는 소수 커뮤니티의 열광적인 반응을 얻게 되었다. 커뮤니티의 회원들이 GoPro를 사용하여 촬영한 영상들을 유튜브 등에 올리고, 이 영상들이 다시 페이스북 등의 SNS를 통해 공유되면서 GoPro의 액션캠 판매량은 수 년에 걸쳐 기하급수적으로 증가하였다. 2014년 기준 GoPro의 매출은 14억 달러, 영업이익은 1.9억 달러에 달한다.

급성장한 작은 브랜드들

기존 기업들에게 마케팅과 브랜딩은 점점 어려운 과제가 되어가고 있다. 언제 어디서나 인터넷에 접속해서 제품이나 서비스의 정보를 확인할 수 있는 시대가 되면서 기업이 일방적으로 주장하는 장점보다는 제품을 이미 사용해 본 경험이 있는 다른 소비자들의 추천 · 비추천에 기반하여 구매의사결정을 하는 시대가 도래하였기 때문이다. 스탠포드 대학의 이타마르 시몬슨 교수는 '절대가치'라는 저서에서 소비자들이 구매의사결정 시 브랜드 인지도, 과거의 특정 브랜드 사용 경험 등을 감안하던 습관에서 벗어나, 다양한 제품 리뷰, 다른 사람들의 사용기 등을 통해 제품 가치를 객관적으로 평가한 '절대가치'를 기반으로 구매의사결정을 내린다고 주장하였다.

그러나 이와 같이 수많은 경쟁 제품이나 서비스들 사이에서 절대가치, 즉 객관적인 품질 비교를 통해 소비자의 선택을 받는 업체들 외에도 짧은 시간 내에 폭발적으로 성장하는 업체들의 사례 또한 증가하고 있다. 블루보틀 커피나 GoPro의 경우처럼 '작은 브랜드'로 시작하였으나 마니아의 취향에 '정조준'한 제품 속성에 사용 경험, 매장 방문 등 소비자 체험이 결합되는 과정을 통해 형성된 소비자들의 적극적인 호응을 바탕으로 성장한 사례들이다. 이외에도 Beats Audio, Intelligentsia, Eataly, Lush 등 음식 카테고리, 헤드폰이나 자전거 등의 문화·여가활동 분야에서 이런 브랜드들이 많다. 우리나라에서도 이와 유사한 사례가 발생하고 있다. 커피 리브레, 테라로사 등의 국내 커피 전문점들은 커피 마니아들 사이에서 확보한 주류 커피 브랜드 못지 않은 인지도를 바탕으로 매장을 늘려가고 있으며, 한 지방 도시의 제빵점인 성심당이 서울 한 백화점에 입점하자 빵을 사기 위해 소비자들이 긴 줄을 서는 광경이 연출되기도 하였다. 또한 브롬턴이라는 영국 브랜드의 자전거는 수백만 원의 가격에도 불구하고 날개 돋친 듯 판매되고 있다.

취향과 경험, 브랜딩의 환경을 바꾸다

개인의 취향을 보여주는 제품에 대한 소비는 꾸준히 존재해 왔다. '취향 소비의 본질은 과시와 모방이다'라는 미국의 경제학자 소스타인 베블런의 주장까지는 아니더라도, 취향에 기반한 소비 이면에는 개인의 정서적 만족을 위한 부분에 더하여 자신을 사회적으로 표현하고자 하는 욕망의 요소 또한 존재한다는 것이 무리한 주장은 아닐 것이다.

과거에는 자기 취향의 과시가 '고가 브랜드 소비'라는 방식으로 이루어졌다. 즉, 고가의 럭셔리나 프리미엄 브랜드 제품을 소유함으로써 그렇지 않은 사람보다 높은 지위에 있음을 보여주는 수단으로 활용되었던 것이다. 그래서 이러한 카테고리를 지향하는 브랜드들은 특정 지위를 상징하는 생활 패턴을 제품과 연관지어 지속적으로 소비자들에게 보여주는 방식으로 광고와 홍보를 진행하여 고객들의 머릿속에 '프리미엄 이미지'를 각인시키려 노력하였다.

그러나 최근에는 제품의 가격이 브랜드의 희소성을 담보하지는 않는다. 오히려 가격보다는 우월한 정보력과 취향을 상징하는 '덜 알려진' 마니아 제품에 대한 선호가 사회적 소비의 영역으로 확대되고 있다.

이러한 변화는 지난 수년 간 브랜딩 환경의 근본적인 변화 과정에서 발생하였다. TV, 신문, 라디오, 잡지로 대표되는 전통적 미디어의 소비가 극적으로 감소한 반면 블로그, 소셜미디어 등으로 대표되는 쌍방향 미디어의 소비가 크게 늘어나게 되자 일부 취향 선도자들이 열광하는 검증된 '작은 브랜드'들의 미디어 노출이 과거에 비해 용이해졌다. 취향 선도자들이 진심을 담아 추천하는 '작은 브랜드'들은 소셜미디어 등을 통해 차별화를 원하는 일반 소비자들의 '사회적 소비' 니즈에 부합한다. 취향 선도자들이 자발적으로 추천하는 제품이기에 믿을 수 있고, 상대적으로 '희소한 정보와 경험'을 지인들에게 사진과 동영상의 형태로 공유하여 관심과 부러움을 얻을 수 있기 때문에 소비자 입장에서는 사회적 소비로서의 동기부여가 높은 것이다.

전염성을 지닌 제품의 속성

이러한 취향 기반 제품의 속성은 'Viral Product'의 속성과도 부합한다. 'Viral Product'라는 용어는 '전염성을 지닌 제품'으로 해석이 가능하며, 입소문이나 소셜미디어 등을 통해 쉽게 확산되어 다른 사람들의 구매욕구를 자극하는 특징을 지닌다. 뉴욕대의 시난 아랄 교수는 하버드 비즈니스 리뷰 기고문에서 'Viral Product'라는 용어를 처음 사용하면서, 제품 자체에 소셜미디어에 친화적인 요소가 포함되어 있으면 제품 확산의 효과가 높다고 주장하였다.

와튼 스쿨의 조나 버거 교수는 전염성을 지닌 제품의 특성을 정의하였는데, 그 중 눈에 띄는 항목은 'Social Currency', 즉 사회적 화폐라는 요소와 'Emotional Impact', 즉 감정적 동요를 일으킬 수 있는 요소이다. 사회적 화폐의 개념은 소비자들이 자신이 특별하다고 여기거나 다른 사람에 비해 유행을 앞서간다고 생각되는 요소를 갖춘 제품에 대한 구매의사가 높다는 것을 나타내고 있으며 감정적 동요는 제품이 소비자에게 특정한 감정을 불러일으키는 경우, 소비자들은 해당 제품을 적극적으로 다른 사람들에게 알린다는 의미로 해석 가능하다.

버거 교수는 또한 'Visibility', 즉 시인성과 스토리를 전염성의 특성으로 꼽았다. 시인성은 해당 제품을 사용하고 있다는 사실을 다른 사람들이 쉽게 인지할 수 있는 속성이며, 스토리는 해당 제품을 다른 사람들에게 설명할 때 쉽게 타인의 관심을 끌 수 있는 일화 등을 지칭한다.

위의 요인들을 종합하면, 전염성이 강한 제품은 첫째, 소비자들이 제품을 사용함에 있어 정서적, 감정적인 만족을 느낄 수 있는 속성과 둘째, 제품의 사용 여부를 다른 소비자들이 쉽게 인지할 수 있거나 제품이나 브랜드 정보로서 다른 사람들에게 전달하여 관심을 끌기 쉽다는 속성으로 구성되어 있음을 알 수 있다.

체험이 수반되는 취향 기반 소비로서 앞에서 언급한 블루보틀 커피의 사례는 이러한 '전염성을 지닌 제품' 속성에 부합한다. 소비자들은 커피를 마시는 동안 자신이 사랑하는 커피라는 취향을 즐기는 동시에, 커피를 마시기 위해 두 시간이나 줄을 서는 특별한 체험을 다른 사람들에게 스토리로, 사진으로 전달하면서 소셜미디어 상에서 자신의 정체성을 세우고, 지인들의 관심을 얻는 데 성공하게 되는 것이다.

작은 것이 아름다운 세상의 도래

영국의 경제학자 E. F. 슈마허는 1973년에 출간된 '작은 것이 아름답다'라는 그의 저서에서 아름다움이나 건강, 깨끗함과 같은 비경제적인 가치들조차 경제적인 것으로 입증되는 경우에만 살아남을 수 있는 산업 사회에 대한 비판적인 의견을 제시한 바 있다. 그러나 그의 저서 제목대로, 소비자들에게 소비를 강요하는 방식으로 소비자들의 마음을 얻는 시대는 서서히 저물어가고 있는 것으로 보인다. 소비자들 간의 연결이 촘촘해지면서 작아서 잘 보이지는 않지만, 자신의 취향을 제대로 읽어내고 이를 제품과 서비스에 세심하게 반영한 브랜드들에 열광하는 소비자들이 늘어나고 있다. 이러한 소비자들은 브랜드를 적극적으로 옹호하고 다른 사람들에게 브랜드를 추천하는 에반젤리스트의 역할을 자발적으로 수행하여 브랜드의 성공을 돕는다. 작은 것도 충분히 아름다운 상태를 유지할 수 있는 시대가 소셜미디어를 통해 현실화된 것이다.

출처 : LG경제연구원, 2015.7.21.

제1절 통합적 마케팅 커뮤니케이션

1. 촉진의 개념

기업들이 새로운 제품을 개발하고 표적시장의 소비자들에게 알맞은 가격 및 유통경로를 설계하였다면 그 다음 필요한 것은 소비자들과의 공감대를 형성하는 활동일 것이다. 이를 위해서는 먼저 기업과 소비자의 커뮤니케이션 활동이 이루어져야 한다. 이때 기업은 촉진 전략 또는 마케팅 커뮤니케이션(marketing communication)을 통하여 소비자들을 직 · 간접적으로 설득하고 원하는 행동을 이끌어 낼 수 있다. 즉, 기업이 제품을 소비자들에게 알리고, 이를 구매하도록 설득하고 유인하기 위하여 인적 · 비인적 매체를 활용하여 표적 소비자와의 관계를 구축하고 공감대를 형성하는 활동을 하는데, 이를 촉진(promotion)이라고 한다. 따라서 촉진은 곧 마케팅 커뮤니케이션이다.

이러한 소비자들과의 관계를 구축하는 촉진 수단으로는 광고(advertising), 판매촉진(sales promotion), 인적판매(personal selling), PR(public relations)의 네 가지가 있다. 이와 같은 촉진 수단을 활용하여 촉진 계획을 수립하고 그 효과를 극대화하기 위해서는 우선 마케팅 커뮤니케이션 과정의 이해가 필요하다.

2. 마케팅 커뮤니케이션 과정

마케팅 커뮤니케이션(marketing communication)이란 기업이 소비자들과 직 · 간접적인 커뮤니케이션을 통하여 그들을 설득하고 기업이 원하는 행동을 이끌어 내려는 일련의 활동을 말한다. 마케팅 커뮤니케이션 과정은 [그림 10-1]에 잘 나타나 있다. 마케팅 커뮤니케이션 과정의 구성 요소들을 살펴보면 각각 다음과 같다.

2.1 발신자

발신자(sender)는 일반적으로 광고주가 되는 기업을 말하지만 기업 이외의 비영리조직이나 개인을 포함할 수도 있다. 기업은 자사의 제품이나 서비스에 대하여 표적 고객

그림 10-1 마케팅 커뮤니케이션 과정

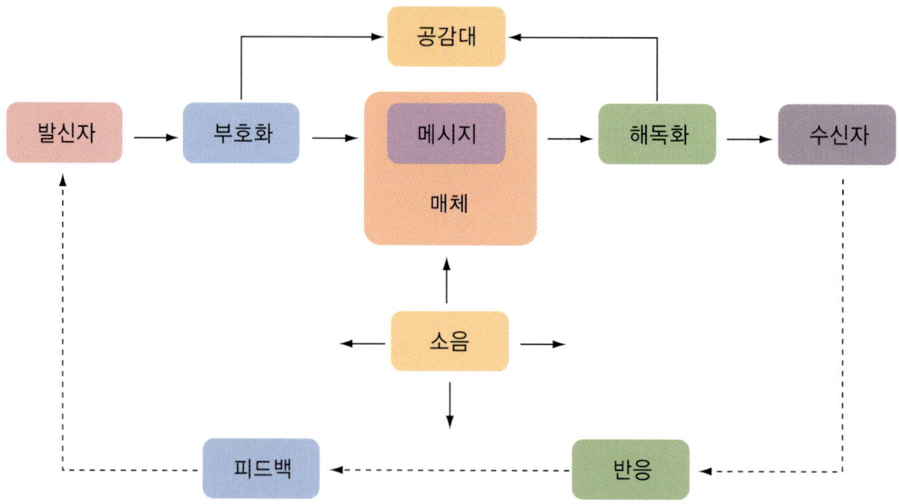

인 목표 청중에게 전달하고자 하는 메시지를 개발한다.

2.2 부호화

부호화(encoding)는 기업인 광고주에 의하여 개발된 메시지를 광고물로 전환하는 과정이다. 즉, 부호화 과정은 TV 광고를 위한 촬영이나 라디오 광고를 위한 녹음, 혹은 잡지 광고를 위한 사진 촬영이나 일러스트 제작 과정을 말한다.

2.3 메시지

메시지(message)는 발신자가 수신자에게 전달하고자 하는 의미로 부호화의 과정을 거쳐서 나타난다. 이는 언어적 · 시각적 · 청각적 수단 또는 상징으로 표현될 수 있으므로 그 전달매체를 고려해야 한다.

2.4 매 체

매체(media)는 제작된 광고물을 목표 청중에게 전달하는 데 사용되는 모든 수단을 말한다. 크게 인적 매체와 비인적 매체로 나눌 수 있다. 인적 매체(personal media)는 수신자와 직접 대면 접촉에 의해 메시지를 전달하는 것으로 판매원이 그 대표적인 예이다. 비인적 매체(non-personal media)는 일반적으로 대중매체를 의미한다. 전통적으로 사용되던 4대 대중매체(TV, 라디오, 신문, 잡지) 이외에도 현대 시장에서는 인터넷, 이동통신, 옥외광고 및 교통수단을 이용한 다양한 매체들이 사용되고 있다.

2.5 해독화

해독화(decoding)는 부호화에 반대되는 개념으로서, 목표 청중이 광고물의 의미를 파악하고 이해하는 과정을 말한다. 즉, 표적 고객이 광고주의 의도를 파악하고 의도된 메시지의 의미를 이해하는 과정이다. 효과적인 커뮤니케이션을 위해서는 부호화와 해독화 사이에 공감대가 형성되이야 한다.

2.6 수신자

수신자(receiver)는 발신자가 메시지를 전달하려고 하는 대상으로 표적 고객인 목표 청중을 가리킨다.

2.7 공감대

효과적인 커뮤티케이션을 위해서는 부호화와 해독화 사이에 공감대가 형성되어야 한다. 공감대(oneness 혹은 commonness)란 발신자의 의도를 수신자가 정확하게 파악하는 것을 의미한다. 예를 들어 발신자와 수신자가 공감대가 형성되었다면 발신자의 메시지가 A를 의미하는 것이라면 수신자의 메시지 이해 역시 A가 되어야 한다는 것이다.

2.8 소 음

소음(noise)은 커뮤니케이션 모형에서 매우 중요한 개념으로 효과적인 커뮤니케이션 과정을 저해하는 모든 요소를 의미한다. TV 광고를 시청하고 있을 때 전화벨이 울린다든지 혹은 신문 광고를 읽고 있을 때 방문객이 찾아온다든지 하는 경우와 같이 전화벨이나 방문객은 모두 소음이 될 수 있다. 소음의 원천은 헤아릴 수 없이 많으나 그 주요한 원천으로는 경쟁사의 광고(competitive advertising)와 소비자의 제한적인 정보처리 능력(information processing capability)을 들 수 있다.

2.9 반 응

반응(response)은 메시지에 노출된 후 일어나는 수신자의 행동을 말한다. 메시지에 노출된 수신자의 반응은 수동적으로 메시지를 받는 행동과 능동적으로 구매를 하는 행동으로 나누어 볼 수 있다.

2.10 피드백

피드백(feedback)은 수신자의 반응이 발신자에게 전달되는 것을 말한다. 피드백은 커뮤니케이션 과정의 마지막 단계와 처음 단계를 연결시키며, 피드백의 결과는 차후 커뮤니케이션 전략 수립에 반영된다.

3. 촉진 믹스

3.1 촉진 믹스의 개념

촉진 믹스(promotion mix) 또는 마케팅 커뮤니케이션 믹스(marketing communication mix)는 고객의 가치를 설득적으로 전달하고 고객관계를 구축하기 위해 사용되는 수단으로서 광고, 판매촉진, 인적판매, 그리고 홍보를 포함한다. 이들 촉진 믹스를 간단히 살펴보면 다음과 같다.

첫째, 광고(advertising)는 광고주인 기업이 자사의 제품, 서비스, 혹은 브랜드 등에 대한 메시지를 전달하기 위하여 비인적 매체를 사용하고 그 비용을 지불하는 형태의 커뮤니케이션 활동을 의미한다.

둘째, 판매촉진(sales promotion)은 제품 또는 서비스의 빠른 매출을 촉진하기 위하여 실행하는 단기적이고 다양한 일련의 활동들을 말한다.

셋째, 인적판매(personal selling)는 개인적인 커뮤니케이션의 형태로서 판매자가 구매자와의 직접 접촉을 통하여 구매를 이끌어 내는 일련의 노력 혹은 그 과정을 의미한다.

표 10-1 촉진 믹스의 장점과 단점

요소	장점	단점
광고	•단위 노출당 저비용으로 다수의 소비자에게 도달 가능(넓은 도달 범위) •메시지의 다양한 표현이 가능 •브랜드 이미지 제고에 효율적임 •반복적 메시지 전달이 가능 •제품이 합법적이라는 인식을 제공	•비대면적으로서 설득력이 약함 •높은 비용 대비 노출 시간이 짧음 •청중과의 일방적(one-way) 커뮤니케이션 발생 •소비자들의 주의를 끌기 어려움
판매 촉진	•매출 증가와 관련 빠르고 직접적인 효과가 나타남 •짧은 기간에 소비자의 행동을 변화시킬 수 있음 •다양한 판매 도구(쿠폰, 샘플, 가격할인 등)를 사용할 수 있음 •다른 커뮤니케이션과 연결하기가 쉬움	•수익 악화 유발 가능: 소비자들의 낮은 준거 가격(reference price)에 대한 기대를 초래할 수 있음 •브랜드 이미지에 악영향 미침 •타사의 모방이 용이함
인적 판매	•대면적이고 상호작용이 원활함 •설득력 있고 판매에 대한 영향력이 큼 •고객의 문제점 진단 및 해결 가능 •소비자들에게 구체적이고 고객화된 (customized) 메시지를 전달할 수 있음	•접촉 비용이 높음 •알맞은 판매사원을 채용하기 어려움 •판매사원들에게 동기부여를 시키기 어려움 •판매조직의 크기를 쉽게 변화시키기 어려움 •판매사원의 능력이 다양함
PR	•낮은 경제적 비용 •높은 신뢰성 보유	•비협조적인 매체(media)일 수 있음 •매체의 주의를 끌기 위한 높은 경쟁을 유발할 수 있는 가능성이 존재함 •매체에 의한 메시지를 통제하기 어려움

넷째, PR(public relations)은 기업의 대외적인 메시지를 말한다. PR은 매우 신뢰성이 높은 활동이다. 일반적으로 특정한 제품이나 서비스의 구매를 유도하기보다는 기업 이미지의 제고에 그 목표를 두고 있다.

〈표 10-1〉은 촉진 믹스의 각 요소들의 장점과 단점을 설명하고 있다.

3.2 풀(pull)과 푸시(push) 전략

어떤 촉진 믹스를 사용할 것인가는 상품의 종류와 구매자의 구매 특성 등에 따라 달라질 수 있다. 특히 판매촉진의 경우 현시점에서 단기적으로 제품 판매를 촉진시키기 위한 활동으로, 제품을 생산하는 제조업자들이 중간상과 소비자들에게 다른 촉진 전략을 사용해야 한다는 특징이 있다. 이때 사용되는 촉진 전략을 풀(pull)과 푸시(push) 전략이라고 한다(그림 10-2 참조).

풀 전략(pull strategy)은 제조업자가 최종 소비자를 대상으로 광고와 소비자 판매촉진과 같은 도구를 사용하여 마케팅 촉진 활동을 하는 것을 말한다. 풀 전략의 목표는 소비자들이 제조업체의 제품을 원함에 따라 중간상들이 제조업체의 제품을 취급하게 만드는 데에 있다. 풀 전략은 소비자들의 애호도가 높고, 관여도가 높은 제품의 경우에 더 적합하다.

푸시 전략(push strategy)이란 제조업자가 중간상들을 대상으로 실시하는 것으로, 주로 중간상 판매촉진과 인적판매 수단들을 동원하여 촉진 활동을 하는 것을 말한다. 푸시 전략의 목적은 중간상들이 제조회사의 제품을 많이 취급하게 하고, 자사의 제품을 최종 소비자들에게 적극 권하도록 하는 데 있다. 이 전략은 소비자들의 브랜드 애호도가 낮고, 충동구매가 빈번한 제품의 경우에 적합하다.

기업이 이 두 가지의 기본 전략을 사용할 때에는 유통력, 촉진 비용, 수요량과 같은 요소들을 고려해야 한다. 예를 들어 의약품과 같이 중간상(약국)의 추천에 의한 구매가 많

그림 10-2 풀(pull)과 푸시(push) 전략

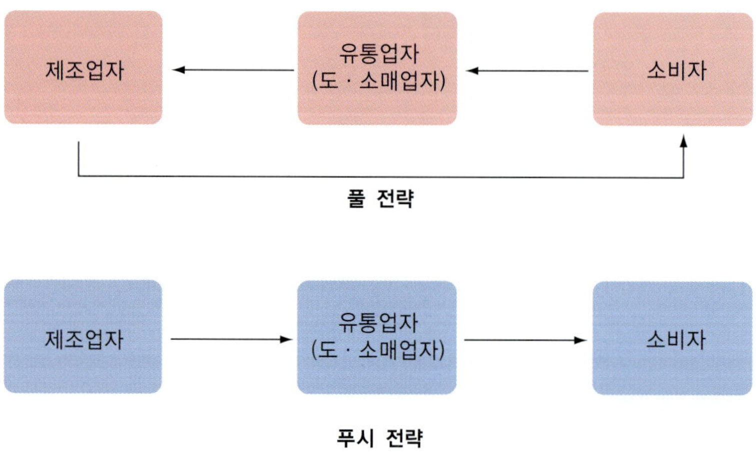

은 제품의 경우에는 푸시 전략이 보다 효과적일 것이다.

실제로 기업들은 두 가지 전략 중에서 어느 한 가지 전략만을 선택하는 것이 아니라 두 가지 전략을 병행한다. 광고 등을 이용하여 풀 전략을 실행하여 브랜드 자산 구축을 하는 것과 더불어 다양한 판촉 활동을 통해 단기적인 매출 증대를 추구한다. 두 가지 전략 중에서 어느 것에 더 초점을 맞추느냐는 기업이 처한 상황, 제품과 시장의 유형, 제품수명주기 등을 고려한 후 판단할 수 있다. 일반적으로 소비재의 경우 풀 전략을 더 많이 사용하며, 산업재의 경우 푸시 전략을 더 많이 사용하고 있다. 하지만 고어텍스의 경우와 같이 최종 소비자의 욕구를 자극하는 풀 전략을 사용하여 성공을 거둔 산업재도 찾아볼 수 있다.

4. 통합적 마케팅 커뮤니케이션

지금까지 촉진 믹스에 대해서 살펴보았다. 여기서 말하는 촉진을 다른 말로 표현하면 커뮤니케이션이라고 할 수 있다. 즉, 커뮤니케이션은 기업이 목표 청중에게 전달하고자 하는 메시지를 전달하는 과정을 말한다. 이때 전달 수단은 광고나 판촉 메시지에 국한되지 않고 모든 사용 가능한 매체 수단들을 포함한다. 예를 들면 제품의 디자인, 가격, 색상, 혹은 제품이 판매되는 유통경로 등은 모두가 그 제품의 성능이나 품질 혹은 이미지에 관한 메시지를 나타내는 수단이 되는 것이다.

그림 10-3 통합적 마케팅 커뮤니케이션

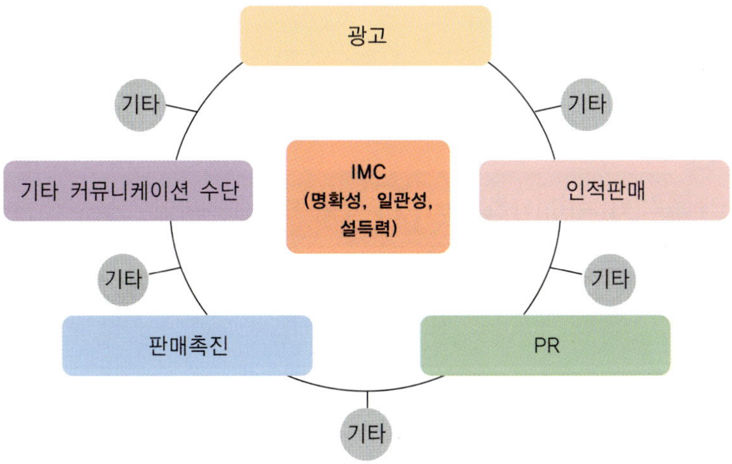

오늘날 시장에서 메시지를 전달하는 다양한 수단들을 활용하여 커뮤니케이션 활동을 벌이는 것을 통합적 마케팅 커뮤니케이션(integrated marketing communication: IMC)이라고 부른다. 통합적 마케팅 커뮤니케이션의 핵심은 "커뮤니케이션은 마케팅이며, 마케팅은 곧 커뮤니케이션이다"라는 명제로 대표된다. 촉진 관리에서 사용되는 커뮤니케이션 모형을 간단하게 살펴보면 [그림 10-3]과 같다.

각 촉진 믹스의 요소는 시기, 장소, 접근방법 등에 따라 장점과 단점이 모두 존재하며, 마케팅 부서의 구성원들에 따라서도 각 촉진 믹스의 요소와 촉진 예산의 배분에 따라 의견의 차이를 보인다. 예를 들어 광고 부서에서는 광고에 대한 촉진 예산이 많이 할당되기를 바라지만, 이와는 달리 영업 부서에서는 인적판매에 많은 예산이 할당되기를 원할 것이다. 따라서 모든 경우에 항상 적용되는 광적(廣的)인 촉진 믹스의 요소는 존재하지 않으며, 각 촉진 믹스 요소들을 통합적으로 사용하는 것이 보다 바람직하다는 것이다. 이를 '통합적 마케팅 커뮤니케이션'이라고 한다.

통합적 마케팅 커뮤니케이션은 [그림 10-3]에 나타난 바와 같이 광고, 판매촉진, 인적판매, 홍보 등 다양한 촉진 수단들의 전략적인 역할을 비교 · 검토하는 과정을 통하여 기업이 명확하고, 일관성 있고, 설득력 있는 메시지를 전달함으로써 최대의 커뮤니케이션 효과를 낼 수 있도록 하는 계획을 수립하는 과정이라고 할 수 있다.

또한 통합적 마케팅 커뮤니케이션은 기업과 그 기업의 제품이 고객이 당면한 문제를 해결해 줄 수 있는 방안을 제시해 줌으로써 강력한 고객관계를 구축하는데, 이는 기업의 전반적 마케팅 커뮤니케이션 전략으로도 연결된다.

그러므로 통합적 마케팅 커뮤니케이션을 실행하려는 마케팅 관리자는 기업에서 수행하는 촉진 활동들이 단편적으로 흩어지지 않고, 서로 보완하여 긍정적인 시너지 효과가 나타날 수 있도록 관리하는 것이 무엇보다 중요하다.

제2절 데이터베이스 마케팅

기업은 정보기술의 발전을 바탕으로 고객의 많은 정보를 체계적으로 관리하고 그 정보를 실제 마케팅 활동에 활용하고 있다. 이런 환경에서 고객 정보 구축은 매우 중요한 부분을 차지한다. 구축된 고객의 정보는 잠재 고객을 파악하여 가망 고객을 발굴하며, 신규로 접근한 고객을 우량 고객으로 유지시키기도 하고, 휴면 고객이나 이탈 고객을 재활성화시키기도 한다.

데이터베이스 마케팅은 기업의 통합적 마케팅 커뮤니케이션의 중요한 부분을 차지하고 있다. 이런 이유로 고객 접근 전략뿐만 아니라 다양한 분석기법들이 제시되고 있다. 여기서는 데이터베이스 마케팅의 기술적 측면보다는 개념과 특성, 그리고 신규 고객을 기업의 우량 고객으로 발전시키는 주요 전략들을 중심으로 살펴보고자 한다.

1. 데이터베이스 마케팅의 개념

고객이 단골음식점에 가면 주인은 고객이 평소에 좋아하는 음식이 무엇인지 기억하고 고객에게 접근한다. 기업도 마찬가지이다. 고객의 구매 성향을 파악하면 고객에게 쉽게 접근할 수 있다. 그러나 기업에서는 고객의 수가 많기 때문에 단순한 기억에 의존해서 고객 정보를 관리하는 것은 한계가 있다. 이런 이유로 기업에서는 체계적인 데이터베이스를 구축하는 것이 무엇보다 중요하다고 할 수 있다.

기업의 데이터베이스는 '여러 사람 혹은 집단들 사이에서 공유되어 사용되어질 목적으로 통합적으로 관리되는 데이터의 집합'을 말하는 것으로, 컴퓨터 등을 통해서 신속하게 검사 및 조사를 할 수 있다. 데이터베이스 마케팅(database marketing)은 기업이 지속적이고 체계적으로 데이터베이스를 구축하는 것에서부터, 구축된 데이터베이스를 통해 고객 예측 및 고객과 장기적인 관계를 유지하기 위한 마케팅 활동을 벌이는 것 등의 전반적인 것을 의미한다.

데이터베이스 마케팅은 고객과의 커뮤니케이션 방법의 변화를 나타내는 것이다. 과거 기업과 고객의 관계는 일방적 커뮤니케이션(one way communication)이었으나, 최근에는 기업과 고객 간의 쌍방향 커뮤니케이션(two way communication)이 이루어지고 있다. 이것은 기업이 고객과 시장의 반응을 살피고 그 과정에서 정보를 획득하며, 획득된 정보를 추후의 마케팅 전략에 반영하고 있다는 것을 의미한다.

데이터베이스 마케팅에서의 가장 기본은 고객 데이터를 수집하는 것이다. 고객의 정보를 수집하는 방법은 크게 두 가지로 나누어 살펴볼 수 있다.

우선 기업에서 구축해 놓은 시스템을 통해 고객 정보를 얻을 수 있다. 신용카드 회사의 경우 고객의 소비 성향을 구매 리스트를 통해 파악할 수 있고, 유통업체들의 경우

POS 시스템(point of sales system)을 통해서 고객의 구매 정보 등을 파악할 수 있다. 일부 기업에서는 고객의 더 많은 정보를 얻기 위해 고객카드를 발급하고 제품 혹은 서비스를 이용할 때마다 고객카드를 제시하도록 유도하기도 한다. 백화점 고객카드, 주유소 카드, 음식점 및 미용실 고객카드 등이 여기에 속한다. 고객은 반복 구매 시 혜택을 얻기 위해 카드를 제시를 하며, 기업은 지속적으로 고객의 정보를 수집할 수 있다는 특징이 있다.

다른 방법으로는 촉진 활동을 통해 특정 기간 동안 고객의 정보를 획득하는 것이다. 이 방법은 판매촉진이나 광고 활동을 통해 고객의 참여를 유도하는 것으로 기업은 다양한 판매촉진 도구들을 이용하여 고객 정보를 구축할 수 있다. 기업은 특정 제품에 대한 가격할인 쿠폰을 발행할 수 있다. 쿠폰은 고객의 제품 구매를 통한 회수(redeem)를 유도할 수 있다. 이를 통해 구축된 데이터를 통해 기업은 판촉 활동이 효과적인지 여부와 더불어 가격민감도가 높은 고객의 특성(성별, 연령, 학력 등)을 파악할 수 있다. 예를 들어 삼성자동차에서 SM5를 출시하기 전에 진행한 판촉 활동이 있었다. 일종의 경품행사로서 당첨된 고객에게 자동차는 물론 다양한 사은품을 제공하는 것으로 고객은 기본 인적사항(이름, 주민등록번호, 전화번호) 및 몇 개의 질문(지금 타는 차량의 종류, 차량 구매 연도)에 응답을 하기만 하면 되는 것이었다. 이 행사를 통해 얻어진 고객 정보는 삼성자동차의 핵심 타깃을 설정하는 데 중요한 부분을 차지하게 되었다. 이와 같이 촉진 활동을 통해 얻어진 데이터는 기업 또는 제품에 대해 관심을 가지고 있는 고객 집단들로 구성되어진다는 특징을 가진다. 이 데이터는 신규 고객 발굴에 중요한 부분으로 자리매김할 수 있다.

2. 데이터베이스 마케팅 전략

데이터베이스 마케팅은 데이터베이스를 구축하는 것이 최종 목표가 아니다. 구축된 데이터베이스를 통해 고객에게 재접근하고 지속적인 관계 유지를 도모하는 것이 핵심 목표라고 할 수 있다. 고객은 크게 잠재 고객과 거래 고객으로 나누어 볼 수 있다. 고객의 유형별로 다른 전략이 사용된다. 구체적으로 잠재 고객을 대상으로 하는 전략은 신규 고객을 확보하는 전략적 접근이 필요한 반면, 거래 고객을 대상으로 하는 전략은 확보된 신규 고객과 지속적인 관계를 유지하여 이들을 우량 고객화하는 전략적 접근이 필요하다. 여기서는 거래 고객을 대상으로 이루어지는 마케팅 전략을 중심으로 살펴보기로 한다.

2.1 고객 활성화 전략

고객 활성화 전략(customer activation strategy)은 신규 고객이 자사와 지속적인 관계를 유지하여 우량 고객화를 추구하는 전략으로 이 전략을 위해서는 제품의 구매 빈도를 증가시키거나 대량 구매를 유도하기 위해 다양한 인센티브를 제공하는 등의 방법을 사용할 수 있다. 이 전략을 사용할 때 가장 중요한 점은 기업이 자사와 지속적인 관계를 유지할 수 있는 프로그램을 개발하는 것이다. 대표적으로 포인트 누적 프로그램이나 마일리지 프로그램들이 이에 속한다. 예를 들어 쉽게 접하는 스타벅스, 커피빈과 같은 커피전문점에서는 커피 10잔을 마시면 1잔을 무료로 제공하는 쿠폰 도장을 발행한다. 또한 OK캐쉬백의 경우 SK 계열사뿐만 아니라 이마트, CGV, 대한항공 등의 제휴사를 이용할 경우 거래 금액에 따라 포인트를 누적시켜 준다. 항공사의 경우 탑승 횟수 및 항공거리에 따라 마일리지를 제공하고 누적된 마일리지별로 차별화된 서비스를 제공한다.

고객 활성화 전략의 근간에는 고객을 구분하는 활동이 내포되어 있다. 이때 고려되는 것이 고객 생애가치(customer lifetime value)이다. 고객 생애가치는 고객이 제품을 처음 구입한 순간부터 그 기업의 고객으로 존재하는 전체 기간 동안 창출하는 총이익을 의미한다. 일반적으로 생애가치가 높은 고객에게 집중하는 것이 기업에게 효과적이다. 기업이 기존 고객을 유지하는 데 소요되는 비용은 신규 고객을 발굴하는 데 투입되는 비용의 1/5 수준이라고 한다. 또한 파레토의 법칙에 의하면 전체 고객의 20%가 총매출액의 80%를 차지한다고 한다. 이때 20%의 고객은 기업의 장기거래 고객이자 VIP 고객이다. 최근에는 "20/80"을 넘어서 "10/90", "5/95"까지 변화하고 있다. 이런 현실에서 기업은 고객 생애가치를 적극적으로 활용할 필요가 있다. 기업의 고객 생애가치를 활용하는 방법은 다음과 같다. 첫째, 상위 20%를 우대하는 것이다. 은행의 PB 센터, 백화점의 VIP 카드 등이 이에 해당된다. 둘째, 기업의 수익에 기여도가 낮은 고객을 대상으로 역마케팅(demarketing)을 실시하는 것이다. 역마케팅은 대상 고객에 대한 마케팅 노력이나 지원을 감소시키는 것을 의미한다. 셋째, 고객 생애가치 자체를 키우려고 노력한다. 이를 위해서는 재구매 유도를 할 수 있는 판촉 활동이 필요하다.

2.2 고객 충성도 제고 전략

신규 고객을 우량 고객으로 전환시키기 위한 전략의 하나로 고객의 이탈을 막는 전략을 고객 충성도 제고 전략(customer loyalty enhancement strategy)이라고 한다. 이 전략에서 중요한 것은 고객의 경쟁사로의 브랜드 전환을 막는 것이다. 이 전략은 앞서 설명한 고객 활성화 전략과 유사한 특징을 가지고 있다. 그러나 고객 충성도 전략은 가격할인과 같은 직접적이고 즉각적인 인센티브를 제공하여 고객을 유지하는 것보다는 고객이 브랜드 자산을 형성하여 제품에 대한 충성도를 증대시키는 데 초점을 맞추고 있다. 가격할인과 같은 금전적인 인센티브는 브랜드 자산을 형성하는 데 긍정적인 영향을 미치지 못한다.

특정 브랜드를 선호할 때 고객은 가격보다는 그 브랜드를 통해 얻을 수 있는 차별화된 가치에 더욱 초점을 맞추게 된다. 예를 들어 비행기에 탑승할 때 이코노미석을 비즈니스석으로 업그레이드해 주거나, 호텔에서 객실의 등급을 올려주는 행동들이 여기에 속한다. 고객은 이런 활동을 접함으로써 자신이 기업으로부터 대우받고 있다고 느끼고 더욱 충성도를 가지게 되는 것이다.

2.3 고객 유지 전략

고객 유지 전략(customer retention strategy)은 앞서 설명한 고객 활성화 전략, 고객 애호도 전략과 유사한 전략으로 특히 자동차, 컴퓨터, 가전제품과 같은 내구재를 대상으로 사용될 수 있다. 내구재의 경우 최초 구매 후 반복 구매가 일어나기까지 상당 기간이 소요된다. 그래서 첫 번째 구매가 두 번째 구매로 이어지기에는 어려움이 많다. 이런 이유로 기업은 고객에게 제품과 관련된 정보를 지속적으로 제공함으로써 고객과 관계를 유지시키는 활동이 필요하다.

대우자동차는 자사의 단골 고객을 유지하기 위해 'GM대우 참클럽'을 운영하고 있다. 이 프로그램은 GM대우 자동차를 구매한 적이 있거나, 현재 GM대우 자동차를 보유하고 있는 고객을 대상으로 차별화된 서비스를 제공하는 것이다. 고객이 차량을 재구입할 경우 최대 50만원까지 할인 혜택을 부여하며, 회원 등급에 따라 무상점검, 엔진오일 교환 할인 쿠폰, 소모품 교환, 손세차 서비스를 제공하고 있다.

2.4 교차 판매 전략

교차 판매 전략(cross-selling strategy)은 하나의 제품으로부터 얻어진 고객 데이터베이스를 다른 제품의 판매를 위해 사용하는 것을 말한다. 기존에 제품을 구매한 고객에게 다른 제품을 구매하도록 제안하거나, 처음 구매했던 제품과 연관성 높은 제품들을 연계해서 판매하는 방법들이 있다. 예를 들어 컴퓨터를 구매한 고객에게 프린터를 구매하도록 제안할 수 있다. 교차 판매의 한 형태로는 상향 판매(up selling)가 있다. 이것은 고객이 구매하고자 하는 제품보다 한 단계 이상 가격 및 품질이 높은 제품을 권유하거나 추가 제품을 구입하도록 권유하는 것을 말한다. 예를 들어 컴퓨터를 구매하는 사람에게 RAM이나 하드디스크의 용량을 크게 하도록 권유하는 것이 여기에 속한다.

제3절 광 고

1. 광고의 개념과 특징

촉진 믹스 중에서 소비자들이 가장 빈번하게 접할 수 있는 것이 광고(advertising)이다. 광고는 기업, 비영리 조직, 사회단체, 국가, 혹은 개인과 같은 다양한 주체가 표적 고객들에게 그들이 원하는 메시지를 전달하기 위하여 벌이는 활동이다.

광고는 광고주가 되는 기업이 자사의 제품이나 서비스에 관한 정보를 목표 청중에게 전달하기 위하여 비용을 지불하여 비인적(非人的) 매체(non-personal media)를 사용한다는 점에서 다른 촉진 믹스와 구분된다.

광고의 특성을 살펴보면 다음과 같다.

첫째, 광고는 기업 혹은 개인 등의 스폰서가 메시지 전달을 위하여 사용하는 시간 혹은 공간에 대하여 비용을 지불하여야 한다. 즉, 광고를 하기 위해서는 제반 비용이 발생하며 만약 그렇지 않다면 그것은 광고가 아니라 PR이다.

둘째, 광고는 비인적 매체(non-personal media)를 사용해야 한다. 비인적 매체는 TV, 라디오, 신문, 잡지, 옥외간판 등을 포함한다. 만약 사용되는 매체가 사람일 경우 그것은 광고가 아니라 인적판매(personal selling)로 구분될 것이다.

셋째, 광고는 일반적으로 광고주가 파악되어야 한다. 광고주가 파악되지 않는다면 이는 헛소문(rumor)에 불과하며 광고가 아니다. 하지만 일부 광고에서는 표적 고객들의 관심과 흥미를 유발하기 위하여 의도적으로 광고주를 감추는 경우도 있다. 그것은 고객의 주의를 끌기 위한 하나의 전략으로 나중에는 광고주를 밝힌다.

그림 10-4 AIDA 모형

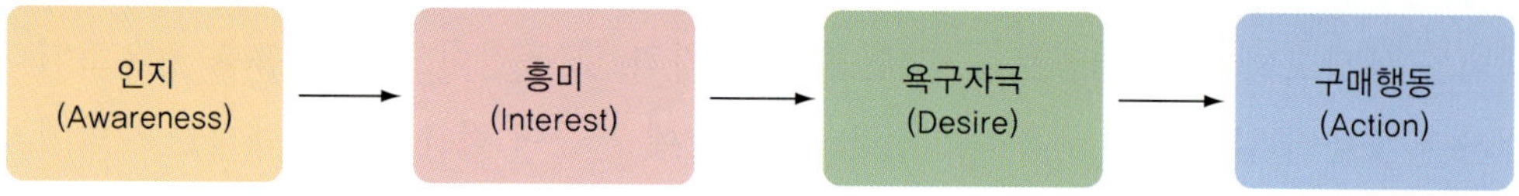

넷째, 광고의 효과는 느리게 나타난다. 이는 [그림 10-4]의 AIDA 모형으로 설명될 수 있다. 구매를 위해서 고객들은 우선 제품을 인지하고 있어야 하며(awareness), 제품에 대하여 관심을 가져야 하고(interest), 충분한 구매 욕구를 지녀야 한다(desire). 이러한 단계를 거치는 과정에는 상당한 시간이 소요된다. 또한 이들 단계는 모두 순차적으로 발생하며 앞의 단계는 뒤의 단계의 필요조건이 된다. 따라서 AIDA 모형은 광고의 계층적 효과 모형(effect of hierarchy model)이라고 한다.

다섯째, 광고의 효과는 누적되고 이월(移越)된다(carry-over effect). 이는 부분적으로 AIDA 모형에 기인하는데, 예를 들면 이번 달의 매출은 이번 달의 광고에 의해서만 발생되는 것이 아니라 전달 혹은 전전달의 광고효과도 반영하는 것이다. 그리고 광고의 효과는 선형적(linear)이지 않다. 즉, 광고효과는 광고에 노출되는 횟수나 광고비에 비례하는 것이 아니라, 어느 정도 이상의 횟수 또는 비용을 넘어서야 비로소 효과가 발생하는 역치모형(threshold model)을 따른다는 것이다. 이 역치모형도 또한 광고의 효과가 느리게 발생하는 데 대한 추가적인 이유를 제공한다.

2. 광고관리

기업이 광고를 통해 메시지를 효율적이고 효과적으로 전달하기 위해서는 우선 체계적인 광고관리(advertising management) 및 계획을 수립해야 한다. 기업의 마케팅 담당자가 광고계획을 수립할 때는 광고목표 설정, 예산 결정, 메시지 결정, 매체 선정, 효과 측정의 다섯 가지의 의사결정과정을 실행할 필요가 있다. [그림 10-5]에서 제시한 광고관리의 주요 의사결정에 대해서 구체적으로 살펴보기로 하자.

그림 10-5 광고관리의 주요 의사결정

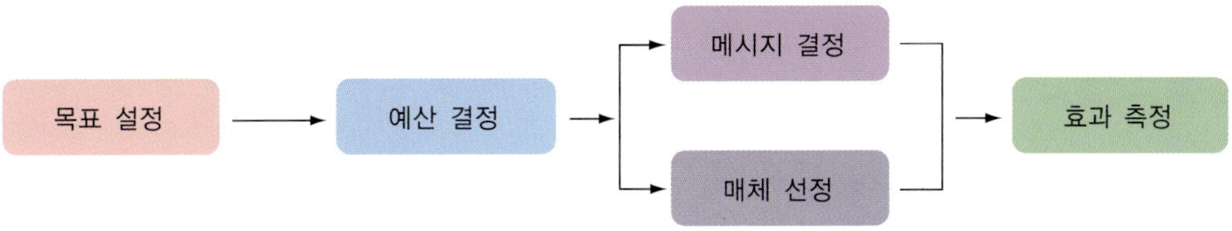

2.1 광고목표의 설정

광고관리의 시작은 우선 광고목표(advertising objectives)를 설정하는 것이다. 광고목표는 표적 청중, 포지셔닝, 마케팅 믹스와 관련된 의사결정에 기반을 두고 설정되어야 한다. 이는 마케팅 믹스와 포지셔닝의 결정을 통하여 전체 마케팅 프로그램이 원활히 진행될 수 있도록 하기 위해 광고가 수행해야 할 역할을 결정하는 것이기 때문이다.

광고는 일정한 기간 동안, 특정한 표적 청중에게, 메시지를 전달하는 구체적인 커뮤니케이션 과업이다. 그렇다면 광고를 실행하기 위해서는 어떤 목적을 가지고 광고를 제작할 것인지를 결정하는 것이 필요하다. 즉, 광고의 목표가 신제품을 알리기 위한 것인지(정보 전달형), 소비자를 설득시키는 것인지(설득형), 혹은 고객들에게 브랜드를 지속적으로 상기시키기 위한 것인지(상기형)에 따라 광고의 유형이 구분될 수 있다. 〈표 10-2〉는 광고유형에 따른 구체적인 목표에 대해서 제시하고 있다.

표 10-2 광고목표의 예

정보 전달 광고	설득 광고	상기 광고
•신제품을 시장에 알림 •제품의 새로운 용도 알림 •시장에 가격변동 알림 •제품 사용방법 설명 •가능한 서비스 설명 •오인 내용 정정 •소비자 공포심 감소 •기업 이미지 구축	•브랜드 선호도 구축 •자사 브랜드로의 전환 유도 •제품 속성에 관한 소비자 지각의 변화 •현재 구매하도록 소비자 설득 •판매 전화 받도록 소비자 설득	•제품이 가까운 시기에 필요할 것이라고 소비자에게 상기 •제품 구입 장소 상기 •비수기 동안 소비자 마음 유지 •브랜드의 최초 인지 지속

출처: Kotler, P. and G. Armstrong(2008), *Principles of Marketing*, 12th edition, Prentice Hall, p.427.

(1) 정보 전달형 광고

정보 전달형 광고(informative advertising)는 신제품을 소개할 때 주로 사용한다. 정보 전달형 광고의 목표는 일차적 수요(primary demand)를 자극하는 데 있다. 즉, 제품에 대한 정보를 알림으로써 소비자들이 제품을 선택할 수 있도록 하는 데 그 목적이 있다. 예를 들어 전자제품 회사에서 신제품을 출시할 때는 우선 소비자들에게 신제품의 편익, 사용 용도, 편의성 등과 같은 정보를 제공하고 이를 통해 일차적인 수요를 늘리는 전략이 필요하다.

(2) 설득형 광고

설득형 광고(persuasive advertising)는 자사 제품이나 브랜드에 대한 선별적 수요(selective demand)를 구축하는 데 그 목표를 두고 있다. 이 광고는 시장의 규모가 확대되고, 경쟁이 치열할수록 더욱 중요하게 사용된다. 특히 설득형 광고는 경쟁자의 특정 브랜드와 직접적 또는 간접적으로 비교하는 비교 광고(comparative advertising)의 형태로 나타나기도 한다. 비교 광고의 대표적인 예로는 AVIS의 렌트카 광고가 있다. AVIS는 자신들을 시장 내에서 2위로 표현하면서 1위인 Hertz를 겨냥하여 "We're number two, so we try harder"라는 광고를 만들어서 큰 효과를 얻었다. 또한 LG패션은 "굿바이 폴, 헤지스"라는 광고로 폴로와 빈폴을 겨냥한 비교 광고를 실시하기도 하였다. 이처럼 비교 광고는 후발주자들이 경쟁사와의 비교를 통해 자신들의 인지도를 높이기 위해 사용하기도 한다.

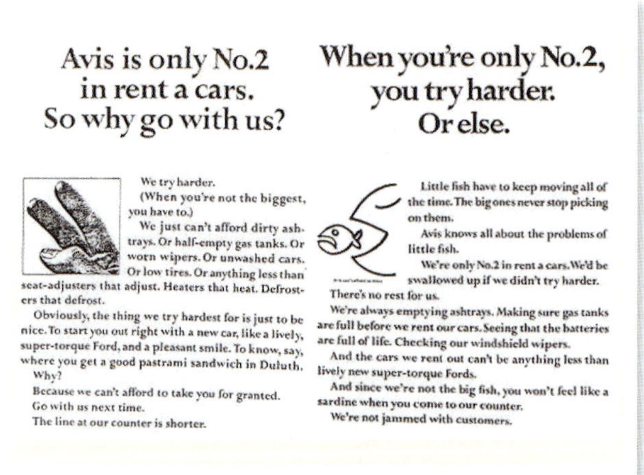

AVIS 렌터카는 자신들을 2위로 언급하면서 시장 내 선도브랜드를 이용한 비교광고로 성공을 거두었다.

(3) 상기형 광고

상기형 광고(reminder advertising)는 주로 성숙기 시장에서 많이 사용된다. 상기형 광고의 목표는 고객과의 관계를 유지하는 것이다. 또한 소비자들을 설득하기보다는 소비자의 기억 속에 계속 남아서 사라지지 않게 하는 것이다. 그 예로 나이키(Nike)는 "Just Do It"이라는 광고문구를 사용하였다. 나이키가 지속적으로 광고를 하는 것은 즉각적인 제품 판매를 유도하기보다는 소비자들에게 브랜드에 대해 지속적으로 긍정적인 생각을 갖도록 하기 위해서이다.

성숙기 시장인 스포츠 제품 시장은 독특한 슬로건 또는 광고 모델을 이용하여 고객들에게 브랜드를 상기시킨다.

2.2 광고예산 결정

기업의 마케팅 담당자가 광고목표를 결정하고 나면 다음으로 광고예산(advertising budget)을 수립해야 된다. 광고예산의 결정은 광고와 관련된 여러 가지 의사결정 중 비용을 고려하는 문제로 인해 특히 결정에 어려움이 따른다. 구체적으로 살펴보면, 광고비를 너무 적게 지출하면 의도한 광고효과를 얻기 어렵게 되는 반면에 과다한 광고비의 지출은 오히려 광고효과 감퇴(advertising wearout)를 발생시키거나 이익의 감소 또는 손실을 초래하기도 한다. 여기서 말하는 광고효과 감퇴는 광고의 노출빈도가 일정 수준을 넘어서면 광고의 효과가 떨어지는 현상을 말하는 것이다.

광고예산을 결정하기 위해서 몇 가지 고려할 사항들이 있다. 우선 제품수명주기 단계를 고려해야 한다. 신제품을 광고하는 경우에는 제품의 인지도 구축 및 소비자 시용(trial)을 유도하기 위해 많은 광고예산을 투입해야 한다. 이는 앞서 언급한 정보 전달형 광고(informative advertising)와 같이 일차적으로 수요를 늘리는 것을 목표로 하는 특징이 있다. 반대로 성숙기에 들어선 제품의 경우 적정 판매 수준을 유지할 정도의 적은 광고예산을 투입할 수 있다. 실제로 상기형 광고(reminder advertising)처럼 유지의 목적으로 광고를 할 경우 큰 비용을 투입할 필요가 없는 것이다. 두 번째로 고려할 항목은 시장 점유율이다. 경쟁사 대비 더 많은 시장 점유율을 확보하기 위해서는 더 많은 광고비용이 필요할 수 있다. 단순히 현재의 상황을 유지하기보다는 더 많은 관심과 수요를 확보하면서 점유율을 올리기 위해서는 더 많은 비용을 투입할 필요가 있다. 그러나 이때도 또한 광고효과의 감퇴가 발생할 수 있다는 점을 주의해야 할 것이다. 그 외에도 경쟁상황, 제품의 차별성, 광고빈도 등과 같은 요인들을 고려할 필요가 있다.

광고예산의 결정방법은 크게 하향식 접근법과 상향식 접근법으로 나누어 볼 수 있다. 하향식 접근법에는 매출액 비율법, 경쟁자 기준법, 가용예산 할당법 등이 있으며, 상향식 접근법에는 목표 과업법, 현금흐름 계획법 등이 있다.

(1) 하향식 광고예산 결정방법

하향식 광고예산 결정방법(top-down approach)은 최고경영자가 예산을 결정하고, 그 예산에 맞추어 광고관리의 실무자들이 광고계획을 세우고 실행하도록 하는 방법이다. 이 방법은 크게 기업의 매출액을 기준으로 광고예산을 책정하거나 경쟁사의 광고예산을 고려해서 측정하는 방법으로 나누어 볼 수 있다. 구체적으로 살펴보면 다음과 같다.

1) 매출액 비율법

매출액 비율법(percentage-of-sales method)은 현재 또는 미래에 예상되는 매출의 일정한 비율을 광고예산으로 책정하는 방법이다. 이와 유사하게 단위당 판매가격(fixed sum per unit)의 일정한 비율을 광고예산으로 책정하기도 한다.

이 방법은 광고예산 결정방법 중 가장 많이 사용되는 방법으로 광고예산의 책정이 수월하고 판매가격과 단위당 수익 간의 관계에 대한 판단이 용이하다는 장점이 있다. 또한 기업 매출이 급변하지 않으면 광고예산이 안정적으로 운영될 수 있다.

그러나 매출액 비율법은 다음과 같은 문제를 가지고 있다. 첫째, 매출액의 일정 비율을 광고예산으로 책정하는데, 그 일정 비율이라는 의미가 매우 자의적이다. 기업이 비율을 정함에 있어서 명확한 기준이 존재하는 것이 아니라 결정자의 판단에 의해서 변동될 수 있다는 것이다. 둘째, 광고비 지출의 효과와 매출액 간의 관계에 오류가 발생할 수 있다는 것이다. 즉, 광고비의 지출에 따른 효과로서 매출이 발생하는데, 매출액 비례법은 매출이 발생함에 따라 광고예산이 책정된다는 인과관계의 논리적 오류를 포함하고 있다.

2) 경쟁사 기준법

경쟁사 기준법(competitive-parity method)은 기업의 경쟁사를 파악한 후 경쟁사들의 광고예산에 대비하여 자사의 광고예산을 결정하는 방법이다. 이 방법의 장점은 경쟁자와 비교하여 일정한 수준의 광고점유율(share of voice)을 유지할 수 있다는 것이다. 그러나 자칫하면 광고비의 과다 지출을 초래하여 과열 광고(advertising war)를 유발할 수 있다는 문제점이 있다. 또한 기업의 광고예산의 기준이 되는 경쟁사의 광고예산이 과거의 자료라는 한계점이 있다.

3) 가용예산 할당법

가용예산 할당법(affordable method)은 기업이 감당할 수 있는 수준 내에서 광고예산을 책정하는 방식이다. 기업이 전체 이익에서 운영 비용, 지출 비용과 같이 우선적으로 중요하다고 생각되는 부분에 예산을 배정한 후, 남은 자금의 일정 부분을 광고예산으로 책정하는 것이다. 이 방법은 편리하고 단순하다는 장점을 가진다. 그러나 이 방법은 다음과 같은 몇 가지 단점들을 가지고 있다. 첫째, 광고예산이 기업의 매출에 미치는 영향을 무시한다는 점이다. 둘째, 광고를 투자가 아닌 비용으로 인식한다. 셋째, 기업의 이익에 따라 예산 규모가 달라지므로 연간 광고예산이 불확실하다. 넷째, 기업에서 책정하는 광고예산의 논리적 근거가 없다.

(2) 상향식 광고예산 결정방법

상향식 광고예산 결정방법(bottom-up approach)은 광고관리의 실무자들이 최고경영자들의 승인을 받고 광고를 기획하고 실행하는 방법이다. 이 방법은 우선 광고목표를 설정하고 이 목표를 실행하기 위한 세부 활동 계획을 수립한 후 각각의 활동에 필요한 비용을 추정하여 이를 토대로 광고예산을 결정한다. 상향식 광고예산 접근방법은 크게 목표 과업법과 현금흐름 계획법으로 나누어 볼 수 있다.

1) 목표 과업법

목표 과업법(objective-and-task method)은 광고목표(advertising objective)를 설정하고 이를 달성하기 위하여 필요한 세부 과업들(tasks)을 제시한 다음 각각의 세부 과업들을 달성하는 데 필요한 비용을 산출하고 이를 합산하여 전체 광고목표를 달성하는 데 필요한 총 광고예산을 책정하는 방법이다. 이 방법은 매우 합리적이며 논리적인 방법으로 최근 많이 사용되고 있는 추세이다.

예를 들어 소비자들의 제품 인지도를 30%로 향상하는 것이 전체 광고의 목표라면 이를 위하여 필요한 과업들을 TV 광고비의 증가, 옥외광고의 증가, 신문광고의 감소의 세 가지로 제시할 수 있다. 각각의 과업을 실행하는 데 있어 300억원, 400억원 그리고 -100억원의 비용을 필요로 한다면 전체 광고예산은 이들의 합산인 600억원으로 책정할 수 있다.

목표 과업법은 합리적인 방법으로 최근 많이 사용되고 있는 추세이나 사용하기 어렵다는 단점이 있다. 그리고 이 방법이 기업에 필요한 최적의 광고예산을 책정한다는 보장이 없다는 문제점이 있다.

2) 현금흐름 계획법

현금흐름 계획법(payout planning method)은 기업이 향후에 지불해야 할 비용과 기업으로 들어오는 수입을 감안하여 광고예산을 결정하는 방법이다. 이 방법은 기업의 이윤 정도에 따라 광고의 비용이 책정된다는 특징이 있다. 그러나 광고예산이 광고목표가 아닌 기업의 수입과 비용에 의해 결정된다는 점에서 문제가 될 수 있다.

2.3 광고메시지 결정

효과적인 광고메시지는 표적 청중의 주의를 환기시킴으로써 관심을 유발하고, 욕구를 자극하며 궁극적으로는 구매를 유도한다. 그러므로 기업은 소비자들로부터 긍정적인 반응을 이끌어 내기 위해 효과적인 광고메시지를 창조하는 것이 무엇보다 중요하다.

광고메시지를 결정하기에 앞서 우선적으로 할 일은 제품에 대한 포지셔닝을 결정하는 것이다. 포지셔닝은 기업이 시장에 신제품을 출시할 때 표적 고객들의 마음속에 유리하고 독특한 위치를 차지하는 것으로 광고메시지 또한 이 포지셔닝 전략과 일치된 내용을 포함해야 한다.

예를 들어 기업이 신제품을 스타일과 세련미로 표적 고객들에게 포지셔닝을 하려고 한다면 광고메시지는 그 제품의 컨셉, 이미지 등을 강조하여 일관성 있게 메시지를 결정해야 할 것이다.

(1) 광고메시지의 개발

담당자는 포지셔닝에 대한 정확한 인식과 결정이 이루어진 후 효과적인 메시지를 개발하여야 한다. 효과적인 메시지를 개발하기 위해서는 메시지 설계, 소구방법, 메시지 형태를 결정해야 한다.

1) 메시지 설계

메시지 설계는 소비자에게 광고메시지의 내용을 어떤 구조를 가지고 전달할 것인가를 결정하는 것이다.

첫째, 광고메시지의 결론을 누가 내릴 것인가를 정해야 한다. 기존의 광고에서는 광고의 결론을 제시해 주는 방법이 많이 사용되었지만 최근에는 소비자들에게 의문을 제기하고 소비자 스스로가 결론을 내리게 하는 방법을 사용하기도 한다. 예를 들어 현대자동차 그랜저 광고에서 '일본 세단은 조용하다고 합니다. 편안하다고 합니다. 부드럽다고 합니다. 그런데 그랜저는 타보셨습니까?'라고 하는 것은 인피니티, 렉서스, 혼다 등 일본 자동차를 겨냥함과 동시에 의문에 대한 결론을 소비자들이 내리도록 유도한다는 특징이 있다. 이 방법은 메시지에 대한 신빙성을 높이고 구매를 유도하는 데 효과적이다.

둘째, 제품의 장점만을 강조하는 단면적(one-sided) 주장과 단점도 같이 알려 주는 양면적(two-sided) 주장 중에서 어떤 것을 사용할 것인가를 결정해야 한다. 예를 들어 소비자가 제품에 대한 지식과 경험이 많고, 교육 수준이 높고, 기존 제품에 대한 태도가 확고하게 긍정적이지 않을 경우에는 양면적 메시지가 보다 효과적이다.

셋째, 메시지 제시 순서를 결정해야 한다. 즉, 강한 주장이 담긴 광고내용을 처음에 제시할 것인가, 또는 마지막에 제시할 것인가에 관한 문제를 고려해야 한다. 처음에 제시하는 것이 효과적이라는 주장을 '초기효과(primacy effect)'라고 하고 마지막에 위치하는 것이 효과적이라는 주장은 '최근효과(recency effect)'라고 한다. 예를 들어 단면적인 주장의 경우에는 초반에 강한 주장을 제시할 경우 더 많은 주의와 관심을 집중시킬 수 있다. 반면에 양면적인 주장의 경우에는 소비자의 주장을 먼저 고려한 후 마지막에 강한 주장을 제시하는 것이 효과적이다.

2) 메시지 소구방법

광고소구(advertising appeal)란 실제 고객이나 잠재적인 소비자의 주의를 끌기 위해 또는 제품에 대한 소비자의 마음, 느낌에 영향을 미치기 위해 사용되는 것을 말한다. 광고에서 사용될 수 있는 소구방법은 크게 이성적 소구, 감성적 소구, 도덕적 소구로 나누어 볼 수 있다.

① 이성적 소구(rational appeals): 이 소구방법은 소비자의 실용적 욕구, 기능적 욕구, 편익 추구의 욕구에 초점을 맞춘 것으로 소비자가 해당 제품을 구매한다면 원하는 편익을 획득할 수 있다는 내용의 메시지를 사용한다. 이성적인 메시지는 제품이 가지는 속성, 이점, 품질, 경제성 같은 내용을 담고 있으며 정보 제공적인 성격을 가지게 된다. 예를 들면 문제 해결 광고(효과 빠른 진통제 광고), 제품 제시 광고(빙판길에 강한 타이어 광고), 제품 비교 광고(인터넷 전화와 초고속 인터넷 패키지 상품 광고), 유명인사의 보증에 의한 증명 등이 있다. 이러한 이성적 소구는 소비자가 합리적인 의사결정 처리과정을 실행한다는 것이 가정이 된다.

제품이 가지는 특성을 강조하여 소비자의 이성적 정보처리 과정을 이끌어 내는 광고.

② 감성적 소구(emotional appeals): 감성적 소구는 인간의 감정에 소구하는 형태이다. 메시지 표현의 중심이 제품 자체보다는 제품과 관련된 이미지 또는 제품이 연결시키고자 하는 가치에 더 비중을 두고 있다. 따라서 감성적 소구를 사용하는 광고메시지는 설득보다는 분위기, 이미지, 자아 동일시와 같은 감성들을 유발함으로써 제품 또는 브랜드에 대한 긍정적인 반응을 도출하는 데 초점을 둔다. 긍정적인

소비자에게 친숙한 모델을 이용하여 재미있는 상황 제시를 통해 인지도 향상을 추구한다.

감성 소구의 방법으로는 대표적으로, 유머 소구(humor appeals)가 있다. 제품을 표현하는 데 있어서 해학적인 요소를 삽입하여 소비자의 유머 감각에 호소하는 접근 방법으로 광고에서 유머를 사용하는 것은 매우 일반적인 것이다. 반대로 부정적인 감정 소구를 하는 방법으로는 공포 소구(fear appeals)가 있다. 이 방법은 공포, 불안감, 부끄러움, 수치심과 같은 감정을 자극하는 것으로, 소비자로 하여금 그 제품을 사용하지 않으면 발생할 수 있는 부정적인 결과를 제시하는 것으로 소구한다. 구체적으로 약 광고나 보험 광고의 경우 사용하지 않았을 때 위험 요소에 대해 강조하면서 사용을 권장하는 것이 그 예이다. 또한 음주운전의 문제점 및 부정적인 결과를 제시하여 음주운전을 하지 않도록 하는 공익광고들도 일종의 공포 소구 방

소비자가 겪게 되는 불편한 감정을 자극하는 것으로 제품이 그 해결방안임을 제시한다.

성을 이용한 광고는 소비자들에게 이슈화되기 쉽다.

법이라고 할 수 있다. 그 외에도 이슈를 목적으로 하거나 차별화하기 위해 사용되는 성적 소구(sex appeals)와 같은 소구 방법들이 있다. 그러나 성적 소구 방법은 관심유도에는 효과적이나 몇 가지 문제점을 가지고 있다. 우선 여성을 성의 대상으로 삼는다는 점에서 논란을 일으킨다. 이는 또한 제품과 관계없이 여성 성상품화라는 윤리적 문제로 지적받기도 한다.

③ 도덕적 소구(moral appeals): 도덕적 소구는 인간이 갖고 있는 도덕심과 윤리의식에 소구하는 방법이다. 불우이웃 돕기, 난치병 어린이 돕기 혹은 무의탁 노인 돕기 운동 등이 모두 여기에 속한다. 대표적인 예로서 맥도날드의 '동전의 행진(march of dimes)' 캠페인을 들 수 있다. 맥도날드는 장애인을 위한 모금을 위하여 "하느님은 당신을 완전하게 하셨습니다. 이제는 당신이 당신보다 완전하지 못한 이들을 도울 때입니다"라는 캠페인을 통하여 고객들의 거스름돈을 모금하는 데 성공한 바 있다.

3) 메시지 형태

메시지의 형태는 소비자들의 주의를 끌 수 있는 것이어야 한다. 인쇄매체 광고의 경우 크기, 헤드라인, 삽화 등과 같은 요소들로 차별화를 추구한다. 라디오 광고의 경우 대사, 음향, 목소리 등을 통해 소비자의 주의를 끌기 위해 노력하고, TV 광고의 경우 인쇄 광고와 라디오 광고와 달리 광고모델의 행동, 표정과 같은 요소들도 같이 고려해야 한다.

(2) 메시지 평가 및 선택

기업이 원하는 포지셔닝을 바탕으로 메시지를 개발하였다면, 이를 시장에 출시하기

Marketing Point

변화하는 보험사 광고… '공포' 지우고 '희망' 전한다

"내일 당장 어떤 위험이 생길지 모릅니다. 이래도 보험에 가입 안 하시겠습니까."

그동안 국내 보험사들이 광고를 통해 고객들에게 전달했던 메시지다. 어떤 어려움이 발생할지 모르니 보험에 가입해야 한다는 점을 광고한 것. 이 때문에 광고업계는 보험사 광고를 '공포마케팅'이라고 부른다.

그런데 최근 들어 보험사 광고가 변하고 있다. 보험 가입을 하지 않으면 위험에 대처할 수 없다는 내용을 벗고 보험에 가입했기에 미래를 대비할 수 있다는 메시지를 전달하고 있는 것이다.

보험업계에 따르면 최근 국내 주요 보험사 광고마케팅 전략이 공포가 아닌 희망으로 변화하고 있다. 좀 더 밝은 미래에 대한 희망을 제시하고 있는 것. '희망'과 함께 고객의 미래와 함께하는 '동반자'로서의 이미지를 제시하고 있다.

과거 보험사 공포마케팅의 가장 대표적인 사례는 노후를 대비하지 않으면 비참한 미래를 맞게 된다는 것이었다. 보험사들은 특히 수입이 있는 현재 투자나 연금 등 노후대비 상품에 가입하지 않으면 노후를 불안하게 보낼 수 있다는 점을 강조했다.

일부 설계사들은 역시 국민연금만으로는 노후가 불안하고 국민연금도 위험하기 때문에 사적연금에 가입해야 한다고 강조했다.

그러나 최근 보험 광고 트렌드는 노후대비로 즐거운 노후를 보내자는 메시지를 전달하는 등 '절망'보다는 '희망'을 강조하고 있다.

미래에셋생명 광고 장면

미래에셋생명은 지난 1월 '변액보험'에 대한 극장광고를 내보냈다. 이 광고는 기존 변액보험 광고처럼 수익률을 강조하거나 노후보장에 대한 필요성을 강조하지는 않는다. 모델이 나와 신나는 춤을 추고 있고 배경에는 '지금 여러분은 든든한 노후의 기쁨을 온몸으로 표현하는 춤을 보고 계십니다'라는 메시지만 전달한다. 광고 막판에는 당신의 행복한 미래를 생각한다는 내레이션만 흘러나올 뿐이다. 이를 본 금융소비자들이 신나는 춤과 함께 나도 노후에 저렇게 되고 싶다는 생각을 하게끔 유도하고 있다.

미래에셋생명은 이 광고 메시지가 고객들에게 잘 전달됐다고 판단하고 있다. 이 광고가 다양한 곳에서 패러디됐기 때문이다. 지난 3월 방영된 'SNL 코리아' 예고편에서는 '지금 여러분은', '보고 계십니다'라는 문구가 그대로 나왔으며 카피 배치 형태 역시 같았다.

또한 경북지방경찰청 보이스피싱 방지 교육 및 홍보 영상은 경찰관이 춤을 추는 점, 광고카피의 형태, 배경음악까지 미래에셋생명의 광고가 그대로 사용됐다.

미래에셋생명 관계자는 "패러디가 되고 있다는 것은 그만큼 주목받고 있는 뜻 아니겠냐"며 "이 광고는 민무늬 배경에 카피라이트를 전면에 배치해 주목도를 높였다"며 "배경음악은 유명한 곳을 록버전으로 편곡해 한층 더 익숙한 곳으로 만들었다"고 말했다.

한화생명도 '당신답게 오늘을 사세요'라는 광고로 고객의 큰 호응을 얻은 바 있다. '따듯한 잔소리' 캠페인 일환으로 시작된 이 광고는 '아픔 없이 성공 없다', '1년만 미쳐라'처럼 사회적 압박에 대해 미래를 위한 오늘의 희생보다 자신만의 가치 기준에 따라 현재에 충실하라는 점을 강조했다. 이를 통해 한화생명은 광고 이전에 비해 소비자 인지도 조사에서 3배 가까운 상승을 보였다.

신한생명은 '신씨네 가족'이라는 영상을 통해 고객의 살맛나는 인생에 회사가 함께하겠다는 메시지를 전달하고 있다. 신한생명 브랜드 슬로건인 '따뜻한 금융'에서 출발한 이 광고는 고객과 함께하는 '인생 동반자'의 모습을 담고 있다.

이처럼 보험사 마케팅 전달 방식이 공포에서 희망으로 바뀐 것은 보험사의 광고에 대한 규제가 변해서다. 올 1월부터 '보험 혁신 및 건전화 방안'에 따라 보험업법 시행령이 변경됐다. 시행령에 따르면 보험상품의 이미지 광고가 도입됐다.

이에 따라 보험료나 보험금에 대한 구체적인 예시 없이 보험상품의 개략적인 이미지만을 노출하는 보험상품 이미지 광고 범주를 신설됐다. 보험료, 보장사항 및 보험금 등 예시를 생략할 수 있으며 상품의 필요성 등에 대한 개괄적인 내용만을 1분 이내에 안내가 가능하다.

따라서 보험사들이 다양한 이미지 마케팅을 선보일 것으로 전망된다. 다만 보험상품의 주요 특징에 대한 안내 시 이와 연계되는 보험소비자에게 불리한 사항은 반드시 같이 안내해야 한다.

보험업계 한 관계자는 "과거 보험상품 광고는 '꼭 안내해야 하는 것들'이 많아 지루한 광고가 많았다"며 "이미지 광고가 활성화되면 보험사들은 다양한 전략으로 주력상품 알리기에 총력을 다할 것"이라고 말했다.

출처 : 브릿지경제, 2015.5.5.

전에 먼저 메시지 시안(혹은 광고 시안)을 표적 고객들을 대상으로 사전 테스트(pretest)해 보는 것이 중요하다. 신제품을 출시하기에 앞서서 사전 테스트를 하는 것처럼, 표적 소비자들에게 광고를 실행하기 전에 테스트를 해 보고 고객 반응을 알아본 후 고객의 반응에 따라 광고의 실행 및 수정 여부를 검토한다.

광고에 대한 사전 테스트는 주로 광고를 기억하는 정도, 태도, 선호도 등을 측정하고 평가한다. 응답자들이 광고 또는 브랜드를 인지하는지에 대한 측정은 회상(recall)과 재인(recognition)의 방법을 사용한다. 회상은 자유회상, 비보조회상이라고도 불리며 소비자의 반응을 이끌어 내는 데 아무런 실마리도 제시하지 않는 방법이다. 재인은 소비자의 반응을 이끌어 내기 위하여 하나 혹은 그 이상의 실마리를 제공하는 방법이다.

2.4 매체 결정

광고메시지가 결정된 후에 광고담당자는 메시지를 효율적으로 전달할 수 있는 매체를 선정해야 한다. 매체 결정은 필요한 도달률과 빈도 고려, 매체 유형의 선택, 특정 매체 수단 선택, 스케줄 결정의 과정을 거친다.

(1) 광고의 도달률, 빈도, 영향도, 총평점

광고담당자는 기업의 광고목표를 달성하기 위해 필요한 광고의 도달률과 빈도를 고려해야 한다. 도달률(reach) 또는 도달범위는 일정 기간 동안에 특정 광고에 적어도 한 번 이상 노출된 사람 또는 가구의 수를 말한다. 도달률은 어떤 사람이 광고를 몇 번 접했는지와는 관계가 없다. 빈도(frequency)는 일정 기간 동안 표적 고객의 일부가 특정 광고에 노출되는 횟수를 말한다. 예를 들어 도달률이 70%이고 빈도가 5회라면 70%의 표적 청중이 평균 5회의 광고에 노출되었다는 것을 의미한다. 영향도(impact)는 매체를 통한 메시지의 노출 가치를 측정하는 것이다. 광고매체를 결정하는 데 있어서 가장 중요한 핵심은 광고목표를 달성할 수 있는 가장 효과적인 도달률과 빈도를 찾는 것이다. 이때 총평점이라는 개념을 사용할 수 있다. 총평점(gross rating point: GRP)은 도달률과 빈도의 개념을 결합하여 사용하는 것으로 '도달률×빈도' 값으로 나타낸 것이다. 예를 들어 100번의 노출을 위해 지불해야 하는 매체 비용이 1만원이라면 광고를 노출하기 위한 광고예산은 100만원이 될 것이다. 광고주가 광고의 높은 도달률과 빈도를 원한다면 광고예산은 당연히 올라가게 된다.

(2) 매체 유형 선택

일반적으로 매체의 유형에는 신문, TV, 라디오, 잡지가 있으며 최근에 인터넷도 중요한 매체의 하나로 고려되고 있다. 광고담당자는 각각의 매체가 가지고 있는 도달률, 빈도, 영향력을 알아야 한다.

매체를 선택하기 위해서는 표적 소비자의 매체 습관, 제품 특성, 비용과 같은 요소들을 고려해야 한다. 우선 표적 소비자가 어떤 매체 습관을 가지고 있는지를 파악해야 한다. 예를 들어 표적 소비자가 40~50대 직장 남성인 경우에는 신문을 선택하는 것이 효

표 10-3 주요 매체의 특징

매체	장점	단점
TV	• 영상과 음향의 활용으로 다양한 연출이 가능하다 • 단위 노출당 적은 비용이 든다 • 대량의 소비자들에게 전달 가능하다	• 광고제작비가 많이 든다 • 노출 시간이 짧다 • 광고의 혼잡도가 높다 • 표적 고객의 선별이 어렵다
라디오	• 매체 비용 및 제작비가 적게 든다 • 표적 고객의 선별이 가능하다 • 지역 내 수용성이 크다	• 청각으로 한정된다 • 노출 시간이 짧다 • 주의 집중력이 낮다
신문	• 신뢰성이 높다 • 지역 시장에 효과적이다 • 긴 메시지에 적합하다 • 광고제작비가 적게 든다	• 수명이 짧다 • 시각 효과에 한정된다 • 타 매체 대비 재생 품질이 낮다
잡지	• 높은 신뢰성과 권위를 가진다 • 고화질 인쇄가 가능하다 • 긴 수명과 독자 회람이 높다 • 길고 복잡한 메시지 전달이 가능하다	• 비용이 많이 든다 • 시각 효과에 한정된다 • 광고구매 시점과 광고게재 시점 간의 간격이 길다 • 시급한 광고에 부적합하다
다이렉트 메일 (direct mail)	• 높은 청중 선별력을 가진다 • 다른 광고의 간섭이 적다 • 개별화가 가능하다 • 길고 복잡한 메시지 전달이 가능하다 • 제품의 샘플 우송이 가능하다	• 상대적으로 단위 노출당 높은 비용이 소요된다 • 읽히지 않고 버려지는 경우가 많다 • 시각 효과에 한정된다
옥외	• 높은 반복 노출이 가능하다 • 비용이 적게 든다 • 지역적 수용성이 우수하다 • 다양한 형태로 제작 가능하다	• 청중 선별력의 어려움이 있다 • 긴 메시지에 부적합하다
인터넷	• 상호작용이 가능하다 • 길고 복잡한 메시지 전달이 가능하다 • 적은 비용으로 제작이 가능하다 • 다양한 연출이 가능하다 • 소비자의 개별화가 가능하다 • 즉시성(실시간 효과 측정)이 높다	• 상대적으로 영향력이 적다 • 청중이 노출을 통제할 수 있다 • 배너 광고의 급증으로 효과가 감퇴되고 있다

과적이다. 또한 광고하려는 제품의 특성을 이해해야 한다. POP나 LED와 같은 TV 제품을 광고하는 데 있어서는 흑백의 신문보다 TV 매체를 이용하는 것이 효과적일 것이다. 마지막으로 기업이 얼마의 광고비용을 책정했는가에 따라 매체의 선택이 달라질 것이다. 〈표 10-3〉은 주요 매체가 가지는 특성을 설명하고 있다.

(3) 특정 매체 기구 선정

매체 유형을 결정했다면, 그 다음은 각 매체 유형에 속한 구체적인 매체 기구(media vehicles)를 선택해야 한다. 매체 기구를 선택하는 것은 KBS, MBC, SBS와 같은 구체적인 방송사명을 선정하거나, 조선일보, 중앙일보, 한국경제와 같은 신문사명 등을 정하는 것을 말한다. 매체 기구를 선택하면 구체적인 방송 프로그램(KBS 주말연속극 앞, MBC 뉴스데스크 전 등) 또는 신문지면(1면 하단 등)을 선정해야 한다. 매체 기구를 선택할 때 광고담당자는 우선적으로 저렴하면서도 효과적으로 광고를 실행하기를 원한다. 이때 고려할 수 있는 것이 1천명당 도달 비용을 나타내는 CPM(cost per mile, cost per thousand)이다. 신문의 경우에는 단순하게 발행부수의 비교를 통해서 판단할 수 있다.

(4) 광고스케줄

매체 기구의 결정이 이루어지면 다음에는 광고스케줄(advertising schedule)을 결정해야 한다. 광고스케줄은 시기에 따라 광고비용과 광고예산을 어떻게 투입할 것인가를 결정하는 것을 말한다. 광고스케줄을 결정할 때는 광고되는 제품의 계절적 특성, 제품수명주기, 경쟁 브랜드의 광고스케줄 등의 요소들을 고려해야 한다. 예를 들어 에어컨, 아이스크림과 같은 제품의 경우에는 판매의 대부분이 여름에 집중될 것이므로 이를 스케줄상에 반영해야 할 것이다.

광고스케줄링을 하는 방법은 크게 지속형, 단속형, 파동형의 세 가지로 구분할 수 있다. 지속형(continuity)은 전체 광고캠페인 기간 동안 광고예산을 비슷하게 배분하여 꾸준히 투입하는 것이다. 이는 광고가 중단되는 기간 없이 연속적으로 광고를 하는 방법으로 소비자가 브랜드를 계속 기억할 수 있다는 장점이 있으나 아이스크림과 같은 계절적 제품의 경우 광고가 더 필요한 특정 시점에 광고를 집중하지 못한다는 단점을 가진다. 단속형(flighting)은 광고스케줄을 광고캠페인 기간 동안 항상 집행하는 것이 아니라 일정 기간 동안만 집중해서 광고하는 방법이다. 이 방법은 구매 시점 중심으로 광고를 집중 실행함으로써 효율성을 높일 수 있다는 장점이 있으나, 짧은 기간 동안의 과다 광고로 인해 소비자의 싫증을 유발하거나 광고노출 간격이 너무 넓을 경우 제품에

Marketing Point

기업광고, 모바일 동영상으로 쏠린다...유튜브 광고매출 60%↑

모바일 동영상 광고시장의 성장세가 가파르다. 모바일 기기에 투입하는 시간이 다른 연령층보다 상대적으로 많은 18~34세 밀레니엄 세대가 소비의 주축으로 떠오르며 기업들의 광고전략이 달라진 결과다.

영국 파이낸셜타임스(FT)는 밀레니엄 세대를 공략하기 위해 유튜브에 광고를 한 업체들의 수가 지난해 전년 대비 40% 급증했다고 19일(현지시간) 보도했다.

또 23~24일 미국 캘리포니아주 애너하임에서 열리는 온라인영상 전시회 '비드콘'(VidCon)을 앞두고, 유튜브는 브랜드컨설팅 업체 인터브랜드가 선정한 100대 브랜드의 광고비 지출이 지난해보다 60% 증가했다고 밝혔다. 이들 100대 브랜드의 월간 뷰(view) 역시 전년도 같은 기간보다 55% 늘어나 400억 건에 달한 것으로 조사됐다.

구글의 자회사인 유튜브는 매출내역을 공개하진 않았으나 이같은 수치는 밀레니엄 세대를 겨냥한 기업들의 디지털 비디오 광고가 급증하고 있다는 것을 보여주고 있다.

특히 수백만 명의 구독회원들을 거느리고 있는 유튜브 스타들과 함께 제휴한 광고는일반 광고보다 파급력이 더 크다.

구글 역시 이런 추세에 주목하고 있으며 루스 포랏 최고재무책임자(CFO)는 최근 2분기 실적발표를 통해서도 "유튜브 매출 성장세가 두드러진다"고 자신했다.

시장조사업체 이마케터(E-Marketer)에 따르면 디지털 영상 시장은 지난해 전년 대비 52% 성장해 58억 달러를 기록했으며 올해는 다시 34% 증가한 78억 달러 규모로 예상됐다. 유튜브의 시장점유율은 작년 19.3%였지만, 올해 20% 돌파가 유력하다.

출처 : 뉴데일리경제, 2015.6.25.

대한 인지도가 낮아지는 문제가 발생할 수도 있다. 파동형(pulsing)은 광고캠페인 기간 동안 광고가 집행되지만 광고노출의 양을 어떤 시점에 변화시키는 방법이다. 지속형과 단속형을 결합한 형태라고 할 수 있다. 예를 들어 에어컨 광고의 경우 지속적으로 광고를 집행하면서 매출이 집중되는 5~8월에 광고노출의 강도를 높이는 방법을 사용하는

그림 10-6 광고스케줄링의 유형

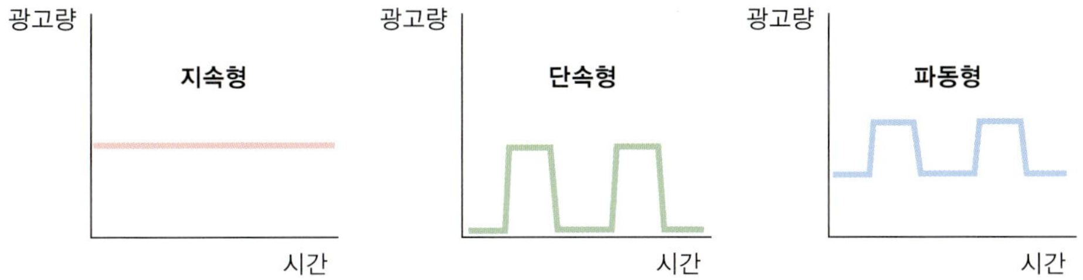

것을 말한다.

2.5 광고효과 측정

기업이 원하는 수준으로 광고효과가 발생했는지를 파악하는 일은 광고관리에서 매우 중요하다. 광고의 효과를 파악할 수 없다면 기업은 그 광고가 초기 광고목표를 달성했는지를 알 수 없고, 향후 광고를 실행하는 데 어떤 점을 개선해야 하는지에 대해서도 알 수가 없게 된다.

광고효과를 측정하는 것은 매우 어렵다. 제품의 매출은 광고뿐만 아니라 다른 마케팅 믹스가 영향을 미치는 것이며, 경제 상황과 같은 변수들에 의해서도 영향을 받기 때문이다. 광고효과를 측청하기 위해서 메시지 조사(message research)를 실시한다. 메시지 조사는 광고메시지가 제품 또는 브랜드 인지도, 소비자 태도, 감정, 구매 등에 미치는 영향을 평가하기 위해 사용하는 것으로 '카피 테스트(copy test)'라고도 불린다. 메시지 조사는 광고가 매체에 실리기 전 사전 조사 단계와 광고가 실행된 후 효과를 측정하는 사후 단계로 나누어 볼 수 있다. 사전 조사 단계는 메시지가 광고 관리자의 의도대로 소비자에게 전달되고 처리되는지를 평가하는 것이고, 사후 조사 단계는 소비자가 광고를 접하게 한 후 제품 및 브랜드 회상(recall), 재인(recognition), 제품 지식(knowledge), 제품 선호도(preference) 같은 요소들을 측정하는 것이다.

생각해 볼 문제

1. 마케팅 촉진전략이 다양해질수록 IMC의 중요성은 커진다. 그 이유는 무엇인지 설명하시오.

2. 하나의 제품군을 선택하여 신제품 출시 시 효과적인 풀전략과 푸시 전략을 제시하시오.

3. 온라인 및 모바일 매체의 증가는 광고시장에서 소비자의 광고태도에 어떤 영향을 미칠 것인가? 그리고 그에 대응하기 위해 기업은 어떤 전략을 추진해야 하는가?

참고자료

Achenbaum, A. A. and F. K. Mitchel(1987), "Pulling Away form Push Marketing," *Harvard Business Review*, May.

Belch., G. E. and M. A. Belch(2012), *Advertising and Promotion: An Integrated Marketing Communication Perspective*, 9th edition. McGraw-Hill.

Bessen, J.(1993), "Riding the Marketing Information Wave," *Harvard Business Review*, Sep.

Bradley, S. P. and N. Bartlett(2007), "How Media Choices are Changing Online Advertising," *Harvard Business Publishing*, Feb.

Buchanan, B. and D. Goldman(1989), "Us vs. Them: The Minefield of Comparative Ads," *Harvard Business Review*, May.

Dolan, R. J.(2000), "Integrated Marketing Communications," *Harvard Business Publishing*, Jun.

Ferrandiz, L., R. Fernandez-Velilla and J. Villanueva(2012), "Social Media Marketing(SMM)," *Harvard Business Publishing*, Feb.

KaiKati, A. M. and J. G. Kaikati(2004), "Stealth Marketing: How to Reach Consumers Surreptitiously," *California Management Review*, Jul.

Kotler, P. and G. Armstrong(2008), *Principles of Marketing*, 12th edition, Prentice Hall.

Mangold, W. G. and D. J. Faulds(2009), "Social media: The New Hybrid Element of the Promotion Mix," *Business Horizons*, Jul.

Teixeira, T. S.(2012), "Marketing Communication," *Harvard Business Publishing*, Aug.

Terence, S. A.(2013), *Advertising, Promotion, and Other Aspects of Integrated Marketing Communications*, 9th edition, Cengage Learning.

Case Study

날씨와 매칭되는 광고가 돈벌어준다

"태풍 등의 자연재해가 많아지면 의학 분야 광고 노출빈도가 높아집니다. 폭염이 발생하면 항공, 숙박 광고가 급증하구요. 엘니뇨가 발생하면 패션, 화장품 등 소비재 광고가 늘어납니다."

뉴욕타임즈가 150년 동안의 날씨와 광고 분석을 해 본 결과다. 요즘은 날씨에 맞는 광고가 돈을 벌어준다는 인식이 꽤 높아졌다. 그러다 보니 황사가 올라치면 공기청정기, 장마철에는 제습기, 폭염이 닥치면 에어컨 회사의 광고가 도배를 한다.

최근에는 평범한 광고가 싫다는 젊은 층을 의식한 광고도 나온다. 맥락광고다. 예를 들어보자. "내일은 전국에 비가 내리겠습니다." 기상캐스터의 일기예보가 끝나자 광고가 이어진다. 두 사람이 카카오톡으로 대화를 나눈다. "방금 날씨 봤어? 내일 비가 온대~" "그럼 내일 트레킹은 취소할까?" "아니! 준비만 잘하고 와!" 이어 방수가 잘 되는 트레킹 재킷을 입고 산행을 가자는 광고가 나온다. 날씨 맞춤형 광고를 통해 소비자의 수요를 자극하는 쿨 한 광고다.

미국에서 히트 친 광고 중에 '유혹의 시작(Beginning of Seduction)'이라는 브래지어 광고가 있다. 이 광고는 비가 오면 천으로 만든 슬립이 젖으면서 안의 브래지어를 자연스럽게 보여준다. 섹시한 속옷… 관능적인 속옷…. 여성이라면 누구나 이 브래지어를 사지 않을까?

날씨에 따라 실시간으로 옷이 달라지는 신기한 옥외간판도 있다. 야! 이런 광고도 있구나 싶을 정도로 재미있다. 파리에 있는 'La Redoute'라는 패션 회사의 작품이다. 광고판에는 온도와 비를 정확하게 측정하는 센서가 달려 있다. 광고판은 실시간으로 변화는 날씨에 맞게 가장 적합한 옷을 입은 모델을 보여준다. 비오는 날엔 감각적인 우의와 우산을 든 모델, 더운 날에는 하늘하늘 날아갈 것 같은 옷을 입은 모델이 등장한다.

날씨에 환경을 더한 공익 성격의 광고도 있다. 뉴욕 맨해튼의 엠파이어스테이트 빌딩이 물에 잠겨 있다. 물에 잠긴 이 빌딩을 배경으로 물을 마시는 섹시한 두 남녀가 나온다. 패션브랜드 디젤(DIESEL)은 이 광고를 통해 지구 온난화에 대한 경각심을 일깨우고 있다. 그리고 덤으로 자사 브랜드를 홍보한다. 날씨를 광고에 잘 활용하면 정말 대박이다.

출처 : 스포츠서울, 2015.8.2.

Discussion Questions

광고는 일반적으로 일방적 커뮤니케이션 특성이 있다. 그렇지만 날씨와 광고의 관계는 쌍방향 커뮤니케이션 전략을 이용하고 있다. 그렇다면 광고의 쌍방향 커뮤니케이션을 가능하게 하는 요인은 무엇인가?

제11장

판매촉진, PR, 인적판매

물류업계, 스포츠 마케팅 '일석이조'

대형 물류기업들의 스포츠 사랑에 눈길이 모아지고 있다. 최근 몇 년간 국제항공특송업체와 대형 물류사 등을 중심으로 유명 스포츠구단이나 국제대회 후원이 활발히 진행되고 있는 것.

물류업계 관계자는 "국제대회나 종목별 경기단체 후원을 통해 기업의 인지도를 높일 수 있을 뿐 아니라 장비 배송과 국제대회가 많은 운동경기 후원을 통해 배송 기술력도 뽐낼 수 있다는 포석"이라고 설명했다. 특히 국제 스포츠 이벤트는 보름에서 한 달 가까이 진행되는 행사를 전담하면서 단기간 높은 수익을 올릴 수 있는 것으로 알려져 있다.

스포츠 후원 분야에서는 DHL과 페덱스 등 항공특송사의 활약이 두드러진다. 독일계 기업인 DHL은 세계적으로 인기가 높은 맨체스터유나이티드와 바이에른 뮌헨 등 유럽의 유명 프로축구단과 포뮬러1(F1) 레이스 등을 후원하고 있다. 전 세계 수억 명의 팬을 소유한 구단과 스포츠 행사의 국내외 물류 배송을 담당하면서 기업 브랜드 가치를 높이고 있다.

특히 DHL은 지난 22일 대한아이스하키협회와 4년간 남녀 아이스하키 국가대표팀의 물품배송 후원계약을 체결해 눈길을 끈다. DHL은 대표팀의 해외 전지훈련과 국제경기에 필요한 물류서비스를 전담하는 대신, 훈련복 광고 노출권과 자사 관련 광고 및 미디어 활동 시 협회 소속 선수들의 초상권을 확보했다. 이는 2년 6개월여 앞으로 다가온 2018년 평창 동계올림픽을 염두한 후원으로, 전 세계 아이스하키 팬에게 DHL을 알리는 기회가 될 것으로 보인다.

미국계 항공특송사인 페덱스는 최근 유럽축구연맹(UEFA) 주관 'UEFA 유로파리그'를 3년간 메인 스폰서 자격으로 후원하게 됐다. 유로파리그는 유럽 각국 리그에서 우승하지는 못했지만 상위권에 오른 팀들이 출전하는 프로축구 국가대항전으로 54개 유럽 국가의 192개 축구팀이 승부를 겨룬다. 페덱스는 이번 후원으로 UEFA와 다양한 경로를 통해 브랜드를 홍보하고, 유로파리그 우승 트로피를 결승전이 열리는 경기장까지 직접 배송할 예정이다.

DHL코리아는 지난 22일 대한아이스하키협회와 2018년까지 국가대표 후원을 위한 협약을 체결했다.

한진은 지난해 서울국제마라톤 행사의 물류배송을 후원했다. 당시 한진은 100여 대의 택배차량을 투입해 참가자들의 의류, 신발 등 각종 개인 물품을 출발지인 광화문 광장부터 골인지점인 잠실주경기장까지 운송하며 참가자들의 편의를 높였다.

국내 물류기업 중에서는 한진의 활약이 두드러진다. 한진은 그동안 인천아시안게임과 서울국제마라톤 등 국내에서 열린 굵직한 스포츠 행사의 물류를 도맡았다. 지난해 인천아시안게임에서는 인천항에 물류 종합상황실을 설치하고 모든 경기용 기구 및 선수단 수화물의 운송, 배치, 보관, 수입품의 면세 통관 등을 총괄했다. 특히 경기용 물품뿐 아니라 승마경기용 말과 각국의 첨단 방송장비 등의 배송도 함께 취급해 눈길을 끌었다.

한진은 지난해 서울국제마라톤 행사의 물류배송을 후원했다. 당시 한진은 100여 대의 택배차량을 투입해 참가자들의 의류, 신발 등 각종 개인 물품을 출발지인 광화문 광장부터 골인지점인 잠실주경기장까지 운송하며 참가자들의 편의를 높였다.

이밖에 국내 물류업계 1위인 CJ대한통운 역시 2002 한·일 월드컵과 2012 여수세계박람회 등 대형행사의 배송을 전담하며 기술력을 뽐낸 바 있다.

출처 : 파이낸셜뉴스, 2015.7.23.

제1절 판매촉진

1. 판매촉진의 개념

판매촉진(sales promotion)은 기업이 자사 제품과 서비스의 즉각적인 구매를 유도하기 위한 촉진 믹스 활동을 말한다. 광고가 중·장기적으로 제품과 서비스를 알리고 구매 이유를 제공한다면, 판매촉진은 제품과 서비스의 현시점 판매를 증진시키기 위한 단기적인 인센티브(short-term incentives)를 제공한다는 점에서 차이가 있다. 즉, 판매촉진은 시장에서 소비자의 반응을 빠르고 강하게 촉진하기 위해 가격할인, 샘플, 경품 등을 직접 소비자에게 제공하는 방법을 사용하거나 중간상에게 진열할인 등을 실시하는 방법으로 이루어질 수 있다. 앞서 언급한 소비자를 대상으로 하는 활동을 소비자 판매촉진(consumer promotion)이라고 하고 중간상에게 실시하는 활동을 중간상 판매촉진(trade promotion)이라고 한다.

일반적으로 판매촉진은 광고 및 인적판매와 같은 다른 촉진 믹스 도구들과 같이 사용하는 것이 바람직하다. 특히 소비자 판매촉진의 경우 광고를 통해 소비자에게 제품에 대해 인지시키고, 관심을 유도하며, 흥미를 끌 경우 더욱 효과적으로 이루어진다.

기업이 판매촉진 활동을 실행하면서 얻게 되는 몇 가지 이점이 있다.

첫째, 단기간에 제품의 매출을 늘릴 수 있다. 소비자들은 판매촉진 도구들의 영향을 받아 평소보다 더 많은 제품을 구매하거나 제품 구매 시기를 앞당기기도 한다. 할인점에서 보너스 팩 행사를 할 경우 소비자들이 더 많은 제품을 구입하거나, 아직 구입 시기가 되지 않은 제품임에도 가격할인 행사를 할 경우 미리 구입하는 것이 판매촉진의 영향이다.

둘째, 판매촉진은 소비자의 시용(trial)을 유도할 수 있다. 기업이 신제품을 출시할 때 실시하는 무료 시용(試用)과 같은 판매촉진 활동은 단순히 브랜드 이름을 홍보하는 것뿐만 아니라 제품을 사용함에 따르는 구전 효과도 추구할 수 있다. 또한 자사 브랜드 제품을 전혀 사용해 보지 않고 경쟁사 제품을 사용하는 소비자의 상표 전환(brand switching)을 이끌어 낼 수도 있다.

셋째, 판매촉진은 광고에 비하여 즉각적인 반응을 유도할 수 있다. 즉, 판매촉진의 도구들은 소비자가 제품을 구매하는 데 있어서 실제 행동을 할 수 있는 환경을 조성함으로써 소비자들을 유인할 수 있다. 그리고 판매촉진은 쌍방향 커뮤니케이션(two-way communication)으로 소비자들과 더 많이 접촉할 수 있어 고객의 반응을 유도하는 데 더 효율적이다.

넷째, 판매촉진은 기업의 데이터베이스(database)를 구축하는 데 가장 효과적이다. 소비자는 기업의 판매촉진 활동 참여를 통해 자신의 정보를 기업에게 제공한다. 기업은 그 정보를 활용하여 고객의 니즈를 파악하거나 잠재 고객을 예측할 수 있다. 기업의 데이터베이스 마케팅(database marketing)에 대해서는 제10장 제2절에서 구체적으로 살펴보았다.

앞서 살펴본 것처럼 판매촉진은 기업에게 다양한 이점을 제공하고 있다. 이런 이유로 기업의 마케팅 활동에서 판매촉진이 차지하는 비중은 적지 않다. 그러나 기업의 무분별한 판매촉진 활동은 다양한 문제점들을 유발시킬 수 있다.

첫째, 판매촉진은 소비자의 가격민감도를 증가시킬 수 있다. 특히 판매촉진 도구 중에서 가격과 관련된 판매촉진은 소비자의 가격인식에 민감한 영향을 미친다. 즉, 어떤 제품이 가격할인을 자주 할 경우 소비자는 할인된 가격을 구매의 기준가격(reference price)으로 삼을 수 있다는 것이다.

둘째, 기업의 브랜드 자산을 구축하는 데 부정적인 영향을 미친다. 특정의 브랜드가 너무 빈번한 판매촉진을 실행하면 소비자가 그 브랜드에 대한 긍정적인 이미지를 구축하는 것을 방해할 수 있다. 일반적으로 할인을 많이 하는 브랜드는 고급 브랜드라는 인식을 갖기 힘든 경우가 많다. 왜냐하면 소비자들은 무의식적으로 고급 브랜드는 할인을 많이 하지 않는다고 생각하기 때문이다.

2. 판매촉진 수단

판매촉진 수단은 판매촉진의 대상을 누구로 하느냐에 따라 소비자 판매촉진과 중간상 판매촉진으로 구분할 수 있다. 소비자 판매촉진은 제조업자가 직접 소비자를 대상으로 판매촉진 활동을 하는 것으로 소비자로 하여금 자사의 제품을 직접 구매하도록 여러 가지 인센티브를 제공하는 것을 말한다. 쿠폰, 샘플, 가격할인, 판촉물 등이 이 촉진 유형에 포함된다. 중간상 판매촉진은 제조업자가 중간상을 대상으로 판매촉진 활동을 하는 것으로 중간상들이 자사 제품을 취급하도록 하거나 소비자들에게 추천하도록 하기 위해 실시한다. 중간상 판매촉진으로는 중간상 할인, 대금 지급 조건 완화, 판매원

관리 등이 있다.

2.1 소비자 판매촉진

소비자의 판매촉진 활동은 크게 비용 측면에서 가격 판매촉진과 비가격 판매촉진으로 구분할 수 있다. 가격 판매촉진은 소비자에게 가격적 혜택을 부여해서 판매를 유도하는 것으로 제품 구매의 주요 결정 요인인 가격을 전면에 내세우고 있다. 반면에 비가격 판매촉진은 가격 이외의 요소를 통해 소비자를 유인하는 것으로 구매 제품 이외의 추가적인 사은품 등을 제공하는 행위 및 장기 고객 유지관리와 같은 활동들을 포함한다. 기업에서 실시할 수 있는 주요 소비자 판매촉진 도구들은 다음과 같다.

(1) 쿠 폰

쿠폰(coupon)이란 특정 제품이나 서비스를 구입할 때 할인 혜택을 받을 수 있도록 제공되는 증서를 의미한다. 쿠폰을 소지한 소비자는 특정 제품 구매 시 그 쿠폰의 내용(할인 금액, 할인 기간 등)에 따라 할인 혜택(보상)을 받을 수 있다. 일반적으로 쿠폰은 신문, 잡지, 포장, 판매점, 직접 우편 등을 통해 배포되며, 최근에는 인터넷, 핸드폰 등을 통해서 배포되기도 한다.

쿠폰은 신제품의 시용 구매와 기존 제품의 반복 구매를 촉진시키기 쉽다. 또한 경쟁사 브랜드 구매자들을 자사 브랜드로 전환시키는 데 유용하며, 중간상의 도움 없이 소비자가 직접 가격할인의 효과를 얻을 수 있다는 장점을 가진다. 그러나 쿠폰은 몇 가지

쿠폰은 실질적인 가격할인의 효과로 인해 구매를 촉진할 수 있다.

단점을 가진다. 첫째, 쿠폰 배포 후 사용할 때까지 일정 수준 이상의 노력과 시간이 필요하다. 이런 이유로 실제 사용률(redemption rate)이 낮게 나타날 수 있다. 둘째, 기업이 배포한 쿠폰을 회수하는 데 많은 시간이 소요된다. 쿠폰의 사용 가능 시기가 길수록 회수 기간은 더불어 길어지게 된다. 쿠폰의 회수는 소비자에게서 기업으로 향하는 역방향 유통(reverse distribution)이라고 할 수 있다. 셋째, 소매상들이 사용하지 않은 쿠폰을 조작하여 차액을 받아내는 상환오류(misredemption)와 같은 문제들이 발생할 수 있다.

(2) 샘 플

샘플(sample)은 소비자에게 소량의 제품을 무료로 사용하도록 제공하는 것을 가리킨다. 샘플을 배포하는 방법은 집으로 배송하는 방법(door-to-door), 우편으로 배송하는 방법(mail), 매장에서 배포하는 방법(in-store), 제품에 부착하는 방법(on-package) 등이 있다. 샘플은 신제품 도입 시에 효과적인 방법으로 제품의 시용(trial)을 유도할 수 있다. 특히 소량의 사용으로도 제품 특성이 소비자에게 쉽게 전달될 수 있는 화장품, 식품, 생활용품 등에 사용하는 경우 그 효과가 크다. 그러나 샘플은 효과가 큰 반면에 가장 비용이 많이 든다는 단점이 있다. 또한 샘플의 양을 정확하게 정하지 못하면 너무 많은 샘플이 생성되어 오히려 비효율성이 생기는 문제가 발생할 수 있다.

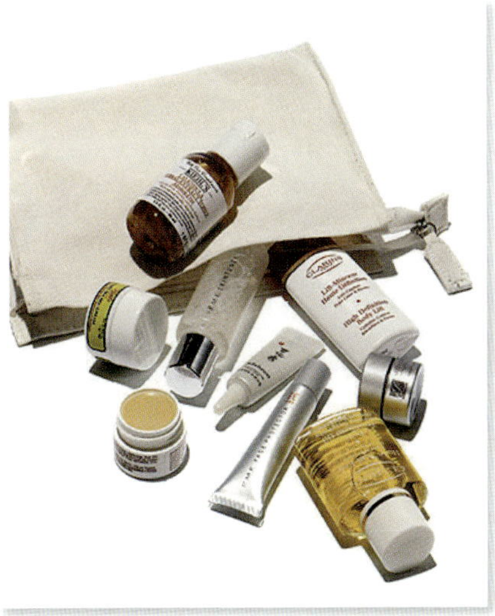

샘플은 소량으로 제작해도 원제품과 동일한 성분을 유지할 때 효과적이나 샘플의 양 조절을 실패할 경우 낭비가 크다.

(3) 리베이트

리베이트(rebate)는 소비자가 제품을 구입했다는 증거(바코드, 포장지, 영수증 등)를 제조업자에게 보내면 제조업자가 구매 금액의 일정 부분을 돌려주는 것을 말한다. 리베이트는 소비자들의 반복 구매, 대량 구매, 조기 구매를 일으킬 수 있으며 경쟁 브랜드를 구매하는 소비자의 브랜드 전환을 유도할 수 있다. 그러나 리베이트는 소비자가 돈을 돌려받을 때까지 노력과 시간을 투자해야 하기 때문에 리베이트로 인한 액수가 클수록 강력한 효과가 발생된다. 리베이트는 자동차와 같이 고가격 제품에 사용하면 더욱 효과적이다.

(4) 사은품

사은품(premium)은 일정한 기간 내에 제품을 구입한 소비자에게 무료로 제공되는 다른 제품을 말한다. 사은품은 제품 구입 시 그 자리에서 배포되거나, 리베이트처럼 구매자가 구매 증서를 우송한 후 우편 등으로 배달되기도 한다. 특히, 우편으로 사은품을 배송할 경우 고객 데이터베이스를 구축할 수 있다는 이점이 있다. 그러나 사은품이 효과적인 판촉 도구로서 사용되기 위해서는 몇 가지 측면을 고려해야 한다. 우선 사은품은 소비자의 관심을 끌 수 있도록 독특해야 한다. 또한 충동구매를 일으킬 수 있을 만큼 소비자를 유인할 수 있는 특성을 가져야 한다. 그러나 기업은 소비자에게 제공하는 고가의 사은품은 법적인 제한이 있다는 측면을 고려해서 사은품의 비용 책정에 있어서 주의를 기울여야 한다.

사은품은 그 자체의 매력도가 클수록 충동 구매를 이끌 가능성이 높다.

(5) 경품과 컨테스트

경품(sweepstakes)은 응모를 통해 참여한 대상자 중 일부를 추첨하여 현금이나 선물을 주는 것을 가리킨다. 음료수 병뚜껑이나 스크래치 카드(scratch-off card) 등을 사용

컨테스트는 참여자의 능력을 요구함에 따라 관여도를 높일 수 있다는 장점을 가진다.

하기도 한다. 경품과 유사한 것으로 컨테스트(contest)가 있다. 컨테스트는 소비자들의 지식과 노력을 요구하는 것으로, 심사를 통과한 사람에게 상을 주는 형식을 취한다. 예를 들어 퀴즈대회, 신제품 명칭 공모 등과 같은 방식이 있다. 경품과 컨테스트 모두 소비자에게 상금이나 선물을 제공한다는 공통점이 있으나 경품은 순전히 운(luck)에 의해 결정되며 컨테스트는 응모자의 제품에 대한 지식이나 경험을 요구한다는 차이점이 있다. 이 방법들은 소비자의 관여도를 높이는 수단으로 활용할 수 있으나, 소비자의 관심이 제품이 아닌 상금으로 변화할 수 있으며 사은품과 마찬가지로 상금 금액에 대한 법적 제약을 받을 수 있다.

(6) 보너스 팩

보너스 팩(bonus pack)은 같은 상품 또는 관련된 상품 여러 개를 묶어서 할인된 가격

소비자는 보너스 팩을 가격할인으로 인식하기도 한다. 이때 개별가격을 소비자에게 알릴수록 효과가 더 크다.

으로 판매하는 것을 가리킨다. 예를 들어 과자를 여러 개 묶어서 한 개의 값으로 팔거나, 청소 도구들을 여러 개로 묶어서 싼 값에 파는 것 등이 여기에 해당된다. 보너스 팩은 실제적으로 제품 단위당 가격을 할인하는 효과가 있고, 대량 구매나 조기 구매(사재기: stockpiling)를 유도해서 경쟁자들의 촉진 활동의 여지를 좁혀 놓을 수 있다는 이점이 있다. 그러나 보너스 팩은 유통업자의 협조 없이는 시행하기가 어렵다는 단점을 가지고 있다.

(7) 가격할인

가격할인(price-off)은 특정 기간 동안 제품의 가격을 할인해 주는 것으로 흔히 세일(sales)이라고도 한다. 일반적으로 제품에 직접 할인된 가격을 표시하는 방법이 사용된다. 가격할인은 단기에 매출액이 늘어나고, 재고 유지 비용을 줄일 수 있다는 장점을 가진다. 그러나 경쟁사에게 노출되기 쉬우며, 경쟁사가 동반 가격할인을 할 경우 고객 유도가 쉽지 않다. 특히 백화점 정기 세일과 같은 계절적 가격할인의 경우 소비자들이 할인 시기를 미리 예측할 수 있어서 할인 전 시기에 구매를 늦추게 되는 경우가 발생된다. 더불어 반복된 가격할인은 원래 가격에 대한 소비자의 신뢰를 저해할 수 있으므로 도입에 신중해야 한다.

정기적 가격할인은 소비자의 구매 시기를 지연하게 할 수 있다.

(8) 고정 고객 우대

고정 고객 우대(patronage rewards)는 기업이 제품 또는 서비스를 구매한 양이나 액수에 비례하여 고객들에게 현금, 상품, 서비스 등으로 보상해 주는 제도를 말한다. 대표적으로 항공사들에서 시행하는 마일리지 프로그램이 있다. 고정 고객 우대는 고객 이탈

항공사의 마일리지 제도는 고객 유지의 효과적인 전략이나 장기적으로 비용의 문제가 발생할 수 있다.

을 방지할 수 있으며, 고객 데이터베이스를 구축할 수 있다는 장점이 있다. 그러나 고객에게 금전적인 혜택을 제공하는 것은 시간 경과에 따라 기업의 수익성을 감소시키는 위험 요소가 될 수 있다. 그러므로 기업은 비금전적인 혜택을 통한 고객 보상 프로그램도 동반해서 고려할 필요가 있다.

(9) 구매 시점 판촉

구매 시점 판촉(point-of-purchase promotion: POP)은 소비자가 제품을 구매하는 시점에 실시하는 활동으로, 구매를 유도하기 위해 제품이 진열되어 있거나 제품 시연을 하는 활동을 말한다. 할인점을 방문했을 때 이동 통로 중간에 제품이 쌓여 있는 것, 입구에 POP가 설치된 것, 무료시식을 제안하는 것 등이 구매 시점 판촉 활동에 포함된다. 구매 시점 판촉의 가장 큰 특징은 소비자의 충동 구매를 유도한다는 것이다. 기업에서 실시하는 구매 시점 판촉 활동은 판매 장소에서 직접 이뤄지는 활동으로 중간상들의 협조가 매우 중요하다. 이때 같이 고려되는 것이 중간상 판매촉진 활동이다. 이것은 중간

구매 시점 판촉은 소비자의 눈에 띄어 즉각적 구매를 유도할 수 있어야 한다.

상 판매촉진 중에서 중간상 할인(trade allowance)의 한 방법으로 구체적인 내용은 중간상 판촉에서 살펴보자.

(10) 광고 판촉물

광고 판촉물(advertising specialties)은 특정 제품에 광고주의 이름, 로고 등을 찍어서 고객에게 선물로 나눠주는 것을 말한다. 티셔츠, 볼펜, 머그잔, 캘린더, 열쇠고리 등을 이용하는 것이 대표적인 예이다. 광고 판촉물은 사용자가 쉽게 그리고 자주 이용할 수 있는 제품에 활용하는 것이 효과적이다. 이런 광고 판촉물은 사용자가 의식하지 못하는 가운데 광고주 이름이나 브랜드명이 각인되는 효과를 얻을 수 있다는 장점이 있다.

판촉물은 소비자가 자주 사용하는 제품을 이용하는 것이 효과적이다.

(11) 직접 반응 광고

직접 반응 광고(direct response advertising)는 광고를 하는 동안 즉각적인 고객의 반응을 유도하는 광고이다. 이 광고의 목적은 기존의 광고와 같이 제품의 인지도 및 이미지 향상이 아니라, 직접적으로 고객의 반응을 이끌어 내는 것이다. 직접 반응 광고는 일반 대중매체를 이용하여 불특정 다수에게 광고를 하는 것이나, 광고를 시청하는 사람들로부터 반응을 이끌어 내고, 그들이 자발적으로 연락을 하게 함으로써 마케팅의 목적을 달성해 내는 것을 말한다. 그러므로 직접 반응 광고를 하기 위해서는 소비자들이 자발적으로 연락할 수 있는 방법(수신자 부담 전화, e-mail, 홈페이지 등)을 갖추는 것이 무엇보다 중요하다.

케이블TV를 통해 접하는 홈쇼핑 광고(예를 들어 면바지 2개에 39,900원입니다 등)가 대

표 11-1 소비자 판매촉진 수단

가격 수단	비가격 수단
• 쿠폰(coupon) • 리베이트(rebate) • 보너스 팩(bonus pack) • 가격할인 또는 세일(price-off, sales)	• 샘플(sample) • 사은품(premium) • 경품, 컨테스트(sweepstakes, contest) • 고정 고객 우대(patronage rewards) • 구매 시점 판촉(point-of-purchase promotion) • 광고 판촉물(advertising specialities) • 직접 반응 광고(direct response advertising)

표적인 직접 반응 광고라고 할 수 있다. 홈쇼핑 광고를 시청하다가 구매 종용(예를 들어 매진 임박!, 남은 수량 10개! 등) 멘트를 들을 경우 소비자들은 구매에 참여해야 한다는 압박을 느끼게 된다. 이렇게 소비자들이 구매 과정에 참여할 때, 그들은 자신들의 정보(이름, 연락처, 주소, 주민등록번호 등)를 기업에게 제공하게 된다. 직접 반응 광고는 구매촉진뿐만 아니라 고객의 DB를 구축하는 데도 효과적인 방법이라고 할 수 있다.

지금까지 소비자를 대상으로 하는 판매촉진 수단들에 대해서 살펴보았다. 소비자 판매촉진 수단은 크게는 직접적으로 가격과 관련된 수단이 있고 그 외 비가격적 요소들에 의해 제공되는 수단으로 구분될 수 있다. 구체적인 구분은 〈표 11-1〉에서 제시하고 있다.

2.2 중간상 판매촉진

중간상 판매촉진(trade promotion)은 제조회사가 자사 제품이나 서비스에 대한 거래량, 거래액, 거래규모를 증대시키거나 신규거래를 하기 위하여 유통업자나 중간상 및 소매상들에게 제공하는 활동을 말한다. 특히 최근에는 대형 할인점의 등장으로 유통업자들이 대형화됨으로 인해 유통업자들의 파워가 과거에 비해 커지고 있다. 이에 제조업자들에게 있어서 중간상 판매촉진이 더욱 중요하게 고려되고 있다. 중간상 판매촉진의 세부 수단들은 다음과 같다.

(1) 중간상 할인

중간상 할인(trade allowance)은 중간상 판매촉진 중에서 가장 많이 이용되는 것으로 제조업자가 중간상에게 제공하는 보조, 지원금 등을 말한다. 중간상 할인은 크게 구매 할인(buying allowance), 판매촉진 할인(promotion allowance), 전시 할인(display allowance), 광고 할인(advertising allowance)으로 나누어 살펴볼 수 있다.

① 구매 할인: 제조업자가 일정 기간 동안 자사의 특정 제품을 구매하는 중간상에게 구매량에 따라 일정 금액을 할인해 주거나 일부를 무료로 제공해 주는 것을 말한다. 이 방법은 중간상의 대량 구매 유도 및 신제품 구매의 동기부여를 할 수 있다는 장점이 있다.

② 판매촉진 할인: 중간상이 제조업자를 위해 특정 제품의 판매촉진 활동을 할 경우 촉진 비용의 일부를 지원받는 것을 말한다.

③ 전시 할인: 중간상이 제조업자의 제품을 일정 기간 동안 진열하거나 특별 코너를 제공해 주는 대가로 일정 금액을 받는 것을 말한다. 특히 신제품의 경우 매출액에 대한 불확실성으로 인해 중간상은 기업에게 전시 할인 지원금을 더 요구하기도 한다.

④ 광고 할인: 중간상들이 특정 브랜드에 대해 광고를 할 경우 제조업자가 광고비의 일부를 지원하는 것으로 협동 광고(cooperative advertising)라고도 한다.

(2) 대금 지급 조건 완화와 인센티브

중간상에 대한 가격 판매촉진 수단 중의 하나가 대금 지급 조건을 완화해 주는 것이다. 대표적으로 중간상의 외상 기간을 연장해 주는 방법이 있다. 또한 일정량 이상을 구매한 중간상에게 제조업체가 자사 제품의 판매를 촉진하기 위해 일종의 인센티브를 제공하기도 한다. 이런 수단을 푸시머니(push money)라고도 한다.

(3) 판매원 훈련 및 파견

일반적으로 소비자들은 제조업자로부터 직접 제품을 구매하기보다는 판매원을 통해 구매하는 경우가 많다. 특히 화장품, 가전제품, 의류, 보석류 등의 제품은 판매원이 소비자에게 어떤 제품을 추천하는지 여부가 매출에 큰 영향을 미치게 된다. 이런 이유로 기업들은 자신들의 제품에 대한 정보를 판매원에게 제대로 알릴 필요가 있다. 제조업체들이 중간상의 판매원들을 대상으로 전체 교육을 실시하고 판매 관련 자료를 제공하는 것도 그 때문이다. 유통업체에는 자체적으로 고용된 판매원들뿐만 아니라 제조업자가 직접 파견하여 판매 활동을 하는 판매원들이 있다. 우리나라의 백화점 점원들의 상당수가 제조업자가 파견한 직원들이다. 최근에는 이동통신업이나 정유업계에서도 판매원을 주요 지역이나 문제 구역에 파견하여 판매를 증대시키고 있다.

(4) 반품 및 재고관리

제조업자는 유통업자의 재고 부담을 덜어주는 방식으로 판매촉진 활동을 실시할 수 있다. 팔리지 않고 남은 제품들을 다시 받아 주거나, 유통업자들이 주문한 즉시 제품을 공급해 주는 방법(just-in-time inventory)으로 재고 부담을 줄여 주는 활동을 할 수 있다.

3. 판매촉진 관리과정

판매촉진에 대한 효과를 극대화하기 위해서는 판매촉진 또한 다른 촉진 수단들처럼 체계적으로 관리가 되어야 한다. 판매촉진 관리과정은 판매촉진 수단 및 프로그램 개발, 사전 테스트, 판매촉진 효과 측정으로 이루어진다.

3.1 판매촉진 수단 선택 및 프로그램 개발

앞에서 우리는 판매촉진 목표달성에 효과적인 수단들에 대해서 알아보았다. 소비자들의 시용률을 높이기 위해서 샘플, 무료 시용 등의 방법을 사용하는 것이 그 대표적인 예이다. 판매촉진 수단을 선택하는 데 있어 중요한 것은 자사의 표적시장의 특성과 일치하여야 하고, 포지셔닝을 강화시킬 수 있어야 한다는 것이다.

마케팅 관리자는 판매촉진 프로그램을 개발하는 데 있어 판매촉진의 수단을 선정하는 것 외에도 여러 가지 의사결정을 고려해야 한다.

첫째, 마케팅 관리자는 판매촉진의 인센티브를 결정해야 한다. 판매촉진이 성공적으로 수행되기 위해서 최소한의 인센티브는 필수적이지만 너무 많은 인센티브는 많은 비용을 초래할 수 있다. 따라서 마케팅 관리자는 실제 자료 및 여러 가지 상황을 고려하여 인센티브의 수준을 합리적으로 결정해야 한다.

둘째, 판매촉진 활동의 기간 또한 매우 중요한 의사결정이다. 판매촉진의 기간이 너무 짧으면 많은 잠재 고객이 기업의 판매촉진 프로그램을 알지 못하고, 결국 제품의 구매가 이루어지지 않을 것이다. 반대로 판매촉진 기간이 너무 길면 이 프로그램에 대한 즉각적인 행동을 유도할 수 없을 것이다.

셋째, 마케팅 관리자는 판매촉진 예산을 결정해야 한다. 대부분의 기업들은 마케팅 예산 중 일정한 비율로 판매촉진의 예산을 할당한다. 하지만 광고 예산의 결정에서와 같이 판매촉진 예산의 경우에도 예상 효과와 비용을 고려하여야 하고, 판매촉진 활동 후 목표 달성을 측정할 수 있도록 구성해야 한다.

3.2 프로그램의 사전 테스트

판매촉진 프로그램의 개발이 끝나면 이 프로그램이 목표달성을 위한 적절한 방법인지, 인센티브의 규모가 적당한지를 알아보는 과정이 필요하다. 이를 위해 실시할 수 있는 방법이 사전 테스트(pretest)이다. 하지만 대부분의 기업들은 판매촉진의 프로그램에 있어 사전 테스트의 과정을 거의 실시하지 않는다. 혹 수행한다고 하더라도 매우 소규모로 실시하기 때문에 판매촉진 프로그램에 대한 문제점을 알아내기 어렵다.

따라서 기업에서 실시하는 사전 테스트는 소비자들에게 다양한 판매촉진 프로그램에 대해 직접 평가하게 하는 방법을 사용하거나, 소규모의 지역을 대상으로 먼저 모의 테스트를 실시하는 방법 등을 통해서 이루어질 수 있다.

3.3 효과 측정

대부분의 기업들은 판매촉진 프로그램에 대한 평가를 하지 않으며, 평가를 한다고 하더라도 피상적으로 평가하곤 한다. 그러나 판매촉진에 대한 효과를 정확하게 측정하지 못하면 판매촉진 예산이 적절하게 사용되었는지 알 수 없다.

가장 기본적으로 판매촉진의 효과는 기업의 매출 증대를 통해서 알 수 있다. 일반적으로 판매촉진 기간 중에 기업의 매출이 증가하고 판매촉진 활동이 끝나면 한시적으로 매출이 감소한 후 일정 기간이 지나 원래의 매출 수준으로 돌아오거나 그 이상으로 증가한다. 예를 들어 백화점이 '정기세일'이라는 가격할인 판매촉진 활동을 실시하면, 세일 기간 동안에는 매출이 증가하고, 세일이 끝나면 매출이 감소한다. 그러다가 일정 기간이 지나면 매출이 회복되는 양상을 보인다.

판매촉진의 효과를 측정하기 위해서는 다양한 방법들이 사용될 수 있다. 판매촉진도 다른 촉진 믹스와 마찬가지로 여러 가지 변수들에 의해 영향을 받는다. 여기서는 대략적인 측정방법에 대해 살펴보자. 간단하게 판매촉진을 측정하는 방법으로 판매촉진 전후를 비교하는 것이 있다. 즉, 판매촉진 전, 판매촉진을 실시하는 중, 판매촉진 후에 기업의 판매량을 비교하는 것으로, 추적 조사(tracking)라고 한다. 예를 들어 어떤 기업이 자사 제품에 대해 특정 기간 동안 가격할인이라는 판매촉진 활동을 실시하였다. 판매촉진 후 매출액의 변화를 살펴보았더니 판매촉진 기간 동안에만 자사의 시장 점유율이 증가했다가 판매촉진 후에는 이를 실시하기 전보다 시장 점유율이 감소하였다. 이 활동은 단기 매출 중심 활동으로 고객을 유지하는 데 효과적이지 못한 방법이라고 할 수 있다.

제2절 PR(public relations)

기업은 다양한 매체들을 통해 소비자들과 긍정적인 관계를 형성하고 부정적인 평판을 없애고 좋은 이미지를 구축하기 위해 다양한 노력을 기울인다. 이 절에서는 기업의 활동 중에서 공중과 우호적인 관계를 유지하기 위해 실시하는 PR에 대해서 살펴보자.

1. PR의 개념

많은 기업들이 PR을 홍보(publicity)라고 생각한다. 일부는 맞는 말이고 일부는 틀린 말이다. 홍보는 PR(public relations) 활동의 한 부분이다. 홍보는 비용을 지불하지 않고 기업의 제품과 서비스 활동을 신문이나 뉴스와 같은 언론 매체를 통해 알리는 방법을 말한다. 반면에 PR은 기업이 직접 혹은 간접적으로 관련이 있는 여러 이해관계 집단들로 하여금 호의(goodwill)를 갖도록 하며, 긍정적인 이미지를 형성하여 우호적인 관계를 유지하는 모든 활동을 말한다. 즉, PR은 홍보 활동뿐만 아니라, 국회, 정부, 시민단체 등 기업에게 직접 또는 간접적으로 영향을 미치는 집단들과 좋은 관계를 구축하고 유지하기 위한 합법적인 설득 활동 및 경영층에게 사회적 이슈나 회사 이미지에 관하여 조언을 하는 일 등을 포함한다.

PR과 광고 모두 촉진 믹스의 중요한 부분이다. 두 활동 모두 소비자에게 알리는 것을 목적으로 한다는 공통점이 있다. 그러나 PR과 광고는 비용과 신뢰성 측면에서 차이가

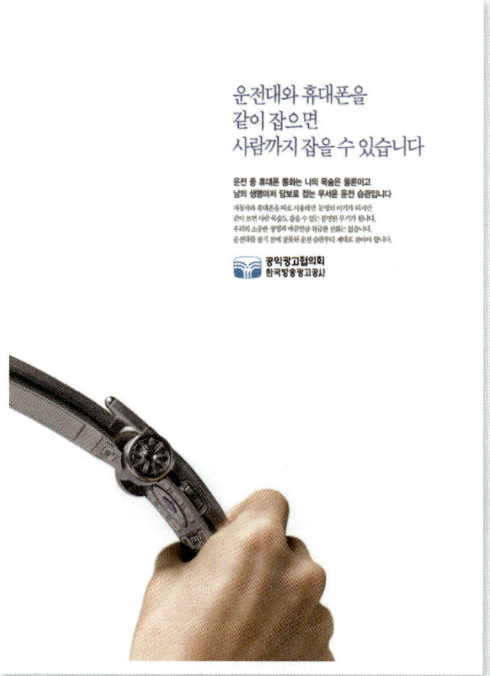

정부 및 관련 기관에서는 공공의 이익을 도모하는 공익광고(좌)를 이용하는 한편, 공중과의 우호적인 관계를 맺기 위해 일반기업은 기업광고(우)를 활용한다.

있다. 이를 구체적으로 살펴보면 다음과 같다.

첫째, PR은 광고와 달리 매체 비용을 지불하지 않는다. 광고는 표적 고객에게 메시지를 전달하기 위해 신문 · 방송 등의 매체를 구입해야 하지만(paid media) PR은 그 비용이 들지 않는다(free media).

둘째, 소비자들은 광고에 비해 PR을 더 신뢰한다. PR을 통해 정보를 얻은 소비자들은 광고 등을 통해 정보를 얻어 구매를 한 소비자보다 불만족의 정도가 낮다. 예를 들어 기업이 유해한 성분을 없앤 식품을 생산할 경우, 기업은 직접적인 광고만으로는 소비자들의 신뢰를 얻기 어렵다. 이러한 경우 유해한 성분을 없앤 경우 왜 더 좋은가를 충분히 설명할 수 있는 PR 활동(신문 보도, TV 다큐멘터리 등)이 병행된다면 소비자의 믿음을 얻을 수 있을 것이다.

최근 들어 PR은 점차 기업의 마케팅 활동에서 중요한 부분을 차지하고 있다. 단순한 제품의 판매뿐만 아니라 브랜드와 브랜드 자산을 형성하는 데 긍정적인 역할을 수행하고 있기 때문이다. 그러므로 다른 촉진 믹스 활동들과 PR 활동이 유기적으로 잘 결합될 경우 더 큰 영향력을 발휘할 수 있을 것으로 기대한다.

기업의 스폰서십 마케팅은 월드컵, 올림픽과 같은 스포츠이벤트의 후원사로 참여(우)하거나 특정 팀을 후원하는 형태(좌)로 이루어진다.

기업이 광고의 형식을 통해 PR을 하는 것의 대표적인 활동을 스폰서십(sponsorship)이라고 한다. 스폰서십은 기업이 브랜드 자산의 강화 또는 매출 증대 등의 목표를 달성하기 위해 다양한 이벤트 활동이나 대의(causes)에 투자하는 것을 말한다. 일반적으로 골프, 테니스, 축구, 배구 등의 스포츠 이벤트에 투자를 하는 것에서부터 콘서트, 박람회, 전시회 등을 지원하는 것까지 포함한다. 스폰서십은 이벤트에 자사의 이름 또는 제품의 브랜드명을 붙임으로써, 광고효과를 얻을 수 있다. 삼성전자가 영국 프로축구팀인 첼시의 스폰서로 참여하는 것, 현대 · 기아자동차가 국제축구연맹(FIFA)의 공식 스폰서로 활동하는 것 등이 이에 해당한다.

또한 스폰서십의 일종으로 기업의 상업적인 활동과 사회적 책임 활동을 결합한 대의명분 마케팅(cause related marketing)이 있다. 대의명분 마케팅은 기업과 비영리단체 또는 개인이 서로 도움이 되는 형식으로 구성된다. 즉, 기업의 대의명분 마케팅 활동을 통해 제품, 브랜드에 대해 긍정적이고 우호적인 감정을 형성하게 하는 것이다. 예를 들

유한킴벌리는 기업의 상업적 활동과 사회적 활동을 결합한 마케팅을 효과적으로 활용하였다.

어 수익금의 일부를 불치병 기금으로 조성하는 활동을 할 경우 소비자들은 제품 구매에 대한 부담을 줄이고 제품에 대해 긍정적인 감정을 가질 수 있다. 유방암 퇴치를 위한 핑크리본 캠페인에 참여하는 델타항공, 한국존슨, 대한항공 등, 델의 중고컴퓨터 기부 운동, 유한킴벌리의 '우리 강산 푸르게 푸르게' 캠페인 등이 여기에 속한다.

2. PR 관리

마케팅 담당자가 효과적인 PR 활동을 실시하기 위해서는 체계적인 PR 관리를 실시해야 한다. PR 관리는 목표 설정, 메시지와 전달 매체 또는 수단의 선택, PR 실행 및 성과 평가의 과정으로 구성된다.

2.1 목표 설정

PR 관리의 첫 번째 단계는 PR 활동의 목표를 설정하는 것이다. 단순한 기업 및 제품 인지도 향상에서부터 매출액 증대, 신뢰도 형성, 유통업자와의 우호적인 관계 형성 등으로 목표를 설정할 수 있다. 목표 설정을 할 때 고려할 것은 큰 의미의 목표를 설정한 다음 구체적으로 달성할 수 있는 수치화된 목표를 설정하는 것이 필요하다는 것이다. 이것은 목표 달성이 용이할 뿐만 아니라 향후 성과 평가에서도 효과적으로 사용할 수 있기 때문이다.

2.2 메시지와 전달 수단의 선택

기업이 추구하고자 하는 목표를 설정한 다음에는 구체적으로 어떤 메시지를 어떤 매

표 11-2 주요 PR 수단

PR 수단	주요 매체
기업체 매체	소책자, 사보, 매거진, 연간보고서
대중매체	TV, 라디오, 신문 기사 등
이벤트	스포츠 경기 스폰서십, 대의명분 마케팅(공익 활동)
전자 매체	웹사이트, 이메일

체를 선택하여 전달할 것인가를 정해야 한다. 홍보(publicity)와 같이 신문 · 방송과 같은 언론 매체를 이용하여 메시지를 전달할 수 있다. 또는 기업이 자체적으로 발간하는 잡지, 보고서를 이용할 수 있다. 이때 중요한 것은 전달하고자 하는 내용이 대중에게 이슈화될 수 있는가 하는 것이다. 특히 대중매체를 이용할 경우, 뉴스 내용으로 가치가 있을 경우 더욱 부각될 수 있다. 〈표 11-2〉는 기업이 이용할 수 있는 PR 수단에 대해 제시하고 있다.

2.3 PR의 실행 및 평가

PR 메시지와 전달 매체를 결정한 후 구체적인 PR을 실행하는 활동을 해야 한다. PR은 광고처럼 매체를 직접 구매하는 것이 아니라 뉴스와 같은 언론에 보도되는 형식을 가진다. 그러므로 PR 담당자는 여러 매체 담당자들과 우호적인 관계를 유지하는 것이 무엇보다 중요하다. 그러기 위해서는 광고와 같이 전문 기관 또는 전문가가 PR을 실행하는 것이 효과적이다.

다른 촉진 믹스 활동들처럼 기업은 PR을 실시하고 나면 제대로 실행되었는지에 대한 평가를 하고자 한다. 그러나 광고와 같이 PR은 그 자체가 매출이나 시장 점유율과 같은 직접적인 결과물을 제시하지 않기 때문에 측정에 어려움이 있다. 이런 이유로 광고효과의 측정과 같이 노출빈도를 통해서 PR을 측정하는 방법이 있다. 이 방법은 PR의 효과를 단순하게 판단하는 것으로, 실제로 소비자들이 PR 활동을 통해 접하게 되는 감정 및 인식의 변화 등을 확인하기가 어렵다. 이런 문제점을 해결하기 위해 PR 실행 후 소비자의 기업 브랜드 인지 및 선호도의 변화 등을 PR 실행 전과 비교하여 측정할 수도 있다.

제3절 인적판매

기업은 비인적 매체뿐만 아니라 인적 매체를 통해서도 소비자와 접촉을 추구한다. 여기서는 기업이 실시하는 인적 매체인 '인적판매(personal selling)'의 개념과 특징, 인적판매의 실행 및 관리 과정 등에 대해서 구체적으로 살펴보도록 하자.

Marketing Point

방판의 부활… 2030 여성도 지갑 열다

온라인, 드럭스토어 등을 통해 화장품을 구매했던 직장인 김경아(28) 씨는 시중가보다 20% 할인된 가격으로 제품을 살 수 있다는 소식에 방문판매(방판)를 처음 접하게 됐다. 엄마들의 전유물이라 여겼던 그간의 인식과 달리 젊은 방문 판매원이 각종 스마트기기를 이용해 피부 상태를 꼼꼼히 진단, 적합한 제품을 안내해 주는 것은 물론 정품 용량 이상의 샘플까지 두둑하게 챙겨주는 등 구미를 당기는 점이 많았다. 메르스 파동으로 면역력 키우기에 부쩍 관심이 많아진 김씨는 최근 건강기능식품(멀티 비타민)도 방판 채널을 통해 구매했다.

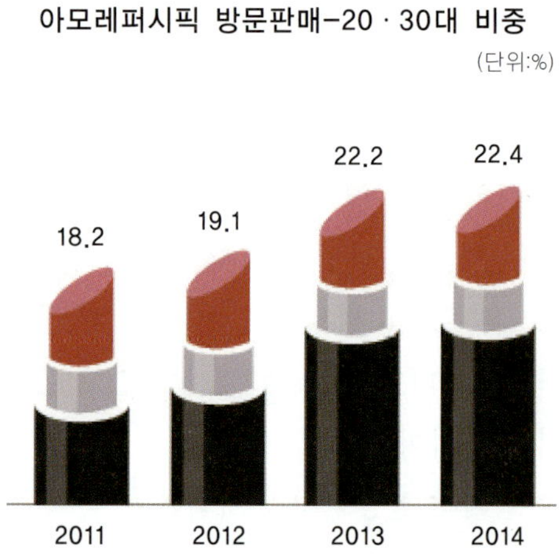

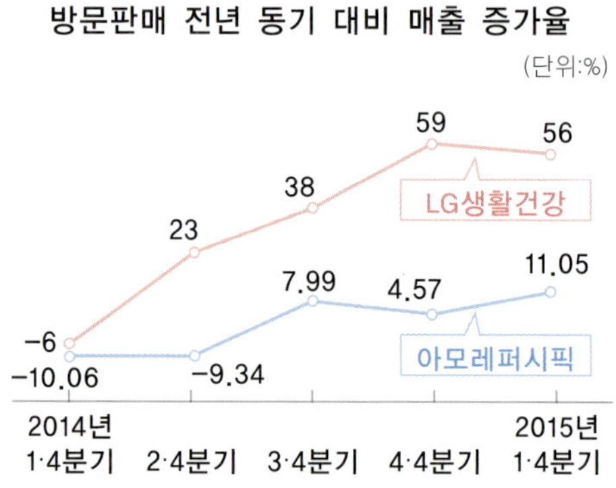

백화점, 인터넷, 면세점 등 화장품 구매 경로 다양화와 미샤 등 중저가 화장품 전문점의 폭발적 성장으로 2000년대 초반 이후 줄곧 내리막길을 걸었던 화장품 방문판매 시장이 부활하고 있다.

관련업계에 따르면 LG생활건강의 지난해 2 · 4분기 방판 매출액은 전년 동기 대비 23% 급증하며 수년간 이어온 역성장 늪에서 벗어났다. 이후 꾸준히 상승곡선을 그리며 올해 1 · 4분기 매출액은 56% 성장했다. 아모레퍼시픽 역시 올해 1 · 4분기 방판 매출액이 전년 동기 대비 11% 늘었다.

방판 부활을 놓고 업계는 △방판 체질 개선 △2030세대 신규 고객 유입 증가 △건강기능식품(건기식)의 선전을 이유로 꼽는다. 화장품 1 · 2위 업체가 방판 시장을 놓고 가장 먼저 쇄신의 고삐를 당긴 건 인력 부문이다. LG생활건강은 방문판매가 한물간 유통채널로 여겨지는 상황과 반대로 지난해만 방문 판매원을 20% 이상 늘리는 등 관련 인력을 대폭 충원했다. 아모레퍼시픽은 방문 판매원 교육 과정을 정규 · 직급 과정으로 세분화하는 등 '뷰티 전문가 키우기'에 역량을 쏟았다. 고급 인력으로 방판 새 모델을 제시한 것도 부활의 씨앗이 됐다.

방판 체질 개선의 가장 큰 기폭제는 스마트폰 · 태블릿PC 같은 IT기기였다. 방문 판매원이 스마트폰이나 태블릿PC를 통해 소비자의 피부 특징이나 좋아하는 브랜드, 구매 내용 등을 바로 확인하고 주문 · 결제가 단번에 이뤄지도록 했다. 이같은 양질의 '대면 마케팅'은 젊은 세대를 신규 고객으로 끌어들였다. 실제로 아모레퍼시픽의 방문판매 20 · 30대 비율은 2011년 18.2%에서 지난해 22.4%로 꾸준히 상승했다.

방판 시장의 또 다른 성장 무기는 건기식이다. 방판 시장이 뒷걸음질칠 때도 유독 방판 건기식 매출은 매년 두 자릿수 이상 성장했다. 정인지 아모레퍼시픽 방판팀장은 "건기식의 주 섭취 연령대(40대 이상)와 방판 충성 고객의 연령대가 유사한 점이 긍정적인 영향을 미치고 있다"고 말했다. 메르스 파동으로 판매량은 더욱 날개를 달았다. LG생활건강 청윤진의 홍삼진액 등 관련 제품은 방판 시장에서 지난달 매출이 전월 대비 120% 증가했다. 아모레퍼시픽의 VB 예진생 홍삼 상품군의 지난달 누적 매출도 전년 동기 대비 100% 성장했다.

방판 시장이 다시금 활기를 찾자 업계는 방판 전용 제품을 앞다퉈 내놓고 있다. 아모레퍼시픽의 한방치약 '동의본초연구'는 지난해 2월 출시된 방판 전용 제품으로 현재까지 130만 개가 판매돼 최근 특별 한정판 세트를 내놓기도 했다.

출처 : 서울경제, 2015.7.7.

1. 인적판매의 개념

인적판매(personal selling)는 영업사원이 소비자들과 직접 대면 접촉을 통하여 제품을 알리고, 질문에 답하고, 판매를 유도하는 마케팅 활동이다. 인적판매는 소비자가 구매를 결정하는 데 영향을 미치는 가장 강력한 촉진 수단이자 가장 오래된 활동이다. 인적판매 활동은 판매원이 고객을 직접 방문하여 판매를 하는 방법과 점포를 방문한 고객을 대상으로 판매하는 방법으로 구분할 수 있다.

인적판매는 판매원이 소비자와 직접적인 대면 접촉을 통하여 제품을 구매하도록 설득할 수 있는 쌍방향의 의사전달이 가능한 커뮤니케이션 활동으로서 다른 촉진 믹스에 비해 몇 가지 장점을 지니고 있다.

첫째, 판매원은 소비자와의 개인적인 접촉을 통해 그들의 욕구나 상황을 보다 직접적으로 알아볼 수 있다. 판매원을 통해 얻은 정보를 통해 기업은 소비자가 지각하는 문제들을 각각 알아낼 수 있으며 해결방법 또한 소비자 개개인에 따라 다르게 제시할 수 있다. 즉, 판매원이 소비자의 반응에 따라 유연하게 커뮤니케이션 방법을 달리할 수 있다는 것이다. 인적판매를 통해 제품을 구매하는 소비자들은 단순하게 제품의 성능뿐만 아니라 판매원과의 관계에 따라 제품에 대해 인식하는 가치가 달라질 수 있다. 산업재 시장의 대부분은 거의 인적판매에 의존하고 있으며, 소비재의 경우 화장품, 보험과 같은 제품들이 인적판매로 이루어진다.

둘째, 인적판매는 고객과의 장기적인 관계를 형성할 수 있다. 판매원들은 고객과 자주 대면 접촉을 시도하면서 친밀감과 신뢰감을 형성하고 이를 통해 장기적인 인간관계를 형성할 수 있다.

셋째, 인적판매는 광고나 PR과 같은 비인적 형태의 촉진 매체에 비해 소비자들에게 많은 양의 정보를 효과적으로 전달할 수 있다. 일방적인 커뮤니케이션이 아닌 쌍방향 커뮤니케이션으로 인해 고객과의 접촉 시간이 길어질 수 있으며, 고객의 반응에 즉각적으로 대응하여 고객이 원하는 정보를 제공할 수 있다.

반면에 인적판매는 몇 가지 단점을 가진다. 첫째, 개별 판매원이 만날 수 있는 소비자의 수가 한정된다. 둘째, 다른 판매촉진 수단에 비해 촉진의 속도가 매우 느리고 광고에 비해 많은 비용이 든다. 셋째, 판매원을 선발 · 교육 · 관리하는 데 비용이 소요된다. 이런 단점들을 지니고 있으므로 기업의 관리자는 인적판매 과정뿐만 아니라 판매원 관리를 모두 중요하게 고려해야 한다.

인적판매의 이러한 장단점들을 살펴보면, 인적판매는 일반 소비자를 대상으로 하는 제품보다는 고가의 제품, 제품 선택에 지식이 필요한 제품(가전제품, 자동차 등), 산업재 등에 활용하는 것이 보다 효과적이라고 할 수 있다.

2. 인적판매 과정

인적판매 과정은 크게 준비 단계, 설득 단계, 사후 관리의 세 가지 단계로 나누어 살펴볼 수 있다. 각 단계에서 이루어지는 세부적인 활동들에 대해서 살펴보자.

2.1 준비 단계

준비 단계는 기업의 잠재 고객을 파악하고, 정보를 수집하고, 소비자들에게 접근하기 위해 준비를 하는 단계로 고객 예측(prospecting)과 사전 준비(preparing)로 구성된다.

(1) 고객 예측

인적판매를 실행하기 위해서는 우선 잠재 고객을 파악하는 것이 필요하다. 잠재 고객을 파악하기 위해서는 우선 목표가 되는 고객의 목록을 사내의 마케팅정보시스템 등을 이용하여 작성한다. 그리고 작성된 목록을 통해 잠재 고객들의 성향을 파악한다. 즉, 잠재 고객의 인구 통계학적 특성, 개성, 스타일, 구매 능력, 구매 결정권자 여부, 접촉 가능 시기 등을 우선 파악하고 그 잠재 고객들에게 어떻게 접근할 것인가를 분석한다. 이러한 고객 예측(prospecting) 단계는 판매원이 효과적인 판매 전략을 수립하고, 소비자에게 접근하는 데 있어서 가장 기본이 되는 단계로서 인적판매의 시작점이라고 할 수 있다.

(2) 사전 준비

사전 준비(preparing) 단계는 판매원이 소비자에게 판매하고자 하는 제품의 특성뿐만 아니라 경쟁 제품의 특성, 시장에서의 경쟁 상황 등을 분석하는 과정이다. 즉, 판매원이 고객 예측 단계에서 설정된 표적 고객들에게 접근하기 위해 필요한 자료를 추가적으로 수집하고 분석하는 단계이다. 인적판매의 경우 충분한 자료를 확보하여야만 고객의 욕구에 부응하는 커뮤니케이션이 가능하기 때문에 사전 준비는 필수적이라고 할 수 있다. 잠재 고객에 대한 구체적인 정보는 직접 관찰, 이전 구매 기록 등 다양한 방법을 통해 이루어진다.

2.2 설득 단계

설득 단계는 판매원이 표적 고객에게 접근하여 제품을 소개하고 고객 반응을 관찰하여 추가적인 설명이나 반대의견 등을 처리하여 구매를 적극적으로 권유하게 하는 단계이다. 이 단계는 잠재 고객에게 접근(approaching), 제품 소개(presentation), 의견 조정(handling objection), 구매 권유(closing) 순으로 이루어진다.

(1) 잠재 고객에게 접근

접근(approaching) 단계는 판매원이 잠재 고객과 직접 만나 제품에 대한 주의와 흥미를 이끌어 내는 대면 접촉 과정이다. 잠재 고객과의 접근과정은 한 번만 발생되는 것이 아니며, 한 번의 접근이 한 번의 결과에만 영향을 미치는 것이 아니다. 잠재 고객과의 우호적인 접근은 현재의 판매 활동에서의 구매 성사와 더불어 미래의 고객관리에도 큰 영향을 미칠 수 있으므로 판매원은 잠재 고객에게 접근할 때 신중할 필요가 있다. 그러므로 판매원은 그들이 접근하는 고객들을 위해 여러 가지 측면에서 세심한 배려가 필요하다. 특히, 초기 접근의 경우 판매만을 위해서 접근한다는 인상보다는 인간적인 신뢰관계를 형성하는 것이 장기적인 측면에서 더 효과적일 수 있다.

(2) 제품 소개

제품 소개(presentation) 단계는 고객에게 제품이나 서비스와 관련된 정보를 전달하고 이들이 제품을 구입하고 싶은 욕구를 생기게 하는 것이다. 이 단계는 인적판매에서 가장 중요한 단계라고 할 수 있다. 판매원은 자사의 제품이 고객의 욕구나 필요를 어떻게 충족시켜 줄 수 있는가를 설명함으로써 고객의 신뢰를 얻고 그 신뢰를 바탕으로 고객의 의사결정에 영향을 줄 수 있어야 한다. 따라서 판매원은 잠재 고객이 자사 제품을 구매하고자 하는 욕구가 생기도록 흥미를 유발하고 자사 제품의 특성과 장점을 효과적으로 전달하기 위해 효과적인 방법들에 대해서도 고려해야 한다. 예를 들어 제품에 대한 시연(demonstration)은 제품의 편익을 설명하는 데 효과적인 방법이다.

이 단계는 고객의 신뢰를 얻는 것이 중요하기 때문에 판매원은 고객 지향적인 사고를 유지하여야 할 뿐만 아니라 정직해야 한다. 판매원이 고객과 신뢰를 구축하게 된 후 고객에게 제품에 대해 자세히 설명하고 적극적으로 구입을 설득하게 되면 더욱 긍정적인 효과를 얻을 수 있다.

(3) 의견 조정

고객들에게 제품을 소개하고 설득하는 과정에서 고객들은 구매에 대해 부정적인 영향을 미칠 수 있는 요인들에 대해서 다양한 반응을 보일 수 있다. 이에 판매원들은 고객들이 불안해 하거나 불만족한 요인들을 파악하여 이를 해결할 수 있는 정보 및 방안을 제공해 주어야 한다.

의견 조정(handling objection) 단계에서 판매원은 고객이 제기하는 질문에 대해 객관적인 정보에 근거해서 정직하고 성실하게 답변해야 한다. 더불어 자사 제품의 경쟁우위 요소, 차별적 편익, 가치를 다시 한 번 설명함으로써 고객들의 부정적 태도 형성의 발생 가능성을 방지해야 한다.

(4) 구매 권유

구매 권유(closing) 단계는 고객 접근, 제품 소개, 의견 조정 과정이 효과적으로 이루어졌다고 판단될 경우 잠재 고객에게 구매 의도를 물어보는 단계이다. 이 단계의 목적이 구매를 성사시키기 위한 것이라면, 소비자에게 확실한 구매 의사를 받아내는 것이 중요하다. 이때 고객들은 즉각적으로 구매 의도를 나타내기도 하지만 망설일 수도 있을 것이다. 따라서 주저하는 고객들에 대해서는 의견을 조정하는 단계에서처럼 고객이 불안해 하는 요소에 대한 대안 제시를 통해 보다 바람직한 상황으로 유도하는 것이 효과적이다. 이 경우 강압적인 구매 설득은 고객들에게 오히려 제품에 대한 부정적 이미지를 갖게 할 뿐만 아니라 나아가 기업의 이미지에까지 악영향을 줄 수 있으므로 판매원의 주의가 요구된다.

2.3 사후 관리

사후 관리(following up) 단계는 고객 만족의 극대화를 추구하는 것으로, 고객이 이후에도 재구매를 할 수 있도록 유도하고 더 많은 판매기회를 창출하기 위해 고객관리를 수행하는 단계이다. 성공적으로 제품을 판매하였다고 하여도 여기에서 끝나는 것이 아니다. 먼저 제품이 제대로 고객에게 배달 및 설치되었는지, 서비스가 수행되었는지, 제품을 사용하기 전에 교육이 필요하다면 교육을 받을 수 있도록 도와야 하는지 등 고객과의 지속적인 관계 유지를 통해 사용과정에서 발생되는 문제점들을 해결해 주는 활동이 필요하다. 만약 고객이 이탈하였다면 이에 대한 원인을 빨리 파악하고 이탈 고객과의 관계를 재구축하기 위한 회복 전략을 수립하고 실시해야 한다. 지속적인 사후 관리는 고객만족도와 애호도를 높일 수 있다. 또한 사후 관리를 통해 얻어지는 정보는 잠재고객을 발굴하기 위한 사전 단계의 중요한 자료로도 활용될 수 있다.

3. 판매관리

인적판매도 다른 촉진 요소들과 마찬가지로 체계적으로 관리되어져야 한다. 인적판매관리(sales management)는 인적판매계획을 수립하고, 조직을 설계하며, 판매원을 개발하고 평가하는 활동을 말한다.

3.1 판매계획 수립

판매계획 수립은 먼저 기업 전체의 목표와 부합되어야 한다. 또한 표적시장, 판매목표, 구체적인 목표달성 방안 등이 담겨 있어야 한다. 판매목표의 설정 과정은 제품의 매출 잠재력 파악, 특정 기간 동안의 예상 판매액에 대한 예측, 판매예산의 작성으로 구성된다.

판매목표가 수립되면 각 판매원이 달성해야 할 판매목표가 결정된다. 판매원의 판매목표를 결정하는 데 흔히 사용되는 두 가지 방법으로 양적할당(volume quotas)과 행동할당(activity quotas)이 있다. 양적할당은 판매액, 비용-판매비율 등을 토대로 판매목표를 결정하는 반면, 행동할당은 방문 수, 방문당 비용, 고객 만족/불만족 정도 등을 토대로 판매목표를 정한다.

3.2 판매조직의 설계

판매조직은 기업이 현재 처해 있는 시장 환경, 판매목표 등에 따라 다르게 구성될 수 있다. 판매조직의 형태는 크게 지역별 조직(territorial structure), 제품별 조직(product structure), 고객별 조직(customer structure)으로 나누어진다(그림 11-1 참조).

- 지역별 조직: 각 판매원이 할당된 지역에서 잠재적 소비자에게 그 기업에서 생산되는 모든 제품을 판매하는 활동을 수행하는 것이다. 이는 이동거리가 짧고 고객욕구에 신속하게 대응할 수 있다는 장점을 가지고 있다. 하지만 제품의 종류가 많을 경우에 판매원은 제품 판매에 필요한 전문지식을 갖추지 못할 수 있다는 문제가 있다.
- 제품별 조직: 판매원이 하나 또는 몇 가지의 제품에 대해서 할당하여 이를 전담하도록 하는 조직을 말한다. 이 조직의 장점은 제품에 대한 전문지식의 습득이 용이하기 때문에 판매원의 전문화가 가능하다는 것이다. 하지만 고객이 여러 종류의 제품을 동시에 구매할 경우에는 여러 명의 판매원을 만나야 하는 번거로움이 발생할

그림 11-1 판매조직의 유형

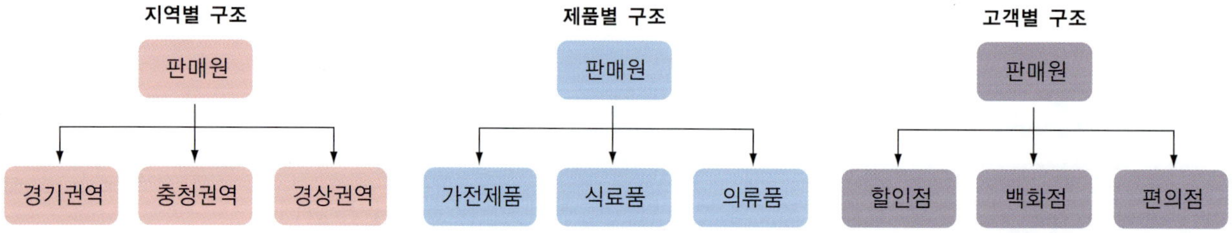

수 있다. 또한 고객들이 넓은 지역에 흩어져 있을 경우 각 고객을 접촉하는 데 드는 비용이 증가한다는 단점이 있다.

- 고객별 조직: 고객 집단별로 판매원을 조직하는 것으로 고객이 갖고 있는 특수한 욕구를 파악하는 데 용이하다. 하지만 고객들이 넓은 지역에 흩어져 있을 경우에는 판매원의 이동거리가 길어진다는 문제점이 있다.

3.3 판매원의 개발

인적판매에서는 판매원의 능력이 곧 판매성과에 직접적인 영향을 미친다. 그러므로 기업은 최적의 판매원 선발 및 훈련을 통해 경쟁자들이 모방하기 어려운 경쟁우위를 확보하여야 한다.

(1) 선 발

우수한 판매원의 선발은 판매의 성과뿐만 아니라 기업의 발전에도 큰 영향을 미친다. 따라서 판매원의 선발은 신중하고 체계적으로 이루어져야 한다. 판매원의 선발은 양적 · 질적 문제를 모두 고려해야 한다. 먼저 양적 문제로는 '기업의 목표에 부합되는 전체 판매조직의 크기'와 '현재 부족한 판매원 수'라는 문제를 고려해야 한다. 판매원의 증가는 곧 매출과 비용의 증가로 이어지기 때문이다.

판매원을 결정하는 데 가장 어려운 질문은 질적인 측면이다. 즉, 판매원이라는 직종은 이직률이 높고, 다시 사원을 선발하고 교육시키는 데에는 많은 비용이 들어간다. 기업마다 선호하는 판매원의 특징은 다르지만 일반적으로 유능한 판매원들은 자신감, 솔선수범, 효과적인 커뮤니케이션 능력, 적극성 등을 가지고 있다.

(2) 훈 련

우수한 판매원을 선발하고 나면 기업의 판매전략, 표적시장, 제품 등에 대하여 교육 · 훈련을 실시해야 한다. 판매원의 교육은 한 번으로 끝나는 것이 아니라 지속적으로 실시하여 판매원들에게 신상품, 시장 동향, 신기술에 대한 지식을 제공하고 그들의 능력을 개발해야 한다.

(3) 동기 및 보상

판매성과를 높이기 위해서 기업은 판매원들에게 동기부여와 매력적인 보상체계를 제공해야 한다. 판매원에 대한 보상체계의 주된 목적은 정해진 시간 내에 기업이 원하는 수준의 판매목표를 달성하도록 판매원을 자극하는 것이다. 그러므로 기업은 보상체계를 설계하기 전에 판매원들의 요구에 대해서 정확히 파악해야 한다.

판매원에 대한 보상은 고정제(salary), 성과급제(commission), 혼합제(combination)로 나누어 살펴볼 수 있다.

고정제는 매출액이나 판매성과에 관계없이 일정 기간 동안 동일한 금액을 지급받는 보상체계이다. 이 체계는 계산과 관리가 편리하다는 이점이 있으며 합리적인 기준에 의한 판매원의 성과를 평가하기 어려울 경우에 사용된다. 하지만 판매목표 및 성과의 달성 여부를 보상 기준으로 삼지 않기 때문에 판매원이 판매량을 높이기 위한 활동을 게을리한다는 문제가 있다.

성과급제는 판매성과의 정도에 따라 차별적으로 금전적 보상을 지급하는 것이다. 이 방법은 판매성과에 따라 보상이 이루어지므로 판매원들에게 동기부여를 할 수 있다는 이점이 있다. 그러나 이 체계는 판매원의 수입이 불안정한 문제로 인해 불만이 발생할 수 있으며 판매원들은 눈앞에 보이는 판매량의 증가에만 노력을 기울이고 다른 업무에는 소홀해진다는 단점이 있다.

혼합제는 기업과 판매원의 이해관계를 고려한 방법으로 고정제와 성과급제의 단점을 보완할 수 있다. 혼합제는 일정 수준의 고정금을 지불하면서, 판매노력에 대한 성과급 또한 지급한다. 이에 판매원은 고정금을 통하여 심리적 안정을 가지며, 성과금을 통해 판매노력을 높이는 동기를 부여할 수 있다는 장점이 있다.

금전적 보상뿐만 아니라 판매원들의 비금전적 보상 또한 중요하다. 비금전적 요소는 기업이 판매원들에게 자신의 업무의 중요성을 인식하게 만들고, 또한 기업의 복지혜택

판매사원의 선발과 교육뿐만 아니라 적절한 보상을 실시하는 것이 동기부여를 하는 효과적인 방법이다.

을 높임에 따라 기업에 대한 애착심과 동기부여를 증대시키는 것 등을 말한다.

3.4 판매원 평가

기업의 판매목표 달성을 위한 실행계획에 따라 판매원은 그들 각자가 올린 성과에 대해 평가받아야 한다. 이 과정은 판매목표와 실제 성과를 비교하여 평가하고, 이들 간의 차이가 발생할 경우 그 원인을 파악하여, 해결방안을 제시한다. 그리고 향후 계획 및 목표 수립에 반영할 수 있게 한다. 그리고 이 과정은 한 번이 아니라 정기적으로 피드백(feedback)이 이루어져야 효과적이다.

구체적인 성과 평가 기준은 기업에 따라 다르지만 판매원의 실제 판매실적, 투입된 노력의 정도, 고객유지율, 고객만족도 등을 사용할 수 있다. 이러한 평가 기준을 정할 때는 독단적으로 마케팅 관리자나 판매 관리자가 결정하는 것이 아니라 판매원과 협의를 거친 뒤 결정하는 것이 효과적이다.

생각해 볼 문제

1. 판매촉진과 광고를 비교하여 각각의 촉진요소가 효과적으로 사용될 수 있는 전략을 제시하시오.

2. 판매촉진은 가격민감도를 증가시킬 수 있다. 하지만 사용하지 않을 수도 없다. 당신이 마케터라면 어떻게 조정하겠는가?

3. PR은 공중과 우호적인 관계를 맺는 과정이다. 그렇다면 최근에 많이 언급되고 있는 기업의 사회적 책임(CSR: corporate social responsibility)과 비교하여 보시오.

4. 판매사원을 이용한 인적판매 전략은 고객과 밀착하여 제품을 판매하는 제품군, 고가의 제품군 등에서 효율적으로 사용할 수 있다. 그러나 이는 직원의 감정노동이라는 문제점이 나타나고 있다. 그렇다면 이를 조정하기 위해 기업은 어떤 노력을 기울여야 하는가?

참고자료

Belch, G. D. and M. A. Belch(2012), *Advertising and Promotion: An Integrated Marketing Communication Perspective*, 9th edition, McGraw-Hill.

Johar, G. V., M. M. Birk and S. A. Einwiller(2008), "Brand Recovery: Communication in the Face of Crisis," *Harvard Business Publishing*, Apr.

Kalyanam, K. and M. Zweben(2005), "Perfect Message at the Perfect Moment," *Harvard Business Review*, Nov.

Mayer, D. and H. M. Greenberg(2006), "What Makes a Good Salesman(HBR Classic)," *Harvard Business Review*, Jul.

Raghubir, P., J. J. Inman and H. Grande(2004), "Three Faces of Consumer Promotions," *California Management Review*, Aug.

Robin, J. R.(2013), "Corporate Crisis and the Long View," *Harvard Business Publishing*, Mar.

Robinson, D.(2006), "Public Relations Comes of Age," *Business Horizons*, May.

Srinivasan, S., K. Pauwels, D. M. Hanssens and M. Dekimpe(2002), "Who Benefits from Price Promotions?" *Harvard Business Review*, Sep.

Steenburgh, T.(2006), "Personal Selling and Sales Management," *Harvard Business School*, Dec.

Wosinska, M.(2006), "Marketing Promotions," *Harvard Business Publishing*, Oct.

Case Study

콴타스 항공 트위터 급강하

2011년 11월 24일 목요일, 정부와 기업 문제의 중역인 올리비아 워드는 콴타스 항공에서 통제불능의 소용돌이인 커뮤니케이션 상황에 직면했다. 하루 전날, 콴타스는 SNS Twitter를 통해서, 참가자들에게 콴타스 1등급 파자마와 럭셔리 오락키트 50세트를 가져갈 공적인 콘테스트를 런칭했다. 런칭 시 콴타스는 그들의 "럭셔리한 비행 경험을 꿈꾸세요!"를 묘사하기 위해 #QantasLuxury 해쉬태그를 사용하는 것을 참가자들에게 물어봤다. 그러나 홍보 운동의 타이밍은 의심스러웠다. 콴타스는 항공 엔진 문제들, 논란이 많은 사진들, 회사의 3개의 노조와 격렬한 계약 협상들, 그리고 수천 명의 고객들을 태운 비행기가 이륙하지 못하는 사건들을 포함하여 많은 문제들로 소란스러운 한 해를 보내고 있었다.

콘테스트를 시작하자마자, 그 경쟁은 수천 명의 사람들이 콴타스에 대해 부정적인 코멘트를 표현하기 위해서 트위터 해쉬태그를 이용하면서 의도하지 않은 방향으로 급변했다. 설상가상으로, 콴타스는 그 상황들을 적극적으로 모니터링하지 않는 것처럼 보였다. 회사의 코멘트는 "와우! 매우 창의적인 트윗들이 있네요. 계속해서 참여해주세요!"라며 사용자들에게 참가에 대한 감사 트윗을 날렸다. 항공사에 대한 공적인 불만은 또한 콴타스의 CEO인 Alan Joyce, 그리고 고위 관리직의 대중들과 커뮤니케이션 방법을 이해하는 무능함을 비난하는 유튜브 패러디를 통해서 표현되었다.

콴타스를 향한 공적인 적개심이 계속해서 증가하면서, 워드는 세계의 장거리 항공을 이끌고 오스트레일리아의 가장 강한 브랜드 중 하나라는 회사의 명성이 더 위험해지기 전에 행동 계획을 고안하는 것이 필요하다는 것을 인식하였다.

힘든 시간들

수년 동안의 성장과 성공에도 불구하고, 콴타스는 최근 몇 해 동안 수많은 문제들을 겪고 있다. 2010년 8월 30일 월요일, 콴타스의 샌프란시스코 출발 시드니행의 4기통 엔진 보잉 747이 4번째 엔진에서 폭발이 일어나, 거의 45분간 하늘에 있었다. 이것은 단지 콴타스의 여러 항공 엔진 문제들의 첫 번째에 지나지 않았다. 2010년 11월 4일 목요일, 콴타스의 에어버스 A380은 항공기의 엔진 중 하나에서 폭발이 일어나, 이륙 후 얼마 안 되어 싱가포르로 비상 복귀했다.

이 회사는 또한 2011년 8월 27일 토요일, 사람들에게 트위터를 통해 오스트레일리아 럭비 연합의 왈라비스(Wallabies)를 후원하는 것을 보여주기 위해 블레디슬로컵(Bledisloe Cup)에서 팀 경기를 볼 수 있는 플래티넘 티켓 한 장으로 교환할 수 있는 경쟁을 시작했을 때, 실패한 떠들썩한 사건을 겪었다. 왜냐하면 콴타스가 올린 트윗과 이미지가 인종차별주의의 여지가 있었기 때문이다.

콴타스를 향한 더한 공적 불만은 2011년 10월 29일 토요일에 발생했다. 68,000명 이상의 승객들이 전 세계에서 오도가도 못하게 되었다. 3개의 회사 노조에서 오랫동안 노동쟁의가 일어났기 때문에 회사의 전체 항공기들이 갑자기 이륙을 하지 못하게 되었다.

결정

정부와 기업 문제 담당 중역으로서, 워드는 회사의 내외부 커뮤니케이션, 이해관계자 관계에 책임이 있었고, 회사의 대변인으로서 행동했다. 그러나 콴타스에게 일어난 여러 사건들과 가장 최근에 실패한 트위터 캠페인은 워드를 콴타스의 이미지를 망가트리는 무능한 조종사로 평가받게 하였다. 콴타스를 향한 공적인 적개심이 계속해서 증가하면서, 그녀는 오스트레일리아의 가장 강력한 브랜드 중 하나인 이 항공사에 추가적인 피해가 발생하기 전에 행동플랜을 고안해야만 했다.

Discussion Questions

콴타스가 공중(public)과의 관계를 회복하기 위해 필요한 PR전략은 무엇인가?

제12장

유통관리

들어가며

디지털 유통 트렌드, 온라인과 오프라인의 경계를 없애다

1996년 한 대형 유통 업체가 국내 최초로 온라인 쇼핑몰을 열었다. 인터넷 보급이 미미했던 그때는 물건을 인터넷으로 판다는 말에 대부분 고개를 갸우뚱했다. 그 시절만 하더라도 전자상거래는 오프라인 시장의 부수적인 서비스에 지나지 않았다. 그후 20년 가까이 지난 지금, 중국의 알리바바는 싱글즈데이 때 18분 만에 1조 원이 넘는 매출을 기록했고, 하루 총 매출액 10조 원을 넘기는 기염을 토했다. 불과 20년 전까지만 해도 나비의 날갯짓에 불과했던 전자상거래 시장이 거대한 태풍이 된 것이다.

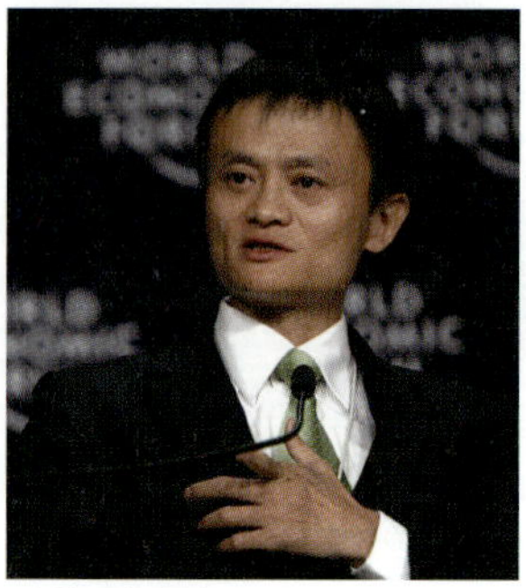

마윈 알리바바 대표

전자상거래 시장이 꾸준히 발전하는 동안 오프라인 매장은 쇠락의 길을 걸으며 영원히 사라지는 것이 아닐까 우려의 목소리가 들렸다. 그런데 오프라인 상점들은 모바일의 최신 기술을 섭렵해 고객들을 다시 오프라인 공간으로 끌어내고 있다. 오프라인의 디지털 혁명이다.

해외에서는 이미 대형 유통사들이 온·오프라인을 연계한 O2O(Online to Offline) 전략을 구사하며 성공사례를 남기고 있다. 이제 전자상거래는 디지털과 아날로그 융합의 역사로 다시 써야 할 것이다.

인터넷 쇼핑만 하는 똑똑한 소비시대

90년대 후반, 미국을 중심으로 이베이(ebay), 아마존(Amazon)과 같은 전자상거래가 붐을 이룰 때 국내에는 전화 주문방식의 홈쇼핑이 인기를 끌었다. 인터넷 보급이 미약했던 당시 국내 유통 시장은 '홈쇼핑'이 핫한 트렌드였다. 그렇게 대형 유통사가 홈쇼핑 비즈니스의 달콤함에 빠졌을 때, 발 빠른 벤처업계는 오픈 마켓 시장을 성공적으로 공략해 전자상거래의 패러다임을 바꾸는 데 성공했다.

2010년 전후, 스마트폰과 SNS 문화의 확산으로 유통업계에 또 한번 대변혁이 일어났다. PC 온라인 도입 중반 잠깐 유행했던 공동 구매 형태의 '소셜 커머스'가 모바일뿐만이 아닌 모든 유통 생태계의 최상위 포식자로 올라선 것이다. 이와 함께 매월 일정한 금액을 내고 구매 신청을 하면 업체가 골라준 특정 상품을 받아보는 시스템의 '서브스크립션 커머스(Subscription Commerce)', 각기 다른 쇼핑몰 웹사이트의 상품을 한 페이지에서 제공해 상품을 클릭하면 해당 쇼핑몰로 이동시켜주는 시스템의 '아웃링크 커머스(Outlink Commerce)' 등의 변종 소셜 커머스가 독립된 쇼핑채널로 발전하면서 현재의 유통 생태계를 만들었다. 이렇게 유통업계가 전자상거래 시장으로 재편하면서 소비자의 소비형태는 더욱 영리해졌다. 유통체계와 가격정보가 인터넷을 통해 공유되니 판매자는 더 이상 소비자를 기만할 수 없었다. 똑똑한 소비자는 인터넷을 통해 상품 가격을 비교하고 에누리하면서 알뜰하게 구매하려는 소비습관이 생겼다. 이제 소비자는 오프라인 쇼핑보다 온라인 쇼핑을 더욱 즐기고 또 편하게 여기게 됐다.

오프라인 쇼핑몰의 역습

오프라인 쇼핑몰은 위기상황을 뒤늦게 알아채고선 대처를 시작했다. 먼저 자발적인 각성을 통해 유통구조를 단순화해 가격을 합리적으로 개선했다. 오프라인이 가진 '실제로 보고 만지고 체험한다'는 장점도 적극적으로 어필했다. 더욱 중요한 점은 스마트폰 시장의 도래와 함께 오프라인 쇼핑몰의 잠재 가능성이 실현됐다는 것이다. 오프라인 쇼핑몰에게 역습의 기회가 왔다.

먼저, 모바일 기기가 가진 최신 기능을 이용해 유통업계를 서로 유기적으로 연결지었다. 위치기반 서비스를 활용한 배달앱 '배달의 민족'은 지역골목상권을 디지털화했으며, SNS를 통한 공유경제 시스템은 전통적인 아날로그 산업을 '우버택시(Uber Taxi)'와 '에어비앤비(Airbnb)'와 같은 디지털 시장으로 옮겨놨다. 그뿐만이 아니다. 오프라인 쇼핑몰의 강점을 살린 '감성 마케팅'이 더욱 열이 올랐다. 촉감, 향기, 맛의 경험은 오프라인 매장이 가진 최대의 장점이다. 온라인이 절대 따라할 수 없는 자신만의 장점을 알아챈 오프라인 쇼핑몰은 디지털과 연계한 '개인 맞춤형 서비스'를 전개했다.

한 예로, 2014년 6월 강남에 오픈한 '나이키 플래그십 스토어'의 디지털 러닝 체험 공간을 들 수 있다. 이곳은 현장에서 고객들이 직접 체험하며 신발을 고를 수 있도록 도와준다. 매장직원이 인기 제품을 추천해주는 방식이 아니라, 디지털 기술로 개인의 체형과 습관을 체크해 맞춤형으로 제안하는 방식이다. 이제는 온라인으로 상품을 확인하고 오프라인에서 직접 체험해 구매하는 '역-쇼루밍(reverse-showrooming) 족'까지 생겼다. 원래 오프라인 쇼핑몰은 온라인보다 상품을 더 저렴하게 제공하기 힘든데, 가격경쟁력 우위를 선점하기 위해 온라인에 비해 파격적인 가격으로 제품을 판매하기 때문이다. 이는 매장 방문 후 또 다른 상품까지 구매하도록 하는 마케팅 전략으로, 대개 일부 품목에 한정적으로 이뤄진다. 이처럼 오프라인 쇼핑몰은 직접 체험해볼 수 있다는 강점에 디지털 기술을 적용한 전략을 앞으로도 계속 취할 것이다. '온 · 오프라인 연계'를 통한 다양한 유통 채널과의 적극적인 결합, 즉 '옴니채널(Omni-Channel)' 서비스를 통해 온라인 쇼핑몰로부터 받은 타격을 만회하기 위해서 말이다.

옴니채널로 진격하다

'옴니채널(Omni-Channel)'은 소비자가 온라인, 오프라인, 모바일 등 다양한 경로를 넘나들며 상품을 검색하고 구매할 수 있는 유통 체계다. 즉, 오프라인이 가진 시공간의 한계가 모바일, PC, 오프라인 쇼핑몰 등 채널을 통합한 초연결 시스템으로 인해 사라지고, 소비자에게 최상의 소비 경험을 제공하는 것이다. 이는 인터넷에 언제나 접근할 수 있는 스마트폰 기술의 발전이 큰 기여를 했다.

지금은 옴니채널을 통해 놀라운 쇼핑 경험을 할 수 있다. 예를 들어보자. 직장인 A씨는 퇴근 후 강남 한복판에서 친구를 기다린다. 휴대폰에 웹서핑할 때 관심 있게 봤던 운동화 매장의 메시지가 울린다. 마침 매장이 기다리던 장소로부터 10m 이내에 있어 잠시 들린다. 매장에 들어서자마자 다시 한 번 휴대폰에 알람이 울린다. '오늘 구매 시 30% 할인'이라는 쿠폰 지급 메시지다. 마침 그 제품에 관심이 있던 A씨는 즉흥적으로 구매를 한다. 이후 이메일과 SNS를 통해 적립 포인트, 동일 제품군의 신상품 정보, 심지어 제품을 구매한 다른 소비자의 관심 상품에 대한 정보까지 받게 된다.

위와 같은 개인 맞춤형 서비스는 이제는 흔한 전자상거래 풍경이다. 합리적이고 편리해 보이지만 어쩐지 온 · 오프라인과 다채널 미디어가 소비자를 에워싸고 자꾸만 돈을 쓰게끔 유혹하는 것처럼 느낄 수도 있다. 얼핏 신기하고 대접 받는다는 느낌이 들 수도 있지만, 수많은 브랜드가 모두 이런 방법으로 접근한다면 어디를 가더라도 휴대폰 알람이 울려 오히려 엄청난 디지털 피로를 겪게 될 것이다. 따라서 옴니채널은 고객이 필요로 하는 걸 세심하게 파악하고 거부감과 피로감을 느끼지 않도록 서비스를 제공해야 한다.

또 다른 사례로 오프라인의 가치를 디지털에 접목해 큰 효과를 누린 경우가 있다. 런던 도심 한 가운데 있는 아우디 시티(Audi City)는 오프라

위 아우디 시티, 아래 아우디 디지털 파워 월

인 전시공간이 부족할 때 디지털 쇼룸(Digital Showroom)으로 대체해 전시를 할 수 있는 장소다. 도심은 높은 임대료 부담으로 주력 차량을 모두 전시할 곳을 확보하기 어렵다. 이런 까닭에 아우디는 도심전용 전시공간 아우디 시티에 '디지털 파워 월(Digital Power Wall)'을 설치했다. 실제 차량과 동일한 크기의 영상을 체험할 수 있는 대형 디스플레이 벽면이다. 실제 크기의 차량을 3D 입체 각도로 볼 수 있고, 사운드 지원이나 도어와 트렁크를 열어 볼 수 있는 인터랙션 경험도 제공한다. 소비자는 실물 차량을 보는 것보다 더욱 사실적이고 디테일한 체험이 가능해 일종의 '디지털 오감 만족'을 느낄 수 있다.

옴니채널의 촉매제, 비콘

비콘(Beacon) 기술은 옴니채널의 촉매제 역할을 톡톡히 한다. 비콘을 통해 쇼핑몰 빌딩 내 모든 매장과 상품들이 유기적으로 연결된다. 디지털 기술과 아날로그가 융합한 쇼핑 혁신의 결과물이다. 비콘의 찬란한 미래는 디지털 골목상권화에 있다. 내 신발에 달린 BLE(Bluetooth Low Energy) 센서는 미리 입력한 나의 신체정보와 비교해 나의 일일 운동량을 체크한다. 운동량에 비해 건강지수가 낮다면 동네 주변을 걸을 때 각종 정보를 받게 된다. 마트에 가면 건강 식품 리스트를 제공하고, 내과 근처에 가면 지방간 검사 의뢰서를 보여줄 것이다. 내가 모르지만 꼭 필요한 정보를 비콘이 알아서 제공해주는 것이다.

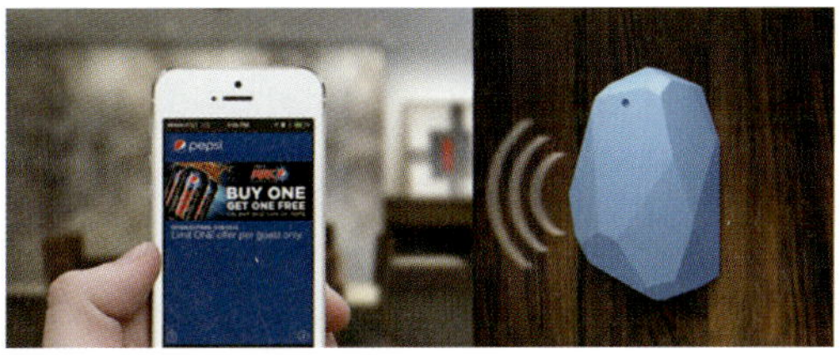

비콘

디지털 골목상권화의 한 예로 앞서 언급한 '배달의 민족', '배달통' 같은 앱도 있다. 배달앱은 전국 소상공인의 지역상권을 디지털로 통합했다. 기존 골목상권은 사용자가 검색하거나 광고를 봐야만 하는 수동적인 방식으로 자사를 노출할 수밖에 없었다면, 배달앱을 통해 지역, 종류, 가격, 거리 등 정보를 체계적으로 분류한 디지털화로 적극적인 어필을 할 수 있게 됐다. 소비자는 스마트폰을 통해 디지털 정보를 언제 어디서든 볼 수 있으니 정보 접근 거리가 엄청나게 가까워진 것이다.

네이버는 온라인과 오프라인의 경계를 허무는 O2O 서비스를 발표했다. 2014년 8월 정식 오픈한 '스타일 윈도우'라는 모바일 쇼핑몰 애플리케이션이다. 스타일 윈

왼쪽부터. 네이버 스타일 윈도우, 배달의 민족, 배달통

도우는 백화점, 아울렛, 홍대, 가로수길에 위치한 로드샵의 전시 제품을 보여준다. 매장에 디스플레이된 모습 그대로를 촬영한 사진을 보여주므로, 소비자는 매장에 직접 방문한 것과 같은 현장감을 느낄 수 있다. 또한, 실시간으로 진열 상품이 바뀌는 아날로그의 감성도 간접적으로 느낄 수 있다. 오프라인 매장을 선호하는 고객이 시간을 내 방문을 할 수 없더라도, 스타일 윈도우만을 통해 현장감 문제를 해소할 수 있는 것이다. 게다가 진열 상품의 리뷰를 직접 볼 수 있어서 온라인 쇼핑몰 이용자를 오프라인 매장으로 유입할 수도 있다. 이처럼 오프라인 쇼핑몰을 위한 다양한 채널 전략은 유통업체뿐만 아니라 IT 서비스 업계까지 가세해, 온 · 오프라인 구분 없이 소비자가 언제 어디서든 원할 때 소비할 수 있는 시스템을 만들고 있다.

해리포터의 마법지팡이가 현실로

해리포터 영화 속 인물들은 마법지팡이 하나만으로 뭐든 해낸다. 종종 IT기술이 더 많이 발전하면, "윙가르디움 레비오우사~!"라는 주문 하나로 뭐든 할 수 있는 기기가 개발되지 않을까 꿈 같은 상상을 하곤 한다. 그런데 이제는 꿈 속 이야기만이 아닐지도 모른다. 적어도 없는 물건을 눈 앞에 내놓는 건 '아마존 대시(Amazon Dash)'로도 할 수 있기 때문이다.

대시는 아마존에서 개발한 바코드 스캔 기기다. 대시를 들고 원하는 물건을 말하면 어느새 아마존이 물건을 배송해 집 앞에 도착해 있을 것이다. 집에 다 쓴 물건에 대시를 들고 가리키면 똑같은 물건을 받아볼 수도 있다. 여기에는 특별한 기술이 숨어 있다. 대시를 통해 말하거나 가리킨 상품의 바코드가 아마존 계정의 위시리스트에 저장되는 것. 사용자는 일상생활 중 때마다 스마트폰이나 태블릿 등 기기를 통해 저장한 상품 중 원하는 것을 골라 결제하고 기다리면 된다. "Shopping made simple" 아마존이 말했듯 정말 쉽기 때문이다.

또한, 이 스마트한 마법의 지팡이는 소비자의 쇼핑시간을 엄청나게 단축시켜 준다. 땅 자체가 작은 국내와 달리 도시 사이 간 거리가 먼 미국에서 1일 배송이 가능한 것은 소비자의 구매주기를 분석해 구매 예측을 하기 때문이다. 사용자가 주기적으로 반복해 사용하는 제품만을 골라 재구매 할 것이라 예측해 미리 소비자가 살고 있는 근거리 물류센터에 배치한다. 아마존 대시는 보다 쉽고 간

아마존 대시

편한 쇼핑을 원하는 현대인의 또 하나의 유통 트렌드로 자리 잡을 가능성이 크다.

전자상거래 최후의 과제, 디스플레이

90년대 중반 TV 홈쇼핑은 이미 하나의 쇼핑 트렌드였지만 그곳에서 패션 및 잡화 제품을 보기는 어려웠다. 그때까지만 해도 눈으로 보지 않고 옷을 산다는 건 말도 안됐다. 바로 TV로 볼 때와 제품을 배송받았을 때 느끼는 소재의 질감과 컬러가 실제와 너무 달랐기 때문이다. 당시 대부분 TV는 브라운관이었다. 지금과 같은 기술 수준에 비교하면 화질이 현저히 떨어진다. 그래서 전자상거래 초창기 시절 홈쇼핑 상품은 모니터의 화질 탓에 차이가 크게 보이는 제품은 판매할 수 없었다. 그때 홈쇼핑의 매출은 시각적 측면보다는 쇼호스트의 입담에 좌우됐다.

2000년대 들어 디스플레이 기술이 발전해 비로소 소비자에게 생생한 이미지를 전달할 수 있게 됐다. 소비자는 모니터로 본 상품을 택배로 받은 상품과 같다고 여겼다. 그후 홈쇼핑과 온라인쇼핑몰에서 신선상품이나 패션상품 등 시각적 비중이 큰 제품을 판매했다. 2000년대 후반 스마트폰 보급의 시작으로 디스플레이 산업이 최고의 전성기를 맞았다. 자연색보다 더 리얼한 OLED, 더 진한 화질을 보여주는 Back Light Unit, 그리고 HD를 넘어 UHD까지.

반면 기술은 양날의 칼이 되기도 한다. 디스플레이 기술 수준은 높아졌지만, 기술 사각지대에 놓인 '시각 차이'를 간과할 수 없다. 실제보다 더 선명한 디스플레이 탓에 한 온라인 의류 쇼핑몰에서 판매하는 붉은 의상은 LCD 디스플레이와 OLED 디스플레이로 볼 때 엄청난 색상 차이가 생긴다. 두 디스플레이의 색 영역과 재현력 특성이 다르기 때문에 발생하는 문제다. 명암비로 인한 문제도 있다. OLED에서는 한 올 한 올 명암의 깊이를 느낄 수 있지만, LCD에서는 온통 검정색에 묻힌 것처럼 보인다. 이는 원소스 생산자의 모니터를 기준으로 이미지를 만들어 다양한 환경에서 접근하는 소비자를 대응하지 못해 발생하는 문제다.

이로 인해 지금까지 잘 쌓아둔 온라인 쇼핑몰의 신뢰도가 떨어지려 한다. 이때 온라인 쇼핑몰의 대처는 모니터 해상도나 화질 차이에 따른 교환 및 반품은 불가하다며 소비자에게 귀책을 돌리는 경우가 대부분이다. 그렇다면 전자상거래 시장은 이 '시각 차이'에 발목을 잡혀 책임을 회피하다 끝나고 말 것인가. 앞으로도 소비자는 두 눈으로 제품을 확인하기 위해 '쇼루밍' 해야 할까.

근본적인 해결은 어렵다지만 완전히 불가능한 일은 또 아니다. 디스플레이를 자동 감지(Auto Detecting)해서 화질을 보정해주는 애플리케이션을 개발할 수도 있고, 온라인 쇼핑몰 내 상품 이미지를 여러 개 제작해 사용자 환경에 맞는 맞춤 이미지를 제공할 수도 있다. 오직 디스플레이에 뜬 이미지에 의존해 구매 결정을 내리고 결제 버튼을 눌러야 하는 소비자는 현장에서 보는 '그대로'의 색상과 질감이 무엇보다 중요하다. 국내도 어서 빨리 그 가치의 경중을 잘 판단하고 기술과 소비자가 진정 바라는 필요에 접근할 수 있는 현명한 유통 시스템이 자리잡길 기대한다.

출처 : 허핑턴포스트, 2015.7.29.

기업들은 고객에게 가치를 제공하고 기업들에게 이익이 되는 고객관계를 단독으로 수행하는 데 어려움을 겪는다. 그러므로 기업은 자사의 마케팅 경로를 효과적으로 운영할 뿐만 아니라 전체적인 마케팅 경로를 경쟁사에 비해 더욱 우수하게 관리함으로써 고객관계를 더욱 강화시킬 필요가 있다. 이러한 기업의 목표를 달성하기 위해서는 고객관계관리뿐만 아니라 중간상들과의 관계관리도 잘 수행되어져야 할 것이다.

제1절 유통의 개념과 기능

1. 유통의 개념

제조업자가 직접 최종 구매자에게 제품을 판매하는 경우도 있으나, 대부분의 제품들은 도매상, 소매상 같은 중간상들을 거침으로써 판매하게 된다. 유통경로(distribution channel)는 어떤 제품이나 서비스를 최종 구매자가 보다 효율적으로 구입할 수 있도록 만들어 주는 과정에 참여하는 모든 조직체 또는 개인들의 집합을 가리킨다. 유통경로의 참여자는 제조업자(manufacturers), 중간상(intermediaries), 구매자(buyers)가 있다.

제조업자들이 중간상을 이용하면 직접 판매를 하는 것보다 마케팅 활동에 대한 통제력이 약해지게 된다. 그럼에도 불구하고 중간상들을 이용하는 이유는 시간, 장소, 소유권에 대한 효용이 있기 때문이다. 즉, 유통은 생산 시점과 다른 시점에 소비를 할 수 있게 하고 생산 지역과 다른 지역에서 판매될 수 있게 한다. 또한 생산자로부터 소비자로 제품의 소유권을 이전하는 효용 또한 있다. 이러한 유통의 이점을 살펴보면 다음과 같다.

1.1 거래의 집중화

거래의 집중화(centralization)는 생산자와 구매자 간의 거래에서 유통기관이 매개함으로써 거래를 하는 데 효율성을 높일 수 있음을 말한다. 유통기관이 구매자와 제조업자 사이를 매개함으로써 경로상의 비효율성을 줄일 수 있다. 예를 들어 3명의 생산자와 3명의 구매자 사이에서는 9회의 접촉이 필요하지만, 하나의 유통기관을 통해 집중되면

그림 12-1 거래의 집중화와 접촉 효율성

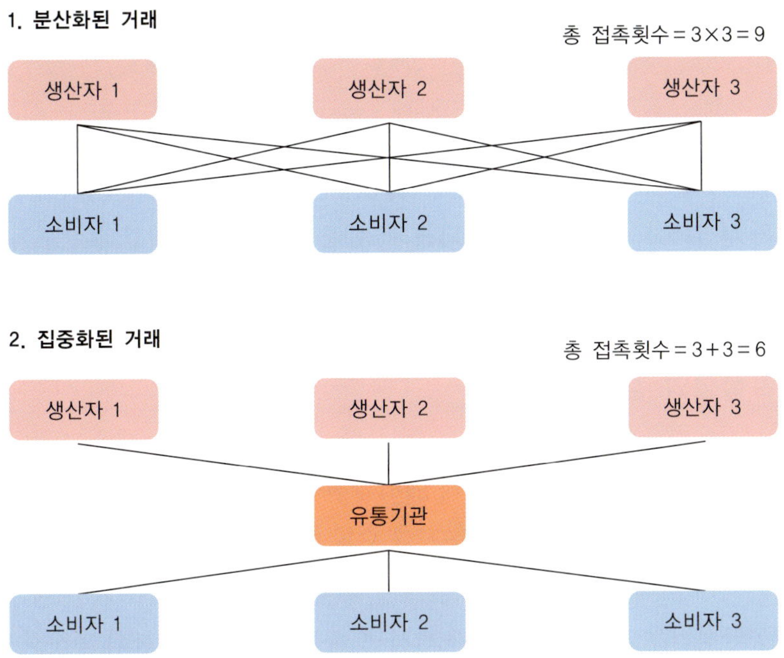

총 6회의 접촉만으로도 유통이 이루어질 수 있다. 즉, 중간상이 유통경로상에 존재함으로써 총 접촉 수는 3회만큼 줄어들게 되는 것이다. 이 같은 거래 접촉의 감소는 생산자와 구매자의 수가 늘어날수록 기하급수적으로 커지는 동시에 효율성이 제고된다(최소거래수의 원칙). [그림 12-1]은 거래의 집중화를 통한 접촉 효율성을 단적으로 보여 준다.

1.2 거래의 정형화

거래의 정형화(routinization)는 거래에 있어 필요한 규칙과 틀을 미리 정한 후 그에 따라 거래를 진행하는 것을 말한다. 거래에 있어 미리 규칙과 틀을 정함으로써 유통경로 구성원 간의 흥정과 협상이 줄어들게 되고 불확실성을 제거할 수 있다. 만약 거래가 정형화되지 않았다면 각 소매점이나 제조업자들은 모두 다른 가격을 제시할 것이고 소비자는 일일이 가격을 문의하고 흥정해야만 할 것이다. 소비자는 정형화된 거래를 통해서 정해진 가격에 구매 여부를 결정할 수 있으며 현금으로 할지 신용카드로 할지 여부의 구매방법의 결정이 가능해진다. 즉, 소비자는 중간상을 통해 정형화된 틀을 이용하여 신속하고 간편하게 거래함으로써 편리함을 누릴 수 있다.

1.3 구색 갖추기

유통기관은 소비자들의 다양한 수요를 충족시킬 수 있는 제품들을 분류하여 적절한 구색을 갖춤으로써 소비자들에게 효익을 제공할 수 있다. 즉, 생산자들은 각자의 제한된 제품만을 생산하고 이를 특화하게 되는데, 유통기관이 이를 취합하여 구색을 갖춤으로써 소비자들은 각자 선택의 자유에 따라 다양한 종류의 제품을 선택할 수 있게 된다.

1.4 불확실성의 감소

생산자와 구매자는 거래에 있어 상대방이 자신에게 맞는 거래 상대인지를 정확하게 인식하기 어렵고 이로 인해 불확실성을 느낄 수밖에 없다. 소비자는 생산자의 제품이 과연 지불한 가격에 비해 가치가 있는 것인지에 대해 불확실성을 느끼게 된다. 생산자 또한 시장에 공급하려는 제품이 소비자가 원하는 제품인지에 대한 불확실성을 느낀다. 그런데 유통기관이 있어서 소비자와 생산자 간의 불확실성을 감소시킬 수 있다. 왜냐하면 중간상은 생산자에 비해 구매자와 더 가까운 거리에 있으므로 소비자의 취향과 욕구의 변화를 민감하게 받아들여 유용한 정보를 가질 수 있고, 이를 생산자에게 전해줌으로써 불확실성을 줄일 수 있기 때문이다.

2. 유통의 기능

유통기관의 기능은 물적 유통, 소유권 이전, 촉진, 협상, 금융, 위험부담, 주문, 지불의 8가지로 나누어 볼 수 있다.

물적 유통과 소유권 이전은 항상 동일하게 이동하는 것이 아니다. 즉, 물적 유통은 제품을 취득해 이를 다시 소비자에게 넘길 수 있지만 소유권은 생산자로부터 구매자에게 바로 넘어갈 수도 있다. 특히 생산자의 위탁을 받아 판매만을 대행하는 유통기관의 경우 해당 제품의 물적 취득은 중간상이 담당하고, 소유권은 중간상이 물건을 판매하는 순간 바로 생산자로부터 소비자에게 넘어가게 된다.

촉진은 유통경로에 있어 다음 단계의 참여자를 상대로 수행된다. 생산자는 유통기관에, 유통기관은 또다시 소비자를 대상으로 촉진 활동을 하게 된다. 생산자나 유통기관 모두는 서로를 대신해 촉진 활동을 수행하기도 한다.

협상은 유통기관이 생산자 혹은 소비자와 거래조건을 결정하는 과정을 말하는 것으로, 거래조건에 관한 사항들을 고려해 제품의 이전을 어떻게 할지 결정하게 된다. 이는 지불을 통해 이루어지는 것으로, 제품에 대한 반대급부를 말한다.

유통기관은 생산자나 소비자를 위해 여러 가지 금융 활동을 수행하기도 한다. 예를 들어 소비자에게 신용판매 또는 생산을 하청할 경우에 자금을 미리 지원하는 활동 등을 할 수 있다. 이러한 유통과정에서 위험이 발생하게 되는데 이러한 위험의 부담은 소유권이 이전된 이후 판매가 이루어지지 못하면 그 손실을 유통업자가 부담하게 된다. 특히 최종 유통과정을 책임질 경우 더 많은 위험을 부담하게 되므로 따라서 더 높은 마진을 요구하게 된다.

제2절 유통경로의 구조

1. 소비재 유통경로와 산업재 유통경로

유통경로는 소비자에 따라 다양한 구조를 가지게 된다. 마케터는 유통경로상에서 다양한 중간상들을 포함시키거나 혹은 중간상의 참여를 배제시킬 수 있다. 하나의 기업은 한 가지 유통경로를 이용하거나 둘 이상의 서로 다른 유통경로를 활용할 수 있다. 유통경로의 형태는 생산자의 제품 특성에 따라 달라지는데 일반적으로 소비재 유통경로와 산업재 유통경로의 두 가지로 나누어질 수 있다. 소비재(consumer product) 유통경로는 [그림 12-2]와 같이 네 가지 유형으로 구분될 수 있다.

첫 번째 유통경로는 제조업자가 직접 소비자에게 판매하는 형태로, 직접 마케팅 경로(direct marketing channel or direct channel)라고 부른다. 이는 정수기나 화장품 등의 가정 방문판매가 좋은 예가 될 수 있다. 또한 통신판매 전문회사들이 우편이나 전화를 통해 소비자들에게 직접적으로 상품을 판매하는 경우 이 또한 유통경로에 해당한다.

두 번째 유통경로는 제조업자와 소비자 사이에 소매상이 중간상으로서 역할을 하는

그림 12-2 소비재 유통경로

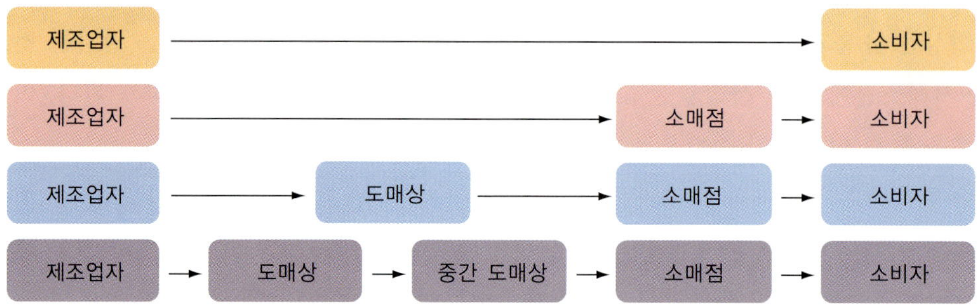

형태로서, 유통업자들이 제조업자로부터 직접 구매한 상품들을 판매한다. 예를 들면 백화점이나 할인점과 같은 대형 소매업체들을 통한 유통이 바로 여기에 해당한다.

세 번째 경로 유형은 제조업자와 소비자 사이에 소매상뿐만 아니라 도매상도 개입되는 형태로서 가장 일반적인 유형이라고 할 수 있다. 이러한 경로 유형은 많은 소비재 분야에서 중소규모의 제조업자들이 주로 이용한다.

네 번째 경로 유형은 가장 복잡한 형태로시 제조업자와 소비자 사이에 세 단계 이상의 중간상을 통과하는 유형이다. 이는 도매상과 소매상 사이에 중간도매상(jobber)이 존재해, 대형 도매상들이 취급하기 어려운 소규모의 소매상들에게 공급하는 역할을 맡게 된다.

유통경로가 길어지고 복잡해질수록, 각 중간상들의 마케팅 기능은 더욱 전문화된다. 각 중간상들이 많아지게 되면 각 구성원이 잘 할 수 있는 역할만을 수행하기 때문에 이로 인해 제조업자 단독으로 유통활동을 하는 경우보다 더 많은 효익을 발생시킬 수 있다. 그러나 유통경로가 멀어질수록 이들 제조업자의 통제력은 떨어지게 된다.

한편, 산업재는 소비재의 유통경로와 조금 다른 형태를 가지게 된다. [그림 12-3]은 산업재 유통경로를 보여 준다.

산업재는 소비재와 다르게 일반적으로 직접 유통경로를 많이 사용한다. 산업재는 자사의 영업사원이나 직접 마케팅을 이용하여 기업체 고객들에게 판매되는 경우가 많다. 소비재 시장과 비교하여 산업재 시장은 대체로 소수의 구매자가 대규모로 구매하는 경우가 일반적이다. 또한 구매자들이 소비재와 달리 지리적으로 집중되어 있으므로 산업재 제조업자들은 긴 유통경로를 이용하여 얻는 이점이 소비재에 비해 적다고 볼 수 있다. 산업재가 소비재에 비해 짧은 유통경로를 가지는 또 다른 이유는 제품이 전문적 지식이나 판매 후 서비스가 요구되기 때문이기도 하다.

그림 12-3 산업재 유통경로

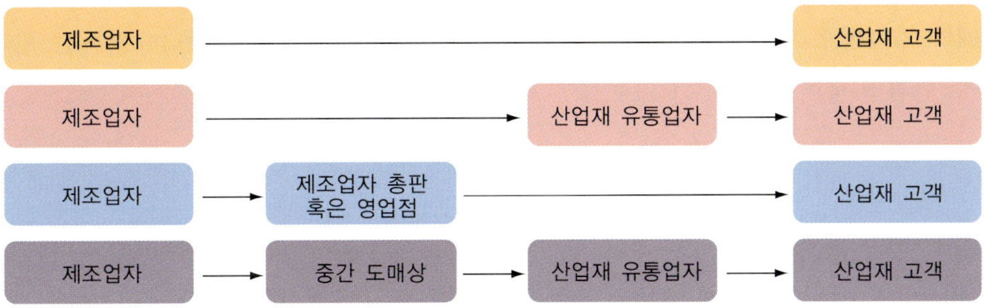

지금까지 소비재와 산업재 유통경로의 기능과 역할에 대해서 살펴보았다. 이러한 유통경로에서 때로는 중간상이 많을 수도 있고, 없을 수도 있다는 것을 알 수 있다. 그러나 혹 중간상이 없다고 하더라도 중간상이 수행하는 기능은 없어지지 않는다는 것을 꼭 염두에 두어야 할 것이다.

2. 유통기관의 유형과 기능

제조업자가 이용할 수 있는 유통기관은 매우 다양하다. 또한 지속적으로 새로운 유형의 유통기관이 나타나고 있는 상황에서 유통산업의 특징과 변화를 잘 이해하여 효과적인 유통경로를 개발하고 운용하는 것은 필수적이다. 특히 앞의 유통경로 유형에서 보듯이 유통경로상에서 도매상과 소매상이 결정적인 역할을 수행하고 있음을 알 수 있다. 소매상은 점포의 유무나 제공하는 서비스의 종류 및 수준에 따라 세분될 수 있고, 도매상은 주체와 기능에 따라 세분될 수 있다.

2.1 소매상

소매상(retailer)은 제조업자 혹은 도매상으로부터 제품을 구입해 최종적으로 소비자에게 판매하는 유통기관이라고 할 수 있다. 소매상은 유통경로의 마지막 단계에서 최종 구매자와 접촉을 한다는 특징 때문에 제조업자의 성과에 큰 영향을 미칠 수 있다. 소매상은 점포를 소유하고 있는지 여부에 따라 점포형 소매업(store retailing)과 무점포형 소매업(nonstore retailing)으로 나누어진다.

(1) 점포형 소매업

점포형 소매업(store retailing)은 규모와 형태에 있어서 매우 다양하며, 새로운 소매업태가 지속적으로 나타나고 있다. 점포형 소매업에는 재래시장, 전문점, 백화점, 슈퍼마켓, 양판점 등이 있다.

1) 재래시장

재래시장이나 동네 상점은 과거 우리나라의 주요 소매상들이었으나 다양한 형태의 소매상이 경쟁하면서 점차 퇴조하고 있다. 재래시장은 가격이 저렴하다는 장점을 가지고 있지만, 품질보증 기능이 미약하다는 단점을 가지고 있다. 재래시장은 도매 기능과 소매 기능을 동시에 가지고 있으며, 우리나라의 문화라고도 할 수 있기 때문에 완전히 사라지지는 않을 것이다.

2) 전문점

전문점(specialty store)은 몇 종류의 한정된 제품 계열을 취급하는 소매점의 형태이다. 비록 제한된 제품 계열이지만 다양한 브랜드를 취급하고 구색의 깊이는 매우 깊다. 전문점은 가전제품이나 오디오, 의류, 가구 등의 특정 제품의 계열을 취급하게 되는데 일부는 혼수 백화점 등과 같이 특정 소비자층을 겨냥한 전문점도 있다. 전문점은 소규모 점포들이 모여 Mall을 형성하기도 하는데 용산전자랜드, 테크노마트와 같은 곳이 여기에 해당한다.

소규모 전자제품 점포들이 모여 전문쇼핑몰을 만들기도 한다.

백화점은 다양한 제품 유형과 브랜드를 한 번에 접할 수 있다는 이점을 가진다.

3) 백화점

백화점(department store)은 의류, 가정용품, 잡화를 중심으로 다양한 제품 계열을 취급하며 각 제품 계열은 전문 구매자나 머천다이저에 의해 갖추어진다. 백화점은 많은 종류의 제품이 한곳에 모여 있어 원스톱 쇼핑이 가능하다는 장점이 있다. 백화점은 소매업태의 경쟁이 격화되기 이전까지 빠른 성장가도를 달려왔으나, 이후 할인점, 홈쇼핑 등의 신업태가 등장함으로써 성장이 둔화되고 있다. 이에 대한 대응으로 전문성을 강화하고 레저와 문화, 여가 선용의 장소로서 기능을 강화하고 있다. 백화점에서 제품의 판매는 주로 점포 내에서 이루어지지만, 최근에는 통신판매나 특판 등 점포 밖의 판매 비율도 증가하고 있다.

4) 슈퍼마켓

슈퍼마켓(supermarket)은 식료품, 생활용품 등을 중점적으로 취급하는 소매점으로서, 낮은 마진으로 대량 판매하여 수익을 낸다는 특징을 가지고 있다. 낮은 마진 때문에 슈퍼마켓은 소비자에게 셀프서비스를 유도하며, 일반적으로 슈퍼마켓은 아파트 단지나 주택가와 같이 소비자들이 쉽게 방문할 수 있는 곳에 위치하게 된다.

우리나라의 슈퍼마켓은 소매업의 대표적인 형태이나 몇 가지 문제점을 가지고 있다. 첫째, 점포의 규모가 작아 상품 구색이 부족하다. 둘째, 점포들이 체인으로 묶여서 공동으로 대량 구매를 해야 구입 원가를 낮출 수 있음에도 불구하고, 우리나라에서는 다점포화가 미흡하여 할인점과의 가격경쟁에서 뒤떨어지고 있다. 따라서 슈퍼마켓은 내점 고객의 수를 고려한 다양한 판촉 전략을 활용함이 필수적이다. 즉, 소비자와의 거리가 가깝고 방문횟수도 많다는 장점을 살려 요일과 시간에 따라 할인판매 품목도 변화시켜 매출을 증진시키고 다점포화를 수행하면서 가격경쟁력을 높일 수 있는 방안을 모색해야 한다.

5) 양판점

양판점(general merchandising store: GMS)은 상품 구색 및 매장 형태는 백화점과 비슷하지만 백화점보다 가격이 저렴한 곳이다. 즉, 다양한 상품 계열을 중저가로 판매하는 실용품 중심의 종합점을 가리킨다. 하지만 우리나라에서는 대부분의 사람들이 양판점에 대해 잘 모를 뿐만 아니라, 뿌리를 잘 내리지 못하고 있는 소매업태이다.

양판점이 백화점보다 가격을 낮출 수 있는 이유는, 첫째, 자체 브랜드(private brand)를 많이 이용한다는 것이다. 이는 유명 브랜드와 품질 면에서는 비슷하지만 가격은 낮출 수 있으므로 양판점은 백화점보다 가격경쟁력을 가질 수 있다. 둘째, 양판점은 다점포화를 통해 구입 원가를 낮춤으로써 가격경쟁력을 가질 수 있다. 미국의 대표적인 양판점인 씨어즈(Sears)는 한 해에 무려 200개가 넘는 점포를 개설한 적이 있는데, 이것은 다점포화의 중요성을 보여 준다. 점포의 수가 적으면 자체 브랜드를 개발하더라도 가격을 낮추기가 어려우므로 다점포화는 양판점의 필수조건인 것이다.

우리나라 최초의 양판점은 1988년 설립된 새나라 슈퍼 백화점이며, 이를 시작으로 한양유통, 해태유통 등이 개점하였다. 그러나 점포의 비효율적 운영, 상품 구색의 미흡, 할인점의 급성장 등으로 인하여 우리나라에서 양판점이 뿌리내릴 수 있을지는 아직도 불확실하다.

6) 편의점

편의점(convenience store)은 식료품 위주의 구색을 갖추고 있으며 회전율이 높은 편의품을 주로 취급한다. 편의점은 연중무휴 24시간 영업과 더불어 접근하기 편리한 곳에

백화점은 다양한 제품 유형과 브랜드를 한 번에 접할 수 있다는 이점을 가진다.

위치하고 있으며, 한정된 상품 구색을 가지고 있다는 특징이 있다. 즉, 편의점은 시간 · 장소 · 구색의 편리성이 그 주요한 특징이라고 볼 수 있다. 우리나라에서 편의점의 대부분은 프랜차이즈시스템(franchise system)을 가지고 있으며, 편의점 본사와 가맹점과의 계약에 의해 운영되는 경우가 많다. 따라서 이들은 동반자적인 관계로서 신뢰와 상호간의 의사소통이 매우 중요하다. 일반적으로는 계약을 통해 운영되지만 일부는 본부에 의해 직영으로 운영될 수도 있다.

7) 할인점, 하이퍼마켓, 슈퍼센터

할인점(discount store)은 유명 브랜드 제품을 낮은 가격으로 판매하는 소매업태이다. 즉, 양판점이 백화점 수준의 매장에서 자체 브랜드 제품을 판매한다면, 할인점은 상대적으로 지가 및 임대료가 싼 지역에서 유명 브랜드 제품을 판매한다는 점이 다르다.

미국식 할인점은 식료품의 판매 비중이 낮다는 이유로 할인점들이 식료품 구색을 키우지 않았다. 하지만 최근에 식료품 비중을 높인 형태를 시험하고 있는데, 이를 미국에서는 슈퍼센터(supercenter), 유럽에서는 하이퍼마켓(hypermarket)이라고 부른다. 즉, 할인점과 슈퍼마켓을 합쳐 놓은 형태라고 이해하면 된다. 따라서 우리가 일반적으로 알고 있는 롯데마트나 이마트 경우에는 상품 구색에서 유명 브랜드 제품과 식료품을 둘 다 취급함에 따라서 슈퍼센터나 하이퍼마켓이라고 부르는 것이 옳을 것이다.

우리나라에서는 도심 내 대형 할인점이 위치하고 있다는 특징을 가진다.

8) 카테고리 킬러

전문점과 할인점을 결합한 형태를 카테고리 킬러(category killer) 또는 전문 할인점(specialty discount store)이라고 부른다. 카테고리 킬러는 특정 제품 계열 내에서 다양한 상품 구색을 갖추고 있으며, 낮은 가격을 특징으로 하고 있다. 미국의 대표적인 카

특정 카테코리에 속한 다양한 제품군을 동시에 비교할 수 있다는 점이 전문할인점이 가지는 가장 큰 차별점이다.

테고리 전문점으로는 장난감 전문 할인점인 Toys "R" Us, 가전 전문 할인점인 Circuit City 등이 대표적인 예이며, 우리나라에는 하이마트가 여기에 포함된다고 할 수 있다.

9) 회원제 창고형 도소매점

회원제 창고형 도소매점(membership warehouse club)은 회원제로 운영되며 회원들에게만 제조업체 제품들을 저렴하게 판매하는 소매업을 가리킨다. 회원제 창고형 도소매점의 특징은 제품의 가격이 할인점보다 저렴하며, 상품 구색이 슈퍼센터나 하이퍼마켓보다 좁아서 회전율이 높은 제품과 브랜드에 집중한다는 점이다. 또한 회원제 도매클럽은 실내장식이 거의 없는 매장과 진열대에 제품을 상자째로 쌓아 놓고 고객이 직접 고르게 하는 묶음 판매를 통해 운영비를 최소화한다. 미국의 Price club, Sams club, 우리나라의 코스트코 등이 여기에 속한다.

대형마트 업계가 소비경기 침체와 유통시장 변화로 인한 성장률 둔화의 극복을 위해 창고형 할인점을 확대하고 있다. 이마트 '트레이더스', 롯데마트 '빅마켓', 코스트코(왼쪽 위부터 시계방향). 오른쪽은 창고형 할인점의 내부.

Marketing Point

가전유통전문점의 변신…
하이마트 '모바일숍·온라인' 전자랜드 '해외 브랜드·PB 확대'

가전유통전문점이 오프라인을 넘어 온라인 · 모바일 채널을 강화한다. 취급 상품도 삼성 · LG 등 국내 가전 중심에서 글로벌 가전은 물론 생활 필수품으로까지 확대되고 있다.

롯데하이마트와 전자랜드는 국내 대표 가전유통전문 업체다. 로드숍을 중심으로 넓은 주차장과 모든 브랜드 제품을 한 곳에서 선택할 수 있다는 '카테고리 킬러' 전략으로 성장해 왔다.

추가 성장과 소비자 취향 변화를 감안한 변화는 선택이 아닌 필수가 되고 있다. '가전양판점 2.0' 시대가 열렸다.

◇롯데하이마트, 하반기 온라인쇼핑몰 대거 보강 · 모바일숍 지속 확대

롯데하이마트는 온라인 판매전략과 모바일숍 대응을 획기적으로 높이고 있다. 기존 오프라인 매장 판매 위주 전략에서 탈피하면서 추가 성장 기회를 잡는다는 전략이다. 대형 양판점을 지향하는 하이마트는 온라인 · 모바일 유통 채널 확보에 큰 공을 들인다. 100억 원가량을 투자해 온라인 쇼핑몰을 새로 꾸미고 있다. 기존 오프라인 강점은 살리고 최근 가전 소비 역시 온라인 · 모바일 비중이 높아지고 있는 추세를 반영한 조치다.

단순히 오프라인 고객이 온라인으로 전이되는 것은 실익이 적다. 롯데하이마트는 철저한 고객 분석과 온 · 오프라인 전략 차별화로 '플러스 알파'를 꾀하겠다고 밝혔다.

외부에서 본 롯데하이마트 광명 철산점 모습.

롯데하이마트 관계자는 "오프라인 판매 제품과 온라인 상품은 아이템 구성을 달리하고 일부 모델을 조정해 직접적 충돌이 없도록 할 것"이라며 "제품 설명과 추천을 원하는 고객과 온라인에서 직접 상품을 고르는 고객을 모두 잡겠다"고 말했다.

롯데하이마트 철산점은 지난달 점포를 리뉴얼해 1층 전체를 스마트폰 판매 위주 '하이마트 모바일'로 개편했다. '스마트기기' 판매 확대를 위한 조치다. 이처럼 하이마트는 기존 매장 1층을 스마트폰 기기 위주로 두고 전통적 주력상품인 TV와 세탁기, 냉장고 등은 2층에 배치하는 쪽으로 큰 개편방향을 잡았다.

고객의 스마트기기 접점을 늘리기 위한 조치다. TV와 백색가전 고객은 제품을 실제 필요해 구매하는 경우가 많다. 모바일기기는 길거리 매장 체험 마케팅이 중요하다는 점을 반영했다. 스마트기기는 전통 대형 가전상품에 비해 교체주기가 월등히 빠르다. 롯데하이마트 전체 매출 가운데 모바일기기 비중이 높아지는 추세에 맞춰 점포 구성 역시 빠르게 대응한다는 구상이다.

◇전자랜드, 해외 브랜드 · PB 확대 등 아이템 확대 정책

전자랜드는 해외 브랜드 제품 유통총판으로 역할을 넓히고 있다. 국내 소비자의 해외 프리미엄 가전 수요가 늘고 있다. 전자랜드가 해외 가전을 직수입해 국내에 보급하면서 매출 확대를 꾀한다는 접근이다.

특히 전자랜드는 프리미엄 브랜드만 직수입할 계획이다. 지난해 이탈리아 주방가전 까사부가티, 일본 이미용 기기 테스콤(TESCOM), 일본 환경가전 브랜드 카도를 수입해 판매를 시작했다. 전자랜드 직수입 브랜드는 전자랜드 특정 프리미엄 매장 위주로만 입점됐다.

전자랜드 관계자는 "소비자에게 다양한 상품을 소개하고 제품을 선택하는 데 있어 각 개인 취향을 고려할 수 있도록 하는 데 주력할 것"이라며 "소형 프리미엄 가전 위주로 유통 직수입 브랜드를 계속 늘려 가겠다"고 밝혔다.

PB(Private Brand)인 '아낙' 마케팅도 확대한다. 아낙으로는 가격 경쟁력 있는 보급형 제품으로 소비자를 잡겠다는 것이다. 아낙은 가격을 저렴하게 책정하고 실생활에서 쉽게 사용할 수 있는 제품으로 출시한다.

제조사 협업으로 신제품도 출시한다. 올 여름 소개한 날개 없는 선풍기(AF1010)는 전자랜드가 국내 벤처기업인 윈드앰프사와 1년간 협업한 성과다. 제품 개발을 지원하고, 해외마케팅 · 수출 지원, 국내 마케팅으로 성과를 내고 있다. 전자랜드는 향후 가전분야를 넘어 건강과 이 · 미용 상품 등으로 다루는 분야를 넓혀갈 계획이다.

출처 : CIO Korea, 2015.6.22.

(2) 무점포형 소매업

무점포형 소매업(non-store retailing)은 점포를 이용하지 않는 소매업이다. 이 소매업은 점포 개설 비용 절감 및 입지조건에 구애받지 않고 표적 구매자에게 접근할 수 있다는 장점을 가지고 있다. 또한 소비자에게는 시간을 절약해 주는 편익을 제공한다. 특히 최근에 소비자들의 시간 가치에 대한 인식이 증대됨에 따라 무점포 소매상은 더욱 증가할 추세이다. 무점포형 소매업의 유형으로는 방문판매(door-to-door direct sales), 다이렉트 마케팅(direct marketing), 자동판매기가 있다.

1) 방문판매

방문판매(door-to-door direct sales)는 판매원이 직접 소비자를 찾아가 제품을 소개

방문판매는 고객과 밀접하게 접촉하고 고객의 욕구에 즉각적 대응을 할 수 있다는 특징을 갖는다.

하고 구매를 유도하는 방식으로 생활용품, 건강식품, 화장품, 학습지 등의 다양한 제품들이 이를 통해 유통된다. 방문판매는 소비자와 대면함으로써 제품의 정보를 더욱 면밀히 소개해 줄 수 있고 소비자와의 직접적인 의사소통을 통해 고객 정보를 얻을 수 있다는 장점이 있다.

방문판매 방식 중 최근에 가장 주목을 받고 있는 다단계 마케팅(multi-level marketing)이 있다. 다단계 마케팅의 판매방식은 제품을 사용해 본 소비자가 제품을 구입하고, 이를 다른 소비자에게 판매하는, 즉 제품을 구입한 소비자가 다시 판매원이 되는 과정이 반복되는 판매형식이다. 다단계 마케팅은 우리나라에 도입될 때, 많은 비난과 우려가 있었는데 이는 피라미드 판매방식에 대한 부정적인 인식이 사회 전반에 깔려 있었기 때문이다. 그러나 다단계는 구매의 자유의사 및 환불 가능 등의 문제가 존재하는 피라미드 판매와는 구분되어야 한다.

2) 다이렉트 마케팅

다이렉트 마케팅(direct marketing)은 TV나 인터넷 혹은 전화 등의 매체를 통해 제품 정보를 제공하고 주문을 받아 판매하는 것을 말한다. 다이렉트 마케팅은 방문판매와 마찬가지로 무점포 소매업이나, 제품을 직접 보고 구매를 한다는 점에서 두 판매방법은 차이가 있다.

다이렉트 마케팅은 유통단계 및 매장 운영비 절감으로 인해 저렴한 가격에 판매되고, 직접 배달을 통해 편리성이라는 경쟁력을 가지게 된다. 주로 생활용품, 의류, 화장품, 특산품 등을 많이 취급하나 최근에는 그 제품의 범주가 더 넓어지고 있다. 다이렉트 마케팅은 다양한 편리성에도 불구하고 제품을 직접 보지 못하고 구매한다는 특징 때문에 고객의 불만이 발생되기 쉽고 배달 지연에 따른 불편함 등이 발생되어 고객의 신뢰를 확

홈쇼핑의 판매제품군은 공산품뿐만 아니라 농산품, 보험, 인테리어 분야로 확대되고 있다.

보하기 어려울 수 있다.

인터넷이나 TV를 통한 홈쇼핑이 급속히 성장하고 있어, 국내 대기업들도 여기에 참여해 현재 많은 수익을 내고 있다. 앞으로는 인터넷 쇼핑몰과 TV 홈쇼핑 외에도 쌍방향 전자상거래가 가능한 TV 전자상거래도 커질 것으로 예상되고 있다. 즉, 소비자가 방송을 시청하면서 동시에 리모컨으로 제품의 선택, 결제정보 결정, 배송정보 입력을 하는 등 쌍방향성이 더욱 강화될 것이다. 또한 모바일 매체의 활성화로 인해 모바일 마켓의 규모도 더욱 커질 것이다.

3) 자동판매기

자동판매기(vending machine)는 고객이 접근하기 편리한 장소에 위치하여 저가의 편의품을 판매한다. 판매기 제조업체로부터 개인사업자가 판매기를 구입해 운영하거나, 음료 혹은 식품회사가 판매망 확보를 위해 직접 자동판매기를 구입해 운영하기도 한다. 국내에서는 커피, 음료, 담배, 스낵, 티슈 등의 일상용품이 주류를 이루고 있다.

2.2 도매상

도매상(wholesalers)은 제품을 구입해 여러 소매상이나 다른 도매상, 산업재 생산자에게 재판매하는 역할을 한다. 소매상들은 주로 최종 구매자들을 대상으로 거래를 하는 반면, 도매상들은 주로 소매상들을 상대하는 특징을 가지고 있다.

Marketing Point

트렌디 리테일 마케팅 '팝업스토어', 성공공식 따로 있다?

짧게는 몇 주, 길어봐야 몇 개월에 불과한 운영 기간 동안 순 인원 3만 명이 매장을 방문하고, 8천 명이 상품을 실구매했다. 추가적인 마케팅 비용 지출 없이 대중을 통한 이슈 형성만으로 방송 노출 역시 4건이나 성사됐다. 이것이 바로 아디다스가 진행한 팝업스토어의 성과다.

아디다스의 성공에서 엿볼 수 있듯이 최근 몇 년 사이 인터넷 팝업 창처럼 일시적으로 나타났다가 어느 순간 흔적도 없이 사라져버리는 '팝업스토어'가 기업들의 새로운 마케팅 채널로 각광받고 있다. 하지만 모든 팝업스토어가 아디다스처럼 성공적인 결과를 거머쥐는 것은 아니다. 기존 상설 매장을 답습하는 기획이나 디자인으로는 결코 고객들의 발길을 사로 잡을 수 없다.

브랜드의 아이덴티티를 공간에 실현하고, 고객들을 끌어 모으려는 기업들의 고민이 커지면서 최근 급부상 하고 있는 마케팅 분야가 바로 '스페이스 브랜딩'이다. 스페이스 브랜딩은 브랜드의 특징이 반영된 공간을 디자인 하는 것을 말한다. 공감각의 경험적인 서비스로, 고객들에게 브랜드의 강력한 인상을 심어주어 브랜드 이미지를 강화시키는 일련의 작업이다.

대표적인 팝업스토어 성공사례로 손꼽히는 아디다스 시리즈를 비롯해 오픈 3일 만에 2만여 개 아이템 판매 및 1억 원 매출이라는 대기록을 달성한 '카카오프렌즈 팝업스토어', 세계3대 디자인상을 석권한 '네이버 앱스퀘어', 건대입구를 대

표하는 새로운 랜드마크인 '커먼그라운드'는 모두 철저한 스페이스 브랜딩을 통해 탄생한 결과물들이다.

아디다스, 카카오프렌즈, 네이버, 커먼그라운드와 함께 놀라운 성과를 만들어 낸 주인공은 바로 국내 건축&디자인 회사인 '얼반테이너'이다. 얼반테이너는 스페이스 브랜딩에서 시도되는 시각적 요소, 브랜드 컨텐츠 경험, 브랜드 특성에 대한 상징적인 표현을 통해 일반적이고 추상적인 브랜드 퀄리티의 느낌을 구체적이고 공간적인 경험으로 변화시키는 특별한 재주를 가진 회사다. 브랜드를 완벽하게 이해하고 공간을 재해석해 내는 과정을 통해 강력한 리테일 마케팅의 새로운 전략

이 탄생하는 것이다.

얼반테이너 관계자는 "새로운 마케팅 플랫폼을 각광받는 팝업스토어를 효과적으로 운영하고 홍보효과를 극대화하기 위해서 스페이스 브랜딩은 이제 더 이상 선택이 아닌 필수가 됐다"며 "우리는 오랜 연구와 고민, 실전을 통해 쌓아온 스페이스 브랜딩과 컨테이너 모듈러 건축 분야에서의 노하우와 경험을 바탕으로 트렌디한 마케팅 솔루션을 제공하고 있다"고 전했다.

출처 : 전자신문, 2015.6.24.

(1) 상인 도매상

상인 도매상(merchant wholesalers)은 가장 대표적인 도매상으로 제품에 대한 소유권을 가지며, 생산자와 소매상과는 완전히 독립된 사업체이다. 이는 완전 기능 도매상과 한정 기능 도매상으로 나누어진다.

1) 완전 기능 도매상

완전 기능 도매상(full service wholesaler)은 재고 유지, 신용 제공, 배달, 촉진 등의 다양한 마케팅 활동을 한다. 취급하는 제품의 계열과 폭에 따라 도매상인과 산업재 유통업자로 구분된다. 도매상인은 가장 전형적인 도매상을 말한다. 일반적으로 소매상을 상대로 거래를 하고 이들에게 종합적인 서비스를 제공한다. 또한 취급하는 제품 계열의 폭이 매우 넓다는 특징이 있다. 반면에 산업재 유통업자는 제조업자들을 대상으로 상품을 판매하는 도매상을 말한다.

2) 한정 기능 도매상

한정 기능 도매상(limited service wholesaler)은 완전 기능 도매상의 일부 역할만을 수행하는 도매상을 말한다. 재고회전이 빠른 한정된 계열의 제품만을 소규모 소매상에게 현금 지불의 조건으로 판매하는 도매상을 현금거래 도매상이라고 한다. 현금거래 도매상은 판매를 하지만 배달을 하지 않는 특징이 있다. 또 다른 도매상의 유형으로 트럭 도매상이 있다. 트럭 도매상은 거래 소매상들에게 직접 제품을 수송하는 형태로 부패성이 강한 식료품 등을 주로 취급한다. 직송 도매상은 상품을 구매하고자 하는 소매상 고객들과 협상을 통해 계약을 체결하여 제조업자가 고객에게 직접 제품을 운반하는 형태를 말한다. 상품에 대한 소유권은 갖지만 직접 재고를 유지하지는 않는다. 진열 도매상은 소매상들에게 매출 비중이 높지 않고 회전율이 높은 제품들을 주로 공급하는 유형으로 점포까지 직접 트럭 배달을 해 주며, 상품을 진열대에 진열하거나 재고관리를 해 주는 등의 역할을 동시에 수행한다.

(2) 대리 도매상

대리 도매상은 제품에 대한 소유권을 가지지 않고, 제조업자와 소비자 간의 거래를 성사시키는 대가로 수수료를 받는 도매상 유형을 말한다. 대리 도매상은 지속적인 관계를 갖는지 여부에 따라 대리점(agent: 지속적 관계)과 브로커(broker: 단기적 관계)로 구분된다. 그리고 대리점은 계약관계의 대상이 누구냐에 따라 제조업자 대리점, 판매 대리점, 구매 대리점, 수수료 상인의 네 가지 유형으로 구분된다.

제조업자 대리점(manufacturer's agent)은 제조업자와 특정 지역 내에서 제조업자의 생산 제품을 판매하는 것으로 제조업자와 경쟁관계에 있지 않은 제품도 취급한다.

판매 대리점(selling agent)은 거래 제조업자의 전 품목을 판매하는 데 있어서 계약상의 권한을 부여 받는 형태이다. 제조업자가 판매 기능에 대한 관심이 없거나 능력이 없을 경우 주로 고용된다. 이 대리점 형태는 실질적으로 제조업체의 판매 부서와 같은 기능을 수행하므로 가격결정, 판매 조건에 대해 많은 영향력을 가진다는 특징이 있다.

구매 대리점(purchasing agent)은 구매자와 장기적인 관계를 유지하면서 구매자를 대리하여 제품을 구입하고, 검사하고, 창고에 보관하고 최종적으로 구매자에게 운송하는 형태이다.

수수료 상인(commission merchant)은 제조업자가 단기적인 계약을 맺고 제품 소유권을 보유하지 않은 상태에서 제조업자와 소매 고객 간의 판매 협상을 대리하는 형태를 말한다. 수수료 상인의 경우 수수료와 비용을 제외한 상품 판매 대금을 제조업자에게 지불한다는 특징이 있다.

(3) 제조업자 도매상

제조업자 도매상(manufacturer's branches and offices)은 제조업자가 직접 소유하고 운영하는 도매상을 말한다. 즉, 제조업자 도매상은 자신들이 직접 재고를 보유하여 소매점, 기타 도매상들에게 판매를 한다.

3. 유통경로 조직의 계열화

3.1 수직적 마케팅시스템

과거의 마케팅시스템은 유통경로상의 다른 참가자에 대해 관심을 가지지 않고 자신들에게 주어진 업무만 처리하는 전통적인 유통경로(conventional distribution channel)였다. 이 경로상에서 제조업체와 중간상은 계약에 의해 체계적으로 이루어진 관계라기보다는 시간의 경과에 따라, 시장 상황에 따라 이루어지는 관계인 것이 보통이다. 이런 이유로 전통적 유통경로는 경로 참가자들 사이의 결속력이 약하다는 문제점을 가지게 되었다. 또한 경로 참가자들이 자신의 이익만을 추구할 경우 법적 구속력이 없어 경로 구성원 간의 문제 발생 시 해결에 어려움이 있다. 이런 문제들을 해결하기 위해 등장한 것이 수직적 마케팅시스템(vertical marketing system: VMS)이다.

수직적 마케팅시스템은 유통경로의 운영에서의 경제성과 시장에서의 보다 많은 영향력을 획득하기 위해 경로를 전문적으로 관리하며 체계적으로 설계한 경로조직을 말한다. 이 경로시스템은 제품의 생산에서 구매에 이르기까지 경로에 속한 모든 구성원을 통제함으로써 최대의 시장 영향력을 발휘할 수 있게 한다. 또한 유통기능의 경제성을 추구할 수 있다.

수직적 마케팅시스템(VMS)은 유통경로의 구성원들에 대한 소유권 정도에 따라 기업형, 계약형, 관리형으로 구분할 수 있다.

(1) 기업형 수직적 마케팅시스템

기업형 수직적 마케팅시스템(corporate VMS)은 유통경로에 참여한 한 경로 구성원이 다른 경로 구성원들을 법적으로 소유하며 관리하는 유형을 말한다. 기업형 VMS는 크게 전방통합과 후방통합으로 나누어 살펴볼 수 있다. 전방통합(forward integration)은 제조업체가 도매업체와 소매업체를 소유하거나, 도매업체가 소매업체를 소유하는 형태를 말한다. 반면에 후방통합(backward integration)은 소매업체나 도매업체가 제조업체를 소유하는 것, 또는 제조업체가 부품업체를 소유하는 것과 같은 유형을 말한다. 이마트 등의 할인점에서 실시하는 유통업자 브랜드가 여기에 속하는 예이다.

(2) 계약형 수직적 마케팅시스템

계약형 수직적 마케팅시스템(contractual VMS)은 유통경로에 참여하는 경로 구성원

프랜차이즈 시스템은 높은 인지도를 이용하여 고객을 유치하기 쉬운 이점을 갖는다.

들 각자가 실시해야 할 마케팅의 기능들을 계약에 의해 합의함으로써 공식적인 경로관계를 형성하는 것을 말한다. 계약형 VMS는 다음과 같이 세 가지 유형으로 구분하여 살펴볼 수 있다.

① 도매상 후원 자발적 연쇄점(wholesaler-sponsored voluntary chain): 이 유통형태는 도매상을 중심으로 소매상들이 수직적으로 통합되는 구조를 말한다. 연쇄점이 된 소매상은 공동구매 등을 통해 규모의 경제 효과를 누릴 수 있다는 이점이 있다.

② 소매상 협동조합(retailer cooperative): 이 유통형태는 중소 소매상들이 도매상의 기능을 하는 공동소유의 조직체를 구성하여 운영하는 것을 말한다. 소매상 협동조합도 연쇄점과 같이 규모의 경제를 통한 이윤추구가 그 큰 목적이다. 상인협동조합 등이 그 예이다.

③ 프랜차이즈시스템(franchise system): 프랜차이즈시스템이란 프랜차이즈 체인본부에서 가맹점에게 일정 지역 내에서 독점적인 영업권을 제공하는 대신에 판매 상품의 종류, 점포, 광고 등을 직영점과 같이 관리하고 가맹점은 이를 대가로 초기비용과 매출의 일부분을 제공하는 것을 말한다. 프랜차이즈 본부의 입장에서는 빠른 시간에 사업을 확장할 수 있다는 이점이 있다. 또한 가맹점은 브랜드 인지도가 있는 프랜차이즈의 경우 단기간에 매출을 올리기 쉽고 지역에서 동일 제품과의 경쟁을 피할 수 있다는 이점을 얻을 수 있다. 프랜차이즈는 참여 대상에 따라 제조업자와 도매상 간, 제조업자와 소매상 간, 도매상과 소매상 간, 서비스 회사와 소매상 간 프랜차이즈로 구분할 수 있다.

(3) 관리형 수직적 마케팅시스템

관리형 수직적 마케팅시스템(administered VMS)은 경로 구성원들의 마케팅 활동이 계약을 통해 이루어지지 않으면서 한 경로 구성원의 영향력에 의해 관리되어지는 형태를 말한다. 관리형 VMS의 경로 구성원들은 개별 목표를 추구하며, 그들을 공식적으로 묶는 조직이 존재하지는 않는다. 그러나 경로 리더의 마케팅 프로그램에 비공식적으로, 그리고 자발적으로 참여하여 통합된 목표를 추구하고자 한다. 관리형 VMS는 전통적 유통경로와 유사한 특징이 있으나 각 구성원이 경로를 중시한다는 점에서 차이를 보이고 있다.

3.2 수평적 마케팅시스템

수평적 마케팅시스템(horizontal marketing system)은 새로운 마케팅 기회를 활용하기 위해 동일한 경로 단계에 있는 둘 이상의 경로 참가자가 연합하여 공동으로 마케팅을 계획 및 실행하는 것을 말한다. 이 시스템은 기업이 새로운 마케팅 기회를 활용하고자 하나 자본, 기술, 마케팅 능력 등의 여러 측면에서 기업의 능력을 넘어설 때, 시장 내에서 위험 요소를 다른 기업과 분담하고자 할 때, 다른 기업과의 시너지 효과를 통해 마케팅을 성공적으로 이끌고 싶을 때 활용할 수 있는 방법이다. 이때 경로 참가자 간의 연합은 일시적으로 이루어질 수도 있으며 장기적으로 지속될 수도 있다.

3.3 복수 유통경로 마케팅시스템

대부분의 기업들은 단일 시장에 제품을 판매하기 위해 하나의 유통경로를 이용하곤 했다. 그러나 시장이 세분화되고 다양한 유통경로가 등장하게 되면서 둘 이상의 마케팅 유통경로를 활용할 수 있게 되었다. 이렇게 기업이 여러 가지의 유통경로를 동시에 활용하는 것을 복수 유통경로 마케팅시스템(multichannel marketing system)이라고 한다. 하나의 제품이 백화점, 할인점, 편의점에서 판매되는 것이 그 예이다. 복수 유통경로 마케팅시스템은 시장 커버리지를 증가시키고 세분 시장에 맞게 유통경로를 갖출 수 있는 이점이 있으나 너무 많은 유통경로가 생길 경우 통제의 어려움이 발생될 수 있다는 단점도 있다.

제3절 유통경로의 설계

많은 제품들이 성숙기 시장에 들어서면서 제품의 차별화가 더욱 힘들어지고 있다. 또한 제조업체들이 소매점의 제한된 진열 공간에 자사 제품을 진열하는 것도 경쟁이 치열해지고 있다. 중간상들은 제조업체 제품들을 취급하면서 더 많은 마진을 요구하거나 더 많은 촉진 활동을 요구하기에 이르렀다. 이에 많은 제조업자들이 마케팅 활동을 쉽게 통제할 수 있는 유통경로를 구축하려는 노력을 해 왔다. 여기서는 제조업자가 새로운 유통경로를 구축하거나 기존의 유통경로를 변화시킬 때 체계적으로 유통경로를 설계하는 과정에 대해서 구체적으로 살펴보기로 하자.

1. 경로서비스에 대한 고객의 욕구 분석

마케터는 가능한 경로 대안들 가운데 가장 수익성이 높으면서 표적 고객에게 효과적으로 도달할 수 있는 대안을 선택해야 한다. 이를 위해 경로관리자는 체계적으로 유통경로를 설계해야 할 것이다. 유통경로 설계 과정에서의 첫 단계는 표적시장의 고객이 원하는 서비스와 이를 충족시키기 위해 각 경로 구성원들이 제공해야 할 구체적 서비스가 무엇인지를 파악하는 것이다.

유통경로 구성원들이 고객에게 제공해야 할 서비스는 매우 다양하지만 크게 구매 단위의 적정화, 대기 시간의 단축, 공간적 편의성, 제품 구색의 다양성, 부가 서비스로 나누어 볼 수 있다.

1.1 구매 단위의 적정화

유통기관에서는 소비자가 한 번에 구매하고자 하는 제품의 수량 혹은 크기에 맞추어 제품을 판매한다. 일반적으로 생산자는 다량의 제품을 생산하는 데 비해 소비자는 소량의 제품을 구매한다.

유통업자는 구매 단위(lot size)의 적정화를 통해 이 두 집단 간의 괴리를 메울 수 있다. 유통기관에 따라 취급하는 제품의 구매 단위가 다르다. 즉, 편의점, 슈퍼마켓, 할인점 등 유통기관별로 각각의 판매 단위가 모두 다양하다. 그러므로 생산자는 표적 소비자가 원하는 구매 단위에 따라 다른 업태의 유통기관을 선택할 수 있다. 만약 매우 작은 단위의 제품을 가까운 곳에서 구매하고자 하는 소비자들을 대상으로 할 경우에는 편의점을 통해 제품을 유통시킬 수 있다.

1.2 대기 시간의 단축

유통기관은 소비자가 원하는 제품을 인수하는 데 걸리는 시간을 단축시키는 서비스를 제공한다. 다시 말해 유통업자는 생산자로부터 제품을 구매하여 보관하다가 소비자가 원하는 시점에 제공함으로써 소비자의 대기 시간(waiting time)을 줄여 줄 수 있다. 유통기관이 보다 많은 제품들을 재고로 유지할수록 다양한 소비자의 대기 시간을 줄일 수 있을 것이다.

1.3 공간적 편의성 제공

유통기관은 생산자의 제품을 소비자가 구매하기 용이한 장소에서 구매할 수 있도록 함으로써 공간적 편의성(spatial convenience)이라는 서비스를 창출한다. 생산자는 보다 많은 유통업자들이 자사 제품을 취급하게 하므로 공간적 편의성 서비스 수준을 높일 수 있다. 그러나 이 경우 공간적 편의성 서비스 수준은 높아지지만 유통업자를 적절히 통제하지 못함으로써 다른 측면에서의 서비스 수준은 낮아질 수 있다.

1.4 제품 구색의 다양성

유통기관은 다양한 제품 구색(product variety)을 갖춤으로써 소비자의 선택의 폭을 크게 한다. 그러므로 취급하는 제품 구색이 다양할수록 서비스 수준은 높아진다. 많은 경우 소비자들은 다양한 구색을 갖춘 유통업자를 선호하는 경향이 있다. 그러나 편의점의 경우 비교적 많이 판매되는 브랜드들로 구색을 갖춤으로써 제품 구색의 다양성과는 반대되는 선택의 편의성이라는 서비스를 제공하기도 한다.

1.5 부가 서비스

유통기관은 생산자의 제품을 단순히 판매하는 차원을 넘어 신용 판매, 운반, 설치, 수선 등의 서비스를 제공하기도 한다. 이 경우 부가하는 서비스(backup service)가 클수록 서비스 수준은 높아진다.

2. 주요 경로 대안의 파악

표적 고객이 기대하는 경로서비스가 파악되면, 이를 충족시킬 수 있는 최적의 경로 대안을 개발하는 단계를 밟게 된다. 일반적으로 기업은 요구되는 경로서비스 수준이 서로 다른 세분 시장들을 파악하고 이들 가운데 일부 세분 시장들을 표적시장으로 선정한다. 마케터는 각 표적 세분 시장별로 최소의 경로 비용으로 표적 소비자의 기대 서비스 수준을 충족시킬 수 있는 경로 대안을 개발 · 선택해야 한다. 주요 경로 대안들은 경로의 길이와 중간상의 수를 고려하여 개발된다.

먼저 경로대안의 개발에서는 유통경로의 길이를 어느 정도로 할 것인가와 각 경로 단계별로 어떤 유형의 중간상을 포함시킬 것인가 등이 고려된다. 유통경로 길이의 대안에는 경로 길이가 가장 짧은 직접유통경로로부터 경로 단계별로 다양한 유형의 중간상들이 참여하는 간접유통경로에 이르기까지 다양한 경로 대안이 있을 수 있다.

2.1 유통경로의 길이 결정

유통경로의 길이를 결정함에 있어 기업은 기업의 특성, 제품 특성, 시장 특성, 경쟁사의 유통경로 등을 고려해야 한다.

첫째, 기업은 기업 특성을 고려하여 경로 길이를 결정해야 한다. 충분한 자금력과 강력한 영업사원을 구비한 기업들은 비용이 들더라도 보다 많은 이익과 강력한 경로 통제가 가능한 직접유통경로를 구축하려 한다. 이에 반해 경영자원이 부족한 중소기업들은 상품 판매에 대한 통제력을 어느 정도 상실하더라도 유능한 중간상을 사용할 수밖에 없을 것이다.

둘째, 마케터는 경로 길이의 결정 시 제품 특성도 고려해야 한다. 마케터가 고려해야 할 제품 특성들로는 제품의 부패 가능성(perishability), 복잡성(complexity), 그리고 대체율(replacement rate) 등이 있다. 이러한 제품들의 유통이 길어지면 변질되거나 경쟁에서 뒤처질 수 있는 약점이 있으므로 이상의 특성이 강할수록 유통경로의 길이가 짧아야 한다.

셋째, 경로 길이의 결정에 영향을 미치는 또 다른 요인으로 시장 특성이 있다. 일반적으로 시장의 규모가 클수록, 수많은 고객들의 욕구를 충족시키기 위해 다양한 형태의 중간상들이 참여하게 되므로 경로 길이가 길어진다. 또한 고객들이 지역적으로 넓게 분산된 시장도 유통과정에 많은 중간상들이 참여하게 되므로 경로 길이가 길어질 수밖에 없다.

넷째, 기업은 유통경로 길이를 결정함에 있어 경쟁사의 유통경로도 고려해야 한다. 제조업자는 상황에 따라 경쟁사가 사용하는 유통경로를 피할 수도 있다. 좋은 예로써 일본의 화장품 브랜드인 에이본(Avon)을 들 수 있다. 많은 화장품업체들은 대부분이 소매상을 통해 소비자에게 다가갔지만 에이본은 이러한 경로에서 경쟁이 너무나 치열해지자 이를 탈피해 방문판매를 통한 직접유통을 도입하였고 이를 통해 큰 성공을 거둘 수 있었다.

2.2 중간상의 수 결정

경로 대안의 개발에서 고려되어야 할 또 다른 요인은 기업이 원하는 상품의 시장 노출 수준을 달성하는 데 필요한 중간상의 수를 결정하는 것이다. 유통경로상에 포함될 중간상의 수를 결정하는 것을 시장 커버리지(market coverage) 결정 혹은 유통의 집약도(intensity of distribution) 결정이라고 부른다. 시장 커버리지 전략은 크게 집약적 유통, 전속적 유통, 선택적 유통으로 나누어질 수 있다.

(1) 집약적 유통

집약적 유통(intensive distribution)은 최대한 많은 유통업자를 이용하는 것으로서 제품을 널리 알리는 데 도움이 되며 소비자의 구매를 편리하게 만든다. 이로 인해 매출도 신장되지만 가능한 많은 유통업자들로 하여금 자사의 제품을 공급하게 하므로, 생산자는 개별 유통업자와 긴밀한 관계를 맺어 협조를 얻기가 어려워지고 유통업자를 통제하는 것이 용이하지 않다. 아울러 각 유통업자와의 거래 단위가 작아지게 되므로 거래의 효율성이 낮아지게 된다. 편의품이나 구매 빈도가 잦은 제품은 보통 집약적 유통으로 이루어진다.

(2) 전속적 유통

전속적 유통(exclusive distribution)은 집약적 유통과는 반대되는 개념으로 일정 상권 내에서 단 하나의 유통업자만이 자사 제품을 판매하도록 하는 것이다. 소수의 유통업자들과 거래하므로 생산자는 유통업자의 협조를 얻기 쉬우며 또한 비교적 쉬운 통제가 가능해진다. 전속적 유통은 유통업자와의 긴밀한 관계를 통해 소비자에게 질 높은 서비스를 제공하기 때문에 고가의 제품일수록 더욱 효과적이다.

(3) 선택적 유통

선택적 유통(selective distribution)은 집약적 유통과 전속적 유통의 중간 방식으로, 한 시장에서 소수의 유통업자를 이용하는 유통방식이다. 이는 판매 지역별로 자사 제품을 취급하고자 하는 중간상들 중에서 자격을 갖춘 하나 이상의 소수의 중간상들에게 판매를 허용하는 전략이다. 이러한 전략은 소비자들이 구매 전에 상표 대안들을 파악하고 이들을 비교 · 평가하는 특징을 가진 선매품에 적절하다. 선택적 유통을 사용하는 제조업자는 판매력이 있는 중간상들만 유통경로에 포함시키므로 만족스러운 매출과 이익을 기대할 수 있으며 선택된 중간상들과의 우호적인 거래관계의 구축을 통해 적극적인 판매 노력 또한 기대할 수 있다. 선택적 유통전략을 선택한 제조업자는 집약적 유통에 비해 더 강한 경로 통제와 낮은 비용을 실현하면서 동시에 충분한 시장 커버리지를 확보할 수 있다는 장점이 있다.

3. 경로 대안에 대한 평가

몇 개의 가능한 경로 대안을 파악한 기업은 각 경로 대안의 매력도를 평가해 장기적인 경로 목표를 가장 잘 충족시킬 수 있는 대안을 선택해야 한다. 각 경로 대안의 평가에 사용되는 평가 기준에는 경제성(economic criteria), 통제력(control criteria), 적응성(adaptive criteria) 등이 있다.

3.1 각 경로 대안의 경제성

경로 대안의 경제성(economic criteria)에 대한 평가는 각 경로 대안으로부터 기대되는 판매 수준과 판매하는 데 드는 비용을 추정하는 것으로 나누어질 수 있다. 먼저 마케터는 자사의 영업사원을 이용하는 직접유통경로와 중간상을 이용한 간접유통경로로부터의 기대되는 매출 수준을 비교해 보아야 한다.

대부분의 마케터는 직접유통경로를 이용하면 더 많은 매출을 창출할 것이라고 생각한다. 기업의 영업사원은 자사 제품만을 판매하며 판매 방법에 대한 충분한 교육을 받는다. 기업의 영업사원들은 기업의 성과가 자신들에게 달려 있다고 생각하므로 고객의 욕구 충족을 위해 최선의 노력을 기울인다. 또한 고객들은 기업과의 직접거래를 보다 선호한다. 그러나 한편으로는 간접유통경로 대안이 직접경로보다 더 많은 매출을 올릴 수 있다. 중간상들은 제조업자보다 능력 있는 판매사원들을 더 많이 보유할 수 있다. 또 어떤 중간상은 기존의 거래선 확보가 용이해서 시장에 침투하기 쉬울 수 있다. 따라서 마케터들은 경로상의 대안들을 비교하여 예상되는 판매 수준을 산정한 다음, 판매 수준의 변화에 따른 각 경로 대안의 비용 변화를 추정할 필요가 있다.

일반적으로 간접경로의 이용에 의해 발생되는 고정비는 자사의 영업사원을 활용하는 직접경로보다 낮다. 그러나 간접유통경로는 매출의 증가에 따라 중간상에게 보다 많은 커미션이 제공되어야 하므로, 판매 비용이 빠른 속도로 증가한다. 따라서 마케터는 비용 문제를 고려하여 매출과 비용이 최적인 지점을 찾아 유통경로를 이용해야 한다.

3.2 경로 대안에 대한 통제력

마케터는 각 경로 대안의 마케팅 활동을 어느 정도 통제할 수 있는지에 대해서도 고려해야 한다(control criteria). 일반적으로 간접유통경로는 직접경로보다 경로 활동에 대한 통제가 어렵다. 간접경로 내의 각 중간상들은 자신의 이익극대화에 주로 관심을 갖는 독립사업체이다. 그러므로 중간상들은 거래 규모가 큰 기업들의 상품에 판매 노력을 집중하거나 특정 거래기업의 판촉 활동에 비협조적일 수 있다.

3.3 경로 대안의 환경적응성 정도

경로 구성원들이 유통환경 변화에 공동으로 대처하느냐 또한 경로 대안 평가에서 중요한 부분을 차지한다(adaptive criteria). 일반적으로 환경 변화에 효과적으로 대처하기 위해서는 경로 구성원들의 거래 활동에 대한 강한 몰입(commitment)이 요구된다. 대체로 기업과 중간상들 간에 장기적 계약이 이루어지면, 계약기간 동안 보다 효과적인 유통경로 대안이 등장하더라도 기업은 쉽게 기존 거래선과의 거래관계를 중단시키기가 어렵다. 그러므로 마케터는 경로 대안들을 평가하는 데에 있어 경로 구성원들과의 장기적인 거래관계의 유지 및 적응성 여부를 경로 대안의 경제성이나 통제력보다 더 중요한 평가 기준으로 고려할 수 있다.

4. 경로 구성원의 선택과 관리

제조업자는 자사의 제품을 유통할 유통경로를 결정하게 되면, 다음으로 특정 유통업자를 선택하고, 교육시키고, 동기부여하며 그 성과를 평가해야만 한다. 또한 장기적으로 환경 변화에 따라 유통경로를 변화시킬 필요가 있다.

4.1 유통업자의 선택

제조업자는 자사 제품을 판매할 유통업자를 신중히 선택해야 한다. 유통업자는 소비자들과 직접적으로 마주치기 때문에 소비자들에게는 유통업자가 곧 기업으로 비칠 수 있기 때문이다.

반면에 기업의 명성이나 인지도가 높은 제품의 경우, 보다 나은 유통업자를 선택할 수 있다. 이는 유통업자가 그러한 기업의 제품을 판매함으로써 매출을 보다 쉽게 올릴 수 있기 때문이다. 제조업자는 유통업자를 선택할 때 후보 유통업자들의 사업 경험, 과거 매출 실적, 재무적 안정성, 자사와의 협력성, 위치, 평판 등을 고려한다.

4.2 유통업자의 교육

생산자는 선택한 유통업자가 자사 제품을 효과적으로 판매하고 서비스할 수 있도록 교육시켜야 한다. 이는 유통업자가 자사 제품을 가급적 많이 판매하기 위해서 제품에 대한 지식, 판매 요령, 사후 서비스 방법 등을 알아야 하기 때문이다. 프랜차이즈시스템을 이용하는 경우 그들에 대한 교육은 더욱 필요하다.

4.3 유통업자의 동기부여

기업은 자사 제품의 표적 소비자를 보는 시각과 동일한 시각으로 유통업자를 생각해야 한다. 이는 유통업자의 자사 제품의 판매 성과는 곧 자사의 성과와 직결되기 때문이다. 이러한 중요성 때문에 유통업자는 자사의 1차 고객이라 할 수 있다. 유통업자를 동기부여하기 위해 유통업자 종사원을 교육시키고, 시장 조사를 대행해 주며, 촉진 활동을 지원해 주고, 그 밖에 판매 능력 향상을 위한 여러가지 프로그램을 제공할 수 있다. 또한 유통업자에게 자사와의 파트너십을 지속적으로 느낄 수 있도록 해 주어야 한다.

유통업자는 제조업자의 판매 대리인으로서의 역할보다 유통업자 자신의 고객을 위한 구매 대리인으로서의 역할을 우선시할 수 있다. 이는 유통업자 자신의 고객이 구매하기를 원하는 제품을 판매해야 하기 때문이다. 이런 점에서 생산자는 유통업자가 그의 고객에게 판매하기 용이하도록 제품, 가격, 촉진에 관련된 의사결정을 해야 한다. 따라서 생산자는 표적 소비자의 욕구뿐만 아니라 자사 제품을 취급하는 유통업자의 욕구도 이해하고 이를 충족시킬 수 있도록 해야 한다.

4.4 유통업자의 평가

제조업자는 판매 수량, 고객 인도 시간, 손상된 제품의 처리, 촉진과 교육 프로그램에 대한 협력 등을 기준으로 유통업자의 성과를 주기적으로 평가해야 한다. 그리고 우수한 성과를 실현한 유통업자에게는 그에 따른 보상을 하고 반대로 성과가 낮은 유통업자에 대해서는 지도, 재교육, 동기부여, 혹은 계약 종료 등을 해야 한다.

제4절 경로 갈등의 관리

유통경로가 잘 설계되고 관리되더라도 유통경로 참여자들 간에 갈등(conflict)이 발생할 수 있다. 유통경로는 여러 경로 구성원들로 구성된 시스템이므로 경로 구성원들도 공통의 경로 목표를 달성하기 위해 상호 의존적 관계를 갖는다. 따라서 각 경로 구성원은 경로 전체의 목표를 달성하기 위해 다른 구성원들의 협력을 필요로 한다. 만약 경로 구성원들 간의 이해의 상충으로 인해 경로 갈등이 발생하게 된다면, 경로 구성원들은 자신의 파워와 영향력을 행사하거나 다른 해결 방안을 사용하여 이를 해소해야만 한다.

경로 갈등(channel conflict)은 크게 수평적 갈등과 수직적 갈등으로 나누어진다. 수평적 갈등(horizontal conflict)은 유통경로상의 동일한 단계에 있는 중간상들 간의 갈등을 말한다. 예를 들어 한 지역의 대리점이 다른 지역의 대리점 상권과 충돌하게 된다면 이는 수평적 갈등을 빚을 수 있다. 반면에 수직적 갈등(vertical conflict)은 한 유통경로 내의 다른 수준에 있는 유통 참여자들 간의 갈등이다. 예를 들어 어떤 제조업자가 거래하는 유통업자들 간의 가격이 다르다면 이는 수직적 갈등의 요소가 될 수 있다.

일반적으로 갈등은 바람직하지 못하다거나 역기능적인 효과를 지니고 있는 것으로 인식되고 있으나 경로 갈등은 경로 구성원들 간의 관계를 발전시키고 경로 성과를 높이는 순기능적 효과와 경로 구성원들 간의 관계를 악화시키고 경로 성과를 감소시키는 역기능적인 효과를 동시에 지니고 있다. 경로 구성원들이 경로 갈등을 어떻게 해소하고 관리하느냐에 따라 순기능적인 효과 혹은 역기능적인 효과가 발생될 수 있는 것이다. 현실적으로 갈등이 없는 유통경로는 존재하지 않으며, 경로 구성원들 간에 어느 정도의 갈등이 존재하는 경로 조직이 더 높은 경로 성과를 보일 수 있다. 많은 경우 갈등이 유통경로에 부정적인 영향을 미치는 이유는 이의 해결과정에서 부적절한 방법이 활용되기 때문이다. 그러므로 경로 선도자는 유통경로 내의 갈등을 제거하는 것보다는 적절한 해결 메커니즘을 통해 적절한 수준에서 이를 관리하는 데 보다 많은 노력을 기울여야 한다.

제5절 물적 유통

제품이 실제로 유통되기 위해서는 생산자로부터 소비자에게로 제품의 이동이 필요하다. 물적 유통(physical distribution)은 제품의 이동과 관련된 활동을 말한다. 유통이 창조하는 효용인 시간 효용, 장소 효용, 그리고 소유 효용은 물적 유통이 이루어져야 실제로 창조된다. 물적 유통관리를 보다 확대한 개념인 공급사슬관리(supply chain management)는 생산된 제품의 이동뿐만 아니라 제품 생산에 필요한 투입 요소, 즉 원자재, 부품, 시설물 등의 획득으로부터 생산된 제품의 최종 판매 지역으로의 이동과 관련된 것이다. 따라서 공급사슬관리는 제품의 물류관리보다 그 범위가 넓다.

1. 물적 유통의 목적

효율적이면서 시장 지향적인 물적 유통시스템의 개발은 기업에게 매우 어려운 도전이다. 물적 유통의 목표는 크게 '고객서비스 향상'과 '물류 비용의 최소화'라는 두 가지 측면을 함께 고려해야 한다. 기업은 최소의 비용으로 최대의 고객서비스를 제공하는 것을 물적 유통의 목표로 삼는다. 그러나 이 두 가지를 동시에 달성하기는 매우 어렵다. 최고의 고객서비스의 제공은 더 많은 재고의 보유, 최선의 운송수단, 더 많은 창고를 필요로 하며, 이들은 모두 유통비용의 상승을 의미한다. 이에 반해 최소의 물적 유통 비용은 저렴한 운송수단, 보다 적은 양의 재고, 소수의 창고 등에 의해 성취되지만, 이는 보다 낮은 고객서비스를 초래한다. 그러므로 마케터는 고객서비스 향상과 물류비 절감 중에서 어느 부분에 더 중점을 둘 것인가를 고려해야 한다. 또한 물류시스템을 구성하는 여러 물류 활동의 수행과정에서 발생되는 비용을 최적화하는 시스템적 사고가 필요하다.

2. 물적 유통관리의 의사결정

물적 유통관리와 관련하여 다음과 같은 네 가지의 의사결정이 필요하다. 주문을 얼마나 신속히 처리할 것인가, 얼마나 많은 창고를 이용할 것인가, 얼마나 많은 재고 수준을 유지할 것인가, 제품을 어떻게 수송할 것인가가 바로 그것이다.

2.1 주문처리

주문처리(order processing)는 주문을 받은 후 제품을 인도하는 시점까지 걸리는 시간을 말한다. 주문처리 시간이 짧을수록 고객의 만족도는 높아지지만 더불어 비용도 높아진다. 반면에 주문처리 시간이 길수록 비용은 낮아지지만 고객의 만족도는 더 낮아지고 경우에 따라서는 판매 기회를 상실할 수 있다.

2.2 보 관

모든 기업들은 판매될 때까지 생산된 제품을 보관(warehousing)해야 한다. 물류에서의 보관(저장 기능)은 생산된 제품이 소비자에게 판매될 때까지 보관할 창고의 수에 관한 결정이다. 보다 많은 창고에 제품을 보관할수록 주문에 따라 신속히 공급할 수 있다. 그러나 이 경우 비용은 보다 높아진다.

2.3 재 고

이는 얼마나 많은 여유분의 재고(inventory)를 유지할 것인가에 관한 것이다. 재고수준이 높을수록 수요에 곧 대응할 수 있다. 그러나 이 또한 비용을 증가시키고 특히 판매하지 못하는 경우 재고 비용에 따른 손실이 초래될 수 있다.

2.4 수 송

유통에서의 수송(transportation)은 수송수단에 관한 결정을 의미한다. 어떤 수송수단을 선택하는가에 따라 인도 시점, 도착 시 제품의 상태, 제품 가격 등이 달라지며 이는 고객만족도에 영향을 미친다.

3. 유통정보화

유통정보화에 따라 유통경로 구성원들 간의 불충분한 커뮤니케이션으로 인해 발생하는 문제들이 해결되고 제품의 흐름이 효율적으로 관리되어 비용 절감과 더불어 서비스 품질이 향상된다. 유통정보화에 이용되는 정보통신기술은 EDI(electronic data interchange), 바코드, POS시스템(point of sales system), 소비자 ID카드 등이 있다.

3.1 EDI

EDI(electronic data interchange)는 기업 간의 거래 내용이나 관련 정보를 표준화된 형식과 코드체계를 이용하여 전송하고 처리하는 시스템이다. EDI를 이용함으로써 유통경로 구성원 간의 의사소통은 신속 · 정확해지고, 이 결과 거래 비용이 절감된다.

3.2 바코드

바코드(bar code)는 제품에 관한 정보가 특정한 형태의 조합으로 기호화되어 있는 것으로서 광학기계를 통해 이 정보를 신속하고 정확하게 읽을 수 있다. 바코드는 제조업체가 생산되는 시점에 부착하는 소스 마킹과 소매기관이 필요에 따라 점포에서 부착하는 인스코어 마킹이 있다.

3.3 POS시스템

POS시스템(point of sales system)은 판매 시점에서 자료를 수집 · 처리하여 그 결과를 의사결정에서 활용하는 시스템으로, 바코드의 자동판독방식과 수작업에 의한 자료입력방식이 이용된다. POS는 제품의 판매뿐만 아니라 많은 서비스업에서 널리 쓰이고 있다.

3.4 ID카드

개별 고객들의 성명과 이들의 구매 실적 및 구매 관련 정보를 수집하기 위하여 소비자들에게 ID카드를 제공할 수 있다. 구매가 이루어질 때마다 고객의 ID번호와 바코드의 제품고유번호가 동시에 입력된다. 이를 통해 유통업체는 소비자의 구매 관련 정보를 분석하고, 그 결과를 수요 예측이나 여러 가지 판촉 활동에 활용할 수 있다. 항공회사의 마일리지카드나 회원제 창고형 매장의 고객카드 등이 그 전형적인 예이다. 이 외에도 패스트푸드점이나 미용실 등의 서비스업체에서도 포인트 제도를 통한 고객 만족 향상을 위하여 소비자 ID카드를 활용하고 있다.

생각해 볼 문제

1. 모바일시장이 확대되는 유통업계의 변화를 촉진시키고 있다. 구체적인 산업을 하나 선택하여 모바일의 성장에 따른 유통업계가 준비해야 할 것이 무엇인지 살펴보시오.

2. "중간상을 거치지 않고 생산자와 소비자가 만나는 직거래가 가장 좋은 유통경로이다." 이 명제에 대해 당신의 의견을 제시하시오.

3. 최근 요기요, 배달의 민족 등 배달앱서비스가 활발하게 이루어지고 있다. 그러나 이 서비스 시장의 규모의 확대는 중간상 관리 및 수수료 문제가 발생하였다. 이 문제가 서비스 제공에서 고객만족에 미치는 영향이 무엇인지 분석하시오.

참고자료

Cespedes, F. V.(2006), "Channel Management," *Harvard Business Publishing*, Nov.

Dolan, R. J.(1992), "Distribution Policy," *Harvard Business Publishing*, Oct.

Kalyanam, K. and S. Brar(2009), "From Volume to Value: Managing the Value-Add Reseller Channel at Cisco Systems," *California Management Review*, Nov.

Rangan, V. K.(1994), "Reorienting Channels of Distribution," *Harvard Business Publishing*, May.

Spekman, R. E. and P. W. Farris(2009), "Designing Channels of Distribution," *Harvard Business Publishing*, Apr.

Takeuchi, H.(1987), "Strategic Issues in Distribution," *Harvard Business Publishing*, Feb.

Case Study

[숫자의 비밀]“매직넘버는 곧 대박”…유통가 숫자경제학

#. 주부 홍모(36 · 여) 씨는 마트에 가면 아이들과 남편의 건강 때문에 꼭 숫자를 확인하는 버릇이 생겼다. 홍 씨는 “MSG가 몸에 나쁘지는 않다고 하지만 찜찜한 기분이 든다.”며 “시중에 나와 있는 제품을 구매할 때 꼭 ‘0%’을 확인한다.”고 했다. 홍 씨에게 숫자 ‘0’은 신뢰의 숫자인 셈이다.

#. 직장인 이모(31 · 남) 씨는 편의점에 가면 ‘+1’이란 숫자가 들어 있는 간편 도시락을 고른다. 이 씨는 “가격대가 다른 대형마트보다는 높지만 그래도 ‘+’가 있는 것을 보면 왠지 싸게 산 느낌이 든다.”고 했다. 이뿐 아니라 꼭 100%가 들어가 있는 음료를 고르게 된다고 했다. 과즙 100% 등이 적혀 있는 음료수가 왠지 건강함을 나타내는 숫자로 여겨지기 때문이다.

물건을 고를 때 ‘숫자’를 보는 소비자들이 늘어나고 있다. 이에 숫자는 업체들의 마케팅 수단으로 활용되고 있다. 숫자는 고객에겐 마음이 끌리는 요인으로, 업체로선 곧바로 돈과 직결되는 셈이다. 소비자들에게 숫자는 신뢰인 동시에 추억이고, 기업 입장에선 숫자는 생존이며 전쟁을 뜻한다.

▶숫자, 소비자를 사로잡다=식품업계에서는 정확한 광고 효과를 위해 숫자로 상품을 알릴 수 있는 뉴메릭 마케팅(Numeric Marketing)을 활용한다. 뉴메릭 마케팅은 말 그대로 뉴메릭, 즉 숫자를 이용한 마케팅으로 간단한 숫자에 대한 인상을 남기고 숫자에 대한 의미를 자연스럽게 이해하게 해 오래 기억하게 하는 마케팅 방법이다.

예를 들어 ‘과즙주스’보다는 ‘100% 과즙주스’처럼 숫자를 내세움으로써 소비자들에게 신뢰감을 심어준다.

뉴메릭 마케팅은 국내뿐만 아니라 전 세계적으로 많이 이용하는 마케팅이다. 식품업계에서는 가장 성공한 브랜드가 바로 베스킨라빈스31이다. 한달 31일 내내 새로운 맛을 선사한다는 의미로 31을 붙인 베스킨라빈스31은 메뉴가 31가지라는 것으로 강조하는 브랜드이기도 하다. 이로 인해 국내에서 가장 많은 아이스크림 매장을 보유하고 있고, 게임으로도 나올 만큼 소비자들에게 숫자를 통해 깊이 인식시킨 대표적 사례다.

직장인 김모(30 · 여) 씨는 "베스킨라빈스31은 31가지의 아이스크림을 골라 먹는 재미가 있다."며 "매장에 들러 진열대 앞에 31가지의 아이스크림 앞에 서면 약간 설레고 재미있다."고 했다. 이처럼 숫자는 마법으로 사람들을 현혹(?)시킨다.

국내에도 대표적 사례가 있다. 바로 롯데의 '2%부족할 때'라는 음료수다. 발매 2년 만에 10억 캔을 돌파하며 음료사상 최다 판매기록을 세웠다. 2%라는 의미는 몸의 수분이 2% 부족할 때라는 뜻이다. 1999년에 첫 출시된 이후 '사랑은 언제나 목마르다', '날 물로 보지마' 등 수많은 유행어를 만들어내며 추억의 숫자로 자리 잡았다. 박모(42 · 남) 씨는 "아직도 갈증이 느낄 때 마트나 편의점에 가면 자연스럽게 손이 '2%'로 가게 된다."며 "나에겐 2%는 대학시절 추억의 한 페이지"라고 말했다.

▶**전통적 숫자 법칙, 만고의 진리**=대형마트 등도 숫자를 통해 소비자들의 소비심리를 자극하고 있다. 대형마트가 펼치는 '00원'과 '90원' 마케팅이다. 어찌 보면 진부할 만큼 전통적이지만, 수십 년간 이 숫자마케팅이 사용되고 있는 것을 보면 그만큼 위력적이라는 뜻이다.

대부분 가격이 '00원'으로 맞춰져 있는 언더웨어 행사상품 매장, 만원 단위를 넘지 않기 위해 '90원'으로 끝자리를 남기는 의류 매장 등도 소비자들이 잘 알고 있지만, 그래도 뭔가 이득이라는 생각을 남기는 효과가 있기에 유통가에선 전통적으로 선호하는 마케팅이다.

음식점 역시 그렇다. 80년 전통, 나아가 100년 전통이라는 간판 단어가 주는 막강한 힘을 빌어 이를 자연스럽게 홍보수단으로 삼고, 단골손님을 유지하는 것도 고전적 기법이지만 역시 막강한 '신뢰의 힘'을 이어가고 있는 것이다.

결국 유통가의 '숫자의 비밀'은 뻔한 수단임을 알면서도 재미있다거나, 신뢰가 간다거나, 기억효과가 뛰어나다는 등의 인상을 각인시켜주면서 다시 찾고 싶은 곳, 다시 사고 싶은 것으로 만드는 데 있다.

출처 : 헤럴드경제, 2015.7.22.

Discussion Questions

숫자를 이용한 마케팅 전략을 가장 잘 활용하고 있는 유통기관(소매상 혹은 도매상)은 어디일까?

가장 기억에 남는 숫자 마케팅 전략은 어떤 것이 있는가? 그리고 그 전략을 선정한 이유는 무엇인가?

제13장

서비스 마케팅

들어가며

'잘못 1 + 사과 1 = 잘못 0' … 진심 담은 "I'm sorry"의 위력

암살을 목적으로 접근했던 여성은 남성이 건네는 따뜻한 말 한마디에 심하게 흔들린다. 그리고 그에게 말한다. "어서, 도망가요." 양조위와 탕웨이가 주연한 영화 '색, 계'의 한 장면.

1942년 중국 상하이. 급진파 항일단체는 친일파 핵심 인물인 정보부 대장을 암살하는 계획을 세운다. 여자의 임무는 신분을 속이고 그를 유혹하는 것. 경계심으로 가득 찬 남자의 마음을 얻는 데 3년이라는 긴 시간이 걸렸고, 드디어 남자를 암살하는 그날이 왔다. 그런데 오늘, 남자는 여자에게 6캐럿짜리 멋진 다이아몬드 반지를 선물한다. 이렇게 큰 다이아몬드 반지를 낀 채 나가면 분명히 누군가가 노릴 거라며 반지를 빼려는 여자에게, 남자는 그대로 가자고 한다. 그리고 말한다. "내가 지켜주겠소." 여자의 눈빛이 심하게 흔들린다. 지금 바깥에는 남자를 암살하려는 저항군이 기다리고 있다. "어서, 도망가요."

탕웨이 · 양조위가 주연한 2007년 영화 '색, 계(Lust, Caution)'의 한 장면이다. 이 영화는 암울한 시대상황을 배경으로 한 자극적인 스토리로 큰 인기를 끌었는데, 유독 이 장면을 명장면으로 꼽는 사람들이 있다. 이념과 사랑 사이의 갈등, 계략의 긴장감이 최고조에 이르는 순간, 여자의 마음을 움직인 것은 다이아몬드 반지가 아닌 '지켜주겠다'는 남자의 약속, 그 한마디였기 때문이다.

경영 현장에서도 말 한마디의 위력은 상상을 초월한다. 특히 위기 상황에서 진정한 사과 한마디의 효력은 크다. 타이레놀 독극물 사태를 겪은 존슨앤존슨(1982년), 납 성분이 검출된 장난감으로 위기에 처한 마텔(2007년), 직원이 택배 상자를 내던지는 '패대기 동영상'으로 곤욕을 치른 페덱스(2011년)의 공통점은 바로 즉각적인 사과로 소비자의 신뢰와 사랑을 회복했다는 것이다.

권위 · 체면 중시 사회일수록 사과 인색

듀크대 경제심리학자 댄 에리얼리(Dan Ariely)의 실험은 'I'm sorry' 한마디의 효과를 보여준다. 커피숍의 고객들에게 간단한 설문조사에 참여하면 5달러의 사례금을 지급하겠다고 한 후 참여자에게 실수인 척 더 많은 금액을 지불하는 설정이었다. A집단은 평범한 분위기로 조사가 진행되었고, B집단에서는 실험자가 조사를 설명하는 중간에 그다지 중요하지 않은 전화를 받으면서 시간을 끄는 무례한 행동을 보였다.

사람들은 어떻게 반응했을까? A집단의 참여자 중 45%가 초과된 사례금을 되돌려준 데 반해 B집단은 그 비중이 14%에 불과했다. 상대방의 잘못으로 짜증과 불쾌감을 느낀 소비자는 상대가 어떤 식으로든 대가를 치르기를 바라는 보복 욕구를 가지게 된다. 약속한 5달러보다 초과된 금액은 바로 실험자의 무례한 행동에 대한 대가인 셈이다.

또 다른 C집단에서는 B집단과 같은 상황에서 사례금을 지급하며 "아까 전화를 받지 말았어야 하는데 죄송합니다"라는 말을 했다. 그러자 초과된 금액을 되돌려준 비중이 A집단(45%)만큼 높아졌다. 한마디 사과가 불쾌감 · 보복심을 누그러뜨리고 바른 행동을 이끌어낸 것이다. 에리얼리 교수는 '1+1=0 (1 annoyance + 1 apology = 0 annoyance)', 즉 한 번의 분노를 한마디 사과가 상쇄한다는 공식을 만들기도 했다.

권위와 체면을 중시하는 한국 사회에서는 사람도 기업도 사과 한마디에 인색하다. 죄송함의 표현은 상대에게 나를 비난할 수 있는 허가를 주는 것이기 때문에 잘잘못을 확인하기 전에는 함부로 사과하지 않는다. 반면 상대방은 문제를 일으켰다고 생각하는 당사자가 사과하지 않으니 자존심이 상한다. 한순간 명예를 지키려다 분노와 혐오의 대상이 되어 관계를 회복하기가 점점 어려워지는 경우가 많다.

위기대응 매뉴얼을 체계화하는 것도 중요하지만, 근본적으로 사과의 의미를 다시 생각해볼 필요가 있다. '비난받아 마땅함'이 아닌 '상대방의 좋지 않은 처지에 대한 공감'으로 인식한다면 사과하기가 훨씬 쉬워진다. '남에게 대하여 마음이 편치 못함', 즉 미안(未安)함의 표현과 위로를 적극적으로 실천하는 것이다.

비록 내 잘못이 아니더라도 타인의 어려운 상황에 대해 공감하고 위로한다면 신뢰와 협력 관계를 형성할 수 있다. 하버드대학의 브룩스(Brooks) 교수팀은 이와 관련해 흥미로운 연구 결과를 발표했다.

고객과 친근해지는 것도 마케팅 포인트

꽤 많은 비가 내리는 날, 기차역에서 누군가로부터 휴대전화를 빌려 써야 하는 상황이다. 지나가는 사람에게 "휴대전화 좀 빌릴 수 있을까요?"라며 다가서자 33명 중 단 3명(9%)이 자신의 휴대전화를 건넸다. 이번에는 "비가 많이 와서 힘드시죠(I'm sorry for the rain). 휴대전화 좀 빌릴 수 있을까요?"라며 다가갔다. 그러자 32명 중 15명(47%)이 흔쾌히 휴대전화를 빌려줬다.

궂은 날씨가 내 책임도 아니고 사람이 통제

비 오는 날 휴대전화 빌려쓰기 성공률(단위:%)
※하버드대 브룩스팀 실험결과

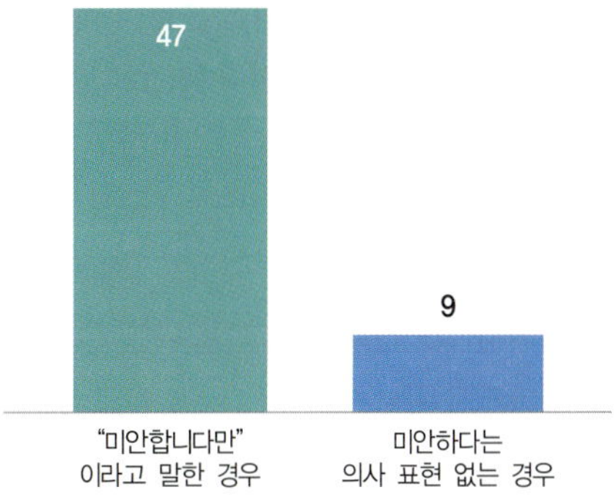

할 수 있는 상황도 아니지만, 상대방의 고충에 공감하는 한마디 표현이 협조적인 행동을 유발하는 데 큰 효과를 발휘한 것이다.

직원과 고객 간의 친밀한 대화를 차별화 포인트로 삼아 성공한 영국 샌드위치 체인 프레타망제.

친근한 말 한마디는 고객 만족도 끌어올린다. 커피숍에서 종업원과 가벼운 수다를 나눈 고객이 아무런 대화가 없었던 고객보다 만족도가 높을 뿐 아니라(4.31 vs 3.80, 5점 만점), 훨씬 더 좋은 기분으로(4.22 vs 3.60) 가게를 나섰다는 실험 결과가 있다. 고객과 직원, 나아가 고객과 기업 사이에 형성된 정서적 유대감이 고객의 만족감과 행복감을 높이기 때문이다.

영국의 샌드위치 체인 프레타망제(Pret A Manger)는 패스트푸드의 실용성에 고객 친근성을 더해 성공을 거두고 있다. 프랑스어로 기성복을 의미하는 프레타포르테(prêt-à-porter)에서 착안된 이 회사의 이름은 'Ready to Eat', 즉 미리 만들어 놓은 샌드위치를 판매한다는 뜻이다. 바쁜 직장인들이 주 고객이기 때문에 '60초 서비스'를 목표로 할 정도로 스피드에 집착한다. 대신 유기농 채소, 천연 · 무색소 식재료를 사용하고 모든 음식의 당일 판매를 원칙으로 하는 등 친환경 · 친건강 브랜드를 표방한다.

그런데 이 회사의 진정한 차별화 요소는 서비스 속도나 샌드위치가 아니다. 프레타망제 매장에서는 직원과 고객이 미소 지으며 대화하는 모습, 직원들이 활발하게 움직이는 모습이 여기저기 보인다. 매장을 들어서는 순간 느낄 수 있는 긍정적 에너지와 활기, 이야기 소리는 '프렛 버즈(Pret Buzz)'라 불리며 강력한 차별화 도구로 작용한다. 직원들이 로봇처럼 음식을 만들고 매뉴얼에 따라 대응하는 여느 패스트푸드 매장과 확연히 다르기 때문이다.

프레타망제의 모든 직원들은 '프렛 행동지침서(Pret Behaviours)'라는 소책자를 지니고 다니는데, 여기에는 고객을 내 집에 온 손님처럼 대할 것, 편하게 사용할 수 있는 개인적인 인사말을 가질 것 등의 내용이 포함되어 있다. 손님의 액세서리를 자연스럽게 칭찬하거나 날씨에 대해 간단한 수다를 떠는 식이다. 계산대에 여러 명의 직원을 배치해 서비스 시간을 최소화하면서, 짧은 순간 나누는 편안한 인사 한마디로 고객이 다시 찾고 싶은 기분이 들도록 하는 전략이다.

당연히 고객접점 직원의 역할이 중요하다. 프레타망제는 천성적으로 유머 감각이 있는 사람, 사교적이고 활달한 성격의 소유자를 직원으로 채용한다. 지원자는 실제 매장에서 하루 동안 실습 테스트를 거치기도 하는데, 일이 끝나면 전 직원의 투표를 통해 새 멤버로 채용할지 여부를 결정한다. 만약 통과되지 못하면 하루 일당을 받고 떠날 수밖에 없다. '프렛 버즈'를 만들기 위해서는 팀워크가 최우선돼야 하고, 함께 즐겁게 일할 수 있는 사람들로 팀을 구성해야 하기 때문이다.

이렇게 프레타망제는 단지 맛있는 샌드위치를 파는 곳이 아닌 기분 좋은 재충전의 장소가 되었다. 방문객들의 악평을 찾기 어려울 정도로 고객 만족도가 높고, 단골 고객도 많다. 지난 10년간 20% 내외의 연매출 성장률을 유지하고 있을 뿐 아니라 패스트푸드 대국인 미국에서도 매장당 매출이 맥도날드에 이어 2위 수준이다. 최근에는 2014년 매출이 전년 대비 17% 증가할 것으로 예측되자, 전 직원들에게 두둑한 보너스를 챙겨줄 것을 약속하기도 했다.

일상적 공감 · 위로에 후한 기업 돼야

공감과 위로, 진심을 담은 말 한마디는 소비자의 마음을 움직이고 행동을 변화시킨다. 인간적인 관계가 맺어지면 잘못이나 실수에도 관대해진다. 물론 여기에는 전제 조건이 있다. 제품 · 서비스의 가치가 명확하고 품질이 뒤지지 않아야 한다. 멋진 다이아몬드가 있었기에 남자의 한마디에 여자의 마음이 흔들렸고, 형편없는 샌드위치였다면 프레타망제가 오늘의 성공을 거뒀을 리 만무하다.

반대로 훌륭한 상품을 내놓으며 오만한 태도로 일관한다면, 고객 지갑은 열리지만 마음의 문은 굳게 닫힌다. 막대한 자금을 기부하는 기업이라도 일상적인 공감과 위로 표현에 인색하다면 사회적 지지를 받기 어렵다. 비싼 다이아몬드를 선물하고도 물질적인 관계로 끝나버리는 꼴이다.

출처 : 중앙선데이, 2014.12.28.

제1절 서비스의 개념

서비스(service)는 행위(deeds), 과정(process), 그리고 성과(performances)라고 정의할 수 있다. 서비스는 때때로 유형의 제품(tangible product)을 포함하기도 하지만 대부분의 서비스는 고객과 접촉하고, 일련의 행동을 보고하며, 추가적으로 사후 연락(follow up call)을 취함으로써 고객에게 제공되는 과정이다.

예를 들어 IBM은 고객들에게 제품에 대한 서비스는 물론이고 컨설팅서비스, 그리고 기타 서비스들에 대한 유지와 보수를 제공한다. 이러한 서비스에는 직원 교육에 필요한 강의 교재 및 장비, 최종 보고서 등의 유형적인 것이 포함될 수 있다. 하지만 대부분의 서비스는 문제 분석, 고객과의 상담, 그리고 사후 처리 및 보고로 이어진다. 이러한 전체 서비스는 행위, 과정, 그리고 성과의 연속적인 맥락에서 고객에게 제공되는 것이다. 이에 대한 비슷한 예로는 병원, 은행, 공공서비스 기업들을 들 수 있는데 이들도 주로 고객을 위한 직원의 행위를 그 핵심 제공물로 삼고 있다.

서비스의 전반적인 정의를 살펴보면 '주로 생산과 동시에 소비되고 편의, 기쁨, 편안함과 같은 형태의 추가적 가치를 제공하는, 그리고 결과물이 물리적 제품이 아닌 모든 경제적 활동을 포함한다'라고 할 수 있다. 예를 들어 메르세데스를 구매하는 고객은 자동차를 구매하는 것이 아니라 서비스 조건의 편의성을 구매하는 것이라고 할 수 있다. 즉, 구매한 메르세데스를 얼마나 자주 정비해 줄 것인지 혹은 고객이 정비공장에 가지 않고 서비스 제공자가 대리로 정비해 줄 것인지 등의 서비스 조건을 구매하는 것이다. 이는 특히 고가의 제품에서 두드러지는 현상이다. 현대 시장에서는 모든 것이 서비스이다.

사람들은 서비스에 대한 연상으로서 흔히 고객서비스(customer service)에 국한된 생각을 떠올리지만 서비스는 다음의 네 가지 범주로 나눌 수 있다.

첫 번째 범주는 서비스 산업과 기업(services industries and companies)이다. 이는 전형적인 순수 서비스 기업을 가리킨다. 이 범주에는 숙박산업, 금융서비스산업, 항공산업 등이 포함된다.

두 번째 범주는 제품으로서의 서비스(services as products)이다. 이 범주의 서비스는 서비스 기업이 판매할 수도 있고 제조업자나 기술 회사와 같은 비서비스 회사가 판매할 수도 있다.

세 번째 범주는 기업의 핵심 제품을 뒷받침하기 위해 제공되는 고객서비스(customer service)이다. 고객서비스는 서비스 접점에서 일어날 수도 있고 전화나 인터넷을 통해 원격으로 일어날 수도 있다.

네 번째 범주는 본원적 서비스(derived service)이다. 이는 서비스가 무엇을 의미하는지 알아보는 또 다른 방법이다. 이는 모든 제품은 그것이 제공한 서비스에 의해 그 가치가 평가되어야 한다는 입장을 나타내는 것이다. 물리적 제품의 가치는 제품 그 자체가 아니라, 제품에 의해 제공된 서비스이다. 앞에서 이야기한 메르세데스의 예가 여기에 해당된다.

제2절 서비스의 특성

서비스는 물리적 제품과 다른 특징을 가지고 있다. 서비스는 물리적 제품에 비하여 생산과 소비가 동시에 일어나고, 무형적이고, 이질적이며, 따라서 품질의 평가가 어렵다. 서비스의 기본적인 특징을 살펴보면 다음과 같다.

1. 무형성

서비스의 가장 기본적인 특성은 무형성(intangibility)이다. 즉, 서비스는 유형적 제품처럼 일정한 형태나 규격이 없기 때문에 보거나 만지거나 할 수 없다. 따라서 서비스는 그 가치를 파악하거나 평가하기가 힘들다. 예를 들어 의료서비스에서는 서비스 제공자가 환자인 고객에게 진단, 치료, 수술 등의 의료 행위를 한다. 이때 환자가 의료 장비나 입원실 등의 유형적인 요소를 관찰할 수는 있으나 실제 의료서비스는 보거나 만질 수 없다. 따라서 그 서비스에 대한 평가를 하기가 힘들다.

이러한 특성으로 인해 무형성은 몇 가지 시사점을 제공한다.

첫째, 서비스는 일정한 형태가 없어 저장이 불가능하므로 수요의 변동에 따른 관리가 어렵다. 이와 같은 예는 여름철 휴양지의 숙박업소나 겨울철 스키 리조트의 경우를

빠른 배송이라는 특성을 소비자들에게 인식하기 위해 만든 DHL의 잡지광고.

생각해 볼 수 있다.

둘째, 경쟁자에 의해 쉽게 모방이 가능하다. 서비스는 유형적인 제품에 비해서 특허권을 인정받기가 힘들기 때문에 경쟁사들의 빠른 모방이 용이하다.

셋째, 서비스 제품은 진열하기 곤란하며 커뮤니케이션도 어렵다. 따라서 이러한 문제를 해결하기 위해서 물리적 환경(physical environment)을 활용하여 서비스 품질을 강조하기도 한다. 또한 서비스는 경험이므로 구전 커뮤니케이션을 자극하여 강력한 이미지를 구축할 필요가 있다.

넷째, 서비스의 무형성으로 인하여 가격에 관한 의사결정이 쉽지 않다. 즉, 서비스 단위당 원가를 산출하기가 매우 어렵다.

2. 이질성

서비스의 대부분은 사람의 행위에 의해 제공되며, 그 전달과정에서 여러 가지 가변적 요소가 많기 때문에 항상 똑같은, 표준화된 서비스를 제공하기가 힘들다. 이러한 이질성(variability)으로 인하여 서비스 제공자의 행위는 항상 동일하지 않으며 또한 서비스가 제공되는 시간에 따라서도 달라진다. 또한 고객의 서비스 평가도 항상 같지 않다. 이는 고객들이 요구하는 사항이 고객에 따라 각각 다를 뿐 아니라 각각의 고객은 나름대로 독특한 방식의 서비스 체험을 원하기 때문이다. 고객의 이질성은 경제적 요인, 문화적 요인, 사회적 요인 등에 의해서 야기된다. 따라서 서비스와 관련된 이질성은 서비스 제공자와 고객과의 상호작용의 결과로 발생할 수 있는 모든 가변성을 말한다.

이질성의 시사점은 다음과 같다.

첫째, 서비스의 이질성으로 인하여 일관성 있는 서비스 품질을 보증하기가 쉽지 않다. 따라서 서비스 품질의 균일화가 어렵기 때문에 기업으로서는 어떻게 서비스 품질을 일정 수준 이상으로 향상하여 유지하는가 혹은 표준화시키는가에 관한 문제가 주요한 의사결정사항이 될 수 있다.

둘째, 서비스의 이질성은 고객에 따른 개인화의 기회를 제공한다. 즉, 개별 고객으로부터 주문을 받아 서비스를 제공할 수 있는 기회를 제공하는 것이다. 일반적으로 서비스의 가치는 소비자의 주관적인 평가에 의하여 이루어지는 경우가 많으므로 서비스의 개인화를 통해 개별 고객의 욕구를 더욱 잘 충족시킬 수 있다.

3. 동시성

서비스는 대부분 생산과 소비가 동시에 발생하는 특징을 지니고 있는데 이를 동시성(inseparability)이라고 부른다. 다른 말로는 생산과 소비의 비분리성이라고도 부른다. 예를 들어 자동차는 자동차 공장에서 생산되어 자동차 대리점에서 소비자들에게 판매된다. 반면에 영화나 연극 같은 서비스는 서비스가 소비되기 전까지는 제공될 수 없으며, 생산과 소비가 동시에 이루어진다. 이러한 '생산과 소비의 동시성'으로 인해 고객이 서비스 제공에 참여하는 경우가 많다. 정도의 차이는 있으나 서비스 고객은 항상 서비스의 전달과정에 참여하므로 서비스 고객을 공동생산자(co-producer)라고 부르기도 한다.

레스토랑의 경우 서비스 제공자인 직원의 영향뿐만 아니라 같이 서비스를 받는 다른 고객의 영향이 매우 크다. 특히 뷔페 서비스의 경우 동선에 따른 불편함이 발생할 수 있다.

서비스의 생산과 소비의 동시성은 서비스 전달과정에서 다른 고객의 중요성을 시사한다. 서비스 고객들이 서로 상호작용하는 과정은 서비스 품질 평가의 차원이 될 수 있기 때문이다. 예를 들어 레스토랑에서 낯선 사람이 옆 테이블에 앉았을 때 그 레스토랑의 서비스 고객들은 서로의 서비스 경험에 영향을 미칠 수 있다. 다른 고객의 복장, 대화, 태도 등은 서비스 품질 평가에 커다란 영향을 미치므로 다른 고객의 부합성(compatability)은 매우 중요하다.

서비스의 생산과 소비의 동시성은 대량 생산의 어려움을 발생시킨다. 또한, 서비스 품질과 고객 만족은 서비스 제공자의 행동, 그리고 서비스 제공자와 고객 간의 상호작용을 포함한 '현장성(real time)'에 상당히 좌우된다. 따라서 서비스 제공자인 직원을 신중히 선발하고 교육과 훈련을 철저히 시키는 일이 중요하다.

4. 소멸성

물리적 제품은 보관과 저장이 가능하지만 서비스는 보관이나 저장, 재판매, 반품이 불가능하다. 이러한 서비스의 특성을 소멸성(perishability)이라고 한다. 다른 말로는 비저장성이라 하기도 한다. 예를 들어 의사의 진료 시간은 저장하거나 재판매할 수 없다. 서비스는 환불이나 교환이 불가능하기 때문에 소멸성은 이따금 서비스의 평가가 부정적인 결과로 나타날 가능성을 가지고 있다.

서비스의 소멸성이라는 특징 때문에 과잉생산에 의한 손실과 과소생산으로 인한 이익 기회의 상실이 발생한다. 이를 해결하기 위해서 정확한 수요 예측과 창의적인 기획

한 번 제공된 서비스는 다시는 되돌리지 못할 수도 있다. 따라서 기업은 그 대응으로 회복전략을 준비해야 한다.

Marketing Point

3D 저물고… 五感만족 '4D' 뜬다

[美 영화산업 박람회 '시네마콘'서 본 영화 체험의 진화]
스크린은 270도로 넓어져… 음향, 개인용 헤드폰으로… 객석은 침대 가깝게 변화

◇국내 기술진 개발한 '4DX' 향기 · 눈 · 바람 등 효과 주목

미국 라스베이거스에서 열린 영화산업 박람회 '시네마콘(CinemaCon)'은 에어쇼 같았다. 에어쇼가 여러 항공사와 공군 앞에서 바퀴 · 레이더 · 미사일을 선보인다면 시네마콘은 영화 장비 관련 업체들이 혁신적인 기술로 관심을 끄는 자리다. 극장주와 할리우드 메이저 스튜디오들의 눈길을 사로잡는 순간 부드러운 활주로가 펼쳐지는 셈이다.

넓어지고 깊어지고 편해지고. 전미극장주협회(NATO)가 주최하고 80여 개국 237개 업체가 시저스 팰리스 호텔에 부스를 설치한 올해 시네마콘의 경향은 이렇게 요약된다. 상영 환경을 아우르는 이른바 '3S' 중에서 스크린(screen)은 270도로 넓어지고 음향(sound)은 개인용 헤드폰으로 깊어지고 객석은 침대에 가까운 형태로 진화하고 있다. 20일부터 23일까지 이어진 이 박람회에서 가장 많이 튀어나온 단어는 '몰입감(immersion)'이었다. 영화관만의 특별한 경험을 주지 않는다면 경쟁력을 잃어버릴지 모른다는 근심이 읽혔다.

시네마콘은 선글라스에 가죽 점퍼 차림으로 무대에 올라 "돌아온다(I will be back)고 했잖아요" 하는 아널드 슈워제네거('터미네이터: 제네시스'), "비행기 옆에 매달려 날아가는 장면은 스턴트 없이 몸소 촬영했다"고 영업하는 톰 크루즈('미션 임파서블') 등 여름 블록버스터들의 홍보 경연장이기도 했다. 3D 시대가 저무는 징후가 보였고 스크린에 대한 고정관념도 깨지고 있었다.

◇3D 지나 4D로

아이맥스와 3D 시대를 거쳐 이젠 4D가 '뉴 노멀(새로운 표준)'로 떠오르고 있다. 올해 시네마콘에서 가장 붐빈 부스는 CJ 4DPLEX가 개발한 4DX 체험관이었다. 액션 영화나 재난 영화 속 장면과 호응하며 객석이 전후좌우로 움직이고 '진동' '물' '바람' '향기' 등 10가지 환경 효과를 제공하는 이 오감 체험 상영관은 이번에 '눈' '비바람' '열풍' 기능을 추가로 장착해 인기를 모았다.

시네마콘에서 가장 붐빈 4DX 체험관.

2009~2010년 영화 '아바타'로 3D 열풍이 불었고 이젠 세계 상영관의 과반수가 3D 상영 시스템을 확보하고 있지만 관객 반응은 시들해졌다. 3D에 최적화된 영화가 드물기 때문이다. 4DX는 새로운 플랫폼을 찾는 극장주들에게 돌파구로 다가왔다. 국내 기술진이 개발한 4DX는 이미 세계 33개국에서 170개 상영관을 운영 중이다. 레이싱 액션 영화 '분노의 질주'가 최근 4DX에서만 100만 관객을 돌파한 것도 상징적인 사건이다.

미국 영화관 체인 1위인 리갈시네마에서 성인이 '어벤져스: 에이즈 오브 울트론'을 볼 경우 2D관은 15.5달러, 3D관은 19.5달러, 4DX관은 23.5달러가 든다. 좌석 점유율은 4DX관이 가장 높다. 1년 전에 CJ 4DPLEX로부터 이 기술을 수입한 리갈시네마 쉘비 러셀 마케팅 담당 부사장은 "액션 영화나 재난 영화, 애니메이션은 몰입도가 가격 저항을 상쇄하고도 남아 인기"라고 했다. 4DX는 '에디슨 어워드' 미디어&비주얼 커뮤니케이션 부문 최종 후보에도 올라 있다.

◇270도 스크린

스크린은 정면에만 있어야 한다는 고정관념을 깬 270도 다면 영상 시스템이 시네마콘에서 세계 무대에 데뷔했다. 바코(Barco)는 기존 스크린 좌우를 확장해 파노라마처럼 시야에 꽉 차는 '이스케이프(escape)'를, CGV는 좌우 벽면에도 영상을 쏴 관객을 에워싸는 스크린X를 각각 선보였다.

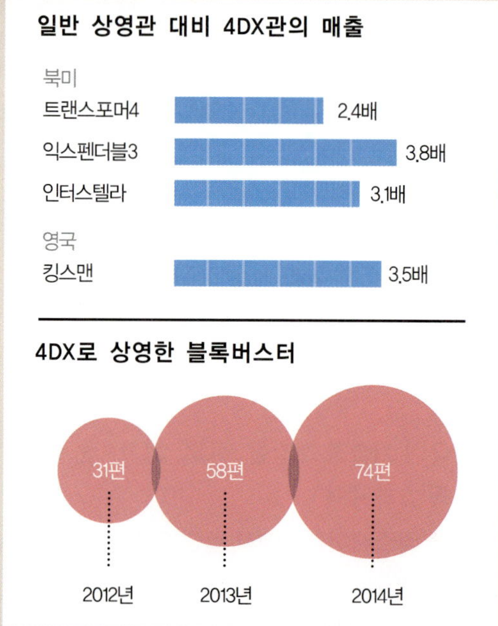

모두 12개의 영상기로 구현되는 스크린X는 '니모를 찾아서'를 만든 픽사 제작진과 공동 작업 결과물을 공개했다. 전용 안경 없이도 시야가 확장돼 마치 운전석에 앉은 기분이었다.

스크린X는 상업성과 잠재력을 인정받았다. 호주 독립영화협회 아드리안 페코틱 회장은 "광고 분야는 물론 영화 플랫폼으로서도 환상적"이라고 평했다. 최병환 CJ 4DPLEX 대표는 "올해 스크린X에 최적화된 상업영화를 선보이고 향후 4DX와 결합해 시각과 체험을 극대화한 차세대 상영관을 만들 것"이라고 했다.

출처 : 조선일보, 2015.4.24.

을 통한 서비스 시설 활용도의 제고가 매우 중요하다. 또한 서비스는 재고의 저장과 재판매, 혹은 교환이나 환불이 불가능하므로 서비스 실패가 발생했을 경우 강력한 회복 전략이 강구되어야 함을 시사한다.

표 13-1 서비스의 특성

서비스 특성	관리적 의미
무형성 (intangibility)	• 저장과 보관이 불가능하다. • 쉽게 특허를 낼 수 없다. • 쉽게 전시되거나 소통할 수 없다. • 가격 책정이 어렵다.
이질성 (heterogeneity)	• 서비스 제공과 고객 만족은 직원과 고객의 상호작용에 달려 있다. • 서비스 품질은 많은 통제 불가능한 요인에 의해 결정된다. • 제공된 서비스가 계획 또는 촉진 활동의 결과와 일치하는지를 확실히 알기 어렵다.
동시성 (inseparability)	• 고객이 서비스 전달에 참여하거나 영향을 미친다. • 고객들은 서로에게 영향을 미친다. • 서비스 접점 직원이 서비스 성과에 영향을 미친다. • 분산화가 필수적이다. • 대량 생산이 어렵다.
소멸성 (perishability)	• 수요와 공급을 맞추기 어렵다. • 서비스는 반품, 교환, 재판매가 불가능하다.

출처: Zeithaml, V. A., M. A. Bitner and D. D. Gremler(2012), *Services Marketing: Integrating Customer Focus Across the Firm*, 6th edition, Boston, MA: McGraw-Hill.

〈표 13-1〉은 서비스가 가지는 특징을 구분하여 제시하고 있다.

제3절 서비스 마케팅 믹스

1. 전통적 마케팅 믹스

마케팅의 기본적인 전략적 변수들은 4Ps(product, price, place, promotion)로 구성된다. 이러한 마케팅 믹스는 마케팅 전략에 있어 핵심 의사결정변수로 취급된다. 마케팅 믹스의 주요한 전략적 의사결정항목은 〈표 13-2〉에 제시되어 있다. 이러한 전략적 변

표 13-2 서비스 마케팅 믹스

전통적 마케팅 믹스(4Ps)				서비스의 확장된 마케팅 믹스(3Ps)		
제품 (product)	유통 (place or physical distribution)	촉진 (promotion)	가격 (price)	참여자 (people)	프로세스 (process)	물리적 증거 (physical evidence)
• 물리적 제품 특징 • 품질 수준 • 액세서리 • 포장 • 보증 • 제품 계열 • 브랜딩	• 경로 유형 • 노출 • 중간상 • 점포 입지 • 수송 • 보관 • 경로관리	• 촉진 믹스 • 판매원 선발 훈련 인센티브 • 광고 매체유형 광고유형 • 판매촉진 • 홍보 • 인터넷/웹 전략	• 유연성 • 가격수준 • 조건 • 차별화 • 할인 • 공제	• 직원 리크루팅 훈련 동기부여 보상 팀워크 • 고객 교육 훈련	• 활동의 흐름 표준화 고객화 • 단계의 수 단순 복잡 • 고객 • 관여도	• 시설설계 • 장비 • 표식 • 직원 의상 • 기타 유형 단서 보고서 명함 연설문 보증

출처: Zeithaml, V. A., M. A. Bitner and D. D. Gremler(2012), *Services Marketing: Integrating Customer Focus Across the Firm*, 6th edition, Boston, MA: McGraw-Hill.

수들은 서비스 마케팅의 성공에 있어서도 필수적이다. 그러나 이러한 전략적 변수들이 서비스에 적용될 때에는 어느 정도의 수정이 필요하다.

예를 들어 전통적인 마케팅 믹스에서의 촉진 활동은 광고, 판매촉진, 인적판매, 그리고 홍보의 네 가지 촉진 믹스로 구성되는 반면, 서비스에서는 생산과 소비가 동시에 이루어지기 때문에 서비스 제공자가 주로 서비스 접점에서 촉진 활동에 관여하게 되기 때문이다. 즉, 서비스 마케팅 믹스는 전통적인 마케팅 믹스(4Ps)에 확장된 서비스 마케팅 믹스(people, process, physical evidence)를 결합한 것을 말한다. 확장된 서비스 마케팅 믹스의 주요 항목은 〈표 13-2〉와 같다.

2. 확장된 마케팅 믹스

서비스는 생산과 소비가 동시에 일어나기 때문에, 고객은 직원이나 다른 고객들과의

서비스는 기업과 고객 간 뿐만 아니라 직원과 고객 간의 관계가 중요한 부분을 차지한다. 또한 대부분의 서비스에 대해 직원이 곧 서비스로 인식되기도 한다.

접촉이나 상호작용을 통하여 서비스 생산과정에 참여한다. 이에 서비스에서는 '확장된 마케팅 믹스(expanded mix for services)'라는 새로운 개념이 등장하게 되었다. 확장된 마케팅 믹스는 전통적 마케팅 믹스에 참여자(people), 프로세스(process), 물리적 증거(physical evidence)를 추가한다.

2.1 참여자

참여자(people)는 서비스 전달과정에 참여하여 고객의 지각에 영향을 주는 모든 행위자를 가리킨다. 즉, 서비스가 제공되는 순간의 접점 직원, 고객, 혹은 다른 고객들을 포함한다. 서비스 제공자 자체가 서비스가 되는 경우에는 컨설팅, 카운슬링, 교육 등이 포함된다. 반면에 접점 직원이 서비스 제공에 상대적으로 작은 역할을 하는 경우는 항공사의 화물처리인, 전화 설치자, 장비 발송인 등을 포함한다. 그러나 이 경우도 역시 서비스 접점에서는 결정적인 역할을 한다.

2.2 프로세스

프로세스(process)란 서비스 제공이나 운영시스템, 메커니즘, 그리고 활동의 흐름을 의미한다. 고객이 체험하는 서비스의 전달과정에서 고객은 서비스를 평가하게 되는데, 일부 서비스는 매우 복잡해서 고객의 참여를 적극적으로 요구하기도 한다.

예를 들어 항공사 서비스는 고객을 목적지까지 이동시키는 것과 더불어 음료, 식사를 제공하는 다양한 기내 서비스를 제공한다. 고객은 이 전체의 과정을 항공사 서비스로 인식하게 되는 것이다.

2.3 물리적 증거

물리적 증거(physical evidence)란 서비스가 전달되는 접점에서 서비스의 수행이나 커뮤니케이션을 촉진하는 유형적인 요소들을 일컫는다. 서비스는 무형성으로 인하여 고객이 서비스를 체험하기 전에는 그 품질을 가늠하기가 어렵다. 따라서 서비스 기업들은 서비스 품질을 제시할 수 있는 유형적인 단서를 사용하고 있다. 예를 들어 의료 서비스에서 의사의 전문의 자격증, 간호사들의 복장, 첨단 의료 장비, 그리고 병원의 구조나 설계 등은 고객의 지각된 서비스 체험에 커다란 영향을 미친다. 물리적 증거는 기업의 목적이나 제공되는 서비스와 관련하여 일관성 있고 강력한 메시지를 고객에게 전달할 수 있는 주요한 커뮤니케이션 수단이다.

서비스 마케팅 믹스의 참여자, 프로세스, 물리적 증거의 세 가지 추가적인 요소가 마케팅 믹스에 포함되는 이유는 이들이 기업의 통제 범위 내에 있기 때문이다. 또한 고객 만족과 재구매는 물론, 초기 구매의사결정에도 영향을 미칠 수 있기 때문이다. 따라서 서비스 기업은 전통적 마케팅 믹스뿐만 아니라 확장된 3Ps를 효과적으로 관리함으로써 마케팅 목표를 달성할 수 있다.

제4절 서비스 마케팅의 유형

서비스 마케팅은 기업과 고객 사이의 외부 마케팅(external marketing), 기업과 직원(서비스 제공자) 사이의 내부 마케팅(internal marketing), 그리고 고객과 직원(일선 서비스 제공자) 사이의 상호작용 마케팅(interactive marketing)의 세 가지 유형으로 크게 나누어진다. 이들을 살펴보면 각각 다음과 같다.

그림 13-1 서비스 마케팅의 유형

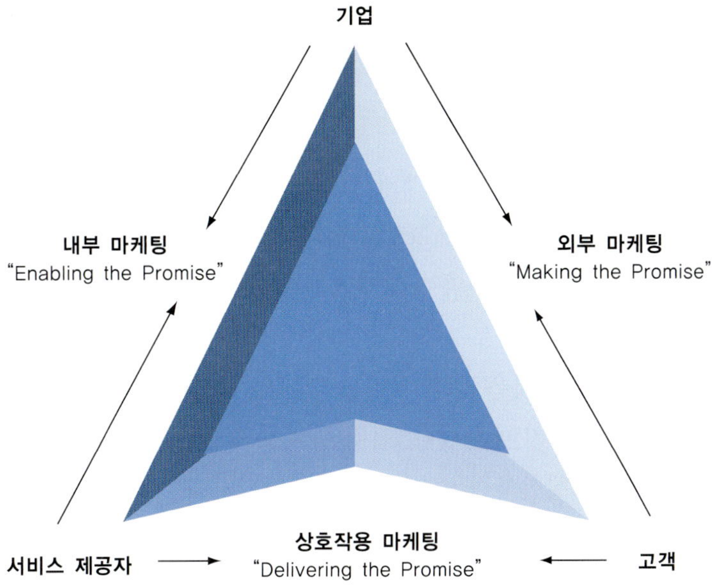

출처: Zeithaml, V. A., M. A. Bitner and D. D. Gremler(2012), *Services Marketing: Integrating Customer Focus Across the Firm*, 6th edition, Boston, MA: McGraw-Hill.

1. 외부 마케팅

우선 기업과 고객 사이의 외부 마케팅(external marketing)은 가장 전통적인 형태의 마케팅 활동을 말한다. [그림 13-1]에 나타난 바와 같이 기업은 외부 고객에 대하여 서비스 전달에 대한 약속을 함으로써 고객 기대를 형성하고 고객을 유인한다. 기업의 광고나 판촉 활동이 여기에 속한다.

2. 내부 마케팅

다음으로 기업과 직원 사이의 내부 마케팅(internal marketing)을 들 수 있는데 이는 최근에 증가하고 있는 추세를 보이고 있다. 이 마케팅 활동은 직원을 내부 고객으로 인식하고 그들의 만족, 복지와 후생, 그리고 업무 지원 등을 진작하려는 노력을 말한다. [그림 13-1]에 나타난 바와 같이 기업이 외부 고객들을 대상으로 한 약속을 실현하는 데 필요한 지원서비스를 말한다.

3. 상호작용 마케팅

서비스 마케팅의 마지막 유형은 고객과 일선 서비스 제공자(frontline employee) 사이의 상호작용 마케팅(interactive marketing)이다. 이는 서비스 마케팅에서 가장 중요한 유형이라고 할 수 있는데 기업이 외부 고객에게 약속한 사항을 실현하는 모든 활동을 말한다. 즉, 기업의 약속이 진실로 나타나는 순간(moment of truth)을 실현하는 마케팅 활동이다. 여기에서 중요한 것은 접점 서비스 직원의 역할이다. 접점 직원은 기업이며, 브랜드이며, 서비스 품질이기 때문이다. 접점 서비스 직원은 고객과의 상호작용 품질을 높임으로써 고객 만족을 실현하는 중요한 역할을 담당한다.

제5절 서비스 품질

서비스를 경험한 고객이 지각하는 만족 · 불만족은 미래의 재구매 및 구전에 긍정적 혹은 부정적 영향을 미친다. 고객의 긍정적인 평가를 이끌어 내기 위하여 서비스 품질의 관리는 매우 중요하다. 소비자들은 서비스 이용 이전에 가졌던 기대와 제공 받은 서비스 품질을 비교하여 서비스를 평가하게 된다. 따라서 서비스 제공자는 서비스 품질에 대한 표적 고객의 욕구와 기대를 정확하게 파악하고 이를 충족시킬 수 있는 서비스 품질을 제공하여야 한다.

1. 서비스 품질의 갭 모델

서비스 고객들은 서비스를 이용하기 전에 해당 서비스에 대한 기대 수준을 지니고 있다. 그리고 이러한 사전 기대와 경험한 서비스의 지각된 품질 사이의 차이를 갭

그림 13-2 서비스 품질의 갭 모형

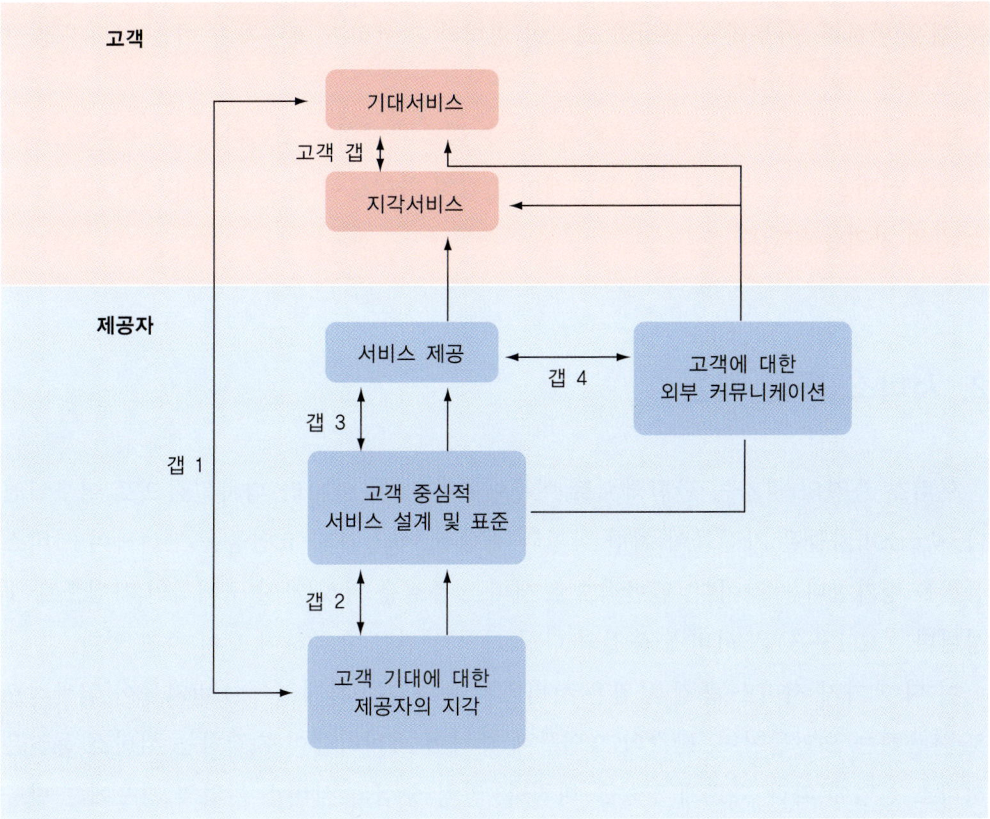

출처: Parasuraman, A., V. A. Zeithaml and L. L. Berry(1985), "A Conceptual Model of Service Quality and Its Implications for Future Research," *Journal of Marketing*, Fall.

(customer gap)이라고 부른다. 서비스 고객들은 그들이 가졌던 사전 기대와 지각된 품질의 차이에 따라 만족 · 불만족을 느끼게 된다. [그림 13-2]는 고객 갭과 더불어 서비스 제공자의 갭을 유발하는 네 가지 요인을 보여 주고 있다.

첫째, 서비스 제공자가 고객의 기대를 알지 못함으로써 발생하는 갭이다(갭 1). 이러한 갭이 발생하는 이유는 고객과의 직접적인 상호작용이 없거나 혹은 고객의 기대를 알아볼 의지가 없는 경우에 발생한다.

둘째, 적합한 서비스 설계와 표준을 선택하지 못함으로써 갭이 발생할 수 있다(갭 2). 이는 서비스 기업이 고객이 원하는 것을 안다고 하더라도 고객 중심적 서비스 설계 및 방안에 대해 잘 모르고 표준화시키지 않는 데 기인한다.

셋째, 서비스 표준을 제대로 제공하지 못함으로써 발생하는 갭이다(갭 3). 이는 서비스 제공자가 고객 중심의 서비스 설계 및 표준을 적절히 수행하지 않음에 따라 발생하는 갭을 말한다. 아무리 이상적인 지침이 있더라도 서비스 제공자가 이를 지키지 않으면 도움이 되지 않는다.

넷째, 서비스 성과가 약속에 미치지 못함으로써 발생하는 갭이다(갭 4). 이는 서비스 제공과 서비스 제공자의 외부 커뮤니케이션 간의 차이로서 약속된 서비스와 실제 서비스 간의 차이를 말한다.

2. 서비스 품질 차원

서비스 품질의 평가는 단편적으로 이루어지는 것이 아니라 다차원적으로 이루어진다. 즉, 소비자들은 자신들이 처한 상황과 관련된 여러 가지 요인들을 고려하여 서비스 품질을 평가한다는 것이다. 일반적으로 서비스 품질은 다섯 가지 구체적인 차원으로 구성된다. 〈표 13-3〉은 서비스 품질의 다섯 가지 차원을 요약하여 보여 주고 있다.

이 다섯 가지 서비스 품질 차원은 서비스의 유형과는 관계없이 소비자들이 일반적으로 사용하는 요인들이며, 각각의 요인들에 대하여 소비자들이 지각하는 서비스 품질은 서비스 산업에 따라 다르게 영향을 미친다. 인적 중심의 서비스 기업의 경우에는 반응

표 13-3 서비스 품질의 다섯 가지 차원

서비스 품질 차원	정 의
신뢰성(reliability)	약속한 서비스를 믿을 수 있고 정확하게 전달하는 능력으로 약속의 이행 여부를 말함
응답성(responsiveness)	고객을 돕고 신속하게 서비스를 제공하려는 서비스 제공자의 의지
확신성(assurance)	서비스 제공자의 지식 정도, 공손함, 그리고 고객에게 믿음과 확신을 심어 주려는 의지로서 업무를 능숙하게 혹은 전문적으로 수행할 수 있는 능력
공감성(empathy)	원활한 의사소통, 고객을 보살피고 고객의 문제에 대해 개별적인 관심을 보이거나 배려를 하는 것
유형성(tangibles)	물리적 시설의 외형으로 서비스 스케이프나 물리적 증거(physical evidence)를 포함

출처: Parasuraman, A., V. A. Zeithaml and L. L. Berry(1988), "SERVQUAL: A Multiple-Item Scale for Measuring Consumer Perceptions of Service Quality," *Journal of Retailing*, 64(Spring), pp.12-40.

성이 가장 중요시되는 데 반하여 시설 중심 서비스 기업의 경우는 유형성의 영향력이 가장 큰 것으로 조사된 바 있다. 따라서 서비스 기업들은 자사의 서비스와 관련된 다섯 가지 차원 중에서 고객이 가장 중요하게 지각하는 차원이 무엇인지를 파악하여 고객들의 만족을 이끌어 낼 수 있도록 노력을 기울여야 한다.

제6절 서비스 실패와 회복

1. 서비스 실패의 개념과 유형

서비스 실패(service failure)는 서비스 전달에 있어서 고객이 지각하는 서비스 성과 혹은 서비스 품질이 고객의 사전 기대에 미치지 못하는 것을 말한다. 일반적으로 서비스 실패란 서비스 접점에서 고객의 불만족을 초래하는 바람직하지 못한 경험이라고 정의할 수 있다. 서비스 실패는 서비스 전달과정에서 발생하는 여러 가지 실수들, 고객에 대한 약속의 위반, 혹은 여러 가지 형태의 서비스 오류 등을 포함한다.

서비스 실패의 유형은 서비스 업종 및 종류에 따라서 다양하다. 일반적으로 서비스 실패 유형을 크게 세 가지로 나누어 볼 수 있다.

첫째, 서비스 전달시스템에 대한 서비스 제공자의 반응과 관련된 실패이다. 이는 제품 결함, 불가능한 서비스, 지연 서비스, 시설 문제, 불명확한 정책, 재고 부족, 포장 관련 실수, 잘못된 정보, 핵심 서비스의 실패 등을 포함한다.

둘째, 고객의 요청에 대한 서비스 제공자의 반응과 관련된 실패이다. 여기에는 고객의 특별한 요구사항 혹은 기호와 관련된 실패, 고객의 실수 등이 포함된다.

셋째, 즉각적이지 못하고 부적절한 서비스 제공자의 행동과 관련된 실패이다. 고객에게 관심을 보이지 않는 서비스 제공자의 행동, 잘못 받았거나 전달되지 않은 주문, 계산의 착오 등이 이에 해당된다. 또한 문제 고객(problem customer)을 들 수 있는데 문제 고객으로는 음주 고객, 장애 고객, 기업의 규칙을 위반하는 고객, 비협조적인 고객 등이 포함된다.

〈표 13-4〉는 서비스 실패 유형을 서비스 산업별로 구분하여 설명하고 있다.

표 13-4 서비스 산업별 실패 유형

서비스 산업	서비스 실패 유형
호텔	고객의 요구에 즉각적으로 대응하지 못하거나 부적절한 직원의 행동
소매점	종업원의 반응과 관련된 실패, 고객의 필요나 요구와 관련된 실패
항공사	서비스 전달시스템의 실패, 고객의 요구, 다른 고객들에 의한 실패
레스토랑	부주의하거나 쓸데없는 종업원의 반응
주제공원	서비스 전달시스템의 실패, 고객의 요구에 즉각적으로 대응하지 못하거나 부적절한 직원의 행동
병원	기술, 위생, 디자인, 대기 시간의 지연

2. 서비스 회복의 개념과 중요성

우수한 서비스를 제공하려는 서비스 기업과 서비스 제공자의 노력에도 불구하고 완벽한 서비스를 제공하는 것은 서비스의 특성 때문에 사실상 불가능하다. 또한 서비스 기업이나 서비스 제공자가 통제할 수 없는 여러 가지 가변적인 요인(예를 들면 날씨나 고객의 기분)으로 인하여 서비스 실패는 항상 일어난다. 따라서 서비스 기업은 서비스 실패에 대하여 즉각적으로 대응하여 서비스 실패로 인한 고객 불만족과 이탈, 그리고 부정적 구전을 최소화하기 위해 서비스 회복에 노력을 기울여야 한다.

서비스 회복(service recovery)이란 서비스 실패에 대한 서비스 제공자의 반응을 말한다. 고객을 화나고, 짜증나고, 불만족스럽게 만드는 것은 서비스 실패가 아니라 실패에 대한 서비스 제공자의 반응이다. 따라서 효과적인 서비스 회복 노력은 긍정적인 고객 반응을 이끌어 내고 우호적인 고객관계를 유지하는 데 주요한 역할을 하고, 70% 이상의 고객 유지 비율을 가져온다.

또한 효과적인 서비스 회복을 경험한 고객들은 서비스 실패가 일어나지 않았을 때보다 더 높은 수준의 만족을 보인다. 이는 '회복역설(recovery paradox)'이라고 불리는 것으로 효과적인 서비스 회복의 중요성을 보여 주는 것이다. 성공적인 서비스의 전달에서 가장 중요한 것은 실패 없이 서비스를 전달하는 것이다(Do it right first time!). 그러나 실패가 발생한다면 차선책으로서 효과적인 회복에 노력을 기울여야 한다. 실패 후의 효과적인 서비스 회복은 결코 실패가 없는 완벽한 서비스를 능가할 수 없다. 〈표 13-5〉는 효과적인 서비스 회복 전략의 유형을 금전적 차원, 행동적 차원, 그리고 심리적 차원의

표 13-5 서비스 회복 전략의 유형

회복 전략 차원(recovery strategy aspects)	회복 전략(recovery strategies)
금전적 차원 (compensatory aspect)	① 무료(free) ② 할인(discount) ③ 환불(rebate) ④ 쿠폰(coupon) ⑤ 상품권(gift certificate) ⑥ 배상(reparation)
행동적 차원 (action-oriented aspect)	① 기대하지 않은 종업원의 유쾌한 행동 (spontaneous delight) ② 즉시 해결(promptly resolution) ③ 정정(correction) ④ 재수행(re-execute) ⑤ 교환(exchange) ⑥ 관리자 개입(managerial intervention) ⑦ 사후 확인(follow-up) ⑧ 해결책 제시(suggest resolution) ⑨ 추천(recommendation) ⑩ 설명(explanation) ⑪ 대체(substitution) ⑫ 의미 있는 시간 만들기(fill the customer's time)
심리적 차원 (psychological aspect)	① 사과(apology) ② 공감(empathy) ③ 인정(acknowledge) ④ 배려(care) ⑤ 위로(comfort) ⑥ 안심(relief) ⑦ 사전 보상(recovery initiation)

출처: 김성호, 문지혜(2007), "금전적 · 행동적 · 심리적 차원에서의 효과적인 서비스 회복 노력에 관한 연구: 친밀감을 중심으로," 마케팅연구, 22(1), pp.121-139.

세 가지로 나누어 보여 주고 있다.

생각해 볼 문제

1. 서비스의 무형성으로 인해 고객이 서비스 품질을 평가하는 데 어려움이 따르게 된다. 이런 이유로 인해 품질을 평가할 수 있는 다른 요소들을 제시하기도 한다. 대학교의 교육도 서비스라고 할 수 있다. 대학의 교육서비스 품질을 나타내기 위해 실시하는 방안이 무엇인지 제시하시오.

2. "성공적인 회복을 경험한 고객은 아예 실패를 겪지 않은 고객보다 높은 만족도를 보인다. 그리고 실패는 일어나기 마련이기 때문에 서비스에서는 서비스 전달보다는 회복에 더 많은 신경을 써야 한다."
당신은 위의 명제에 동의하는가? 동의하는 혹은 동의하지 않는 이유를 밝히시오.

3. 서비스의 품질 차원 가운데 신뢰성은 미국 소비자들이 가장 중요하다고 생각하는 차원이라고 할 수 있다. 그렇다면 한국 소비자들이 가장 중요하다고 느끼는 품질 차원은 무엇일까? 당신의 생각을 제시하시오.

4. "서비스 실패란 고객이 지니고 있는 기대에 미치지 못하는 서비스 성과를 말한다. 그리고 기대불일치 이론에 따르면 기대에 못 미치는 성과는 고객 불만족을 야기한다. 따라서 서비스 실패는 반드시 고객의 불만족을 가져온다."
당신은 위의 주장에 동의하는가? 당신의 생각을 밝히시오.

참고자료

김성호, 문지혜(2007), "금전적 · 행동적 · 심리적 차원에서의 효과적인 서비스 회복 노력에 관한 연구: 친밀감을 중심으로," 마케팅연구, 22(1), pp.121~139.

김성호, 신현희, 최성호(2009), "의료서비스 실패와 회복 유형에 관한 연구," 한국병원경영학회지, 14(1), pp.84-107.

Alvarez, J. B. and A. Sesia(2011), "Customer Loyalty Schemes in the Retail Sector," *Harvard Business Publishing*, Mar.

Ford, R., C., P. Heaton and S. W. Brown(2001), "Delivering Excellent Service: Lessons from the best Firm," *California Management Review*, Oct.

Gupta, S. and K. Shukla(2010), "Airline Travel in the U.S.," *Harvard Business Publishing*, Mar.

Kaplan, R. S.(1997), "Using ABC to Manage Customer Mix and Relationships," *Harvard Business Publishing*, Apr.

Landel, R. D.(2003), "Designing and Managing Service Processes Module," *Harvard*

Business Publishing, Feb.

Marshall, C., S. E. Prokesch and C. R. Weiser(1995), "Competing on Customer Service: An Interview with British Airway' Sir Colin Marshall," *Harvard Business Publishing*, Nov.

Parasuraman, A., V. A. Zeithaml and L. L. Berry(1985), "A Conceptual Model of Service Quality and Its Implications for Future Research," *Journal of Marketing*, Fall.

Parasuraman, A., V. A. Zeithaml and L. L. Berry(1988), "SERVQUAL: A Multiple-Item Scale for Measuring Consumer Perceptions of Service Quality," *Journal of Retailing*, 64(Spring), pp.12-40.

Pearce, M. R.(2009), "Note on Customer Care and Service," *Harvard Business Publishing*, Sep.

Schwartz, T. A. and D. Iacobucci(2000), *Handbook of Service Marketing and Management*, Thousand Oaks, CA: Sage Publications.

Zeithaml, V. A., M. A. Bitner and D. D. Gremler(2012), *Services Marketing: Integrating Customer Focus Across the Firm*, 6th edition, Boston, MA: MaGraw-Hill.

Case Study

"환자에게 물으니 답 나오더라"

"이노베이션디자인센터는 기대 이상의 공유하고 싶은 고객 경험을 창조하고 창의적 아이디어가 자유롭게 표현되고, 이를 실험 실행할 수 있도록 하는 곳이다."

▲ 서울아산병원 이노베이션디자인센터 김재학 소장

서울아산병원 이노베이션디자인센터의 역할에 대한 김재학 소장의 설명이다.

김 소장은 창조적 자신감(Creative Confidence)이라는 단어를 꺼내 들었다. 이는 스스로의 창조적 능력, 즉 세상을 바꿀 수 있는 능력이 있다고 믿는 것이라고 했다. 이노베이션의 가장 중요한 핵심이라는 설명도 곁들였다.

김 소장은 이런 창조적 자신감으로 서울아산병원의 이노베이션디자인센터가 운영되고 있다고 밝혔다. 과연 서울아산병원에 어떤 일들이 일어나고 있는 것일까?

Q. 병원에서 이노베이션디자인센터의 역할은?

고객 경험을 디자인하는 일을 한다. 병원을 방문하는 환자와 가족의 입장에서 그들이 원하는 요구를 파악해 서비스를 제공한다. 서비스 디자인을 통해 환자가 불편해 하는 부분을 찾아내고, 이를 해결하기 위한 대안을 마련하는 것이다. 이를 통해 환자, 보호자, 의료진 모두가 만족하는 병원을 만들려고 노력하고 있다.

이노베이션디자인센터라는 말에서 알 수 있듯 우리 센터에서는 누구나 다양한 경험과 아이디어를 자유롭게 공유할 수 있다. 병원의 이노베이션 역량을 구축하기 위한 곳이라 보면 된다.

Q. '병원과 디자인' 생소한 조합처럼 느껴진다.

우리나라에서는 생소하게 느껴질 수 있지만 미국 클리블랜드 클리닉이나 메이요 클리닉 등 미국 대부분의 병원에서 환자 경험과 디자인은 이미 필수적인 요소가 됐다. 클리블랜드 클리닉은 환자 경험에 100여 명의 인원과 100억 원을 투자하고 있는 것으로 알려졌다. 디자인은 인간에 대한 깊이 있는 이해에서 시작된다.

Q. 이노베이션디자인센터의 성과는?

초기에는 이노베이션의 방향과 주제를 잡기 위해 'Think Big' 프로젝트를 진행했다. 병원 직원들을 인터뷰하고, 응급실이나 수술실 등에서 환자의 목소리를 들었다.

이를 통해 환자와 직원들이 말하는 이슈를 파악하고 7개의 이노베이션 주제를 선정, 이후 병동 간호팀과 함께 환자들의 질병과 약 복용에 대한 이해를 높이기 위한 아이디어를 도출하고 솔루션을 개발했다.

그 결과로 퇴원 안내문을 개선해 이해하기 쉬운 복용 정보 제공, 복용 횟수 감소 활동을 하기도 했다.

가장 최근에는 수술실 환자 경험을 대대적으로 개선했다. 환자 설문 결과 환자들이 가장 두려운 것은 수술을 앞뒀을 때라는 답을 얻었다.

그래서 솔루션을 몇 가지 마련했다. 담당의사가 수술을 앞둔 환자를 찾아가 "최선을 다해 수술할 것입니다. 저를 믿고 마음 푹 놓으세요"라는 말을 건네고, 수술에 대한 정보와 과정 등을 웹사이트와 동영상으로 만들어 자세히 설명해 환자가 안심할 수 있도록 했다. 또 수술실로 이동할 때도 스트레쳐카로 옮길 때 불안감이 더 커지기 때문에 휠체어를 타고 이동하도록 했고, 수술 동의서를 받는 프로세스도 수정했다.

Q. 환자 경험 활성화를 위해 필요한 것은?

의사들의 참여도 핵심적이라 할 수 있다. 병원에서 의사라는 직종 자체가 매우 중요하기 때문이다. 의사들이 리더십을 갖고 생각을 바꿔야 하는 시점이다.

출처 : 메디칼업저버, 2015.7.31.

Discussion Questions

의료서비스는 다른 서비스와 달리 고객의 품질 평가가 어렵다. 그렇다면 이런 고객경험의 활성화는 의료서비스의 차별화에 어떤 영향을 미칠까?
그리고 서비스에서 고객경험을 중요하게 고려해야 하는 이유는 무엇인가?

국문색인

ㄴ

ㄷ

ㄹ

ㅅ

영문색인

A

B

C

D

E

F

G

H

I

J

K

L

P

저자약력

김 성 호

현재 한양대학교 경영대학에 교수로 재직하고 있다. 연세대학교를 졸업하였고, University of Minnesota Carlson School of Management에서 경영학 석사(MBA), 그리고 University of Pennsylvania Wharton School에서 경영학 석사(M.S)와 경영학 박사(Ph.D)를 받았다.

International University of Japan 교수, American Graduate School of International Management (Thunderbird) Japan Center 교수, State University of New York at Stony Brook 겸임교수를 역임하였다. 또한 한양대학교 아태지역연구센터의 일본연구실장, 한국인력개발학회 이사, 한국소비자학회 상임이사, 한국마케팅학회 이사, 서비스마케팅학회 부회장, 한국의료경영학회 회장을 지냈다.

The Academy of Marketing Science에서 최우수논문상, 한국서비스경영학회, 서비스마케팅학회에서 우수논문상을 수상한 바 있다.

마케팅 정론(제2판)

김성호 지음

1판 1쇄 발행 2010년 8월 20일
1판 4쇄 발행 2014년 8월 20일
2판 1쇄 발행 2015년 9월 10일

발행인 회장 박 철 용
대표 박 세 원

발행처 **학현사**
우. 413-120 경기도 파주시 직지길 522 파주출판도시
전 화 031) 955-8700(대표)
팩 스 031) 955-8705
메 일 hhspub@chol.com
http://www.hakhyunsa.com

출판등록 1992년 6월 20일

등록번호 제 406-2004-000033호

ISBN 978-89-5853-415-0

정가 29,000원